谨以此书献礼思想政治教育学科设立40周年

2022 年度教育部人文社会科学重点研究基地重大项目（22JJD710007）

2022 年度国家社会科学基金项目资助（22VRC150）

国家出版基金项目
NATIONAL PUBLICATION FOUNDATION

# 马克思恩格斯思想政治教育思想研究

## （全四卷）　　李忠军 等 著

# 第四卷 方法

**本卷作者　李忠军　杨科**

中国教育出版传媒集团

高等教育出版社·北京

内容提要

《马克思恩格斯思想政治教育思想研究》（全四卷）是对马克思恩格斯经典著作中蕴含的思想政治教育立场、观点和方法进行系统梳理和深入阐释的学术专著。全书分为概念、范畴、内容、方法四卷，着重对马克思恩格斯直接或者间接使用的思想政治教育概念、范畴、内容和方法等相关论述思想加以研究阐释，初步构建了马克思主义思想政治教育的概念系统、范畴基础、内容框架和方法体系。本书可作为思想政治教育学科研究生教学参考用书，也可供广大思想政治教育工作者和社会读者学习使用。

图书在版编目（CIP）数据

马克思恩格斯思想政治教育思想研究. 第四卷，方法 /
李忠军，杨科著. -- 北京：高等教育出版社，2024. 5
ISBN 978-7-04-062274-4

Ⅰ. ①马… Ⅱ. ①李… ②杨… Ⅲ. ①马恩著作–思想政治教育–教育思想–研究 Ⅳ. ①A811.64

中国国家版本馆 CIP 数据核字（2024）第 104869 号

MAKESI ENGESI SIXIANG ZHENGZHI JIAOYU SIXIANG YANJIU

策划编辑　迟宝东　王溪桥　　　责任编辑　王溪桥　　　封面设计　赵　阳
版式设计　童　丹　　　　　　　责任校对　张　薇　　　责任印制　赵义民

出版发行　高等教育出版社　　　　　　　网　　址　http://www.hep.edu.cn
社　　址　北京市西城区德外大街 4 号　　　　　　　　http://www.hep.com.cn
邮政编码　100120　　　　　　　　　　　网上订购　http://www.hepmall.com.cn
印　　刷　北京盛通印刷股份有限公司　　　　　　　　http://www.hepmall.com
开　　本　787mm×1092mm　1/16　　　　　　　　　http://www.hepmall.cn
本册印张　22.75
本册字数　300 千字　　　　　　　　　　　版　　次　2024 年 5 月第 1 版
购书热线　010-58581118　　　　　　　　印　　次　2024 年 12 月第 2 次印刷
咨询电话　400-810-0598　　　　　　　　总 定 价　270.00 元

## 作者简介

李忠军，现任东北师范大学党委书记、马克思主义学部（院）教授，博士生导师。先后任东北师范大学马克思主义学部（院）部（院）长，吉林大学马克思主义学院院长，陕西师范大学马克思主义理论学科带头人。教育部马克思主义理论研究和建设工程重点教材首席专家、教育部高等学校马克思主义理论类专业教学指导委员会副主任委员，入选国家高层次人才特殊支持计划、国家百千万人才工程（国家有突出贡献中青年专家）、教育部新世纪优秀人才支持计划、吉林省高级专家，享受国务院特殊津贴，获第六届高等学校科学研究优秀成果奖（人文社会科学）三等奖（著作），长期致力于思想政治教育基础理论研究，先后主持完成教育部哲学社会科学研究重大攻关项目（2项）、国家社科基金委托项目、国家社科基金重点项目、国家社科基金一般项目、国家出版基金资助项目等多项国家级课题。在《马克思主义研究》《中国高校社会科学》《人民日报》等权威期刊（CSSCI）上发表论文70余篇，其中5篇被《新华文摘》全文转摘，25篇被《人大复印报刊资料》全文转载，出版专著4部，主编教材5部。

# 目　录

# 导　论

恩格斯曾说过："马克思研究任何事物时都考查它的历史起源和它的前提，因此，在他那里，每一单个问题都自然要产生一系列的新问题。"① 任何理论研究都不是孤悬的，都有其存在与展开的历史前提与思想前提。要对马克思恩格斯思想政治教育方法进行全面科学的理论把握，首先必须明确它在学理意义上得以成立的可能性与必然性，探讨马克思恩格斯思想政治教育方法是以何种条件为前提的、是以何种样态存在的、是以何种逻辑运行的等问题。这种学理性探讨不仅是为了对马克思恩格斯思想政治教育方法作出整体性、概括性、逻辑性的概念阐释与体系建构，明确马克思恩格斯思想政治教育方法的本质内涵与理论论域；也是为了更加充分地把握马克思恩格斯思想政治教育方法论对于文本理解、学科发展和理论承继的重大意义，从多重维度上明确马克思恩格斯思想政治教育方法研究的基本定位；更是为了提炼马克思恩格斯思想政治教育方法的内在逻辑，为有效展开后续研究提供具有总体意义的理论框架。

## 一、方法的思想政治教育学解析

在概念解析层面明确究竟什么是马克思恩格斯思想政治教育方法，应当追问三个基本问题：一是马克思恩格斯的理论论述与实践探索中是否包含以及包含哪些关于思想政治教育方法的理念、观点与要求；二是思想政治教育方法在何种意义上体现并贯彻着马克思主义方法论的理论精髓，或者说马克思主义方法论在思想政治教育中是如何得到具体运用

---

① 《马克思恩格斯全集》第 29 卷，人民出版社 2020 年版，第 424 页。

与学科表达的；三是如何理解"方法"范畴，尤其是如何对"方法"范畴本身作出马克思主义理论视阈的内涵解读与本质剖析。这三个基本问题环环相扣、层层递进、紧密衔接，从前到后是破解问题的思考逻辑，从后往前则是回应问题的解答逻辑。只有对"方法"范畴作出马克思主义的解读，明确思想政治教育方法论的马克思主义理论根基，才能理解马克思恩格斯经典著作为何成为思想政治教育方法的文本依据和学理根据，也才能理解为什么要探讨以及在何种意义上探讨马克思恩格斯思想政治教育方法理论。

### 1. 方法

"方法"是人们在认识世界、改造世界的过程中被一再提及并不断加以阐释的重要范畴。从词源学和构词法的角度来看，"方"和"法"往往分开使用，"方"有方略、计策、正直之意，"法"则有法令、标准、手段之意。"方法"一词最早出现在战国时期哲学著作《墨子》中，《天志（中）》篇有言："'中吾矩者谓之方，不中吾矩者谓之不方。'是以方与不方皆可得而知之。此其故何？则方法明也。"① 匠人之所以能够判断出物品方与不方，是因为他们把曲尺当作鉴别事物方与不方的明确参照物。这里的"方法"直译为度量方形之法，引申义为衡量事物的客观标准与外在法度。英文 method 一词的词源可以追溯到希腊语"μεταοδοα"一词，意思是沿着某条道路向前运动。可见，在直接经验范围内，人们总是将方法作为思想与行动的轨迹、根据、依凭。

当人们开始对方法本身进行反思与研究时，"方法"就成了思想的对象，获得了更为抽象的理论性表述。笛卡尔在《谈谈方法》一书中指出："方法最终是教会人遵守真正的秩序，确切地列举出我们所探寻的所有状况，它包含了支撑算术规则的确切性的全部条件。"② 笛卡尔不

---

① 〔清〕孙诒让撰：《墨子间诂》，孙启治点校，中华书局 2001 年版，第 205 页。
② 勒内·笛卡尔：《谈谈方法》，左天梦译，上海文化出版社，2012 年，第 19—20 页。

仅指出了方法能够帮助人们正确认识世界，引导人们探索客观世界的所有状况，而且强调方法能够指导人们的实践活动，为人们的行动提供应当遵循的真正秩序。列宁在《哲学笔记》中曾摘录过黑格尔《逻辑学》中的这样的一段话："在探索的认识中，方法也就是工具，是在主体方面的某个手段，主体方面通过这个手段和客体相联系……"① 这里指出了方法联结主体和客体的中介作用，将方法视为主体与客体发生关系的手段和工具。恩格斯曾在 1895 年 3 月 11 日写给韦尔纳·桑巴特的信中指出："马克思的整个世界观不是教义，而是方法。它提供的不是现成的教条，而是进一步研究的出发点和供这种研究使用的方法。"② 这其实也表明，方法既是人们开展研究的基础，也是供人们进行研究使用的工具。马克思、恩格斯在方法论层面的开拓与创新，从根本上变革了人们认识世界与改造世界的方式与手段，将人们的认识活动与实践活动提升到了新境界。毛泽东在《关心群众生活，注意工作方法》中也曾形象而生动地说道："我们不但要提出任务，而且要解决完成任务的方法问题。我们的任务是过河，但是没有桥或没有船就不能过。不解决桥或船的问题，过河就是一句空话。不解决方法问题，任务也只是瞎说一顿。"③ 将方法比作过河的桥与船，也是强调了方法的工具性和实用性，强调了方法是人们解决某一问题、完成某一任务、实现某一目的的工具、依凭与指引。在不同的时代条件下，人们面对着不同的理论问题与实践问题，必然会采取不同的方法、形成不同的方法理论。

"方法"构成了哲学的重要研究主题，众多哲学家都试图通过对方法本身的研究，开辟出新的科学的方法论体系。从一定意义上来讲，整个西方哲学史也是一部方法论的发展演变史。那么，究竟什么样的方法才能为人们提供正确的思想指引和行动指南呢？恩格斯在《反杜林论》

---

① 《列宁全集》第 55 卷，人民出版社 2017 年版，第 189 页。
② 《马克思恩格斯文集》第 10 卷，人民出版社 2009 年版，第 691 页。
③ 《毛泽东选集》第 1 卷，人民出版社 1991 年版，139 页。

中考察了哲学史上方法论的发展演变之后，明确指出："只有辩证法才为自然界中出现的发展过程，为各种普遍的联系，为一个研究领域向另一个研究领域过渡提供类比，从而提供说明方法。"① 他充分肯定了辩证法的开创性意义，同时指出"辩证法直到今天也只有两位思想家曾作过较仔细的研究，这就是亚里士多德和黑格尔"②。在马克思主义诞生之前的哲学史中，"方法"大体经历了古代朴素辩证法、中世纪庸俗辩证法、近代形而上学（辩证法被遮蔽时期）、黑格尔唯心辩证法几个发展阶段。以亚里士多德为代表的古代朴素辩证法和黑格尔的唯心辩证法，都极大地推动了辩证法的深化发展，但他们的方法论也都有着这样或那样的局限。直到马克思、恩格斯开创了唯物辩证法，方法才获得了真正科学的内容和形式。

在古希腊哲学中，"辩证思维还以原始的朴素的形式出现"③。"辩证法"最早出现在柏拉图《理念论》中，指辩论时揭露和批判对方的矛盾之处从而获胜的方法。赫拉克利特的万物流变思想和逻各斯学说，已经包含了对立统一、联系发展的朴素的辩证思维。亚里士多德第一次在逻辑推理意义上来使用辩证法这一概念，并且把辩证法当作探索自然科学、伦理学、几何学、天体学等领域的研究工具。但是，古希腊哲学家"还没有进步到对自然界进行解剖、分析——自然界还被当做整体、从总体上来进行观察"④，只能从总体上对事物的运动发展作出一般性的描述，他们的辩证法还停留在较为直观、粗浅、朴素、笼统的层面。进入漫长的中世纪，经院哲学家将宗教教义塞进了辩证法的形式之中，把辩证法贬低为千篇一律、刻板生硬、空洞烦琐的证明公式，沉迷于用辩证法论证教义内容。这就把古希腊的朴素辩证法变成了一种庸俗的、形

① 《马克思恩格斯文集》第 9 卷，人民出版社 2009 年版，第 436 页。
② 《马克思恩格斯文集》第 9 卷，人民出版社 2009 年版，第 436 页。
③ 《马克思恩格斯文集》第 9 卷，人民出版社 2009 年版，第 438 页。
④ 《马克思恩格斯文集》第 9 卷，人民出版社 2009 年版，第 438 页。

式的、虚假的辩证法，变成了一种完全空疏形式的无聊争辩。

17世纪至18世纪，随着工业技术的发展和自然科学的进步，产生了变革认识方法、研究方法的迫切需要。这一时期，理论家们不仅开始反叛经院哲学的庸俗辩证法，而且离开了古希腊朴素辩证法的哲学基地。他们克服了古代朴素辩证法的直观性和经院哲学辩证法的思辨性，撇开了广泛的总体联系，开始以一种专门的、细节的、解剖式的方法来认识世界。这种形而上学的方法，极大地促进了近代自然科学的发展，但也使人们陷入了孤立的、静止的、片面的观点之中。这一时期方法论的研究，是以经验主义与理性主义的争论和调和为主要内容的。无论唯物主义经验论还是唯心主义经验论，都以经验归纳法作为自己方法论核心，而与之相对的唯物主义唯理论和唯心主义唯理论，则更加推崇理性演绎法。它们确实都有各自的正确方面，有各自的理论贡献，但也都割裂了感性与理性的关系，抓住某一方面并片面夸大其作用。从本质上来看，它们犯了共同的错误，都以这种或那种形式陷入了孤立的、静止的、片面的方法论中，把注重整体的朴素辩证法变成了专注于细节的、机械的形而上学。

要解决经验主义与唯理主义之间的矛盾对立，就必须挣脱形而上学方法论的桎梏。正如恩格斯所说："在这里，既然没有别的出路，既然无法找到明晰思路，也就只好以这种或那种形式从形而上学思维向辩证思维复归。"① 黑格尔以唯心主义的方式完成了形而上学向辩证法的复归，重新用联系的、发展的、矛盾的眼光来看待整个世界。他试图以唯心辩证法建立一个无所不包的哲学体系，来统领人们在一切科学领域的思想和行动。但是，"在黑格尔那里，辩证法是概念的自我发展"②，是自然界和人类社会的颠倒的辩证法。他把客观世界的发展看成"绝对精神"的辩证运动，现实世界中的矛盾运动最终在"绝对精神"的理念世

① 《马克思恩格斯文集》第9卷，人民出版社2009年版，第438页。
② 《马克思恩格斯文集》第4卷，人民出版社2009年版，第297页。

界中被调和了。于是，"方法为了迎合体系就不得不背叛自己"①，辩证法由于唯心主义体系的束缚而不得不丧失了自己的革命品格。

那么，如何才能使辩证法获得彻底性呢？从辩证法批判的、革命的本质来看，它"要求发展一种比从前所有世界观都更加唯物的世界观"②。要克服黑格尔唯心辩证法的致命弱点，就必须"使辩证方法摆脱它的唯心主义的外壳并把辩证方法在使它成为唯一正确的思想发展形式的简单形态上建立起来"③，也就是要把辩证法建立在唯物主义世界观的基础之上。只有彻底的唯物主义才能将辩证法坚持到彻底，同样，也只有彻底的辩证法才能将唯物主义发展到彻底。马克思、恩格斯正是在这一意义上，对黑格尔的唯心主义辩证法进行了批判性的改造，创立了唯物辩证法，实现了方法论层面的根本性变革。列宁指出："马克思主义者从马克思的理论中，无疑地只是借用了宝贵的方法。"④ 唯物辩证法就是马克思、恩格斯留给马克思主义者的"宝贵的方法"，是马克思主义者理解和把握马克思恩格斯思想理论体系的重要维度。随着社会历史的发展和时代条件的变化，马克思、恩格斯对某一问题的具体论述，可能已经不能直接用来解决当前的实际问题。但是他们留下的唯物辩证法这一伟大的认识工具，具有更加持久的通达性与更加广泛的适用性，能够穿越历史的重重迷障，为人们的思想活动与实践活动提供方向指引和根本遵循。只有坚持马克思、恩格斯所创立的唯物辩证法，人们才能正确地认识世界，准确把握自然界、人类社会和人的思维的发展规律；也只有在唯物辩证法的指导下，人们才能正确地改造世界，不断促进自然界、人类社会和人的思维的发展。

随着对"方法"本身的理论研究不断深入，在不同时代哲学家关于

① 《马克思恩格斯文集》第 4 卷，人民出版社 2009 年版，第 283 页。
② 《马克思恩格斯文集》第 2 卷，人民出版社 2009 年版，第 601 页。
③ 《马克思恩格斯文集》第 2 卷，人民出版社 2009 年版，第 603 页。
④ 《列宁选集》第 1 卷，人民出版社 2012 年版，第 60 页。

方法的批判、调和与转向中,"方法"的层次体系也不断丰富发展起来。在古希腊哲学和中世纪经院哲学时期,哲学家多是提出某一种思想方法或行动方法,尚未在理论层面对方法本身展开进一步的思想抽象与理论研究。直到 1620 年,英国哲学家弗朗西斯·培根在《新工具》一书中首次使用"方法论"(methodology)这一术语,要求对方法本身、对方法体系的建构发展进行更加深入的理论研究,并提出要通过经验归纳法来获取正确的认识。笛卡尔在《谈谈方法》一书中强调,要正确运用理性来探索在不同研究领域获取真理的科学方法。他们二人对于科学方法论的确立与发展作出了极大的贡献。但在这一阶段,人们对方法本身的研究尚处于起步阶段,科学方法和哲学方法还都混合纠缠在一起。直到黑格尔时期,他将自己的唯心辩证法作为根本的哲学方法从科学方法当中分离出来,并且强调了哲学方法的抽象性、普遍性和统领性,强调了哲学方法对科学方法的重要决定作用。哲学是科学之科学,哲学方法构成了科学方法的基础和支撑。马克思、恩格斯进一步改造了黑格尔的哲学方法,建构了彻底的、革命的唯物辩证法。普列汉诺夫曾指出:"马克思和恩格斯在唯物主义方面的最伟大的功绩之一,就是他们制定了正确的方法。"[①] 他们将唯物辩证法从自然界贯穿到人类社会和人的思维发展领域,使所有的科学方法真正建立在了辩证唯物主义的哲学方法基础之上。科学方法按照其适用领域的大小又可分为一般科学方法和具体科学方法,一般科学方法是适应于某些相关领域的方法,具体科学方法是只涉及某一具体领域的专有方法。哲学方法、一般科学方法、具体科学方法,这三类方法是从普遍到一般再到个别的层级关系,三者有各自的特点、作用和适用范围,相互依存、相互影响、相互衔接、有机统一。哲学方法具有最高统领作用,一般科学方法具有承上启下的中介作用,具体科学方法则是哲学方法和一般科学方法的具体体现与实际应用。

---

① 《普列汉诺夫哲学著作选集》(第 3 卷),刘若水等译,生活·读书·新知三联书店 1962 年版,第 21 页。

　　在对方法的内涵、外延以及历史发展进行了较为全面的梳理之后，我们尝试给"方法"作出如下定义：方法是人们认识世界和改造世界的工具，是人们思想和行动的指引，是人们为了解决某种问题、达到某种目的、完成某种任务而采取的原则、路径、方式、手段、程序等的总和。从其层次结构来看，方法可以分为哲学方法、一般科学方法和具体科学方法。只有将唯物辩证法这一根本哲学方法作为认识世界和改造世界的最高方法指引，才能将整个方法体系置于科学的理论基础之上，才能建立起具有一定通用意义的一般科学方法，才能为人们解决某一具体领域的问题提供具体的思想方法和工作方法。

### 2. 思想政治教育方法

　　之所以要对"方法"范畴本身进行大量的梳理、反思和解读，是因为只有明晰了"方法"范畴的本质内涵、历史发展与层次结构，才能准确把握思想政治教育方法的立论之基，才能明确思想政治教育方法是什么层次的方法，应当以什么样的尺度来把握和研究思想政治教育方法的相关问题。导论的后续部分将会在此基础上，对马克思恩格斯思想政治教育方法理论进行总体阐释，明晰本书的研究对象和研究内容，并进一步考察马克思恩格斯思想政治教育方法的基本定位与内在逻辑。要对马克思恩格斯思想政治教育方法进行本质把握与内涵阐释，就必须明确何为思想政治教育方法。马克思恩格斯的经典文本与相关文献中是否存在关于思想政治教育方法的论述？如果确实存在，那么如何判断哪些内容属于思想政治教育方法范畴呢？只有明确了思想政治教育方法在整个方法体系中的重要地位，明晰了思想政治教育方法本身的本质内涵，这些问题才能得到合理的解答，我们才能准确把握接下来的言说对象与研究方向。

　　从方法体系的结构层次来看，思想政治教育方法处于具体科学方法层面。一方面，哲学方法能够为思想政治教育方法的建构提供核心的精神原则与价值理念。哲学方法是根本的、管总的，思想政治教育方法是以一定的哲学方法论为立论基础的，不同的哲学方法统领下的思想政治教育方法是存在本质差异的。哲学方法的分歧是方法论上的根本分歧，哲学方法的统领方向决定着具体科学领域方法建构的基本原则，决定着思想政治教育方法体系建构的发展方向。我们在本书中要讨论研究的不是以朴素辩证法、庸俗辩证法、形而上学方法论或唯心辩证法为思想统领的思想政治教育方法，而是以唯一的真正科学的哲学方法——唯物辩证法为指导原则的思想政治教育方法。另一方面，一般科学方法和其他相关具体科学方法能够为思想政治教育方法提供一定的知识借鉴与思想启发。铸魂育人是新时代思想政治教育的重要任务与历史使命，这一过程的开展必然会或多或少地涉及教育学、心理学、伦理学、社会学、管理学、政治学、传播学等相关领域。思想政治教育和这些领域存在着或远或近的关联，适用于思想政治教育和相关领域的一般科学方法、这些相关领域中各自的具体科学方法，对于思想政治教育方法的建构与发展也具有一定的借鉴意义。这些方法不能生硬地移植到思想政治教育当中，而是要与思想政治教育相结合，为思想政治教育铸魂育人的核心任务服务。这些方法的相互交融与综合运用，能够极大地丰富思想政治教育方法体系，为思想政治工作的全面化、专业化、生动化注入生机活力。

从思想政治教育方法作为具体科学方法的作用来看，它是适用于思想政治教育这一专业领域的方法。我国对于"思想政治教育方法"概念的广泛运用，是在 1984 年思想政治教育专业正式学科化之后；关于"思想政治教育方法"的最早研究成果，是 1985 年王玄武所著的《思想政治教育方法论》。王玄武指出："我们所说的思想政治教育方法，就是教育者在对教育对象进行思想政治教育的过程中所采用的思想方法和工作方法。"[①] 沈壮海在《新编思想政治教育学原理》中指出，思想政治

---

① 王玄武：《思想政治教育方法论》，武汉大学出版社 1985 年版，第 2 页。

教育方法，即思想政治教育活动中教育者为实现教育目标所运用的手段、工具、程序、途径等。骆郁廷在《思想政治教育原理与方法》中指出，思想政治教育方法即思想政治教育所采用的程序、手段和方式之和，主要指思想政治教育的思想方法和工作方法，是思想政治教育主体作用于思想政治教育客体的中介，具有思想政治教育实践的特质。娄淑华在《现代思想政治教育方法论》中指出，思想政治教育方法是在马克思主义的历史唯物主义与辩证唯物主义指导下，为发现、认识、理解和解决人们的政治、道德与心理问题的立场、观点和看法，所采用的诸多方法。通过对"思想政治教育方法"的概念进行梳理可知，当前学界对这一概念的定义基本都是在一个尺度上展开的，即思想政治教育方法是服务于思想政治教育理论与实践活动的方法，是为了解决思想政治教育相关问题、完成思想政治教育任务、达成思想政治教育目标所采取的手段、工具、程序、方式之和。"思想政治教育方法"这一概念是在 20 世纪 80 年代之后才被学界广泛使用的，但思想政治教育方法的实际运用以及对思想政治教育方法的学理研究，并不是在 20 世纪 80 年代之后才开始出现。实际上，当思想政治教育实际活动出现的时候，就必然存在思想政治教育方法的实际运用，就必然存在关于思想政治教育方法的思考与探究。只有科学把握思想政治教育方法的本质内涵，才能准确理解思想政治教育方法要解决什么问题、完成什么任务、达成什么目的。

要科学把握思想政治教育方法的本质内涵，首先要对思想政治教育进行阐释。这里不是要追溯思想政治教育之名，而是要探究思想政治教育之实，不是要梳理"思想政治教育"的概念演变，而是要把握思想政治教育的实际活动，要到实际工作中去体会其精神内核，探究思想政治教育究竟是做什么的。马克思、恩格斯在《德意志意识形态》中指出："统治阶级的思想在每一时代都是占统治地位的思想。这就是说，一个阶级是社会上占统治地位的物质力量，同时也是社会上占统治地位的精神力量。支配着物质生产资料的阶级，同时也支配着精神生产资料……他们还作为思维着的人，作为思想的生产者进行统治，他们调节着自己时代的思想的生产和分配；而这就意味着他们的思想是一个时代的占统治地位的思想。"① 在这一论断中，马克思、恩格斯并未使用"思想政治教育"这一概念，却深刻揭示了阶级社会中思想政治教育的精神实质。每个时代占据统治地位的阶级"调节着自己时代的思想的生产和分配"，他们总是会想方设法把自己的思想"同现有的观念材料相结合而发展起来，并对这些材料作进一步的加工"②，从而"赋予自己的思想以普遍性的形式，把它们描绘成唯一合乎理性的、有普遍意义的思想"③。思想政治教育正是这样一个统治阶级调节思想生产和思想分配的事情本身，即一定社会、阶级或集团用自己的思想观念体系对成员的思想灵魂施加有目的、有计划、有组织的影响，使全体成员理解、接受和认同自己的思想，并把这种思想内化为精神指引与价值追求，从而把他们培养成符合自身根本利益需要的社会成员。人类历史进入阶级社会以来，任何时代的统治阶级都有维护自己阶级统治的需要，都需要运用一定的方式方法来维护自己在意识形态领域的统治地位，并利用意识形态统治来巩固和加强自己在物质生产领域中的实际统治。这就构成了每个时代的思想政治教育方法。

至此，我们尝试给"思想政治教育方法"作出一个定义：思想政治教育方法是一定社会、阶级、集团调节一定时代思想生产和分配的方法，是占统治地位的阶级根据自己的根本利益需求，有目的、有计划、有组织地铸育社会成员思想和灵魂的方法，是统治阶级巩固自己在意识形态领域统治地位的手段、工具、程序、方式之和。从一定意义上来讲，思想政治教育本质上也是一种方法，思想政治教育的内容、目标、

① 《马克思恩格斯文集》第1卷，人民出版社2009年版，第550—551页。
② 《马克思恩格斯文集》第4卷，人民出版社2009年版，第309页。
③ 《马克思恩格斯文集》第1卷，人民出版社2009年版，第552页。

任务、环境、载体等一切要素，最终都要聚焦于一定的方法。只有通过一定的方法，才能完成对人思想灵魂的塑造。由于社会形态、阶级状况、物质条件等的不同，不同时代条件下思想政治教育方法的理论样态和实践运用也存在着或多或少的差异。在以往的阶级社会中，奴隶主阶级、封建地主阶级、资产阶级等统治阶级是作为剥削阶级存在的，这些阶级开展的思想政治教育不过是对被统治阶级进行精神剥削与压迫的手段，他们采取的思想政治教育方法自然带有不可避免的压迫性和剥削性。马克思、恩格斯开创了代表最广大人民群众根本利益的无产阶级思想政治教育。只有以马克思主义为指导的思想政治教育方法，才不再是剥削和压迫的手段，才真正成为给人以思想解放、精神引领和灵魂塑造的方法，成为致力于实现人的全面发展的科学方法。

### 3. 马克思恩格斯思想政治教育方法

马克思、恩格斯是伟大的思想家，也是伟大的无产阶级革命导师。他们不仅创立了马克思主义理论——关于无产阶级和全人类彻底解放的学说，而且要求用这一套科学理论来武装群众、掌握群众、发动群众。从这一层面来看，马克思、恩格斯可以说是当之无愧的无产阶级思想政治教育家，他们最早在广大无产阶级中间开展了影响巨大且深远的思想政治教育工作。马克思、恩格斯的理论学说本身就蕴含着理论武装、掌握群众、变成物质力量的本质要求，在他们积极探索理论如何掌握群众、变成物质力量的过程中，无产阶级思想政治教育和无产阶级思想政治教育方法的原初形态也就必然产生了。探讨"马克思恩格斯思想政治教育方法何以可能"这一问题，不是要纠结马克思恩格斯是否在经典文本中明确提出了"思想政治教育方法"，而是要探究：马克思、恩格斯的思想政治教育方法是以何种样态呈现的？马克思、恩格斯的思想政治教育方法中的哪些内容在我们今天要研究探讨的范围之内？只有对这些问题作出总体性的说明解答，才能进一步明确本书研究对象的基本内容、言说方式与历史方位。

恩格斯曾在《资本论》第三卷序言中透彻地批判了彼·法尔曼研究马克思剩余价值理论的错误方法，明晰了研究和把握马克思理论学说的正确路径，这对于我们回答上述问题具有重要启发意义。恩格斯指出："这是出自他的误解，即认为马克思进行阐述的地方，就是马克思要下的定义，并认为人们可以到马克思的著作中去找一些不变的、现成的、永远适用的定义。但是，不言而喻，在事物及其互相关系不是被看做固定的东西，而是被看做可变的东西的时候，它们在思想上的反映，概念，会同样发生变化和变形；它们不能被限定在僵硬的定义中，而是要在它们的历史的或逻辑的形成过程中来加以阐明。"① 思想政治教育方法本身并不是"固定的东西"，不是"僵化的定义"，它在不同的社会条件下会"发生变化和变形"，它有着自己"历史的或逻辑的形成过程"。如果带着一个先验的框架，带着当今时代对思想政治教育方法的定义与理解，到马克思恩格斯经典文本中去按图索骥，当然也会找到一些与之相符或相似的经典论断，但这只是在按照当今时代对思想政治教育的理解来框定和塑造马克思、恩格斯的思想政治教育，保留其中符合当代理论框架的部分，剔除超出当代理论框架的内容。这样就会错失掉马克思恩格斯思想中很多具有本原意义的内容，忽略掉很多与现代思想政治教育学表述不尽相同但精神内核相一致的内容，遗漏掉很多具有马克思恩格斯思想政治教育特色和传统的观点。研究马克思恩格斯思想政治教育方法，不是要追求"形似"，而是要讲求"神合"；不是要回到僵化的词句当中，而是要回到马克思、恩格斯实际地论述或实际地实施思想政治教育方法的地方；不是要在马克思恩格斯经典文本中找出"思想政治教育方法"现成的确切定义，而是要在历史和逻辑相统一中考察马克思、恩格斯对思想政治教育方法的表达与践行。

---

① 《马克思恩格斯文集》第 7 卷，人民出版社 2009 年版，第 17 页。

这就是说，要完整准确地掌握马克思恩格斯思想政治教育方法，就必须回到他们所处的时代环境和历史语境当中去，深刻把握马克思恩格斯思想政治教育理论与实践的本来面貌，去感知马克思、恩格斯采用了何种方法来实施思想政治教育，深刻认识、凝练、总结马克思恩格斯思想政治教育方法的精神实质与核心要义。

一方面，要把马克思恩格斯经典著作理解为思想政治教育文献，到马克思、恩格斯的理论论述中把握思想政治教育方法。马克思、恩格斯开展思想论战、阐发学术观点的过程，也是占领思想高地、争夺意识形态阵地、对人民群众进行思想政治教育的过程。《〈黑格尔法哲学批判〉导言》《论犹太人问题》《1844 年经济学哲学手稿》《德意志意识形态》《哲学的贫困》《共产党宣言》《路易·波拿巴的雾月十八日》《路德维希·费尔巴哈和德国古典哲学的终结》《资本论》《反杜林论》《自然辩证法》等著作和马克思、恩格斯的书信，都是研究马克思恩格斯思想政治教育基本理论的宝贵资源，其中蕴藏着大量关于思想政治教育方法的思想理论，体现着思想政治教育方法的本质要求。经典文本中的意识形态、理论武装、政治教育、政治斗争、阶级斗争、精神生产、精神交往、宣传鼓动、政党学说等相关内容，都是同思想政治教育方法直接相关的。此外，马克思、恩格斯关于哲学方法、政治经济学研究方法、语言表达方法、社会调查方法等的论述，也能够为思想政治教育方法提供重要指导与有益借鉴。另一方面，要把马克思、恩格斯唤醒人民群众、引领无产阶级革命运动的过程理解为思想政治教育实践，从马克思、恩格斯的革命实践中把握思想政治教育方法。马克思、恩格斯不光是思想政治教育的理论家，也是思想政治教育的工作者，他们从事了大量的思想政治教育实际工作。他们充分利用当时当地的社会历史条件，通过撰写政论文章、发表演讲、创办报刊、建立通讯联系、印发宣传品、组织集会罢工、成立共产主义小组等，对广大无产阶级进行了积极的思想引导与政治引领，为思想政治教育方法的运用、拓展与创新树立了光辉典范。时至今日，马克思恩格斯的理论学说与革命实践，仍然是研究思想政治教育方法的重要宝库。

研究马克思恩格斯思想政治教育方法，不是要对个别思想政治教育经典论断进行内涵解析，也不是要把他们开展思想政治教育的活动过程进行直观呈现，而是要对马克思恩格斯思想政治教育方法进行理论性的把握与抽象，在系统梳理总结马克思恩格斯思想政治教育的思想资源和实践经验的基础上，进一步探索和建构思想政治教育方法的学理基础、基本逻辑、实施路径，筑牢马克思主义思想政治教育的坚实根基。当然，马克思、恩格斯采用过的思想政治教育方法数量众多，并非马克思、恩格斯所提及、所论述、所采用的每一种方法都在我们的研究视阈之内。能够进入本书研究范畴的，是指在思想政治教育理论活动与实践活动中具有广泛适用性、普遍指导性和逻辑一致性的方法。总的来说，就是指那些在马克思、恩格斯所处年代发挥过重大作用，且在今天仍然具有较大借鉴意义和较广应用范围的方法，就是那些表达思想政治教育本质属性与核心要求、指导思想政治教育理论与实践活动、支撑思想政治教育理论逻辑与实践逻辑的方法。这是马克思恩格斯思想政治教育方法的精髓所在，也是推动新时代思想政治教育方法正本清源、守正创新的原生动力。

## 二、马克思恩格斯思想政治教育方法的总体定位

《韩非子·扬权》有言："故审名以定位，明分以辩类。"① 定位即确定方位，定位问题关乎事物的内涵与性质，关乎事物的作用与价值，更关乎事物的发展与变化。认识任何事物都需要通过考察剖析它的"名"即概念，来确定它所处的位置、分类与界限。不同的定位方式能

---

① 〔清〕王先慎撰：《韩非子集解》，钟哲点校，中华书局1998年版，第3613页。

够为人们提供理解和把握事物的不同维度。找到马克思恩格斯思想政治教育方法的存在坐标，明确其历史定位、文本定位、学科定位，就能够更加清楚对马克思恩格斯思想政治教育方法的研究应当以何种尺度展开，就能够更加明晰我们应当从何种站位来研究和揭示马克思恩格斯思想政治教育方法的理论内涵与现实意涵。

### 1. 历史定位

所谓马克思恩格斯思想政治教育方法的历史定位，就是指它在人类社会历史发展进程中所处的基本位置，尤其是在无产阶级与资产阶级进行阶级斗争中的功能与作用、意义与价值。马克思曾说："任何真正的哲学都是自己时代的精神上的精华。"[①] 每一时代的思想理论都是这个时代的产物，也是这个时代在思想当中的存在与反映，是在解决一定时代的理论命题与现实难题的过程中形成发展起来的，具有鲜明的历史特点与时代特征。要理解马克思、恩格斯的思想理论、把握马克思、恩格斯的思想政治教育方法，就必须明确它们是在什么样的时代背景、历史条件下形成的，是为了满足什么样的理论需要与现实需要而产生的，具有什么样的历史价值，发挥过什么样的历史作用。

19 世纪三四十年代，英、法、美、德等国相继完成第一次工业革命，极大地推动了资本主义经济的发展，确立了资产阶级在社会生活各方面的实际统治地位。资本主义私有制的确立和巩固，又反过来促进了生产力的革新与发展。正如马克思、恩格斯在《共产党宣言》中所说："资产阶级在它的不到一百年的阶级统治中所创造的生产力，比过去一切世代创造的全部生产力还要多，还要大。"[②] 但随着资本主义生产方式的不断扩张，生产社会化与资本主义生产资料私有制之间不可调和的矛盾也逐渐暴露出来。"资产阶级的所有制关系，这个曾经仿佛用法术

---

① 《马克思恩格斯全集》第 1 卷，人民出版社 1995 年版，第 220 页。
② 《马克思恩格斯文集》第 2 卷，人民出版社 2009 年版，第 36 页。

创造了如此庞大的生产资料和交换手段的现代资产阶级社会，现在像一个魔法师一样不能再支配自己用法术呼唤出来的魔鬼了。"① 资本主义社会几乎每隔十年就会不可避免地陷入生产过剩、商品积压、工厂倒闭、工人失业、物价上涨、银行破产的萧条混乱之中，而且这种重复爆发的周期性经济危机越来越危及整个资本主义社会的生存基础。资本主义社会的内在基本矛盾在阶级关系上，就表现为资产阶级与无产阶级之间的对立。在资本的不断积累中，社会生产资料日益集中到资产阶级手中，他们凭借着对于生产资料的占有，获得了支配他人劳动并占有他人劳动产品的权利。同富裕资产阶级一同被生产出来的，是极端贫困化的无产阶级，他们是整个资本主义社会财富的创造者，从事着整个资本主义社会最为繁重的劳动工作，却被置于极端的非人境地，承受着最为沉重的剥削与奴役。各主要资本主义国家阶级矛盾不断激化，无产阶级反对现存政治制度、反抗阶级压迫的呼声日益高涨，其主要表现就是爆发了著名的欧洲三大工人运动：法国里昂工人起义、英国宪章运动、西里西亚纺织工人起义。最终，这三次大规模的工人运动都遭到了残酷的镇压，均以失败告终。作为觉醒的号角，欧洲三大工人运动标志着无产阶级已经作为一支独立的政治力量登上了历史舞台，提出自己独立的政治经济诉求，极大地冲击了资本主义制度；同时让革命者深刻意识到，如果没有科学的革命理论指导，如果没有正确的方法使广大无产阶级牢牢掌握科学的革命理论，争取人类解放的革命运动就无法取得最终胜利。

身处这一时代的马克思、恩格斯，深刻认识到了资本主义社会的剥削性和资本主义意识形态的欺骗性。事实上，马克思、恩格斯在青年时期，都曾经信奉过对现代资本主义国家产生深刻影响的黑格尔法哲学，认为新闻、报刊、出版、法律等都应符合资本主义国家的理性精神，资本主义国家可以遵照"绝对理性"转变人们的思想意识、改变不公正的

---

① 《马克思恩格斯文集》第 2 卷，人民出版社 2009 年版，第 37 页。

社会现实。直到担任《莱茵报》编辑期间，马克思接触到了一系列关于物质利益的现实难题，如书报检查令事件、林木盗窃法事件、摩塞尔记者事件，他逐渐发现资本主义理性国家所维护的是统治阶级的狭隘利益，贫困人民的普遍利益根本无法依靠资本主义制度得以实现。与马克思殊途同归，恩格斯在实地考察了英国工人阶级生活状况之后，得出了几乎完全相同的结论，他指出："处于这种境况，无论是个人还是整个阶级都不可能像人一样地思想、感觉和生活。"① 马克思、恩格斯看到了无产阶级饱受剥削压迫的社会现实，也看到了资本主义意识形态在现实问题面前的失语与失灵。他们深刻意识到黑格尔国家哲学和法哲学本质上就是资本主义剥削制度的意识形态外衣，黑格尔的理性国家观根本无法解释、更无力解决现实社会中的物质利益难题。要使无产阶级和一切被压迫人民从资产阶级的意识形态统治中觉醒出来，就必须创生一种新的革命的哲学，同时必须使无产阶级牢牢掌握这个新的革命的哲学，使无产阶级在这个新哲学的指引下投入争取人类解放的革命运动中。正如马克思在《〈黑格尔法哲学批判〉导言》中所说："哲学把无产阶级当做自己的物质武器，同样，无产阶级也把哲学当做自己的精神武器；思想的闪电一旦彻底击中这块素朴的人民园地，德国人就会解放成为人。"② 思想的闪电彻底击中无产阶级的精神园地，这是无产阶级获得解放的前提条件。但是，这个"彻底击中"的过程不是自动发生的，不是说科学的理论一经创生就会自动去击中无产阶级。无论无产阶级成为哲学的物质武器，还是哲学成为无产阶级的精神武器，这中间都需要一个用彻底的理论去彻底掌握无产阶级的过程。要实现这种彻底的掌握，就必须要有彻底的思想政治教育方法。

　　正是基于资本主义社会阶级矛盾激化的历史背景和无产阶级革命运动的现实需要，马克思、恩格斯投入创立新的科学世界观、方法论的艰

① 《马克思恩格斯文集》第 1 卷，人民出版社 2009 年版，第 448 页。
② 《马克思恩格斯文集》第 1 卷，人民出版社 2009 年版，第 17—18 页。

难探索中，投入理论掌握群众的意识形态工作中，开创了一系列科学的思想政治教育方法，为激发无产阶级精神力量、凝聚无产阶级革命队伍、指引无产阶级革命运动提供了重要保障。这种在19世纪三四十年代无产阶级革命运动中产生发展起来的思想政治教育方法，反映着当时无产阶级意识形态斗争的鲜明特点，具有强烈的革命性与实用性。从这一意义上来说，马克思恩格斯思想政治教育方法的产生是无产阶级反抗资产阶级剥削统治的历史必然，是马克思主义科学理论掌握群众的自觉要求。从此，在争取人类解放的革命运动中，无产阶级拥有了更为强大有力的精神武器，走上了更为科学的斗争道路。可以说，马克思、恩格斯在思想政治教育方法领域中的积极探索，填补了无产阶级思想政治教育方法的空白，极大地扭转了无产阶级长期以来在意识形态斗争中的被动地位，为无产阶级占领意识形态高地、掌握意识形态斗争主动权、武装无产阶级的思想头脑、推动无产阶级革命运动蓬勃发展作出了不可磨灭的重要贡献。

**2. 文本定位**

所谓马克思恩格斯思想政治教育方法的文本定位，就是指马克思恩格斯思想政治教育方法在经典文本以及文本研究中所处的重要地位。经典文本是研究马克思恩格斯思想理论最为全面、最为可靠、最为直接的第一手资料，分析解读经典文本是研究马克思恩格斯思想政治教育方法的基本方式。这些理论著述深刻表达了马克思、恩格斯的辩证唯物主义和历史唯物主义世界观和方法论，主要包括马克思主义哲学、马克思主义政治经济学、科学社会主义三大部分内容。但具体来看，马克思恩格斯经典文本涉及的领域十分广泛，囊括了政治学、人类学、社会学、教育学、心理学、文学、管理学、生物学、地质学、天文学、化学、数学等，当然也包括思想政治教育学方面的内容。在如此复杂多样的文本内容和理论体系中，"思想政治教育方法"处于什么样的地位，发挥着什么样的作用呢？马克思恩格斯思想政治教育方法同整个马克思恩格斯经典文本有着什么样的内在关系？同经典文本当中其他思想内容之间有着什么样的联系和区别呢？我们又应当如何在经典文本中准确定位出思想政治教育方法呢？只有把这些问题梳理清楚，我们才能明确马克思恩格斯思想政治教育方法的文本定位，才能在经典文本中抽丝剥茧，精准锁定并准确提取思想政治教育方法的相关内容，才能将对马克思恩格斯思想政治教育方法的研究推入正轨。

思想政治教育方法是暗含在马克思恩格斯经典文本中的一条重要逻辑线索，是理解与剖析经典文本不可或缺的基本维度。从思想政治教育的视角来解读经典文本，不仅能够更加凸显马克思、恩格斯作为无产阶级革命导师的身份特质，而且能够使马克思恩格斯经典文本向我们敞开更加丰富的研究空间。当然，马克思、恩格斯从来不是单独对着"思想政治教育方法"这个事情本身在讲述什么，他们关于思想政治教育方法的探讨从来都是同他们的理论学说本身紧密交融在一起的。马克思、恩格斯既要求理论的彻底，也要求理论掌握的彻底性，要求用彻底的理论来彻底掌握群众。他们从来不是在抽象地探讨理论问题，也从来没有孤立地讨论过理论掌握群众的问题。或者说，这两个问题本质上也是无法割裂开谈的。理论如果本身不彻底，也就无法彻底掌握群众；理论如果无法彻底掌握群众，那它本身也必然是不彻底的。理论掌握群众作为一种自觉意识、作为一种自我要求、作为一种历史主动，渗透在马克思恩格斯思想理论的血肉灵魂之中。马克思主义理论本身蕴含着掌握群众的内在要求，有着创生思想政治教育方法的理论自觉。在这里，"彻底掌握"就已经内在包含了对思想政治教育方法的需要与渴望，理论如何掌握群众、如何彻底掌握群众，这本质上就是在探讨思想政治教育方法的有效性、彻底性问题。马克思、恩格斯在不断探索和建构关于人类彻底解放的理论学说的同时，在不断探索和解决理论掌握群众的方式方法问题。对思想政治教育方法的探索，对理论彻底掌握群众的渴望，已经作为一种自觉的任务意识包含在了马克思、恩格斯的理论体系内部。在他们那里，理论本身的建构发展和理论掌握群众从来不是割裂的，从来不是相互分离的。对关于人类解放理论学说的建构，是贯穿于马克思恩格斯经典文本的一条明线逻辑，对关于理论掌握群众的探索、对思想政治教育方法的探讨，则是隐含在马克思恩格斯经典文本中的一条暗线逻辑。这两条逻辑相互交织、相互映照、同向同行、共同致力。

那么，如何在经典文本中找到思想政治教育方法这条暗线逻辑呢？马克思、恩格斯在著述立论的过程中，没有明确使用"思想政治教育"和"思想政治教育方法"的概念，也没有明确把思想政治教育这个事情本身从他们正在从事的理论与实践活动中剥离出来。因为，思想政治教育、思想政治教育方法本身也是马克思主义理论体系中不可或缺的重要一环，它们同马克思恩格斯思想理论的所有内容都相互贯通、紧密交融。我们要做的不是把经典文本割裂开来，指出其中哪些是属于思想政治教育的东西，哪些是属于思想政治教育方法的东西，哪些是跟思想政治教育无关的东西。马克思恩格斯思想政治教育方法不是浮于文本之上，不是局限于语词片段之间，而是贯穿于他们的思想逻辑之内，体现在他们的实践活动之中。列宁曾指出："只有不可救药的书呆子，才会单靠引证马克思关于另一历史时代的某一论述，来解决当前发生的独特而复杂的问题。"① 我们不是要在文本中提纯和拼凑当今时代思想政治教育方法的语言，不是要通过裁剪拼接马克思、恩格斯的语言加工出一个当今时代的思想政治教育方法体系，而是要使经典文本本身言说出马克思恩格斯思想政治教育方法，展现出马克思恩格斯思想政治教育方法的本来面貌，确保马克思恩格斯思想政治教育方法的内容呈现不走样、不变味、不缺项。

在经典文本中定位思想政治教育方法，应当首先把马克思、恩格斯

---

① 《列宁全集》第 3 卷，人民出版社 2013 年版，第 13 页。

的理论文本理解并把握为思想政治教育文献，把马克思、恩格斯的革命实践理解并把握为思想政治教育活动。明晰马克思恩格斯思想政治教育方法的本来面貌，不仅要挖掘其中包含的马克思恩格斯关于思想政治教育方法重要问题的思想过程与观点论述，而且要还原马克思、恩格斯实施运用这些方法的思想政治教育事件、思想政治教育现象、思想政治教育实践，揭示马克思、恩格斯在那个时代就已经确立与表达的思想政治教育方法的核心要义与精神实质。譬如马克思、恩格斯同青年黑格尔派、费尔巴哈、蒲鲁东主义者、布朗基主义者、巴枯宁主义者等展开的一系列思想论战，可以理解为不同阶级立场的思想政治教育工作者在用不同的思想观点和方式方法来对人民进行思想政治教育，以期教化人民、争取群众、实现自己的某种政治目的。又如《〈黑格尔法哲学批判〉导言》，这一文献可以说是马克思主义思想政治教育的开山之作，文章当中关于宗教批判、哲学批判、现实批判的内容，关于"理论掌握群众""思想击中""物质武器与精神武器"的重要论述，都是马克思恩格斯思想政治教育方法的集中展现。再如，马克思、恩格斯为工人群众撰写宣传读本，马克思、恩格斯发表关于波兰的演说，马克思、恩格斯同世界各地工人团体的通讯联系，马克思关于自由贸易的演说，恩格斯在马克思墓前的讲话，这些都是马克思、恩格斯亲身实践的成功的思想政治教育个案。

可见，马克思恩格斯经典文本是一座宝贵的思想政治教育资源库。当我们带着思想政治教育的视角，把马克思、恩格斯的理论著述与实际行动理解为思想政治教育，就能够使经典文本作为思想政治教育文献向当今时代敞开，使马克思恩格斯思想政治教育方法的思想理论作为源头活水不断流淌出来，重新滋养新时代的思想政治教育。

### 3. 学科定位

所谓马克思恩格斯思想政治教育方法的学科定位，就是指它在所属学科的建构与发展中居于什么样的地位、发挥什么样的作用，对于学科的理论体系构建和实践路径选择具有什么样的意义与价值。从学科归属的角度来看，当然应该以思想政治教育学作为本研究的第一视角来追踪和考察这一命题。马克思恩格斯思想政治教育方法属于基础理论研究范畴，其意义在于从正本清源、返本开新、守正创新的维度来梳理总结马克思恩格斯思想政治教育方法，并结合现实要求进一步探索这些方法的实践转化路径。

从理论归属的角度来看，马克思恩格斯思想政治教育方法是马克思主义理论体系的一个重要分支，是马克思主义基本立场、观点、方法在意识形态领域的坚持与运用，是马克思主义基本原理同意识形态工作相结合的产物。马克思恩格斯思想政治教育方法研究必将会大量涉及对马克思主义意识形态理论原理基础的追溯与挖掘，因而在这一层面，本研究又会具有一些马克思主义基本原理二级学科的内涵要求与基本特征。在完成对马克思恩格斯文本观点的总结、归纳与提炼之后，我们还将立足中国特色社会主义新时代的历史条件与时代方位，深入研究习近平新时代中国特色社会主义思想对于马克思恩格斯思想政治教育方法的继承、坚持与创新，进一步寻求马克思恩格斯思想政治教育方法中国化时代化的发展进路。这就意味着，本研究必然会在一定程度上体现出马克思主义中国化二级学科的基本特点与要求。总的来看，对马克思恩格斯思想政治教育方法的研究应当在马克思主义理论一级学科整体视阈下，以思想政治教育二级学科视角为主，综合运用马克思主义基本原理、马克思主义中国化等多个二级学科的理论内容与研究方法，以期推动思想政治教育学科的守正创新，促进马克思主义理论学科内部的协同攻关与融合发展。

一方面，马克思恩格斯思想政治教育方法研究是推动思想政治教育学科守正创新的基础性课题。任何一个学科的存在与发展，都是以人们能够正视其存在、认清其本质为根本前提的。思想政治教育的科学化与学科化，也是从人们能够正视人类社会历史发展中的意识形态现象，认清思想引领、政治引导、道德教化的本质开始的。意识形态现象并不是在马克思、恩格斯的时代才出现的，思想政治教育的实践活动与理论探索也并不是从马克思、恩格斯那里才起步的。在以往的阶级社会中，已经有了专门的意识形态家甚至意识形态阶层，他们负责编织关于统治阶级的各种幻想，钻研各种教化人民的手段与方法。但是，以往的统治阶级总是讳言意识形态，他们希望对人们进行思想意识方面的控制和奴役，却不希望人们意识到自己的思想意识被控制、被操纵、被奴役。由于担心自己在意识形态领域施加的剥削统治被觉察，由于害怕被统治阶级的觉醒与反抗，统治阶级总是希望思想政治教育以一种稳固而隐蔽的方式进行，总是自觉或不自觉地模糊甚至掩蔽思想政治教育活动的实际存在，以"公民教育""道德教育""伦理教育"等称谓来淡化思想政治教育的意识形态性。因此，在他们那里，即便已经实质地存在着思想政治教育、存在着思想政治教育方法，却根本谈不上使思想政治教育公开化、科学化、学科化，更谈不上公开地探索和建构科学的思想政治教育方法体系。

直到马克思、恩格斯，他们才第一次以辩证唯物主义和历史唯物主义的世界观和方法论阐明了意识形态的本质，揭露了以往阶级社会意识形态的虚伪性与欺诈性，展开了探索无产阶级意识形态工作的积极尝试。马克思、恩格斯在《共产党宣言》中指出："共产党一分钟也不忽略教育工人尽可能明确地意识到资产阶级和无产阶级的敌对的对立，……共产党人不屑于隐瞒自己的观点和意图。"[①] 共产党之所以有这种"一分钟也不忽略教育工人意识到阶级对立"的勇气和"不屑于隐瞒自己观点和意图"的底气，是因为共产党所开展的无产阶级思想政治教育是有着科学理论依据和坚定人民立场的。单这两点，就已经使无产

---

① 《马克思恩格斯文集》第 2 卷，人民出版社 2009 年版，第 66 页。

阶级思想政治教育能够立得住、靠得牢、行得远。可以说，正是马克思、恩格斯开创的马克思主义理论，为思想政治教育活动提供了正确的解释框架与科学的立论基础；正是马克思、恩格斯用科学理论唤醒人民、教育人民、武装人民的实践活动，提供了实施运用思想政治教育方法的良好典范。这就为后来思想政治教育的学科化与科学化，为思想政治教育方法的体系化与结构化开辟了发展道路，指明了前进方向。

就当前思想政治教育方法建构发展的基本情况来看，我们在基本方向和基本立场上坚持了马克思主义的指导地位，但在对其进行细节推进、贯彻落实方面仍显不足。相较于一些传统学科，思想政治教育学科设立较晚、发展时间较短。学科在初创期，为了快速丰富思想政治教育学科理论体系，曾大量借鉴了哲学、教育学、心理学、管理学等学科的相关理论知识，将这些学科的理念、内容、方法大量引入思想政治教育当中。这确实在短时间内极大地促进了思想政治教育学科体系的确立，但也在一定程度上导致马克思主义在这一领域的外在化，削弱了思想政治教育的特殊性与专业性，造成内外"两层皮"的不良现象。要从根本上解决这一问题，就必须在学科借鉴的过程中始终坚持马克思主义的基本立场、观点和方法，不断加强和巩固马克思主义在思想政治教育学科中的核心指导作用，以马克思主义作为贯穿学科建设过程的逻辑主线，并以此来统筹整合跨学科的借鉴融合工作，使学科融合与学科借鉴始终服从和服务于马克思主义思想政治教育的建构发展。

正是带着这样的学科认同与学科自觉，我们认为马克思恩格斯思想政治教育方法是马克思主义思想政治教育方法建构发展的历史起点与逻辑起点，是新时代思想政治教育方法所必须要坚守的"正"与"本"，是推动新时代思想政治教育方法实现新发展、新进步、新飞跃的重要动力。以思想政治教育方法的视角回到文本、经过历史、发现问题，在经典文本中汲取思想养分和精神养料，不断丰富完善思想政治教育方法的话语体系、理论体系和实践体系，这正是坚持马克思主义在意识形态领域指导地位的必然要求，也是强化思想政治教育理论归属、发挥思想政治教育方法本质功能的必然选择。

另一方面，马克思主义思想政治教育方法研究也是推动马克思主义理论学科协同发展的综合性课题。1984 年，我国开始在高等院校设立思想政治教育学科。2005 年，增设马克思主义理论一级学科，下设马克思主义基本原理、马克思主义发展史、马克思主义中国化研究、国外马克思主义研究、思想政治教育五个二级学科。2008 年，又在马克思主义理论一级学科之下增设中国近现代史基本问题研究二级学科。2017 年，《中共中央、国务院关于加强和改进新形势下高校思想政治工作的意见》明确提出要在马克思主义理论一级学科下设置党的建设二级学科。丰富和发展马克思主义理论研究成果，加强和改进社会主义意识形态建设，需要以马克思主义作为指导思想，不断优化马克思主义理论学科综合布局，不断深化其下设 7 个二级学科的协同发展。从当前的现实情况来看，马克思主义理论学科的旗帜领航作用尚未得到充分发挥，优势学科地位尚未得到完全确立。其中一个重要原因就是，马克思主义理论学科群的整体性、综合性和协同性有待加强，7 个二级学科之间仍然存在着一定的隔阂与壁垒，尚未形成融会贯通的发展格局。

显然，经典文本研究就是马克思主义理论学科体系内部开放学科边界、打通学科隔阂、加强学科交叉融合发展的重要抓手，是在二级学科之间凝聚共识、形成合力、携手并进的关键着力点。这 7 个二级学科都应当把马克思主义作为逻辑主线，把经典文本作为发展的源头活水和研究的重点内容，从而更加深入、更加完整、更加准确地理解和把握马克思恩格斯思想政治教育的理论精髓，不断汲取马克思主义理论学科高质量发展的强大动力，逐步形成相互联系、相互贯通、相辅相成的学科发展格局。新时代的思想政治教育应当以此为发展基点，强化自身的学科归属，将自身置于马克思主义理论一级学科的整体布局之下，牢牢把握住与其他二级学科交叉融合的关键领域，在深耕经典、回归文本的过程中加强与其他学科的交流和融合，在与其他学科的协同联动中深化对经典文本的理解和把握，不断巩固和提升自身的学科优势与发展动能。

### 三、马克思恩格斯思想政治教育方法体系的总体逻辑

马克思恩格斯经典文本所呈现的思想政治教育方法，并非一个个零碎的、散在的、孤立的具体操作方法，而是一个有架构、有层次、有秩序的方法体系。马克思在 1865 年 7 月 31 日写给恩格斯的信中曾指出："不论我的著作有什么缺点，它们却有一个长处，即它们是一个艺术的整体。"① 列宁也曾形象生动地将马克思主义理论体系比喻为"一整块钢"，他强调，"在这个由一整块钢铸成的马克思主义哲学中，决不可去掉任何一个基本前提、任何一个重要部分，不然就会离开客观真理，就会落入资产阶级反动谬论的怀抱"②。整体性是马克思恩格斯思想体系的基本特征，也是我们理解和把握马克思恩格斯思想体系的重要原则。无论面对马克思恩格斯的全部理论学说，还是针对马克思恩格斯理论学说的某一个侧面，都应当整体、系统地展开认识，这样才能更好地认清理论"整钢"、把握思想真谛。

马克思恩格斯思想政治教育方法就是这样一块"整钢"，具有周密的逻辑性、清晰的层次性和严整的结构性。当然，这个逻辑、层次、结构并非由马克思、恩格斯直接言明的，也不是我们主观臆断、自说自话、强行附会的，而是蕴藏在马克思恩格斯关于思想政治教育的理论论述与实践活动之中，并且需要我们运用理论思维来进行总结、抽象与升华的。这就是说，要把这些方法当作相互联系、相互支撑、相互促进、协同致力的有机整体，对其进行总体的学理抽象与深层的逻辑分析，明

① 《马克思恩格斯文集》第 10 卷，人民出版社 2009 年版，第 231 页。
② 《列宁全集》第 18 卷，人民出版社 2017 年版，第 341 页。

确方法体系内部的层次结构与运行机制。唯有如此，马克思恩格斯思想政治教育方法才不只是作为一种历史的实践经验、作为一种零星的文本表述，而是作为一种科学的思想体系与实践逻辑向我们无限敞开的。在这里，我们试图以总体性的视角来梳理马克思恩格斯思想政治教育方法体系的逻辑脉络。

### 1. 根本方法

恩格斯曾在 1895 年 3 月 11 日写给韦尔纳·桑巴特的信中指出："马克思的整个世界观不是教义，而是方法。"① 马克思主义的世界观和方法论是根本一致的。唯物辩证法就是马克思、恩格斯留给我们的宝贵方法，是具有世界观意义的方法论。

我们进行任何具体学科方法体系的建构，都必须首先明确承认马克思主义的指导地位，承认唯物辩证法的核心统领作用。当然，唯物辩证法是马克思主义思想政治教育的方法论基础，是马克思主义思想政治教育的根本方法。之所以没有将唯物辩证法直接呈现出来，是因为思想政治教育方法是具体科学方法，而唯物辩证法是比它更上位、更抽象、更宏观的哲学方法论，它不只对思想政治教育方法而且对所有具体学科的方法都具有根本的、基础的、核心的引领作用与指导意义。我们绝对不能忽略唯物辩证法在马克思恩格斯思想政治教育方法体系中的意义与价值，但也不能直接把唯物辩证法定义为思想政治教育这一具体学科领域的方法。如果简单地将唯物辩证法定义为思想政治教育方法，不仅会降低唯物辩证法作为人类思想史上"伟大的认识工具"的重要地位，而且会有照搬哲学方法的偷懒之嫌，会在一定程度上削弱思想政治教育方法的专业性。作为具有世界观意义的方法论，唯物辩证法总是以高度抽象的理论形态存在着，并且表现为一定的具有原理高度的理论观

---

① 《马克思恩格斯文集》第 10 卷，人民出版社 2009 年版，第 691 页。

点。它要进入某一具体科学领域，对人们某一领域的理论与实践活动发挥核心引领作用，总是要同这一领域本身面对和解决的理论问题与实践问题结合起来，转化为指导这一领域理论活动与实践活动的方法论原则。

### 2. 方法论原则

方法论原则是具有原则高度的方法，也是具有方法论意义的原则。它是唯物辩证法这一根本哲学方法论在思想政治教育领域生成的原则性方法，是用以破解思想政治教育领域基本问题的方法。

面对马克思恩格斯经典文本，本研究把唯物辩证法作为照亮和引领思想政治教育方法的"普照的光"和"活的灵魂"，深入考察了它在思想政治教育领域中所派生出的具有学科指导意义的方法论原则，即矛盾分析法、历史分析法、阶级分析法。需要澄清的是，这并不是说这些方法论原则是思想政治教育专属的，并不排除它们对其他学科领域的适用性，而只是强调了它们对于思想政治教育的学科指导意义。从这些方法论原则的本质来看，它们是马克思主义的哲学方法论原则，对于一切哲学、社会科学、自然科学都有着重要的方法论指导意义。我们在这里，将这三条理解为思想政治教育的方法论原则，不是要将哲学方法论原则简单照搬过来，而是要将唯物辩证法作为思想政治教育方法的哲学基础，运用矛盾分析、历史分析、阶级分析的方法来回应和解决思想政治教育的理论与现实问题。

之所以作出这样的理解，有两方面的原因。其一，唯物辩证法是马克思恩格斯全部学说的理论基础，是马克思恩格斯思想政治教育活动的根本指导思想。他们总是带着唯物辩证法的观点，总是以矛盾分析、历史分析、阶级分析的视角，来把握人的思想成长发展规律，引领无产阶级意识形态斗争，指导无产阶级革命运动。只有以唯物辩证法为根本的方法论指导，把矛盾分析法、历史分析法、阶级分析法理解并诠释为思想政治教育方法论原则，我们才能完成把马克思恩格斯经典文本理解为思想政治教育文献、把马克思恩格斯革命实践理解为思想政治教育活动的研究视角转换。其二，从思想政治教育的专业视角来看，这三大方法论原则所阐明的理论问题，能够帮助我们解决关系思想政治教育存在与发展的根基性问题，能够帮助我们明确思想政治教育的立场、本质、理念、范畴、规律、过程、逻辑、任务、使命等重大命题。譬如，矛盾分析法能够帮助我们正确把握与理解思想政治教育的内在本质与基本矛盾；历史分析法能够用于把握思想政治教育的核心范畴、基本规律和发展逻辑；阶级分析法能够用于明确思想政治教育的基本立场、分析思想政治教育的工作对象、把握思想政治教育的任务使命。可见，这些方法论原则都是面对和解决思想政治教育的重大理论与实践命题。

正是基于这两方面的考量，笔者认为，矛盾分析法、历史分析法、阶级分析法构成了思想政治教育的方法论原则，贯穿在思想政治教育方法运用实施的全过程与各环节，奠定了思想政治教育的理论根基和学理基础，为思想政治教育理论的建构和思想政治教育活动的开展提供了核心的精神理念与根本的思想指引。

### 3. 一般方法

一般方法是用以解决思想政治教育领域核心问题的方法。它比方法论原则更加深刻地进入了思想政治教育理论与实践活动内部，但还未直接抵达思想政治教育的具体操作环节。

一方面，一般方法是对方法论原则的贯彻与实现。任何原则性的东西一经确立，就获得了较为持久的稳定性与确定性，就具有了匡正、评判和校准的效力。思想政治教育需要在原则的意义上进行展开，也需要通过自身的逻辑展开来维护和实现原则。一般方法就是方法论原则在思想政治教育总体逻辑中的铺陈和展开，就是对这些方法论原则的深入诠释与全面贯彻。另一方面，一般方法指导和规范着具体方法的实施运用。一般方法已经完全进入了思想政治教育的专业领地，它更加具体地规定了思想政治教育的致力方向与工作维度，更加有力地支撑着思想政治教育的内在逻辑，更加明确地彰显着思想政治教育过程的总体要求。一般方法具有较强的总体性、普适性、方向性。一切具体方法的实施和运用，都在一般方法所辐射覆盖到的基本范围之内，不能模糊一般方法所指明的方向道路，不能背离一般方法所阐明的逻辑通路，不能违背一般方法所明确的基本要求。

我们可以通过对马克思恩格斯思想政治教育内在逻辑的理解，把握到他们开展思想政治教育的方向与维度，明确他们所坚持的思想政治教育一般方法，即理论灌输法、批判揭露法、说服教育法、情感感染法、宣传鼓动法、组织教育法、自我革命法。理论灌输法向人民群众的精神园地持续地、反复地、有力地输送"严格的科学思想和正确的学说"，使人们经受"思想的闪电"的击中、淬炼和洗礼；批判揭露法旨在揭露反动思想、驳倒错误观念、纠正思想偏差，引导人们在思想中"同传统的观念实行最彻底的决裂"、在现实中"同传统的所有制关系实行最彻底的决裂"；说服教育法强调有理讲理、讲理有理、以理服人，以"理论本身"和"理论说服"来保证理论对群众的武装和群众对理论的掌握；情感感染法重在抓住感觉、知觉、情绪、情感等感性因素，以情感人、由情入理、情理交融，不断增强思想政治教育的亲和力和感召力，真正做到深入人心、触及灵魂；宣传鼓动法意在传播科学思想、广泛凝聚共识、鼓舞革命力量，在千百万人民群众中间建立起"思想和行动的统一"；组织教育法意在通过组织的力量来统一思想和行动，将自在的、分散的、盲目的无产者团结凝聚成一个自为自觉、协调一致、高度统一的革命阶级；自我革命法旨在让人们反观自身，自己解决自己的问题，在自我审视、自我革新、自我完善、自我发展之中永葆革命阶级和革命政党的先进性与纯洁性。这七种方法紧密联系，相互衔接，相辅相成，共同支撑起马克思主义思想政治教育的总体逻辑。

这里需要注意的是，当我们以整体性视角来考察这些一般方法时，可以按照这样的逻辑方式去理解它们之间的相互关系。但是，在思想政治教育的活动中，它们之间并不存在逻辑上的先后顺序，只是存在着力方向的差别。根据实际的工作需要，有时只需要使用其中一种方法，有时则需要把几种方法结合起来灵活运用。譬如，我们经常把理论灌输法和批判揭露法结合使用，从正反两面来说明一个问题，加强对受教育者的影响和塑造。这两者之间并没有严格的使用顺序的规定，先正面灌输还是先反面批判，应当视具体情况而定。又如，我们总是把说服教育法和情感感染法结合起来使用，从理性和感性两方面来观照人的精神世界，双管齐下，协同致力，以期增强和巩固思想政治教育的实际效果。

### 4. 具体方法

具体方法是一般方法与思想政治教育实践活动深入结合的产物，是用以解决思想政治教育领域的具体实际问题的方法。这一层面的方法，已经进入实际操作领域，具体到方式、手段、措施、办法、途径、载体、平台、渠道、工具等的选择与运用，具有较强的针对性、操作性和可执行性。

具体方法是对根本方法、方法论原则和一般方法的贯彻落实，它服从于根本方法，它服从于方法论原则所确立的核心精神理念，服务于一般方法所勾勒的基本工作逻辑，明确了思想政治教育工作的关键着力点。譬如，阶级分析法中明确的无产阶级与资产阶级之间不可调和的阶级对立，决定了无产阶级思想政治教育应当运用批判揭露法来批判资本主义意识形态，而这种批判又需要通过撰写文章、发表演讲、罢工抗议等方式来具体表现出来。

从体系结构上看，具体方法处于整个方法体系的最底层，但这并不意味着它不重要。相反，具体方法是思想政治教育实践活动发生与开展的关键一环，方法论原则和一般方法都必须通过具体方法才能有效落地。具体方法的运用实施影响着思想政治教育功能的发挥，关系着整个思想政治教育过程的成败。有了一系列具体方法的支撑与保障，思想政治教育方法体系才能真正立得住、站得稳、行得远。不同于方法论原则的抽象性和一般方法的普适性，具体方法需要同开展思想政治教育活动当时当地的历史条件与社会背景相融合，需要与载体、平台、技术、环境相结合，需要根据教育对象、教育内容的变化而不断调整。这就决定了具体方法必然是种类多样、形式多变、数量众多的，也是最容易受到当时当地社会历史条件的限制和制约的，是最需要随着社会历史条件的变化而不断更新、不断发展的。正是因为这样，我们无法在本书中将马克思、恩格斯采用过的所有具体方法一一罗列，而是在关于 7 种一般方法的论述中提到了某些具有代表性且对当今时代借鉴意义较大的具体方法。譬如，宣传鼓动法中的报刊宣传、通讯宣传、竞选宣传等；情感感染法中的语言感染、群体感染、环境感染等。这样的论述方式，有助于我们更加深入地理解马克思恩格斯思想政治教育的一般方法、具体方法以及二者之间的关系，同时为当下思想政治教育的具体实施提供一定的参考和启发。

## 四、马克思恩格斯思想政治教育方法的结构原则

马克思恩格斯思想政治教育方法体系不是僵死的、固定不变的教条，也不是可以随意拼接、任意拿取的工具，而是一个相辅相成、相互支撑、协调致力的有机整体。我们在审视马克思恩格斯思想政治教育方法体系时，不光要梳理各层级方法涵盖的基本内容，更要明确它的整体结构原则，明晰方法体系的运行机制与发展规律。这不仅有助于完整准确地理解与把握马克思恩格斯思想政治教育方法，而且有利于在新时代

进一步践行与发展马克思恩格斯思想政治教育方法。

### 1. 主导性与综合性相统一

方法与方法之间既相互区别又相互联系，某一方法既有自己根本区别于其他方法的功能，也有同其他方法相互交叉、彼此契合、互为补充的部分。这就决定了思想政治教育活动往往不能单单依靠一种方式方法来完成，而是需要多种方法协调联动、共同发力。这就需要正确处理好方法运用中"一"和"多"的关系，既要坚持具体问题具体分析，用合适的方法来解决相应的问题，又要利用方法与方法之间的协调互补，最大程度增强思想政治教育实效性的发挥。一方面，要坚持以某一方法为主导，其他方法为辅助。思想政治教育方法不是随意使用的，每一种方法都有自己非常契合、非常适用的领域，都有自己非常擅长解决的问题。如果同时以多种方法为主导进行思想政治教育活动，会使得方法与方法之间产生一种"相对剥夺"，会削弱彼此的针对性与实效性。另一方面，要积极协调不同方法之间的关系，使之相互配合、形成合力。这就需要在聚焦共同目标的基础之上，充分了解不同方法的功能、作用与价值，准确把握不同方法之间的交叉点和契合点，积极利用思想政治教育环境、载体、时机等因素，促进不同方法之间配合与衔接，提升思想政治教育的实效性。

### 2. 抽象性与具体性相统一

马克思恩格斯思想政治教育方法体系是层次丰富，多维同构的，其中既包括具有高度抽象性的唯物辩证法，也存在具备总体普适性的方法论原则，还有着具有方向指导性的一般方法。根本方法统领着方法论原则和一般方法，方法论原则联通着根本方法和一般方法，方法论原则和一般方法又围绕并支撑着根本方法。它们之间相互贯通、相互联结、缺一不可。

正是由于抽象性与具体性的统一，整个方法体系才具有高度的整体性、贯通性与实效性。列宁指出："物质的抽象，自然规律的抽象，价值的抽象以及其他等等，一句话，一切科学的（正确的、郑重的、非瞎说的）抽象，都更深刻、更正确、更完全地反映着自然。"① 抽象，往往能够更深刻、更准确地反映一类事物的共同本质，能够使人们从理论高度来认清事物的本质。马克思、恩格斯所确立的唯物辩证法是抽象程度最高的方法，在方法体系中发挥着夯实根基、举旗定向、纲举目张的重要作用。它对于明确思想政治教育精神理念、把握思想政治教育方法的本质规定、回答思想政治教育方法的根本问题具有重要意义。马克思、恩格斯所采取的一切思想政治教育方法，无不深刻贯穿并生动诠释着唯物辩证法的精神原则。如果没有了根本方法的引领，方法论原则、一般方法和具体方法就会缺乏高度和格局，就会容易发生根本性甚至颠覆性错误。同时，抽象的根本方法如果没有方法论原则、一般方法、具体方法的贯彻与支撑，就会陷入空谈、走向虚无。"没有抽象的真理，真理总是具体的。"② 抽象的根本方法要真正发挥出自己的效力，需要方法论原则和一般方法的支撑保障，需要通过方法论原则和一般方法，走向思想政治教育本身，深入思想政治教育的具体实际，指导思想政治教育的实际行动。

### 3. 确定性与发展性相统一

坚持确定性与发展性相统一，就是要解决好马克思恩格斯思想政治教育方法中的不变与变以及怎样变的问题，明确哪些是确定不变的，是需要始终坚守、不断坚持的，哪些是需要随着时代发展而变化发展的，需要变化发展的部分又应当如何变化、如何发展。

所谓确定性，就是说马克思、恩格斯的思想政治教育方法不是漂浮

---

① 《列宁全集》第 55 卷，人民出版社 2017 年版，第 142 页。
② 《列宁全集》第 8 卷，人民出版社 2017 年版，第 412 页。

的、摇摆的、虚化的，而是有着在当时社会历史条件下所确定的特有内容，有着根本区别于阶级社会中其他思想政治教育方法的独特性质和鲜明品格，有着在社会历史发展中必须始终坚持的内在逻辑。马克思、恩格斯所确立的无产阶级阶级立场、辩证唯物主义和历史唯物主义的科学理论基础、实现一切人的自由全面发展的终极目标，这些都是马克思主义思想政治教育方法无论如何发展，都坚决不能改变也绝对不会改变的核心坚守。从方法体系本身来看，越是具有抽象性、普遍性、总体性的方法，就越是需要长久的坚持，越是不容易发生改变；越是具体性、针对性、操作性的方法，就越需要随着时代条件和社会环境的改变而不断改变。相较而言，根本方法和方法论原则具有更强的确定性，而一般方法、具体方法的确定性则较弱。在运用一般方法和具体方法时，人们总是会受到社会历史条件的限制。应当根据社会历史条件的实际情况，将其同当时当地的环境、技术、载体、平台等要素结合起来，转化为不同形式的方式、手段、措施等。

发展性是指马克思恩格斯思想政治教育方法不是一个故步自封、封闭僵化的模式，也不是一个完美无缺的理想模型，而是一个与时俱进、开放发展、不断完善的体系。这一方面是指，马克思恩格斯始终以开放的姿态拥抱时代的发展，他们也在随着时代条件的发展、随着无产阶级革命现实需要的变动、随着人民群众思想状况的变化，不断补充、发展、完善对人民群众进行理论武装与政治引导的方式方法。另一方面是指，马克思恩格斯思想政治教育方法是历史的产物，它由马克思、恩格斯初创，但不会止步于马克思、恩格斯所处的时代。马克思、恩格斯曾多次强调，他们所提供的不是现成的教条、僵死的教义，而是"进一步研究的出发点和供这种研究使用的方法"①。他们所留下的思想政治教育方法，也是新时代思想政治教育方法不断创新发展的基础和起

---

① 《马克思恩格斯文集》第10卷，人民出版社2009年版，第691页。

点。随着马克思主义思想政治教育在不同时代的持续推进，马克思、恩格斯的思想政治教育方法将不断发展出新的存在样态，不断获得新的生命力与活力。

# 第一章　矛盾分析法

从思想政治教育的视角来研究矛盾分析法，不是要把马克思恩格斯关于矛盾分析法的哲学观点照搬过来、重复书写，不是要把矛盾分析法的基本原理简单套用成思想政治教育的方法论原则，而是要深入挖掘马克思恩格斯关于思想政治教育的理论论述与实际工作，究竟如何体现并运用了矛盾分析法，如何运用矛盾分析法来解决思想政治教育的基本矛盾和基本问题。马克思在 1868 年 10 月 10 日致恩格斯的信中指出："只有抛开互相矛盾的教条，而去观察构成这些教条的隐蔽背景的各种互相矛盾的事实和实际的对立，才能把政治经济学变成一种实证科学。"① 同样，只有抛开简单的二元对立思维，以矛盾分析的观点来考察思想和思想政治教育中"各种互相矛盾的事实和实际的对立"，考察应当如何运用矛盾分析法来解决思想领域中的问题，应当如何运用矛盾分析法来把握人的思想形成发展的基本规律和思想政治教育本身的发展规律，才能把思想政治教育真正变成科学。

马克思、恩格斯批判了黑格尔的唯心主义辩证法，继承、改造并发展了黑格尔关于矛盾转化思想的合理内核，将矛盾分析法置于唯物辩证法的科学理论基础之上。马克思认为两个相互矛盾方面的共存、斗争与融合就是"辩证运动的实质"，恩格斯更是曾将唯物辩证法直接称为"矛盾辩证法"。马克思、恩格斯使矛盾分析法科学化的过程，也是他们运用矛盾分析法来把握人的思想意识、开展思想政治教育活动的过程，是他们运用对立统一、质量互变、否定之否定规律指导无产阶级理论运动与革命实践的过程。马克思在《〈黑格尔法哲学批判〉导言》《1844 年经济学哲学手稿》中，着重分析了理论与现实之间的对立统一关系。

---

① 《马克思恩格斯文集》第 10 卷，人民出版社 2009 年版，第 292 页。

马克思、恩格斯在《神圣家族》《德意志意识形态》中重点讨论了思想与利益之间的对立统一关系。恩格斯在《路德维希·费尔巴哈和德国古典哲学的终结》《反杜林论》《自然辩证法》等篇目中，从哲学基本问题的视角系统论述了思维与存在的对立统一关系问题。在把握思维与存在、思想与利益、理论与现实几对基本关系的基础上，马克思、恩格斯进一步要求在理论斗争、政治斗争、经济斗争中实现对无产阶级的思想淬炼、政治历练和实践锻炼，引导无产阶级从"量的积累"迈向"质的飞跃"，在否定之否定中完成自我完善、自我发展、自我超越，不断成长为一个自为自觉的革命阶级。

## 一、在对立统一中把握思想意识

恩格斯在《卡尔·马克思》中指出："一切历史变动的最终原因，应当到人们变动着的思想中去寻求，并且在一切历史变动中，最重要的、支配全部历史的又是政治变动。可是，人的思想是从哪里来的，政治变动的动因是什么——关于这一点，没有人发问过。"① 思想意识不是孤立存在的，只有在思维与存在、思想与利益、理论与现实的对立统一中，才能准确把握人的思想意识，解决人的思想意识是从哪里来的、是如何形成发展起来的这一重大问题。

### 1. 思维与存在的对立统一

恩格斯在《路德维希·费尔巴哈和德国古典哲学的终结》中指出："全部哲学，特别是近代哲学的重大的基本问题，是思维和存在的关系问题。"② 思维与存在的关系问题是哲学的基本问题，也是思想政治教育的前提性问题。弄清楚思维与存在的关系问题，尤其是意识的能动性

① 《马克思恩格斯文集》第3卷，人民出版社2009年版，第457—458页。
② 《马克思恩格斯文集》第4卷，人民出版社2009年版，第277页。

问题，是确立思想政治教育存在依据、明晰思想政治教育发展空间、强化思想政治教育功能发挥的重要前提。马克思、恩格斯以辩证唯物主义的眼光，揭示了存在决定意识、意识反作用于存在的客观规律，在思维与存在的对立统一之中明确了思维能动性的本质规定与发生机制。

存在决定思维，客观存在是思维能动性的发生基础与发展条件。1859 年，马克思在《〈政治经济学批判〉序言》中指出："不是人们的意识决定人们的存在，相反，是人们的社会存在决定人们的意识。"① 思维决定存在还是存在决定思维，这是唯心主义与唯物主义的根本区别。以黑格尔及青年黑格尔派为代表的唯心主义认为思维决定存在，他们赋予了"绝对精神""自我意识"先在的完满性，极端地发展了意识的能动作用。从这样的视角出发，思想政治教育就会变成一个缺乏现实基础的空对空的抽象过程。我们无须关注外在的现实世界，只需要通过"精神的批判"② 就能够消灭那些不符合"绝对精神"的思想意识，只需要"通过把它们消融在'自我意识'中或化为'怪影'、'幽灵'、'怪想'等等来消灭"③，就能够完成对人的思想意识的改造。

与唯心主义者不同，马克思、恩格斯"始终站在现实历史的基础上，不是从观念出发来解释实践，而是从物质实践出发来解释各种观念形态"④，认为外在的、客观的、现实的社会存在决定着人们的社会意识。这是思想政治教育考察人的思想意识的前提、依据和切入点。现实的客观存在，即物质生活条件、社会生产方式和社会关系等，共同构成了意识能动性的发生基础与发展条件，支撑着同时制约着意识能动性的发生发展。

一方面，存在构成了意识能动性的发生基础。马克思、恩格斯在

① 《马克思恩格斯文集》第 2 卷，人民出版社 2009 年版，第 591 页。
② 《马克思恩格斯文集》第 1 卷，人民出版社 2009 年版，第 544 页。
③ 《马克思恩格斯文集》第 1 卷，人民出版社 2009 年版，第 544 页。
④ 《马克思恩格斯文集》第 1 卷，人民出版社 2009 年版，第 544 页。

《德意志意识形态》中指出："从直接生活的物质生产出发阐述现实的生产过程，把同这种生产方式相联系的、它所产生的交往形式即各个不同阶段上的市民社会理解为整个历史的基础，从市民社会作为国家的活动描述市民社会，同时从市民社会出发阐明意识的所有各种不同的理论产物和形式，如宗教、哲学、道德等等，而且追溯它们产生的过程。"① "'精神'从一开始就很倒霉，受到物质的'纠缠'"②，只有在客观的社会存在中才能寻找到思想意识背后的物质动因与现实渊源。"现实的生产过程"是意识的各种理论产物和形式的产生根源，是表现和确证意识能动性的重要对象，为意识能动性的发生提供了必要的物质基础、素材来源与内容支撑。人们在思维中所投射、想象、建构出的一切，都是以自己面临的现实的社会存在为基础的。在同一个社会中，不同阶级的人们从事着不同的劳动生产，有着不同的生产方式和社会关系，也必然拥有不同形式和内容的思想意识，具备不同程度的思想能动性。脱离了客观存在，意识就会成为无源之水、无本之木，就会成为抽象空洞的幻想、不切实际的妄想。

另一方面，存在提供了意识能动性的发展条件。马克思、恩格斯在《共产党宣言》中指出："人们的观念、观点和概念，一句话，人们的意识，随着人们的生活条件、人们的社会关系、人们的社会存在的改变而改变。"③ 有什么样的存在就会产生什么样的意识，存在的客观现实情况决定着意识的认识对象、思想内容和发展水平，存在的改变也会带来意识的改变。"发展着自己的物质生产和物质交往的人们，在改变自己的这个现实的同时也改变着自己的思维和思维的产物。"④ 这就是说，人们思想的能动性不是能任意改变、随意发挥的，而是在正确认识客观

---

① 《马克思恩格斯文集》第 1 卷，人民出版社 2009 年版，第 544 页。
② 《马克思恩格斯文集》第 1 卷，人民出版社 2009 年版，第 533 页。
③ 《马克思恩格斯文集》第 2 卷，人民出版社 2009 年版，第 50—51 页。
④ 《马克思恩格斯文集》第 1 卷，人民出版社 2009 年版，第 525 页。

存在的基础之上才能得以发展的。正如马克思所说："物质生活的生产方式制约着整个社会生活、政治生活和精神生活的过程。"① 既定的社会存在状况，尤其是既定的物质生产状况，构成了人们发挥自身主观能动性的基本条件，制约着人们思维能动性的发展水平与发挥程度。只有正确理解和把握自己"直接碰到的、既定的、从过去继承下来的"② 物质生活条件，人们的主观能动性才能得以正确发挥，才能成为人们创造自己历史的精神动力。

思维反作用于存在，人们能够通过思维能动性的发挥，正确认识并积极改造客观存在。恩格斯在 1890 年 8 月 5 日致康拉德·施米特的信中指出："物质存在方式虽然是始因，但是这并不排斥思想领域也反过来对物质存在方式起作用。"③ 费尔巴哈旧唯物主义超越了唯心主义，看到了客观存在对人的思想意识的决定作用。但是，他片面地强调了这种决定作用，将人仅仅视为被动的自然存在物和感性对象，忽略了人的主观能动性。马克思、恩格斯则认为，人是"能动的自然存在物"，人们的思想意识虽然总是会受到社会存在的制约，但他们也能够通过调节自己的认识活动和实践活动，反作用于物质存在方式，能动地认识和改造对象世界。

一方面，人的思维能够正确认识和反映客观存在。"脑和为它服务的感官、越来越清楚的意识以及抽象能力和推理能力的发展"④，这是人们形成对外部世界感性认知和理性认识的必要条件。随着人的思维的不断发展，人们就能够"接受所有这些不同的感性印象，对它们进行加工，从而把它们综合为一个整体"⑤。恩格斯在《反杜林论》中指出思维是至上的，"是能够认识现存世界的，只要人类足够长久地延续下去，

① 《马克思恩格斯文集》第 2 卷，人民出版社 2009 年版，第 591 页。
② 《马克思恩格斯文集》第 2 卷，人民出版社 2009 年版，第 470—471 页。
③ 《马克思恩格斯文集》第 10 卷，人民出版社 2009 年版，第 586 页。
④ 《马克思恩格斯文集》第 9 卷，人民出版社 2009 年版，第 554 页。
⑤ 《马克思恩格斯文集》第 9 卷，人民出版社 2009 年版，第 498 页。

只要在认识器官和认识对象中没有给这种认识规定界限……"① 这就是说,人类具有认识客观世界的能力,能够透过纷繁复杂的现象世界,认清事物的本质及事物相互之间的联系,形成对外在客观存在的愈加全面、深刻而正确的认识。人们的思想意识,就是对象世界的客观存在反映在人的头脑之中的产物。恩格斯在《自然辩证法》中进一步指出:"我们一天天地学会更正确地理解自然规律,学会认识我们对自然界习常过程的干预所造成的较近或较远的后果。"②"我们也经过长期的、往往是痛苦的经验,经过对历史材料的比较和研究,渐渐学会了认清我们的生产活动在社会方面的间接的、较远的影响,从而有可能去控制和调节这些影响。"③ 人们不仅能够正确地认识自然界,而且能够正确地认识人类社会;不仅能够正确认识自然界和人类社会的各种现象,而且能够准确把握自然界和人类社会发展的基本规律,形成关于自然界和人类社会的规律性认识。

另一方面,人的思维能够通过调节实践活动来实际地改造社会存在。马克思在《1844年经济学哲学手稿》中指出:"通过实践创造对象世界,改造无机界,人证明自己是有意识的类存在物……"④ 人的思维的能动性不仅体现在他们能够使外在的客观世界成为自己意识的对象,而且表现在他们能"使自己的生命活动本身变成自己意志的和自己意识的对象"⑤。人们不仅能够获得关于外在客观世界的规律性认识,而且能够根据自己的需要利用这些规律来改造客观世界。具体而言,人们能够以能动的思维来指导、调节和控制自己的生命活动;能够通过自由的有意识的活动,"采取有计划的、经过事先考虑的行动方式"⑥,在外部

① 《马克思恩格斯文集》第9卷,人民出版社2009年版,第91页。
② 《马克思恩格斯文集》第9卷,人民出版社2009年版,第560页。
③ 《马克思恩格斯文集》第9卷,人民出版社2009年版,第561页。
④ 《马克思恩格斯文集》第1卷,人民出版社2009年版,第162页。
⑤ 《马克思恩格斯文集》第1卷,人民出版社2009年版,第162页。
⑥ 《马克思恩格斯文集》第9卷,人民出版社2009年版,第559页。

客观存在之上打下自己意志的烙印；能够将自己的意识意志付诸实践，并通过自己的实践活动、按照自己的目的来改造客观世界，使现实的、客观的、外部的存在条件为自己的主观目的服务。

### 2. 思想与利益的对立统一

马克思、恩格斯在《神圣家族》中指出："'思想'一旦离开'利益'，就一定会使自己出丑。"[①] 思想与利益是一个紧密联系、不可分割的有机统一体，无论思想离开利益还是利益离开思想，都会使彼此陷入"出丑"的尴尬境地。马克思、恩格斯以辩证唯物主义和历史唯物主义的观点揭示了利益对思想的决定性作用和思想对利益的能动性作用，在思想与利益的对立统一之中明确了思想不能离开利益、利益也不能离开思想的原则要求。

利益对思想发挥着决定性作用，思想不能离开利益。从唯物主义的观点来看，某一种思想理论的背后一定有着某种物质动因，有着某种现实的物质利益诉求。早在《莱茵报》时期，马克思在遇到"对所谓物质利益发表意见的难事"[②] 时，他就洞察到："人们为之奋斗的一切，都同他们的利益有关。"[③] 资本主义社会的法律、道德、宗教、哲学、政治等"全都是资产阶级偏见，隐藏在这些偏见后面的全都是资产阶级利益"[④]。这些脱离了人民群众利益的思想，不仅会变成缺乏现实基础的"非神圣形象"，而且会陷入无人问津的尴尬境地。反过来说，思想是不能离开利益的，物质利益不仅是思想形成发展的基础，而且是思想连接群众的纽带。

一方面，利益是思想形成发展的基础。马克思、恩格斯在《德意志

---

① 《马克思恩格斯文集》第 1 卷，人民出版社 2009 年版，第 286 页。
② 《马克思恩格斯文集》第 2 卷，人民出版社 2009 年版，第 588 页。
③ 《马克思恩格斯全集》第 1 卷，人民出版社 1995 年版，第 187 页。
④ 《马克思恩格斯文集》第 2 卷，人民出版社 2009 年版，第 42 页。

意识形态》中明确指出："不管是康德或德国市民（康德是他们的利益的粉饰者），都没有觉察到资产阶级的这些理论思想是以物质利益和由物质生产关系所决定的意志为基础的。"① 实际的物质利益是思想形成发展的现实基础和根本动力。每个阶级都基于自己在物质生产关系中的现实地位，基于自己实际的物质利益需求，建构了自己理解和解释外部客观世界的思想观念、价值准则与理论学说。资产阶级意识形态家总是"把这种理论的表达与它所表达的利益割裂开来"②，把代表着自己利益的思想伪饰成"'自由意志'、自在和自为的意志、人类意志的纯粹自我规定"③。正如马克思、恩格斯在《德意志意识形态》中所说："每一个企图取代旧统治阶级的新阶级，为了达到自己的目的不得不把自己的利益说成是社会全体成员的共同利益，就是说，这在观念上的表达就是：赋予自己的思想以普遍性的形式，把它们描绘成唯一合乎理性的、有普遍意义的思想。"④ 和资产阶级相比，无产阶级在社会的物质生产关系中处于被压迫地位，他们有着同资产阶级根本对立的物质利益需求，他们"说的是另一种方言，有不同的思想和观念，不同的习俗和道德原则，不同的宗教和政治"⑤。只有理解了一个阶级的物质利益需求，才能理解他们的思想观念。只有切实着眼于一定社会的物质生产关系，深刻而全面地考察各个阶级的物质利益关系，才能准确把握整个社会的思想构成，才能形成对社会现实的正确思想认识。

另一方面，利益是思想连接群众的纽带。马克思、恩格斯在《神圣家族》中指出："正是自然必然性、人的本质特性（不管它们是以怎样的异化形式表现出来）、利益把市民社会的成员联合起来。"⑥ 在市民社

---

① 《马克思恩格斯全集》第 3 卷，人民出版社 1960 年版，第 213 页。
② 《马克思恩格斯全集》第 3 卷，人民出版社 1960 年版，第 213 页。
③ 《马克思恩格斯全集》第 3 卷，人民出版社 1960 年版，第 213 页。
④ 《马克思恩格斯文集》第 1 卷，人民出版社 2009 年版，第 552 页。
⑤ 《马克思恩格斯文集》第 1 卷，人民出版社 2009 年版，第 437—438 页。
⑥ 《马克思恩格斯文集》第 1 卷，人民出版社 2009 年版，第 322 页。

会中，"利益被升格为人类的纽带"①，实际的物质利益成为连接"利己主义的人"的关键因素，思想必须要通过利益才能把人们吸引、团结和凝聚起来。恩格斯指出："没有共同的利益，也就不会有统一的目的，更谈不上统一的行动。"② 只有有了共同的现实利益诉求，人们才能形成思想共识，统一革命行动。在 1789 年法国资产阶级革命当中，一部分群众之所以对资产阶级思想漠不关心，那是因为"人数众多的、与资产阶级不同的那部分群众认为，在革命的原则中并没有体现他们的现实利益"③，"在政治'思想'中并没有体现关于他们的现实'利益'的思想"④。群众真正需要的不是抽象空洞的理论词句和政治口号，而是体现着他们现实利益的思想。思想只有体现"群众的、现实的、历史的利益"⑤，切中群众的实际利益，才能引起群众的关注，赢得群众的信任，成为群众认识世界和改造世界的精神武器。

思想对利益具有能动的反作用，利益也不能脱离思想。利益是人们思想和行为的内在驱动力，但人们并非在任何时候都能清醒地认识到自己的切身利益，也并非在任何时候都知道应当如何实现自己的利益。利益决定思想，但思想并非只能完全被动地跟着利益走，而是可以能动地反作用于利益。科学的思想不仅能够引导人们认清利益的本质、表达自己的利益诉求，而且能够引领人们正确地追求利益、实现利益。

一方面，思想能够引导人们正确地认识利益。马克思、恩格斯在《神圣家族》中指出："任何在历史上能够实现的群众性的'利益'，在最初出现于世界舞台时，在'思想'或'观念'中都会远远超出自己的现实界限，而同一般的人的利益混淆起来。"⑥ 缺乏正确思想指引的

---

① 《马克思恩格斯文集》第 1 卷，人民出版社 2009 年版，第 94 页。
② 《马克思恩格斯文集》第 2 卷，人民出版社 2009 年版，第 359 页。
③ 《马克思恩格斯文集》第 1 卷，人民出版社 2009 年版，第 287 页。
④ 《马克思恩格斯文集》第 1 卷，人民出版社 2009 年版，第 287 页。
⑤ 《马克思恩格斯文集》第 1 卷，人民出版社 2009 年版，第 266 页。
⑥ 《马克思恩格斯文集》第 1 卷，人民出版社 2009 年版，第 286 页。

广大无产阶级，总是被资产阶级编织的谎言蒙骗，把资产阶级的利益当作"一般的人的利益"、当作自己的利益，以至于不断沦为资产阶级实现自己利益的工具。正是因为看到了这一点，马克思、恩格斯在《共产党宣言》中强调："共产党一分钟也不忽略教育工人尽可能明确地意识到资产阶级和无产阶级的敌对的对立。"① 只有坚持用科学的思想理论武装头脑、教育群众，不断提升人民群众思想的鉴别力，才能使他们看清资产阶级思想的虚伪性，才能使他们"认清自己的地位和利益，开始独立地发展起来"②，使他们"不再在思想、感情和意志表达方面也成为资产阶级的奴隶"③。恩格斯在《德国农民战争》中指出："一旦农业短工群众学会理解自己的切身利益，在德国就不可能再有任何封建的、官僚的或资产阶级的反动政府存在了。"④ 当无产阶级认清了利益的本质，清楚地知道"什么是他们自己的利益，什么是全民族的利益"⑤，"什么是资产阶级的特殊利益，他们能够从这个资产阶级那里得到些什么"⑥，他们就能够清醒地表达自己的利益诉求，能够"把自己的利益提出来当做社会本身的革命利益"⑦，能够有意识地摆脱资产阶级的思想控制，成为一个"同一切有产阶级相对立的、有自己的利益和原则"⑧ 的阶级。

另一方面，思想能够引领人们正确地实现利益。思想的力量不仅在于使人们认清利益的本质，更在于使人们清楚应当如何实现自己的利益，在于指导人们的实际行动，在于引领人们找到实现自己切身利益的方法和道路。恩格斯在《共产党宣言》1888 年英文版序言中指出："现

① 《马克思恩格斯文集》第 2 卷，人民出版社 2009 年版，第 66 页。
② 《马克思恩格斯文集》第 1 卷，人民出版社 2009 年版，第 436 页。
③ 《马克思恩格斯文集》第 1 卷，人民出版社 2009 年版，第 437 页。
④ 《马克思恩格斯文集》第 2 卷，人民出版社 2009 年版，第 211—212 页。
⑤ 《马克思恩格斯文集》第 1 卷，人民出版社 2009 年版，第 427 页。
⑥ 《马克思恩格斯文集》第 1 卷，人民出版社 2009 年版，第 427 页。
⑦ 《马克思恩格斯文集》第 2 卷，人民出版社 2009 年版，第 89 页。
⑧ 《马克思恩格斯文集》第 1 卷，人民出版社 2009 年版，第 475 页。

在已经达到这样一个阶段，即被剥削被压迫的阶级（无产阶级），如果不同时使整个社会一劳永逸地摆脱一切剥削、压迫以及阶级差别和阶级斗争，就不能使自己从进行剥削和统治的那个阶级（资产阶级）的奴役下解放出来。"① 无产阶级要实现自己的根本利益，实现彻底的自我解放，就必须推翻实行剥削统治的那个阶级，消灭一切阶级剥削和阶级压迫，消灭一切阶级差别和阶级斗争，消灭阶级本身。在同剥削阶级的斗争中，如果缺乏思想的引领与升华，无产阶级的革命斗争就只能成为一种盲目冲动的本能行为。无产阶级要实现自己的利益，就必须有实现自己利益的政治行动；而无产阶级要开展自己独立的政治行动，就必须有科学思想的指引。只有用"思想的闪电"彻底击中"素朴的人民园地"，广大人民群众才能深入"了解无产阶级运动的条件、进程和一般结果"②，才能在复杂的革命斗争中始终保持清醒与理智，不断明确自己应当采取什么样的战略策略来实现人类解放的最高利益诉求。

### 3. 理论与现实的对立统一

探讨理论与现实的对立统一，如果仅仅关注到现实决定理论、理论反作用于现实，那么就和重复一遍思维与存在的关系问题没有什么实质区别。恩格斯在《反杜林论》中指出："正像在其他一切思维领域中一样，从现实世界抽象出来的规律，在一定的发展阶段上就和现实世界脱离，并且作为某种独立的东西，作为世界必须遵循的外来的规律而同现实世界相对立。"③ 思想政治教育要做的不在于指出理论与现实之间的对立，而在于如何解决理论与现实之间的对立、实现理论与现实的辩证统一。马克思在《〈黑格尔法哲学批判〉导言》中指出："理论需要是否会直接成为实践需要呢？光是思想力求成为现实是不够的，现实本身应

---

① 《马克思恩格斯文集》第 2 卷，人民出版社 2009 年版，第 14 页。
② 《马克思恩格斯文集》第 2 卷，人民出版社 2009 年版，第 44 页。
③ 《马克思恩格斯文集》第 9 卷，人民出版社 2009 年版，第 42 页。

当力求趋向思想。"① 理论力求成为现实，现实力求趋向思想，这是促使理论与现实走向和解，完成人类解放应然状态与实然状态真正一致的必经之路。但是理论与现实二者并不会自动结合、直接统一起来，无论理论成为现实，还是现实趋向理论，都必须依靠人的实践力量来达成。

理论只有通过"使用实践力量的人"，才能力求成为现实。早在1843年《〈黑格尔法哲学批判〉导言》时期，马克思就在注意到了"德国思想的要求和德国现实对这些要求的回答之间有惊人的不一致"②，开始思考"关于德国哲学和德国现实之间的联系问题"③，彻底厘清了"副本批判"与"原本批判"的关系问题。他指出："对思辨的法哲学的批判既然是对德国迄今为止政治意识形式的坚决反抗，它就不会专注于自身，而会专注于课题，这种课题只有一个解决办法：实践。"④马克思早已洞察清楚，德国哲学作为"非神圣形象"对人们进行思想统治，那只是德国的政治制度对人们进行现实剥削的理论反映。要将对德国国家哲学和法哲学的批判进行到彻底，"要真正地、实际地消灭这些词句，从人们意识中消除这些观念"⑤，就必须实际地反对现实的现存世界。

马克思在《1844年经济学哲学手稿》中进一步指出："我们看到，主观主义和客观主义，唯灵主义和唯物主义，活动和受动，只是在社会状态中才失去它们彼此间的对立，从而失去它们作为这样的对立面的存在；我们看到，理论的对立本身的解决，只有通过实践方式，只有借助于人的实践力量，才是可能的；因此，这种对立的解决绝对不只是认识的任务，而是现实生活的任务，而哲学未能解决这个任务，正是因为哲

① 《马克思恩格斯文集》第1卷，人民出版社2009年版，第13页。
② 《马克思恩格斯文集》第1卷，人民出版社2009年版，第12—13页。
③ 《马克思恩格斯文集》第1卷，人民出版社2009年版，第516页。
④ 《马克思恩格斯文集》第1卷，人民出版社2009年版，第11页。
⑤ 《马克思恩格斯文集》第1卷，人民出版社2009年版，第547页。

学把这仅仅看做理论的任务。"① 理论对立只是现实对立在思维领域的集中反映，理论对立的彻底解决自然也必须到现实中去找寻。即便在思想层面清晰地揭露了某种理论的错误本质，也难以彻底清除这些观念对人们思想和行动的错误影响。"要想站起来，仅仅在思想中站起来，而让用思想所无法摆脱的那种现实的、感性的枷锁依然套在现实的、感性的头上，那是不够的。"② 这就是说，纯粹的理论批判根本不能铲除产生这些错误思想的现实土壤，理论批判的完成并不能使人们直接挣脱现实的剥削与压迫。正如马克思、恩格斯在《神圣家族》中所说："思想永远不能超出旧世界秩序的范围，在任何情况下，思想所能超出的只是旧世界秩序的思想范围。思想本身根本不能实现什么东西。思想要得到实现，就要有使用实践力量的人。"③ 思想理论是无法直接成为现实的，是无法直接超出旧世界秩序、构建出新世界秩序的。思想政治教育就是要在此刻出场，推动思想力求成为现实，即教育引导"使用实践力量的人"去检验理论、证明理论、实现理论，才能把理论的彻底性转变为它的实践力量的彻底性，把对错误思想的批判、对科学理论的阐发转变为对腐朽现实的革命、对美好未来的建构。唯有如此，理论才能获得力求成为现实的坚实力量支撑与可靠物质保障。

现实必须经由"使用实践力量的人"，才能力求趋向理论。"思想力求成为现实"，这是理论自身想要趋向现实、改变现实的本质追求。但是，光是理论主动反映现实、思考现实、靠拢现实是不够的。思想要成为现实，还要看现实能否主动力求趋向思想。马克思在分析德国革命的现状时曾指出："革命需要被动因素，需要物质基础。理论在一个国家实现的程度，总是取决于理论满足这个国家的需要的程度。但是，德国思想的要求和德国现实对这些要求的回答之间有惊人的不一致，……彻

---

① 《马克思恩格斯文集》第 1 卷，人民出版社 2009 年版，第 192 页。
② 《马克思恩格斯文集》第 1 卷，人民出版社 2009 年版，第 288 页。
③ 《马克思恩格斯文集》第 1 卷，人民出版社 2009 年版，第 320 页。

底的革命只能是彻底需要的革命，而这些彻底需要所应有的前提和基础，看来恰好都不具备。"① 理论要想得以实现，必须要看现实是否需要理论，理论是否能够满足现实的这种需要。当时的德国社会，各个领域都受到"有节制的利己主义"的支配，各个阶级都缺乏那种"我没有任何地位，但我必须成为一切"②的革命的大无畏精神。现实当中没有彻底的革命需要，人们自然也就不会主动趋近革命理论，革命理论自然也无法在这样的社会中生根发芽。恩格斯在谈到英国工人运动时也指出："英国工人运动虽然在各个行业中有很好的组织，但是发展得非常缓慢，其主要原因之一就是对于一切理论的漠视。"③ 漠视理论的英国工人，即使有了发展得很好的工会组织，也只能局限在争取提高工资、改善工作环境的经济斗争中，而无法将革命运动迅速推进到彻底。

与之相反，恩格斯高度赞扬德国工人身上"保持了德国那些所谓'有教养的人'几乎完全丧失了的理论感"④，他指出："如果工人没有理论感，那么这个科学社会主义就决不可能像现在这样深入他们的血肉。"⑤ 只有当现实社会中萌生了需要理论的渴望与呼唤，产生了趋近理论的意愿与要求，这个社会才有了实现理论的"被动因素"与"物质基础"，理论也才能够深入人们的血肉当中，成为人们内在的价值追求与精神指引。从这一点来看，思想政治教育应当在现实趋向理论的过程中发挥必要的推动作用，不断唤醒、激发和增强人们的"理论需要"，引导人们深入地感知理论、学习理论、践行理论，按照一定思想理论的指引来改造社会现实。只有把外在的理论学说转化为人民群众内在的理论自觉、思想自觉、行动自觉，使广大人民群众在理论自觉的内在驱动下，主动地、自发地、积极地根据一定的理论去思想、去行动，按照理

---

① 《马克思恩格斯文集》第 1 卷，人民出版社 2009 年版，第 12—13 页。
② 《马克思恩格斯文集》第 1 卷，人民出版社 2009 年版，第 15 页。
③ 《马克思恩格斯文集》第 2 卷，人民出版社 2009 年版，第 217—218 页。
④ 《马克思恩格斯文集》第 2 卷，人民出版社 2009 年版，第 217 页。
⑤ 《马克思恩格斯文集》第 2 卷，人民出版社 2009 年版，第 217 页。

论的理想图景来改造现实的物质世界，才能不断提升革命实践的理论高度，在人民群众的实践中实现理论与现实的统一。

## 二、在质量互变中提升无产阶级觉悟

人们的思想意识是在思维与存在、思想与利益、理论与现实的对立统一中发展起来的，但这种发展不是一蹴而就的，而是一个从量变到质变的积累过程，是一个从不觉悟到觉悟的成长过程。恩格斯在《德国农民战争》1870 年第二版序言的补充中指出："自从有工人运动以来，斗争是第一次在其所有三个方面——理论方面、政治方面和实践经济方面（反抗资本家）互相配合，互相联系，有计划地推进。德国工人运动所以强大有力和不可战胜，也正是由于这种可以说是集中的攻击。"① 只有在漫长而艰苦的理论斗争、政治斗争、经济斗争中经受了革命历练的人民群众，才能不断提升自己的理论水平、政治素养、斗争本领，不断成长为强大有力和不可战胜的革命阶级。可以说，理论斗争、政治斗争、经济斗争，是培养和提升无产阶级革命觉悟，教育引导无产阶级从"量的积累"迈向"质的飞跃"、从自在阶级成长为自为阶级的必由之路。

### 1. 以理论斗争提升阶级觉悟

在理论斗争中对无产阶级进行思想的淬炼，这是提升无产阶级思想水平和理论高度的必然要求。早在《〈黑格尔法哲学批判〉导言》时期，马克思就已经看到了缺乏正确思想指引的无产阶级在同资产阶级的理论斗争中总是处于极端被动的劣势地位。无产阶级是"一个被戴上彻底的

---

① 《马克思恩格斯文集》第 2 卷，人民出版社 2009 年版，第 218 页。

锁链的阶级"①,"实际生活缺乏精神活力,精神生活也无实际内容"②,甚至可能意识不到自己正在遭受着"普遍苦难"和"普遍的不公正",意识不到如何同资产阶级进行斗争以改变自身处境,还不得不承认和首肯资产阶级的剥削统治。尚处于蒙昧状态的无产阶级,只是靠着内心憎恶愤怒的情绪本能,才"感觉到他们是处在非人的境地"③,才意识到他们同资产阶级的对立,才开始发起对资本主义社会的反抗。要使无产阶级走出盲目冲动的本能反抗阶段,就要教育引导他们积极开展理论斗争、接受思想淬炼,不仅要使他们"同传统的观念实行最彻底的决裂",而且要用"思想的闪电"彻底击中人民的精神园地,使他们的思想观念发生质的突破与飞跃,从理论高度来把握和探索无产阶级的革命道路。

一方面,开展理论斗争,就是要引导无产阶级"同传统的观念实行最彻底的决裂"。马克思、恩格斯在《共产党宣言》中指出:"共产主义革命就是同传统的所有制关系实行最彻底的决裂;毫不奇怪,它在自己的发展进程中要同传统的观念实行最彻底的决裂。"④ 生活在资本主义社会中的无产阶级,自出生起就处在了资产阶级的精神统治之中,他们头脑里就被灌输了各种各样陈旧的思想观念。这些"传统的观念"的直接表现形式就是那些从历史上继承下来的腐朽思想,如各种宗教毒素、封建思想、资产阶级偏见、小资产阶级习气等;间接表现就是那些在无产阶级革命运动中以各种形式不断复活起来的宗派观念,如蒲鲁东主义、布朗基主义、英国工联主义、拉萨尔主义、巴枯宁主义等。这些陈旧的传统观念作为巨大的历史惯性力,严重束缚着无产阶级的思想,阻碍着无产阶级革命运动的发展。正是在一次又一次对错误理论思潮的揭露与批判中,无产阶级开始不断提升自己的思想鉴别力、判断力、领

① 《马克思恩格斯文集》第 1 卷,人民出版社 2009 年版,第 16 页。
② 《马克思恩格斯文集》第 1 卷,人民出版社 2009 年版,第 16 页。
③ 《马克思恩格斯文集》第 1 卷,人民出版社 2009 年版,第 431 页。
④ 《马克思恩格斯文集》第 2 卷,人民出版社 2009 年版,第 52 页。

悟力、创造力，逐渐拨开思想的迷雾，识破统治阶级的谎言，找到自己的思想武器，掌握真正的革命思想。

另一方面，开展理论斗争，就是要以"思想的闪电"彻底击中人民的精神园地。在批判旧思想的同时，更为重要的是通过批判旧思想、确立新思想，将人民群众的思想意识统一到无产阶级世界观上来。马克思指出："思想的闪电一旦彻底击中这块素朴的人民园地，德国人就会解放成为人。"① 无产阶级身上蕴藏着推翻剥削阶级统治的物质力量和打碎资本主义国家机器的革命潜能，但是缺乏革命经验和理论指引的他们，总是意识不到自己的革命力量或者意识不到应当如何发挥和运用自己的革命力量。这就需要思想政治教育承担起用"思想的闪电"彻底击中无产阶级精神园地的重大历史任务，使哲学掌握无产阶级这个物质武器，使无产阶级掌握哲学这个精神武器，在广大无产阶级当中激发和凝聚起开展有原则高度的革命的物质力量和精神力量。恩格斯在《英国工人阶级状况》中指出："无产阶级所接受的社会主义思想和共产主义思想越多，革命中的流血、报复和残酷性就越少。……工人所接受的社会主义思想越多，他们现在的愤怒就越成为多余的（如果这种愤怒今后仍然表现为现在这样的暴力行动，那将不会有什么结果），在他们反对资产阶级的措施中野蛮和粗暴行为也就越少。"② 在"思想的闪电"中经受过理论启蒙与淬炼的无产阶级，就能够更加深刻而全面地了解"无产阶级运动的条件、进程和一般结果"③，就能够意识到自己在资本主义社会当中遭受一切剥削和压迫的阶级地位，就能够认清自己承担着实现人类解放从而解放自己的重要历史使命。不仅如此，掌握了科学理论的无产阶级也就能够抵御各种非无产阶级思想的侵蚀，能够更加清醒理智地来对待革命运动中的一切难题，能够明白在复杂多变的革命形势中应

① 《马克思恩格斯文集》第 1 卷，人民出版社 2009 年版，第 17—18 页。
② 《马克思恩格斯文集》第 1 卷，人民出版社 2009 年版，第 497 页。
③ 《马克思恩格斯文集》第 2 卷，人民出版社 2009 年版，第 44 页。

当采取怎样的战略、路线、方针、政策。如此一来，在思想上经历了反复淬炼的无产阶级，就不单单是凭借着一腔愤怒与激情来反抗资本家的剥削，而是逐渐开始从理论的高度来思考和解决革命的问题，凭借理性和智慧来探索革命的方向与道路，不断成长为革命运动中"最坚决的、始终起推动作用的部分"[1]。

### 2. 以政治斗争提升阶级觉悟

政治斗争是阶级斗争的最高形式，是无产阶级经受革命锻炼、锤炼政治觉悟、提升政治素养的必经之路。1871年，恩格斯在致国际工人协会西班牙联合会委员会的信中指出，"如果放弃在政治领域中同我们的敌人作斗争，那就是放弃了一种最有力的行动手段"[2]。1871年，巴黎公社失败后，马克思在致波尔特的信中指出："在工人阶级在组织上还没有发展到足以对统治阶级的集体权力即政治权力进行决定性攻击的地方，工人阶级无论如何必须不断地进行反对统治阶级政策的鼓动（并对这种政策采取敌对态度），从而使自己在这方面受到训练。否则，工人阶级仍将是统治阶级手中的玩物。"[3] 政治斗争是无产阶级从无序的、分散的、自发的斗争状态走向有序的、团结的、自为的斗争状态的必经之路。

在同资产阶级一道反对封建君主专制的政治斗争中，无产阶级经受了最初的政治训练。恩格斯在《德国的革命和反革命》中指出："不受信任、没有武装、也没有组织起来的工人阶级，刚刚解脱旧制度的精神枷锁，刚刚觉醒，尚未认识到而只是本能地感觉到自己的社会地位和应当采取的政治行动路线。他们只能在喧嚷的示威中表现自己；不能指望

---

① 《马克思恩格斯文集》第2卷，人民出版社2009年版，第44页。
② 《马克思恩格斯文集》第3卷，人民出版社2009年版，第92页。
③ 《马克思恩格斯文集》第10卷，人民出版社2009年版，第369页。

他们去克服当时的种种困难。"① 刚刚从旧社会中脱胎出来的无产阶级，往往是分散的、盲目的、冲动的，尚不能够采取独立的政治行动。"当时资产阶级为了达到自己的政治目的必须而且暂时还能够把整个无产阶级发动起来。"② 这个时候的无产阶级总是会跟在资产阶级的身后，跟随着他们投入"反对专制君主制、封建土地所有制和小资产阶级"③ 的斗争当中去。正如马克思、恩格斯在《共产党宣言》中所说："资产阶级处于不断的斗争中：最初反对贵族；后来反对同工业进步有利害冲突的那部分资产阶级；经常反对一切外国的资产阶级。在这一切斗争中，资产阶级都不得不向无产阶级呼吁，要求无产阶级援助，这样就把无产阶级卷进了政治运动。于是，资产阶级自己就把自己的教育因素即反对自身的武器给予了无产阶级。"④ 他们在裹挟着无产阶级为自己的政治目的而斗争的运动中，也教会了无产阶级应当如何在政治层面组织起来，应当如何开展政治斗争，应当如何作为一个阶级来反对另一个阶级。虽然这并非资产阶级的本愿，但无产阶级确实是因为他们的带领而积累了大量政治斗争的实际经验，掌握了政治斗争的方式方法。

在结束同封建专制制度的斗争之后，资产阶级往往会立刻调转枪口来反对无产阶级。此时，无产阶级已不能再继续跟在资产阶级身后，而是必须要成为一支独立的政治力量，开展独立反对资产阶级的政治斗争。1850 年，马克思、恩格斯在《共产主义者同盟中央委员会告同盟书》中指出："工人，首先是共产主义者同盟，不应再度降低自己的地位，去充当资产阶级民主派的随声附和的合唱队，而应该谋求在正式的民主派旁边建立一个秘密的和公开的独立工人政党组织，并且应该使自

---

① 《马克思恩格斯文集》第 2 卷，人民出版社 2009 年版，第 414—415 页。
② 《马克思恩格斯文集》第 2 卷，人民出版社 2009 年版，第 39 页。
③ 《马克思恩格斯文集》第 2 卷，人民出版社 2009 年版，第 66 页。
④ 《马克思恩格斯文集》第 2 卷，人民出版社 2009 年版，第 41 页。

己的每一个支部都成为工人协会的中心和核心。"① 1871 年，恩格斯在伦敦代表会议上进一步指出："应当从事的政治是工人的政治；工人的政党不应当成为某一个资产阶级政党的尾巴，而应当成为一个独立的政党，它有自己的目的和自己的政治。"② 在长期的政治训练中，无产阶级不断明确了自己的政治地位、政治任务、政治使命，逐步确立起了自己独立的政党组织、政治纲领、政治路线、政治策略。这样，他们才能"尽量有组织地，尽量一致地和尽量独立地行动起来"③，才能不再沦为被资产阶级支配和利用的工具，才能在政治领域成长为一个独立的、成熟的"革命者等级"。

当然，从依附于资产阶级到自己独立开展政治斗争，这必定是曲折反复的学习锻炼过程。马克思、恩格斯在《共产党宣言》中就曾指出："无产者组织成为阶级，从而组织成为政党这件事，不断地由于工人的自相竞争而受到破坏。但是，这种组织总是重新产生，并且一次比一次更强大、更坚固、更有力。"④ 无产阶级的阶级意识也就一次比一次更加清晰明确，无产阶级革命队伍的组织性、纪律性、先进性也就一次比一次更加坚强有力，无产阶级也就真正作为一支独立的政治力量登上了世界历史的舞台，并且逐步开始运用自己"有组织的力量"来实现自我解放和人类解放。

### 3. 以经济斗争提升阶级觉悟

物质利益是人们思想和行动的内在动因，物质利益冲突是各阶级相互对立的根源。于是，经济斗争不单是构成工人群众反抗资本家剥削的原初形式，也是无产阶级与资产阶级之间思想斗争、政治斗争在实践当

---

① 《马克思恩格斯文集》第 2 卷，人民出版社 2009 年版，第 193 页。
② 《马克思恩格斯文集》第 3 卷，人民出版社 2009 年版，第 224—225 页。
③ 《马克思恩格斯文集》第 2 卷，人民出版社 2009 年版，第 189 页。
④ 《马克思恩格斯文集》第 2 卷，人民出版社 2009 年版，第 40—41 页。

中的具体体现，更是无产阶级反抗资产阶级统治的最终落脚点。可以说，经济斗争贯穿于无产阶级革命运动的全过程。但是，无产阶级的经济斗争并非一成不变，而是逐渐深入、不断升华，是从简单的、直接的、暂时的物质利益开始，不断提升到要求彻底消灭生产资料私有制的高度，不断提升到为一切被压迫人民的经济解放而革命的高度。

争取直接的物质利益，是无产阶级开展经济斗争的起点。在广大工人群众阶级意识、政治觉悟、理论高度都仍处于较低水平的革命初期，他们尚无法直接组织成为一个严密的政党或自觉的阶级。只是在现实的物质利益的驱动下，他们才开始结成反抗资产阶级经济压迫的自发的同盟。正如马克思所说："维护工资这一对付老板的共同利益，使他们在一个共同的思想（反抗、组织同盟）下联合起来。"① 无产阶级经济斗争的第一步，就是要以"维护工资"这一直接的、切身的、共同的利益为纽带，将各行各业的雇佣工人按职业联合的路线结成劳动组织，即工人联合会。为抵制已经联合起来的资本，必须"建立经常性的同盟——工联，作为工人同企业主进行斗争的堡垒"②。要依托于工联这个坚强的战斗堡垒，在各行各业的工人群众中逐步建立起广泛的、频繁的、密切的联系，引导他们切身感知到相互之间利益诉求的高度一致性，日益积聚起足以向资产阶级争取扩大自身权益的强大力量。这种强有力的组织性力量能够为广大工人阶级提供有效的抵抗手段，引领他们通过集体请愿、和平谈判、大规模罢工等方式来维护自己的切身权益，如提高工资、缩短劳动时长、改善劳动环境等。恩格斯在给奥·倍倍尔的信中指出："工会是无产阶级的真正的阶级组织，无产阶级靠这种组织和资本进行日常的斗争，使自己受到训练。"③ 在争取物质利益的直接经济斗

---

① 《马克思恩格斯文集》第 1 卷，人民出版社 2009 年版，第 653—654 页。
② 《马克思恩格斯文集》第 1 卷，人民出版社 2009 年版，第 653 页。
③ 《马克思恩格斯文集》第 3 卷，人民出版社 2009 年版，第 413 页。

争中，"未来战斗的一切必要的要素在聚集和发展着"①，为无产阶级进一步投身政治斗争奠定了良好基础。

消灭生产资料私有制，是无产阶级开展经济斗争的最高目标。马克思在 1871 年 11 月 23 日致弗·波尔特的信中指出："到处都从工人的零散的经济运动中产生出政治运动，即目的在于用一种普遍的形式，一种具有普遍的社会强制力量的形式来实现本阶级利益的阶级运动。"② 随着革命运动的深入开展，无产阶级逐渐发现"零散的经济运动"只能在某一特殊领域带来暂时的物质利益，却无法从根本上改变自己的现实处境。只有将"零散的经济运动"提升到"政治运动"的高度，以"普遍的社会强制力量的形式"彻底消灭生产资料私有制，才能真正实现本阶级的经济利益。恩格斯在谈到英国工联争取选举权的斗争时曾反问道："如果工人没有在管理他们的规模巨大的工联组织方面证明他们有从事行政和政治工作的能力，那他能使这项法案通过吗？"③ 答案自然是否定的。工人群众只有在同资本家现实的经济斗争中，经受了磨炼、积累了经验、锻炼了本领，才能担当起政治斗争的使命与任务。长期的经济斗争给予了工人阶级关于规范、纪律、行政、管理等方面的初步训练，促进其政治意识的萌芽与政治能力的发展，为他们涉足政治领域、发起政治运动、消灭生产资料私有制作了充分的准备。马克思在国际工人协会总委员会的一则声明中指出："按本会章程的精神，本会在英国、在欧洲大陆和在美国的所有支部的专门任务，毫无疑问是不仅要成为工人阶级的组织中心，而且要支持各国的任何一种有助于达到我们的最终目标——工人阶级的经济解放——的政治运动。"④ 从这个意义上来说，工人阶级就已经不再是为自身狭隘的利己主义利益而奋斗，而

---

① 《马克思恩格斯文集》第 1 卷，人民出版社 2009 年版，第 654 页。
② 《马克思恩格斯文集》第 10 卷，人民出版社 2009 年版，第 369 页。
③ 《马克思恩格斯全集》第 25 卷，人民出版社 2001 年版，第 500 页。
④ 《马克思恩格斯全集》第 16 卷，人民出版社 1964 年版，第 483 页。

是在为一切被压迫人民群众的根本利益而革命。这时候，工人阶级才真正形成了充分的、彻底的、高度的无产阶级觉悟。

### 三、在否定之否定中把握认识发展

否定之否定是事物发展的前进性与曲折性的统一，是事物自我发展、自我完善、自我超越的周期性过程，揭示了事物发展的基本规律。否定之否定是思想认识发展中极为重要的环节，只有经历对立面的两次转化、三个阶段，人的思想认识才能完成自己发展自己、自己完善自己的辩证过程，才能在新的高度上达到自身的回复和统一。

#### 1. "从具体到抽象"再"从抽象上升到具体"

马克思在《政治经济学批判（1857—1858 年手稿）》导言的"政治经济学的方法"一节中，详细地分析了研究政治经济学的两条不同的道路。一是从具体到抽象，二是从抽象到具体。这两条不同的研究道路，其实也是两种不同的认识方法、两种不同的思维方式。从开展政治经济学研究的角度来看，第一条道路是表面上看似正确实则错误的方法，第二条道路则更为科学正确。但从这两条不同的研究道路作为认识方法和思维方式的角度来看，二者并不是相互割裂的，而是相互联系、不可分割的。从认识论层面来看，"从具体到抽象"是"从抽象到具体"的前提，"从抽象到具体"是在"从具体到抽象"的基础上进一步展开的。只有将二者看作一个内在一致、相互连贯、不断深化的过程，才能正确理解二者之间的相互关系，才能不断走向人的思维深处，才能准确把握人的认识发展过程。

从具体上升到抽象。马克思指出："从实在和具体开始，从现实的前提开始，……这就是关于整体的一个混沌的表象，并且通过更切近的规定我就会在分析中达到越来越简单的概念；从表象中的具体达到越来越稀薄的抽象，直到我达到一些最简单的规定。"① 从具体上升到抽象，就是要从现实的"混沌表象"出发展开分析，"从分析中找出一些有决定意义的抽象的一般的关系"②，将其凝练为"最简单的规定"。这里的"具体"指的是现实的社会生活中真实可感的经验具体。在这种经验具体之中，包含着生动而丰富的多样性。多样的规定与关系紧密交织、相互作用，共同构成了具体的事物、事实、现象等。经验具体是最为含混的，却也是最为完整、翔实而生动的。"完整的表象蒸发为抽象的规定"③，这是符合人们认识事物的一般思维惯性的。当人们在面对纷繁复杂的经验具体的时候，为了更加直接、有效、快速地了解这个具体，总是会选择从中总结抽象出最根本、最本质、最鲜明的规定，并根据这些抽象的规定来理解和把握具体。马克思指出："最一般的抽象总只是产生在最丰富的具体发展的场合，在那里，一种东西为许多东西所共有，为一切所共有。"④ 在这里，"一个具体的生动的既定整体"被理解为"抽象的单方面的关系"。这样的思维方式固然能够帮助我们有效地把握事物，但这种把握是以放弃了事物的综合规定、放弃了事物本身的多样性和丰富性为代价的。它帮助我们把握了事物的本质，却也使我们在一定程度上错失了事物的本质，抹杀了事物之间的一切历史差别。正如马克思所说："抛开构成人口的阶级，人口就是一个抽象。如果我不知道这些阶级所依据的因素，如雇佣劳动、资本等等，阶级又是一句空话。"⑤ 在从具体到抽象的认识过程中，我们能够把握到的只是"稀薄的抽象""最一般的抽象""最简单的抽象""最简单、最原始的关系"。

如果认识过程止步于此，将这些简单的抽象规定直接当作了具体的本质，那么我们就是犯了和黑格尔一样的错误。"黑格尔陷入幻觉，把

---

① 《马克思恩格斯文集》第 8 卷，人民出版社 2009 年版，第 24 页。
② 《马克思恩格斯文集》第 8 卷，人民出版社 2009 年版，第 24 页。
③ 《马克思恩格斯文集》第 8 卷，人民出版社 2009 年版，第 25 页。
④ 《马克思恩格斯文集》第 8 卷，人民出版社 2009 年版，第 28 页。
⑤ 《马克思恩格斯文集》第 8 卷，人民出版社 2009 年版，第 24 页。

实在理解为自我综合、自我深化和自我运动的思维的结果。"① 这样我们理解到的具体，已经不是原本那个完整的、丰富的、生动的具体了。"具体之所以具体，因为它是许多规定的综合，因而是多样性的统一。因此它在思维中表现为综合的过程，表现为结果，而不是表现为起点，虽然它是现实的起点，因而也是直观和表象的起点。"② 要把握到那个作为"许多规定的综合"、作为"多样性的统一"的具体，我们思维的行程就必须从"最一般的抽象"中回过头来。

从抽象上升到具体。从抽象那里回过头来走向具体，这不是从思维过程回到现实的实践，而是要继续走向思维的更深处。马克思指出："从抽象上升到具体的方法，只是思维用来掌握具体、把它当做一个精神上的具体再现出来的方式。但决不是具体本身的产生过程。"③ 当我们经历了抽象再次回到具体时，就是"抽象的规定在思维行程中导致具体的再现"④。这个具体"已不是关于整体的一个混沌的表象，而是一个具有许多规定和关系的丰富的总体"⑤。马克思指出："具体总体作为思想总体、作为思想具体，事实上是思维的、理解的产物；但是，决不是处于直观和表象之外或驾于其上而思维着的、自我产生着的概念的产物，而是把直观和表象加工成概念这一过程的产物。……实在主体仍然是在头脑之外保持着它的独立性；只要这个头脑还仅仅是思辨地、理论地活动着。因此，就是在理论方法上，主体，即社会，也必须始终作为前提浮现在表象面前。"⑥ 这是一种完全的历史唯物主义的思维方法，我们不是把思想总体、思想具体当作凌驾于观念和表象之上的纯粹概念，而是要把历史和现实中的观念和表象进行思维的加工。这种加工不

① 《马克思恩格斯文集》第 8 卷，人民出版社 2009 年版，第 25 页。
② 《马克思恩格斯文集》第 8 卷，人民出版社 2009 年版，第 25 页。
③ 《马克思恩格斯文集》第 8 卷，人民出版社 2009 年版，第 25 页。
④ 《马克思恩格斯文集》第 8 卷，人民出版社 2009 年版，第 25 页。
⑤ 《马克思恩格斯文集》第 8 卷，人民出版社 2009 年版，第 24 页。
⑥ 《马克思恩格斯文集》第 8 卷，人民出版社 2009 年版，第 25—26 页。

是要抹杀它的现实的、具体的、历史的社会联系，而是要把现实的社会历史条件作为理解一切具体的前提，要把一切具体都放在它所属的社会历史过程中去理解。

马克思指出："哪怕是最抽象的范畴，虽然正是由于它们的抽象而适用于一切时代，但是就这个抽象的规定性本身来说，同样是历史条件的产物，而且只有对于这些条件并在这些条件之内才具有充分的适用性。"①"抽象的规定性"在不同的社会历史条件下，必然会发展出不同的"实际上真实的东西"。这些"抽象的规定性"固然为我们展现了事物的"个别的侧面"，为我们提供了理解事物的一把钥匙，但我们不能笼统地认为自己把握了一些"抽象的规定性"就等于把握了事物本身。只有在"一般的抽象的规定"的基础上，进一步考察"表现它的各种关系的范畴以及对于它的结构的理解"②，回到社会现实中的相互关系和内部结构中去理解这些思想具体，才能在思维中完整而真切地掌握具体，才能在精神上将具体完整再现出来。

### 2. 从实践到认识再到实践

为什么要从具体走向抽象呢？这是因为人不是凭借着本能在进行活动，而是有意识地在进行活动，人能够在思维中认识外部世界，也能够在思维中认识自己的实践活动。又为什么要从抽象走向具体呢？那是因为人要从认识走向实践，不能停留在简单的抽象规定当中，而是要用思维来掌握具体、用精神再现具体，以便当人们走向实践时，其思想是贴近现实的，是可以与现实对接的，是可以在现实中得以实现的。

需要注意的是，人从来都不是在一切认识活动都完成了之后再去投入现实、进行实践，也不是在一切实践活动都结束之后再去总结认识、升华思想，而是不管认识多少，都要去实践。人们总是要边实践边认

---

① 《马克思恩格斯文集》第 8 卷，人民出版社 2009 年版，第 29 页。
② 《马克思恩格斯文集》第 8 卷，人民出版社 2009 年版，第 29 页。

识、边认识边实践，在认识的过程中实践、在实践的过程中也要认识。既要用认识来指导和引领实践，又要用实践来检验和发展认识。实践、认识、再实践、再认识，这是一个螺旋式上升和波浪式前进的过程。从二者的相互关系来看，可以说实践决定认识，认识反作用于实践。但从二者的发生顺序来看，非要给这个过程找到第一出发点，无论说先有认识还是先有实践，都是没有实际意义的。只是当我们要讨论认识过程时，总要人为地找一个起点，从一个地方开始论起。从思想政治教育的本质属性来看，认识其实是更接近于思想政治教育直接作用范围的。但是这里之所以从实践开始谈起，那是因为实践是认识的来源，从实践开始，能够更加清晰完整地展现认识的发展脉络与发展过程。

从实践到认识。马克思、恩格斯在《德意志意识形态》中指出："思想、观念、意识的生产最初是直接与人们的物质活动，与人们的物质交往，与现实生活的语言交织在一起的。人们的想象、思维、精神交往在这里还是人们物质行动的直接产物。"① 实践是认识的来源和基础，在人们的物质活动的基础上产生了人们的思想观念。

一方面，在实践的基础上产生了感性认识。当人们面对外在世界，并以自己的实践活动作用于外在的物质世界，最初就是用自己的不同感官来感知物质世界，获得对客观事物的感性的、直观的、经验的认识。人们的实践活动影响着人们感知世界的方式、方向和角度，决定着人们感性认识的内容和结果。恩格斯在《自然辩证法》中指出："我们的不同的感官可以给我们提供在质上绝对不同的印象。因此，我们靠视觉、听觉、嗅觉、味觉和触觉而体验到的属性会是绝对不同的。"② 人体的感觉器官构成了人们感知与认识外在世界的基础，不同的感觉器官之间往往能够"很好地互相补充"。每一个感官都能够感知事物的某一种属性或某几种属性，"这些印象表现为这个物的共同的属性，从而有助于

① 《马克思恩格斯文集》第 1 卷，人民出版社 2009 年版，第 524 页。
② 《马克思恩格斯文集》第 9 卷，人民出版社 2009 年版，第 497 页。

我们认识它"①。认识，最开始就是感性认识，就是要"接受所有这些不同的感性印象，对它们进行加工，从而把它们综合为一个整体"②，在头脑中形成关于客观事物的感觉、知觉和表象。

另一方面，感性认识上升为理性认识。感性认识是认识的最初表现形式，是理性认识的形成基础。但它还只是处在认识的初级阶段，只是对事物的较为表面的、直接的、个别的反映，只是对事物较为片面的、简单的、具体的认识。人们能够借助于抽象思维，对已有的感觉、知觉和表象进行深入的甄别、分析和思考，获得对事物的内在规律性认识。这种理性认识是以概念、判断和推理的形式表现出来的，是关于事物内在的、本质的、全面的认识。同感性认识相比，深邃的理性认识更为抽象、更为概括、更为普遍。二者相互联系、相辅相成、不可分割，理性认识只有在感性认识的基础上才能产生，感性认识只有上升到理性认识才能把握住事物的本质。

从认识再到实践。认识一旦产生，就具有相对独立性和能动性。从认识再到实践，不是说简单地回到原点，这里的实践已经不再是原来的实践，而是在认识影响和指导之下的实践。在这一过程中，认识能够反作用于实践，实践也能够进一步检验和发展认识。

一方面，认识能够反作用于实践。恩格斯在《反杜林论》中指出："正像在其他一切思维领域中一样，从现实世界抽象出来的规律，在一定的发展阶段上就和现实世界脱离，并且作为某种独立的东西，作为世界必须遵循的外来的规律而同现实世界相对立。"③ 那些关于客观事物内在本质的规律性认识，确实是从现实世界当中来的。但是这些认识一旦形成，就同现实世界相脱离，并且开始形成自己独立的发展历史，构建出相对独立的道德、法律、文学、艺术、宗教等思想观念体系，这些

---

① 《马克思恩格斯文集》第 9 卷，人民出版社 2009 年版，第 498 页。
② 《马克思恩格斯文集》第 9 卷，人民出版社 2009 年版，第 498 页。
③ 《马克思恩格斯文集》第 9 卷，人民出版社 2009 年版，第 42 页。

思想体系可以反过来成为人们实践活动应当遵循的规律性认识。当然，这些开始拥有自己独立发展历史的思想认识，可能会在一定程度上高于人们当前的实践水平，科学地把握到事物的本质、正确地预测历史的发展，为人们接下来的实践活动提供正确的指导；它们也可能会落后于实践的发展，成为妨碍人们实践活动的阻滞因素。

另一方面，在实践中能够进一步检验和发展认识。马克思在《关于费尔巴哈的提纲》中指出："人的思维是否具有客观的真理性，这不是一个理论的问题，而是一个实践的问题。人应该在实践中证明自己思维的真理性，即自己思维的现实性和力量，自己思维的此岸性。"① 认识一旦形成，就同现实相脱离，并开始独立发展。在一定程度上已经脱离现实、脱离实践的认识，只有再次回到实践当中，通过人的实践活动再次作用于现实世界，才能检验自己的真理性，才能证明自己的现实性和力量。恩格斯在《社会主义从空想到科学的发展》英文版导言中指出："当我们按照我们所感知的事物的特性来利用这些事物的时候，我们的感性知觉是否正确便受到准确无误的检验。"② 只有经过实践的"准确无误的检验"，人们才能得知那些"必须遵循的外来的规律"能否帮助他们达到预期的目的，才能证明他们的认识是否是正确的。同时，在这样的检验中能够发现，当前的认识是否能够满足于实践的需要，当前的实践是否对认识提出了更高的要求。通过"再实践"的检验，人们就能够获得关于物质世界的最新认识，为当前的思想理论提供新的内容、注入新的活力，不断促进人的思想水平的提升和认识能力的发展。

### 3. 思想认识的自我否定

人的思想认识除了要经受来自实践的检验，要在实践中经历外在的否定，还要进行认识本身的反思与超越，对思想本身进行自我审视、自

① 《马克思恩格斯文集》第 1 卷，人民出版社 2009 年版，第 503—504 页。
② 《马克思恩格斯文集》第 3 卷，人民出版社 2009 年版，第 506 页。

我批判、自我突破。外在的现实世界需要被改造，思考着现实世界的人的意识、人的思想也需要不断完善。事实上，这两个过程是高度统一的，在从实践到认识到再实践的过程中，人的思想也进行自我否定，也在发生蜕变与更新。

思想的自我否定与思想对外在世界的否定是辩证统一的。马克思在博士论文中曾指出："自我意识始终具有一个双刃的要求：其中一面针对着世界，另一面针对着哲学本身。"① 这里所说的"自我意识"还不是专门指代青年黑格尔派的"自我意识"，而是指某种哲学理论的"精神承担者"，是某种哲学理论在人的思想意识中的具体体现。人的思想意识对世界的要求就是要完成"世界的哲学化"，用某种思想理论来否定、批判和改造现存世界，对哲学本身的要求就是要完成"哲学的世界化"，在改造现存世界的实践中来否定、批判和改造这一思想体系本身。正是在这一意义上，马克思指出："世界的哲学化同时也就是哲学的世界化，哲学的实现同时也就是它的丧失，哲学在外部所反对的东西就是它自己内在的缺点，正是在斗争中它本身陷入了它所反对的缺陷之中，而且只有当它陷入这些缺陷之中时，它才能消除这些缺陷。与它对立的东西、它所反对的东西，总是跟它相同的东西，只不过具有相反的因素罢了。"② 当思想面对现实世界的时候，同时是在面对思想本身；当思想实际地反对外部客观世界、实际地作用于外部客观世界时，它才能够发现自己的内在缺陷，反观自己的内在缺陷，进而消除这些缺陷，完善自己的体系。因此，人的思想意识"把世界从非哲学中解放出来"的时候，也就是"把它们自己从作为一定的体系束缚它们的哲学中解放出来"③，也就是要推动自己向更高层次跃升。

---

① 《马克思恩格斯全集》第 1 卷，人民出版社 1995 年版，第 76 页。
② 《马克思恩格斯全集》第 1 卷，人民出版社 1995 年版，第 76 页。
③ 《马克思恩格斯全集》第 1 卷，人民出版社 1995 年版，第 76 页。

思想的自我否定是思想实现自我发展、自我完善的必经之路。马克思指出："基督教只有在它的自我批判在一定程度上，可说是在可能范围内完成时，才有助于对早期神话作客观的理解。同样，资产阶级经济学只有在资产阶级社会的自我批判已经开始时，才能理解封建的、古代的和东方的经济。"① 这是人的思想发展的一条基本规律。当前的思想总是会为人们提供理解一切已经覆灭的思想形式、把握思想发展普遍规律的钥匙。如果人们不理解现时代、现阶段的思想，也就无法真正懂得历史发展中的思想，也就无法真正理解思想的历史，自然也就无法推动思想的历史性发展。

但是，并非每一种思想，或者说并非每一阶级的思想都有正确进行自我否定的自觉与正确开展自我批判的能力。马克思指出："所说的历史发展总是建立在这样的基础上的：最后的形式总是把过去的形式看成是向着自己发展的各个阶段，并且因为它很少而且只是在特定条件下才能够进行自我批判，……所以总是对过去的形式作片面的理解。"② 人们总是会把自己当前的思想视为"最后的形式"，把当前的思想视为以往思想的最终目的，认为以往的一切思想都只是以"十分萎缩的或者完全歪曲的形式"出现的当前的思想，都只是思想为了发展到当前形态而经历的一些环节。例如，资产阶级经济学家总是认为"资产阶级经济的范畴适用于一切其他社会形式"③。他们总是带着统治阶级的优越与傲慢，把自己的思想当作最具普遍性的思想，只会用自己的思想来批判和否定以往的思想，而不会进行自我批判。人们应从这种拒绝自我批判的狭隘视角中走出来，把以往的思想、当前的思想都当作"历史条件的产物"，当作思想发展的具体的、历史的环节，既要在思想的自我批判中理解以往的思想，也要在思想的自我批判中把握思想发展的一般形式和

① 《马克思恩格斯文集》第 8 卷，人民出版社 2009 年版，第 30 页。
② 《马克思恩格斯文集》第 8 卷，人民出版社 2009 年版，第 30 页。
③ 《马克思恩格斯文集》第 8 卷，人民出版社 2009 年版，第 30 页。

一般规律，更要在思想的自我批判中推动思想的跃升与发展。

矛盾分析法是唯物辩证法的根本方法，是思想政治教育的一种重要的思想方法和工作方法，为我们提供了一种看待事物、处理事物的方法论原则。思想政治教育要面对和处理多种多样的矛盾关系，思想政治教育本身也是一个内在蕴藏着各种矛盾关系的复杂过程。无论开展思想政治教育工作，还是研究思想政治教育本身，都必须坚持和运用矛盾分析法，以对立统一的观点来认识事物、分析矛盾、解决问题。

其一，要坚持用矛盾分析法研究人的思想形成发展的基本规律和思想政治教育基本规律。矛盾是认识把握事物内在本质、分析处理问题的切入点与着眼点。在人的思想成长和开展思想政治教育的过程中，一直存在着诸多矛盾冲突的产生、发展和解决，既有贯穿于全过程的基本矛盾，又有体现在各个不同阶段、不同条件、不同环节中的具体矛盾。譬如，人的思想发展要面对和解决思想和现实、思想和利益、能动与受动、思想和行为等矛盾；思想政治教育要面对和解决内化和外化、人与环境、受教育者思想水平和社会对受教育者的思想要求等矛盾。如果没有对这些矛盾的全面认识，我们就无法正确理解人的思想意识的发展过程，无法准确把握思想政治教育的工作过程和基本规律。在思想政治教育过程中，矛盾是普遍存在的，但是我们不能忽视矛盾、不能否认矛盾的存在，而是要及时地发现、分析和解决各种矛盾，将矛盾分析的思维方式和工作方法贯穿于思想政治教育活动之中，以对立统一的观点来深入探索人的思想形成发展基本规律和思想政治教育基本规律，为思想政治教育的顺利开展提供正确引领和科学指导。

其二，要利用矛盾、利用对立统一，化对立为统一，实现个体思想发展的突破与思想政治教育的创新发展。矛盾就是对立统一，矛盾的双方既相互对立，又相互联系、相互影响，并且在一定的条件下可以相互转化。思想政治教育是一个充满矛盾并不断解决矛盾的过程，我们既要认识到矛盾的普遍性，客观地承认思想政治教育过程中出现的矛盾，又要重视矛盾的特殊性，坚持具体问题具体分析，正确处理思维和存在、思想和利益、理论和现实之间的矛盾对立，在长期的思想淬炼、政治锻炼和实践锻炼之中，达成量的积累和质的突破，促进矛盾对立面的相互转化，不断提升人的思想水平、政治素养和实践能力。在认识和解决矛盾的过程中，要注意区分主要矛盾和次要矛盾，抓住主要矛盾，准确把握思想政治教育的道路和方向。从辩证唯物主义的观点来看，矛盾的解决是事物发展的内在源泉和根本动力，有矛盾存在就说明依然存在尚未解决的问题，依然有可以完善和发展的空间。只有根据不同的现实情况，灵活转变思想政治教育的手段和方法，牢牢抓住矛盾发展转化的条件与时机，积极促进思想政治教育矛盾转化，才能不断推动个体思想的进步和思想政治教育工作本身的开展。

其三，要坚持用思想政治教育来研究和解决社会矛盾。在思想政治教育中坚持和运用矛盾分析法，不仅要以矛盾的观点来分析思想政治教育本身，更重要的是引导思想政治教育以矛盾的观点来研究和解决社会矛盾。思想政治教育与社会矛盾之间有着密不可分的内在关联。一方面，某一时代的社会矛盾在一定程度上构成了思想政治教育的发生基础，对思想政治教育提出了不同的任务和要求。中国特色社会主义进入新时代，社会历史条件和社会矛盾发生重大变化，思想政治教育的工作环境与时代责任也发生了深刻调整。这就促使思想政治教育必须随之调整自己的内容、方法、手段、载体、话语，以不断适应社会矛盾所提出的新要求。另一方面，思想政治教育能够为社会矛盾的解决和转化奠定思想基础、提供理论支撑。思想政治教育是走向人的思想领域、精神世界、灵魂深处的教育，它不仅能够通过对社会矛盾的合理阐释引导人们正确认识社会矛盾，而且能够通过对人的思想灵魂的铸育，汇聚思想共识，凝聚精神力量，引领人们正确地解决社会矛盾，推动新时代中国特色社会主义事业的新发展与新飞跃。

# 第二章　历史分析法

恩格斯在《路德维希·费尔巴哈和德国古典哲学的终结》中指出："在社会历史领域内进行活动的，是具有意识的、经过思虑或凭激情行动的、追求某种目的的人；任何事情的发展都不是没有自觉的意图，没有预期的目的的。"① 以社会历史的视角和尺度来分析人的自觉意图和预期目的是唯物史观的基本方法。在唯物史观视域中，人的自觉意图和预期目的指引着人的实践活动，人的实践活动创造了人的全部社会历史，现代社会的历史进程体现了从资本主义向共产主义过渡的发展趋势。坚持和运用历史分析法，正是在思想政治教育领域坚持历史唯物主义基本立场和理论基础的必然要求。

马克思、恩格斯在批判黑格尔唯心辩证法和唯心史观的基础之上，阐明了历史分析法的原则与要求，并运用历史分析法来把握人类历史和人类思维发展的进程与规律。在《〈黑格尔法哲学批判〉导言》《1844 年经济学哲学手稿》《神圣家族》中，马克思、恩格斯批判了黑格尔及青年黑格尔派的唯心史观，要求从粗糙的物质生产、现实的社会生活、客观的经验事实、根本的物质利益出发，来考察人的能动性与受动性，分析人民群众的思想观念与阶级意识，引领人民群众的实践力量与革命行动。到《关于费尔巴哈的提纲》时，唯物史观的萌芽已经产生，《德意志意识形态》则第一次系统阐释了唯物史观。《哲学的贫困》《共产党宣言》已经以唯物史观为理论武器，运用历史分析法把握了人类社会和人类思维发展的基本规律。这些文献集中体现了马克思恩格斯历史分析法的本质要求，阐明了人的社会性本质，明确了精神生产和物质生产的辩证关系，明晰了阶级社会的意识形态斗争规律。在《资本论》中，马克思运用历史分析法考察了

---

① 《马克思恩格斯文集》第 4 卷，人民出版社 2009 年版，第 302 页。

资本主义生产方式，从政治经济学的角度揭示了人类社会历史发展的基本
规律。在《路德维希·费尔巴哈和德国古典哲学的终结》《反杜林论》等
著作中，恩格斯运用历史分析法阐明了人的思维方式、认知方法和思想形
成发展机制。新时代，在思想政治教育领域坚持和运用历史分析法的核心
实质就在于坚持逻辑与历史的辩证统一，以运动、变化、发展的观点来认
识个体意识和社会意识形成发展的基本规律，将其置于一定的历史背景与
历史条件之下来加以分析，透过纷繁复杂的历史现象准确把握个体思想的
生成性、阶级思想的历史性和理想信念的现实性。

## 一、个体思想的生成性

通过分析马克思恩格斯经典文本可以发现，马克思、恩格斯揭示了
个体思想具有生成性，社会历史的发展变化给个体思想生成提供了客观
物质条件。在生成过程中，个体思想也具有一定的主观能动性，在思想
与现实的实践沟通中，个体思想的生成过程蕴含了从感觉到动机，再到
意志的动态机制。

### 1. 人的思想意识是"社会的产物"

马克思在《1844 年经济学哲学手稿》中写道："对社会主义的人来
说，整个所谓世界历史不外是人通过人的劳动而诞生的过程，是自然界
对人来说的生成过程，所以关于他通过自身而诞生、关于他的形成过
程，他有直观的、无可辩驳的证明。"[①] 从历史唯物主义的观点来看，
人和自然界都是在社会历史中形成、发展和变化的，人和自然界都具有
客观实在性。个人在自己的劳动过程中，对自己是如何诞生和形成的社
会历史条件有"直观的、无可辩驳的证明"。这种"直观的、无可辩驳

---

① 《马克思恩格斯文集》第 1 卷，人民出版社 2009 年版，第 196 页。

的证明"就是个体思想如何生成的客观证明。马克思和恩格斯认为:"一切历史的第一个前提,这个前提是:人们为了能够'创造历史',必须能够生活。"① 也就是说,人们进行生活的生产劳动是决定和推动社会历史发展的根本动力。马克思、恩格斯通过分析社会历史发展的一般规律深刻揭示了人类社会的历史发展既不是由少数人组成的特定群体所谋划出来的,也不是由某个民族或某个国家所控制的,而是由人类无差别劳动所产生的生产力与生产关系之间形成的内在矛盾来推动的。马克思、恩格斯强调:"任何历史观的第一件事情就是必须注意上述基本事实的全部意义和全部范围,并给予应有的重视。"② 唯物史观从整体上揭示了生产力和生产关系之间的内在矛盾对社会历史发展的决定性作用。根据唯物史观的考察视角来分析个体思想的生成规律,可以发现个体思想生成必须具备一定的社会历史条件。

马克思认为,人的本质是他所属社会关系的总和。那么,一定的社会关系和社会历史条件对个体思想的生成也具有重要意义。马克思、恩格斯在《德意志意识形态》中指出:"意识一开始就是社会的产物,而且只要人们存在着,它就仍然是这种产物。"③ 在马克思、恩格斯看来,人们一开始就在自己的劳动生产中建立起了相互依赖、相互协作的生产关系。这种生产关系是由人们的生活需要和生产方式决定的,它不仅与人们的生存发展具有同样长久的历史,而且伴随人们的生存发展不断采取新的形式。由人的生产力和生产关系推动的人类社会发展进程就表现为"历史"。马克思、恩格斯在《德意志意识形态》中具体阐释了个体思想是如何在社会历史进程中生成的:"人们是自己的观念、思想等等的生产者,但这里所说的人们是现实的、从事活动的人们,他们受自己的生产力和与之相适应的交往的一定发展——直到交往的最遥远的

---

① 《马克思恩格斯文集》第1卷,人民出版社2009年版,第531页。
② 《马克思恩格斯文集》第1卷,人民出版社2009年版,第531页。
③ 《马克思恩格斯文集》第1卷,人民出版社2009年版,第533页。

形态——所制约。"① 个人的思想、观念、想象、思维、意识等精神现象最初是直接与人们的物质生产活动交织在一起的。同样,某一民族的政治、法律、道德、宗教、哲学等上层建筑是这一民族经济基础的产物。语言是人们在物质生产中产生的人类特有精神现象。语言中凝结了人们的思想观念,语言也是一种实践的、社会的和现实的意识形式。语言与意识一样,它们只是由于人们的生活需要和交往需要才产生出来。人们以自己的生产力和生产关系为中心建立起相应的社会关系,又按照自己的社会关系创造了相应的思想观念体系。这些思想观念体系同它们所表现出来的社会关系一样,是历史的、发展的、变化的。随着生产力的增长、社会关系的调整、历史进程的发展,个体思想也会不断发生转变。

个体思想是在社会历史发展中生成的,这就决定了个体思想是一种"个体意识"与"社会意识"相统一的意识集合体。马克思在《1844 年经济学哲学手稿》中强调:"我从自身所做出的东西,是我从自身为社会做出的,并且意识到我自己是社会存在物。"② 马克思分析了"社会意识"是人作为社会存在物,在自己生活的现实共同体中抽象出来的理论存在。个体的生命表现即使不采取与他人一起完成生命表现的直接形式,也是社会生活的鲜明表现和客观确证。尽管不同人的个体生活各有差别,但是人的个体生活与人的类生活始终保持着普遍的一致性。个体生活与类生活只存在着某种特殊性的相互区别。人在个体生活中形成的个体思想,也是一种类意识。马克思认为:"作为类意识,人确证自己的现实的社会生活,并且只是在思维中复现自己的现实存在;反之,类存在则在类意识中确证自己,并且在自己的普遍性中作为思维着的存在物自为地存在着。"③ 在此意义上,人既是特殊的个体,人的特殊性使人成为个体,这种现实的、单个的社会存在物,才能拥有特殊的个体思

---

① 《马克思恩格斯文集》第 1 卷,人民出版社 2009 年版,第 524—525 页。
② 《马克思恩格斯文集》第 1 卷,人民出版社 2009 年版,第 188 页。
③ 《马克思恩格斯文集》第 1 卷,人民出版社 2009 年版,第 188 页。

想。人也是普遍的总体，人的普遍性使人成为"被思考和被感知的社会的自为的主体存在"①，也使复杂多样的个体思想可以融合为"观念的总体"，每个个体都具有思考和感知其他个体作为社会历史发展的总体生命表现的精神能力。

"从人间升到天国"是唯物史观考察个体思想生成的基本遵循。马克思、恩格斯在《德意志意识形态》中详细论述了唯物史观考察个体思想生成的前提基础："意识在任何时候都只能是被意识到了的存在，而人们的存在就是他们的现实生活过程。"② 根据这个前提基础来考察个体思想是如何在社会历史中生成的，可以发现资本主义意识形态对人们之间社会关系的主观反映，如同照相机对物质世界的倒立成像那样，是完全颠倒过来的。这种颠倒就是从人们生活的资本主义世界中产生的，这是个体思想在资本主义社会中发展变化的重要特征。马克思、恩格斯认为："德国哲学从天国降到人间；和它完全相反，这里我们是从人间升到天国。"③ 唯物史观把"从事实际活动的人"作为考察个体思想生成的前提和出发点，从他们的现实生活过程来把握意识形态是如何对这一现实生活过程做出"反射和反响的发展"，由此就揭示出个体思想是可以通过经验来确认的人们现实生活过程的必然升华物。这种考察方法使意识形态无法保留任何的独立性外观。正是在这个意义上，马克思、恩格斯强调了意识形态"没有历史，没有发展"④。因为这仅仅在于说明所有的意识形式都是随着人们的现实生活过程发展变化的。在唯物史观的考察视角下，社会历史不再是"一些僵死的事实的汇集"⑤，也不再是"想象的主体的想象活动"⑥，而是人们完整的、生动

---

① 《马克思恩格斯文集》第1卷，人民出版社2009年版，第188页。
② 《马克思恩格斯文集》第1卷，人民出版社2009年版，第525页。
③ 《马克思恩格斯文集》第1卷，人民出版社2009年版，第525页。
④ 《马克思恩格斯文集》第1卷，人民出版社2009年版，第525页。
⑤ 《马克思恩格斯文集》第1卷，人民出版社2009年版，第526页。
⑥ 《马克思恩格斯文集》第1卷，人民出版社2009年版，第526页。

的、具体的现实生活过程。"发展着自己的物质生产和物质交往的人们，在改变自己的这个现实的同时也改变着自己的思维和思维的产物。"①所以，如果以唯物史观的基本方法来考察个体思想是如何在现实生活过程中生成的，那么只要细致描绘出个人的现实生活过程，就能够进一步理解和把握现实生活过程给个体思想生成提供的社会历史条件。

### 2. "自由的有意识的活动"是人的类特性

马克思、恩格斯论述了个体思想生成必须具备一定的社会历史条件，然而个体在社会历史发展进程中，并不是完全被动地接受生产劳动和社会关系对个体思想生成的决定和制约，个体思想生成在这一过程中也体现出丰富的自由性和创造性。马克思在《1844年经济学哲学手稿》中指出："一个种的整体特性、种的类特性就在于生命活动的性质，而自由的有意识的活动恰恰就是人的类特性。"② 个体因为拥有专属于人的类特性，所以能够以"自由的有意识的活动"来认识世界和改造世界。马克思认为，动物与自己的生命活动具有直接同一性，动物本身就表现为自己的生命活动。人则能够把自己的生命活动进行对象化的思想加工，也就是"使自己的生命活动本身变成自己意志的和自己意识的对象"③。所以，个体也能够在自己的生命活动中通过"自我意识"来直观自身。个体所拥有的自由自觉的类意识反映了个体思想生成的主观能动性。马克思强调，人以一种"全面的方式"来占有自己的"全面的本质"。这种"全面的方式"代表了个体思想生成的主观能动性得以充分发挥，"全面的本质"代表了个体对外在世界各种事物能够建立起来的完整关系。个体思想如果能够充分发挥出主观能动性，那么个体就能够作为一个完整的人，与外在世界各种事物建立起包括"视觉、听觉、嗅

---

① 《马克思恩格斯文集》第1卷，人民出版社2009年版，第525页。
② 《马克思恩格斯文集》第1卷，人民出版社2009年版，第162页。
③ 《马克思恩格斯文集》第1卷，人民出版社2009年版，第162页。

觉、味觉、触觉、思维、直观、情感、愿望、活动、爱"① 等在内的任何一种人的关系。

个体思想生成的主观能动性使个体具备了区别于自己生命活动的相对独立性，使个体建立起了外在世界和内在自我的对象性关系，也使个体作为人的本质规定获得了全面实现。正是在这个意义上，马克思说："这些器官同对象的关系……是人的能动和人的受动，因为按人的方式来理解的受动，是人的一种自我享受。"② 个体思想生成的主观能动性是人在认识和理解对象世界的客观实在性基础上，进一步使人的本质力量得以展现出来的"对象性的、现实的、活生生的存在的独特方式"③。个体思想生成的主观能动性帮助人不仅通过思想意识，而且以全部感觉在对象世界中确证自己的本质力量。所以，个体思想生成的主观能动性也使人在与对象世界建立完整关系的现实过程中获得了主体性地位。任何一个对象对个体产生的影响和作用，在一定程度上取决于个体思想对这种影响和作用的认识程度和理解范围。个体的本质力量只有通过个体思想生成的主观能动性，才能在个体生存和发展的历史进程中客观地展开人的感性的主体性和丰富性。马克思认为："历史对人来说是被认识到的历史。"④ 也就是说，人只有认识到自己生存和发展的进程，才能形成自己的历史。整个社会历史进程也是人发挥个体思想生成的主观能动性，从而有意识地扬弃自身和改造外部世界的发展过程。

"人对自然界进行改造的反作用"充分彰显了个体思想生成的主观能动性。恩格斯在《自然辩证法》中从人类社会历史起源的自然角度深刻揭示了个体思想生成的主观能动性："手的专业化意味着工具的出现，而工具意味着人所特有的活动，意味着人对自然界进行改造的反作用，

---

① 《马克思恩格斯文集》第 1 卷，人民出版社 2009 年版，第 189 页。
② 《马克思恩格斯文集》第 1 卷，人民出版社 2009 年版，第 189 页。
③ 《马克思恩格斯文集》第 1 卷，人民出版社 2009 年版，第 191 页。
④ 《马克思恩格斯文集》第 1 卷，人民出版社 2009 年版，第 211 页。

意味着生产。"① 虽然动物也进行生产，但是动物的生产是不自觉和不自愿的。动物从起源到逐渐发展至如今状态，也形成了自己的历史，但是这部历史是动物"被动创造"出来的，这种"被动创造"里面丝毫没有动物的"自我意识"和"自觉意图"。与动物"被动创造"自己的历史所截然不同的是，"人离开狭义的动物越远，就越是有意识地自己创造自己的历史，未能预见的作用、未能控制的力量对这一历史的影响就越小，历史的结果和预定的目的就越加符合"②。这种有意识地创造自己历史的过程，也是人充分发挥自我意识中主观能动性的过程。个体思想生成的主观能动性使人能够有意识地、按照自己的主观预期来创造自己的历史，合理地预见人类历史的发展趋势和前进方向，有效地控制影响历史发展的不利因素，从而使历史发展的实际结果更加符合人们的主观预期。那么，个体思想生成的主观能动性是如何凸显出个体思想面对对象世界物质现实的相对独立性呢？马克思、恩格斯在《德意志意识形态》中指出："分工只是从物质劳动和精神劳动分离的时候起才真正成为分工。"③ 从这时起，个体思想不用通过凭借某种"现存实践的意识"来想象某种现实的东西，就能现实地想象某种东西，也只是从这时起，个体思想能够相对地摆脱对象世界去创造"纯粹的"各种意识形态。从这个层面来看，各种意识形态之所以能够以某种形式反映社会历史的物质现实，主要是因为个体思想生成的主观能动性，能够使得个体思想在相对独立的精神领域内，对社会历史的物质事实进行自我反思和自我建构。

### 3. 个体思想的生成过程分析

恩格斯在《路德维希·费尔巴哈和德国古典哲学的终结》中指出：

---

① 《马克思恩格斯文集》第 9 卷，人民出版社 2009 年版，第 421 页。
② 《马克思恩格斯文集》第 9 卷，人民出版社 2009 年版，第 421—422 页。
③ 《马克思恩格斯文集》第 1 卷，人民出版社 2009 年版，第 534 页。

"外部世界对人的影响表现在人的头脑中，反映在人的头脑中，成为感觉、思想、动机、意志，总之，成为'理想的意图'，并且以这种形态变成'理想的力量'。"① 在这里我们可以看出，个体思想生成遵循了一套从感觉到动机、再到意志的动态机制。这套动态机制是个体思想在面对外部世界物质事实以后产生的主观反映，它体现了外部世界物质事实经过个体思想的意识加工所产生的精神动力。有了这个精神动力，个体思想中才能生成"理想的意图"和"理想的力量"，进而激发个体为实现这个理想目的而开展"理想的实践"。所以，个体思想生成的动态机制也反映了个体想要实现某个理想目的，在头脑中推动自己从意识萌生到实践转化的精神发展过程。

首先，个体思想在接触外部世界物质事实以后直接产生的是"感觉"。马克思在《1844年经济学哲学手稿》中写道："人不仅通过思维，而且以全部感觉在对象世界中肯定自己。"② "感觉"来源于人的感官。马克思认为，因为人和自然本身的客观实在性，也因为人与自然界的对象性关系，"人化的自然界"对人来说已经成为"实际的、可以通过感觉直观"的物质性存在。可以说，"感觉"是人的类特性帮助人形成的对外部世界物质事实的感官体验，它包括五官感觉、精神感觉、实践感觉等，也是一种最直观、最朴素、最感性的个体思想。只是由于人在认识世界和改造世界过程中展开着自己"主体的、人的感性的丰富性"③，确证着人的本质力量的感觉才不断发展起来。所以，人的感觉也是"感觉的人性"，是人与外部世界的沟通互动。外部世界的社会历史条件从客观上创造着人的本质的全部丰富性，同时创造着人的"全面而深刻的感觉"④。在这个意义上，马克思强调，工业历史业已生成的对象性存

---

① 《马克思恩格斯文集》第4卷，人民出版社2009年版，第285—286页。
② 《马克思恩格斯文集》第1卷，人民出版社2009年版，第191页。
③ 《马克思恩格斯文集》第1卷，人民出版社2009年版，第191页。
④ 《马克思恩格斯文集》第1卷，人民出版社2009年版，第192页。

在是"感性地摆在我们面前的人的心理学"①，具有自由自觉类意识的个体，能够从工业发展的社会历史进程中全面而深刻地感受到自己的本质力量。这种感觉也可以理解为个体"对取得某些实际效益的条件的意识"②，以及"对制约着这些条件的自然规律的理解"③。当个体感受到外部世界对自己的制约，想要利用自然规律改变这种制约，取得某些实际效益以后，则会感性地爆发出人的本质力量，这种本质力量主要体现为人的激情和热情。在马克思看来："激情、热情是人强烈追求自己的对象的本质力量。"④ 激情和热情从感性维度反映了人作为"对象性的、感性的存在物"，从外部世界客观事实获得感官体验以后想要对对象展开强烈追求的本质力量。

其次，个体思想在形成强烈追求自己对象的激情和热情以后进一步产生的是"动机"。恩格斯在《路德维希·费尔巴哈和德国古典哲学的终结》中分析了在社会历史领域内进行活动的都是追求某种目的的人。恩格斯认为："任何事情的发生都不是没有自觉的意图，没有预期的目的的。"⑤ 这种"自觉的意图"和"预期的目的"则可以理解为个体思想中的"动机"。"动机"建立在个体对对象的"感觉"这一感性基础上。"动机"这种主观意识来源于个体的实际需要。个体为了能够生存生活，必须从外部世界获得一定的物质资料和精神资料来满足自己的实际需要。可以说，在社会历史领域内进行的每一种活动都是带有一定"动机"的。"动机"是个体想要进行某项活动，从而达到某种目的的心理倾向和内在驱动。"动机"既可以是经过深思熟虑的，也可以是凭激情行动的，"动机"是多种多样、多元多变的。"动机"充分体现了

① 《马克思恩格斯文集》第 1 卷，人民出版社 2009 年版，第 192 页。
② 《马克思恩格斯文集》第 9 卷，人民出版社 2009 年版，第 421 页。
③ 《马克思恩格斯文集》第 9 卷，人民出版社 2009 年版，第 421 页。
④ 《马克思恩格斯文集》第 1 卷，人民出版社 2009 年版，第 211 页。
⑤ 《马克思恩格斯文集》第 4 卷，人民出版社 2009 年版，第 302 页。

人作为一个"受动的存在物",因为感到对象对自己的吸引或制约,所以激发出自己想要改变对象的主观能动性。正是因为形成了进行某项活动的"动机",个体才能产生出想要把某种理想愿景变成真切现实的"愿望"。恩格斯认为:"愿望是由激情或思虑来决定的。而直接决定激情或思虑的杠杆是各式各样的。"① 这个各式各样的杠杆也可以理解为"动机"。

最后,个体思想在产生实现某种目的的"动机"以后,会为克服外在世界的各种条件限制而形成"意志"。恩格斯在《路德维希·费尔巴哈和德国古典哲学的终结》中指出:"就单个人来说,他的行动的一切动力,都一定要通过他的头脑,一定要转变为他的意志的动机,才能使他行动起来。"② 个体思想在产生实现某种目的的"动机"以后,个体便会着手开展实现这种目的的实践行动。个体的实践行动是个体与外在世界相互联结、相互作用的过程,必然会受到外在世界各种条件的限制,个体如果想克服外在世界各种条件的限制,就需要理解外在世界发展变化的自然规律。这种希望通过自己的主观努力来理解外在世界发展变化的自然规律,进而支撑着个体克服外在世界各种条件限制的精神力量,就是由"动机"产生的"意志"。恩格斯在《自然辩证法》中认为:"一切动物的一切有计划的行动,都不能在地球上打下自己的意志的印记。这一点只有人才能做到。"③ 人因为拥有"意志",所以不仅能够使外在世界发生变化,而且能够在外在世界中实现自己的目的,创造出"人化的自然界"。马克思在《资本论》中也认为,人比动物高明的地方在于,人在开展实践行动以前就已经按照自己的最终预期,在头脑中设计好了图纸和流程。马克思指出:"这个目的是他所知道的,是作

———————————

① 《马克思恩格斯文集》第 4 卷,人民出版社 2009 年版,第 302 页。
② 《马克思恩格斯文集》第 4 卷,人民出版社 2009 年版,第 306 页。
③ 《马克思恩格斯文集》第 9 卷,人民出版社 2009 年版,第 559 页。

为规律决定着他的活动的方式和方法的，他必须使他的意志服从这个目的。"① 也就是说，人为了持之以恒、锲而不舍地把实践活动开展下去，也为了最终能在外在世界中实现自己的目的，必须拥有这种"作为注意力表现出来的有目的的意志"②。实践活动的内容和方法越是不能吸引个体，个体越是不能在实践活动中获得精神上和身体上的享受，就越需要这样的"意志"。

### 二、阶级思想的历史性

马克思、恩格斯在《共产党宣言》中所分析的社会意识的发展历史能够证明："任何一个时代的统治思想始终都不过是统治阶级的思想。"③ 在阶级社会中，个体根据自己的物质利益归属于不同阶级，形成了不同的阶级思想。通过考察不同历史阶段的社会意识可以发现："各个世纪的社会意识，尽管形形色色、千差万别，总是在某些共同的形式中运动的，这些形式，这些意识形式，只有当阶级对立完全消失的时候才会完全消失。"④ 每一种社会意识都具有鲜明的阶级属性，也都是某一种阶级思想的具体反映。从阶级思想的历史性中，能够把握到阶级思想的发展历程，不同阶级进行思想政治教育的历史形态，以及无产阶级思想政治教育的世界历史意义。

#### 1. 各阶级思想是物质生产关系的观念反映

马克思、恩格斯在《共产党宣言》中就曾强调，人们的思想观念都是这个阶级"生产关系和所有制关系的产物"。人类社会进入阶级社会

---

① 《马克思恩格斯文集》第 5 卷，人民出版社 2009 年版，第 208 页。
② 《马克思恩格斯文集》第 5 卷，人民出版社 2009 年版，第 208 页。
③ 《马克思恩格斯文集》第 2 卷，人民出版社 2009 年版，第 51 页。
④ 《马克思恩格斯文集》第 2 卷，人民出版社 2009 年版，第 51—52 页。

以来，社会成员根据自己的生产方式逐渐分化成了不同的阶级。从总体上看，不同阶级有着不同的生产方式，生成了不同的阶级思想。如果一个阶级是社会上占统治地位的物质力量，那么它也必然成为社会上占统治地位的精神力量，以此在社会上获得精神统治权，支配整个社会的精神生产资料。其他阶级由于不占有精神生产资料，只能在阶级思想上隶属于统治阶级的思想。事实上，统治阶级的思想不过是统治阶级在社会物质领域生产关系的观念表现，终究是为维护统治阶级生产关系服务的。

由分工发展产生的个体利益矛盾是人类社会走向阶级社会的物质根源，也是社会意识分化为阶级思想的现实基础。在人类劳动没有采取分工以前，人们的意识只是"对直接的可感知的环境的一种意识"①，这种意识与动物意识相似，仅限于人与自然界的狭隘联系中，它体现了人对自然界的完全慑服。马克思、恩格斯称这种意识为一种"纯粹动物式的意识"②。随着人们意识到自身是群体存在物，需要与周围的人进行相互交往才能维系自身生存以后，人们的意识又从一种"纯粹动物式的意识"发展成为一种"纯粹的畜群意识"③，人们的这种意识与最原始的动物意识产生了区别，这个区别就是人们意识到了自己的本能。也就是说，人们有了自我意识。随着社会生产力的提高、生活需要的扩大以及人口数量的增多，人们的"纯粹的畜群意识"又获得了本质性发展。这种本质性发展是伴随社会分工一起发展起来的。分工产生了个体利益与共同利益之间的普遍矛盾，这种普遍矛盾造成了社会上的不平等现实。

分工不仅导致不同社会成员在生产方式上的不平等现实，而且导致不同社会成员在分配方式上的不平等现实。马克思、恩格斯认为："分

---

① 《马克思恩格斯文集》第 1 卷，人民出版社 2009 年版，第 533—534 页。
② 《马克思恩格斯文集》第 1 卷，人民出版社 2009 年版，第 534 页。
③ 《马克思恩格斯文集》第 1 卷，人民出版社 2009 年版，第 534 页。

工使精神活动和物质活动、享受和劳动、生产和消费由不同的个人来分担这种情况不仅成为可能，而且成为现实。"① 分工的最初形式产生于单个家庭关系中，随后扩展到整个社会关系中。可以说，分工与所有制是一个互为因果的表达方式，只不过分工是就生产活动而言的，所有制是就生产结果而言的。从根本上看，"所有制是对他人劳动力的支配"②。在分工中，拥有财产所有权的社会成员可以对其他没有生产生活资料的社会成员进行劳动支配。为了调和特殊利益和共同利益之间的矛盾，共同利益采取了"国家"的政治共同体形式，这种政治共同体形式表面上独立于特殊利益与共同利益，实际上是一种"虚幻的共同体"③。在这个"虚幻的共同体"的掩盖下，拥有财产所有权的社会成员组成统治阶级，支配着整个社会的精神生产资料和物质生产资料，其他社会成员则组成被统治阶级，按照统治阶级的生产关系和分配关系进行生产劳动与开展社会生活。不同阶级之间由于物质利益的根本冲突，也不可避免地进行着阶级斗争。

不同阶级为了赋予自己的物质利益以观念性的价值表达，则需要建构出融含本阶级利益和原则的阶级思想。马克思、恩格斯指出："一定时代的革命思想的存在是以革命阶级的存在为前提的。"④ 无论革命阶级，还是统治阶级，只要这个阶级想要掌握政权，就会把自己的阶级利益说成普遍利益。马克思、恩格斯认为，在考察阶级社会历史进程时，如果抛开统治阶级思想产生和存在的物质利益根源，把统治阶级的思想独立化，那么整个阶级社会占统治地位的仿佛只是统治阶级的思想。马克思、恩格斯举例说明："在贵族统治时期占统治地位的概念是荣誉、忠诚，等等，而在资产阶级统治时期占统治地位的概念则是自由、平

---

① 《马克思恩格斯文集》第 1 卷，人民出版社 2009 年版，第 535 页。
② 《马克思恩格斯文集》第 1 卷，人民出版社 2009 年版，第 536 页。
③ 《马克思恩格斯文集》第 1 卷，人民出版社 2009 年版，第 536 页。
④ 《马克思恩格斯文集》第 1 卷，人民出版社 2009 年版，第 551 页。

等，等等。一般说来，统治阶级总是自己为自己编造出诸如此类的幻想。"① 统治阶级编造诸如此类的幻想，不过是企图赋予统治阶级的思想以普遍性形式，让全体社会成员相信统治阶级的特殊利益就是全体社会成员的共同利益。这就导致在阶级社会中占统治地位的思想将是越来越抽象的思想，它们代表着唯一的真理性和永恒的普遍性。革命阶级为了推翻统治阶级，它必须作为全体社会成员的利益代表来对抗统治阶级，它又要比过去一切争得统治地位的阶级斗争更加坚决和彻底。所以，革命阶级在最初阶段总是拥有更广阔的群众基础，革命阶级的思想总是会获得更广泛社会成员的认同和支持。在马克思、恩格斯看来，只有阶级统治不再是社会制度的必要形式，统治阶级不再需要把特殊利益说成普遍利益，统治阶级的思想也不再造成这种思想独立统治整个社会的精神假象，那么包括阶级思想斗争在内的所有阶级斗争才会归于消灭。

### 2. 统治阶级的思想成为"占统治地位的思想"

马克思、恩格斯在《德意志意识形态》中分析了统治阶级使"统治阶级的思想"变成"占统治地位的思想"的发生机制。统治阶级为牢牢掌握国家政权，在统治阶级内部，也有着物质统治和精神统治的明确分工。有一部分阶级成员主要是"作为思想的生产者进行统治"②，他们承担着"调节着自己时代的思想的生产和分配"③ 的重要任务。这一部分阶级成员被马克思、恩格斯称为意识形态家。马克思、恩格斯指出，这部分人"是作为该阶级的思想家出现的，他们是这一阶级的积极的、有概括能力的意识形态家，他们把编造这一阶级关于自身的幻想当做主

---

① 《马克思恩格斯文集》第 1 卷，人民出版社 2009 年版，第 552 页。
② 《马克思恩格斯文集》第 1 卷，人民出版社 2009 年版，第 551 页。
③ 《马克思恩格斯文集》第 1 卷，人民出版社 2009 年版，第 551 页。

要的谋生之道"①。意识形态家不仅是统治阶级的思想的主要生产者，而且是统治阶级的思想的主要传播者。思想政治教育则是意识形态家向所有社会成员广泛传播统治阶级的思想的基本途径。在这个意义上，意识形态性是思想政治教育的本质属性，思想政治教育的核心目的在于使统治阶级的思想变成社会意识领域占统治地位的思想。马克思、恩格斯根据唯物史观，分析了思想政治教育在阶级社会中的历史形态。

"国家的意志"是第一个独立出现在阶级社会中的意识形态力量。恩格斯在《路德维希·费尔巴哈和德国古典哲学的终结》中认为："市民社会的一切要求（不管当时是哪一个阶级统治着），也一定要通过国家的意志，才能以法律形式取得普遍效力。"② 这种"国家的意志"借助统治阶级的政治统治权和精神主导权，使"国家"成为社会历史领域第一个支配所有社会成员的意识形态力量。"国家"不仅建构起整个社会结构中的上层建筑，而且创造出与之相适应的社会意识形式。这些社会意识形式就是以"国家的意志"作为一种独立的意识形态力量，催生出来的其他意识形态，主要包括政治、法律、哲学、宗教和艺术等。

那么，意识形态家们创生出这些意识形态以后，怎样才能使其融入全体社会成员的现实生活，进而完成统治阶级调节所处历史时代的思想生产和思想分配的任务呢？马克思在《路易·波拿巴的雾月十八日》中指出："在不同的财产形式上，在社会生存条件上，耸立着由各种不同的，表现独特的情感、幻想、思想方式和人生观构成的整个上层建筑。整个阶级在其物质条件和相应的社会关系的基础上创造和构成这一切。通过传统和教育承受了这些情感和观点的个人，会以为这些情感和观点就是他的行为的真实动机和出发点。"③ 可见，意识形态家们主要是依靠"传统和教育"，才能把统治阶级的思想转化为全体社会成员的"情

---

① 《马克思恩格斯文集》第 1 卷，人民出版社 2009 年版，第 551 页。
② 《马克思恩格斯文集》第 4 卷，人民出版社 2009 年版，第 306 页。
③ 《马克思恩格斯文集》第 2 卷，人民出版社 2009 年版，第 498 页。

感和观点"，这些"情感和观点"又会让全体社会成员进一步理解为自身行为的"真实动机和出发点"。可以说，一切政治教育、法律教育、哲学教育、文学教育、宗教教育、道德教育和艺术教育等都是思想政治教育的历史形态，其中都深刻融含着统治阶级的思想，秉持着统治阶级的阶级立场、价值取向和道德规约，体现着统治阶级要求塑造社会成员的思想政治教育指向。

　　每一个革命阶级在取得统治地位以后，都需要改造整个社会的意识形态阶层，帮助自己的阶级思想通过思想政治教育的方式成为社会上占统治地位的思想。马克思在《政治经济学批判（1861—1863 年手稿）》中揭露了资产阶级在推翻封建阶级，取得国家政权以后，"一旦资产阶级把意识形态阶层看做自己的亲骨肉，到处按照自己的本性把他们改造成为自己的伙计"①。资产阶级把封建阶级意识形态阶层按照资本本性改造成资产阶级伙伴以后，封建阶级意识形态阶层就会使自己的精神劳动为资产阶级物质利益和资本主义生产关系服务。马克思在《政治经济学批判（1857—1858 年手稿）》中分析资本主义社会最明显的特征就是："新时代受观念统治。"② 资本主义观念无非资本主义生产关系的理论表现，资本主义观念之所以具有抽象性，关键是因为资本主义生产把"人的类特性"都抽象掉了，异化为单向度的资本增殖模式。"关于这种观念的永恒性即上述物的依赖关系的永恒性的信念，统治阶级自然会千方百计地来加强、扶植和灌输。"③ 由意识形态阶层向社会意识领域加强、扶植和灌输资本主义观念，正是资产阶级思想政治教育的基本方式。恩格斯在《英国工人阶级状况》中通过大量事实详细揭露了资产阶级思想政治教育的奴役性、压迫性和虚伪性："孩子们脑子里塞满了各种无法理解的教条和神学上的奥义，从很小的时候起就激起教派的仇恨

---

① 《马克思恩格斯文集》第 8 卷，人民出版社 2009 年版，第 241 页。
② 《马克思恩格斯文集》第 8 卷，人民出版社 2009 年版，第 59 页。
③ 《马克思恩格斯文集》第 8 卷，人民出版社 2009 年版，第 59 页。

和狂热的迷信，而一切理性的、精神的和道德的教育却被严重地忽视了。"① 无产阶级在资本主义社会中很难接受一切理性的、精神的和道德的教育。因为无产阶级接受这些正面性的思想政治教育对资产阶级来说不仅没有多少好处，反而会有很大危险，这些思想政治教育有可能发掘无产阶级的天赋才能，启发无产阶级的自我意识，唤醒无产阶级革命觉悟。宗教教育是资产阶级对无产阶级进行思想政治教育的主要形式，他们把各种无法理解的教条和神学上的奥义灌输到无产阶级头脑中，用宗教的"神圣形象"掩盖自己的特殊利益，麻痹无产阶级的阶级意识，让无产阶级"屈服于'命运'，做一个'好工人'，'忠实地'维护资产者的利益"②。

### 3. "历史的活动和思想就是'群众'的思想和活动"

马克思、恩格斯在《神圣家族》中指出："历史的活动和思想就是'群众'的思想和活动。"③ 这种历史活动主要是指推动社会历史进程的人民群众的实践活动，这种历史思想则主要是指人民群众在历史活动中创生出来并指导历史活动的科学思想。群众的思想和活动，对于社会历史进程的发展变革具有重要的引领推动作用。在马克思、恩格斯看来："历史活动是群众的活动，随着历史活动的深入，必将是群众队伍的扩大。"④ 马克思、恩格斯通过分析阶级社会的历史进程，发现了参与历史活动和创生历史思想的主体力量是日益发展壮大的人民群众。与少数剥削阶级相比，在社会中占绝大多数的人民群众，才是把历史思想付诸历史行动的"使用实践力量的人"⑤。

---

① 《马克思恩格斯文集》第 1 卷，人民出版社 2009 年版，第 424—425 页。
② 《马克思恩格斯文集》第 1 卷，人民出版社 2009 年版，第 433 页。
③ 《马克思恩格斯文集》第 1 卷，人民出版社 2009 年版，第 286 页。
④ 《马克思恩格斯文集》第 1 卷，人民出版社 2009 年版，第 287 页。
⑤ 《马克思恩格斯文集》第 1 卷，人民出版社 2009 年版，第 320 页。

在资本主义社会中，无产阶级是最广泛的群众，也是最强大的"使用实践力量的人"。无产阶级仅仅依靠出卖自己的劳动力为生。"劳动力"与"资本"既相互依存，又相互对立。在"劳者不获、获者不劳"的资本逻辑中，广大群众很难通过出卖劳动力跻身于统治阶级，或者全面地满足自己的生活需要。无产阶级的生活绝境是整个资本主义社会中昭彰罪恶的集中反映，无产阶级只有解放一切被压迫人民才能解放自身。在这个意义上，"无产阶级只有在世界历史意义上才能存在，就像共产主义——它的事业——只有作为'世界历史性的'存在才有可能实现一样"[1]。共产主义是无产阶级解放广大群众需要完成的世界历史性事业，无产阶级思想政治教育作为这项世界历史性事业的必要组成部分，也具有世界历史性意义。以往由剥削阶级开展的思想政治教育为调动起广大群众的实践力量，帮助剥削阶级夺得统治地位，不得不把自己的特殊利益说成整个社会的共同利益。然而，当群众投身于革命实践时，往往会识破剥削阶级的虚伪面目，看清剥削阶级的利益本质。为了帮助群众能够按照无产阶级思想的目标追求、价值理念和行动准则来开展革命实践，则需要顺应世界历史发展趋势的无产阶级思想政治教育出场，唤醒群众的阶级意识，激发群众的革命热情，破除群众的阶级偏见。

首先，无产阶级思想政治教育的世界历史意义反映在无产阶级本身具有世界历史意义，无产阶级思想政治教育能够唤醒群众的阶级意识上。恩格斯在《英国状况。十八世纪》中阐明了工业革命的普遍发展，不仅推动社会历史从"历史"走向"世界历史"，而且使得在工业革命中诞生的无产阶级具有了世界历史意义。恩格斯说："现代英国工人阶级的贫困和穷苦却具有全国性意义，甚至具有世界历史意义。"[2] 无产阶级所具有的世界历史意义意味着他们是整个资本主义社会中最广泛的

---

[1] 《马克思恩格斯文集》第1卷，人民出版社2009年版，第539页。
[2] 《马克思恩格斯文集》第1卷，人民出版社2009年版，第93页。

人民群众。无产阶级作为一个独立阶级出现在世界历史舞台上，他们不仅是资本主义社会先进生产力的代表，也是受资产阶级剥削压迫的对象。无产阶级的生产方式和生活方式扩展到整个人类社会的各个角落，打破了封建阶级统治下民族、国家和地域带来的各种限制。

同时，无产阶级根据自己的生产方式和生活方式，形成了与资产阶级截然不同的政治思想。恩格斯在《英国工人阶级状况》中论述了随着资产阶级对无产阶级剥削压迫的不断加深，无产阶级革命也蓬勃发展起来。"工人和资本家的对立越尖锐，工人中的无产阶级意识也就越发展，越明朗。"[1] 无产阶级意识的发展和明朗意味着无产阶级从资产阶级剥削压迫中觉醒过来，理解到了自己的实际利益和解放条件，认识到了自己的阶级地位和历史使命。这也标志着无产阶级已经构成"同一切有产阶级相对立的、有自己的利益和原则、有自己的世界观的独立的阶级"[2]。他们将要主动在自己的革命实践中发挥出"在他们身上蕴蓄着民族的力量和推进民族发展的才能"[3]。拥有了阶级觉悟的无产阶级也要通过思想政治教育来调动、号召和凝聚一切被压迫人民投身于推翻资产阶级的革命实践中。

其次，无产阶级思想政治教育的世界历史意义反映在只有无产阶级利益才能符合一切被压迫人民共同利益，无产阶级思想政治教育能够激发一切被压迫人民的革命热情上。马克思、恩格斯在《神圣家族》中探讨了在法国大革命中，一些群众的实践力量没有被调动起来的根本原因："这场革命只有对于那样一些群众来说才是'不合时宜的'，那些群众认为在政治'思想'中并没有体现关于他们的现实'利益'的思想。"[4] 因为这些群众认识到自己革命的根本原则与这场革命的根本原

---

[1] 《马克思恩格斯文集》第 1 卷，人民出版社 2009 年版，第 475 页。
[2] 《马克思恩格斯文集》第 1 卷，人民出版社 2009 年版，第 475 页。
[3] 《马克思恩格斯文集》第 1 卷，人民出版社 2009 年版，第 475 页。
[4] 《马克思恩格斯文集》第 1 卷，人民出版社 2009 年版，第 287 页。

则并不一致，所以他们自然无法从这场革命中获得解放。马克思、恩格斯认为，从这一点来看，法国大革命并不能代表"一切伟大的历史'活动'的革命"①。这场革命追求的利益范围仅限于"由少数人组成的、不是把全体居民包括在内的、有限的群众"。如果说在革命开始时，引导这场革命的政治思想还能够引起"人数众多的、与资产阶级不同的那部分群众"的热情和关注，那么当大部分群众发现这场革命的根本原则并没有体现他们的现实利益，仅仅是一种空洞的思想时，他们的革命热情便随之退却。资产阶级的政治思想"仅仅包含一个激起暂时热情和掀起表面风潮的对象罢了"②。也就是说，能够持续引起广大群众革命热情，充分调动广大群众实践力量的政治思想一定是真正体现广大群众实际利益的无产阶级思想。在资本主义社会中，只有无产阶级思想的利益原则和政治诉求能够与绝大多数人思想中的利益原则和政治诉求相一致。所以，无产阶级思想政治教育能够通过宣传、阐释和解读无产阶级思想，最广泛地激发群众的革命热情。

最后，无产阶级思想政治教育的世界历史意义反映在无产阶级革命的终极目标在于消灭一切阶级对立和阶级压迫，无产阶级思想政治教育能够破除群众的阶级偏见上。只要人类还处于阶级社会的历史发展阶段，思想政治教育的历史形态就不会消失，被压迫人民就需要有体现无产阶级意识形态性的思想政治教育。只不过无产阶级思想政治教育与所有剥削阶级思想政治教育存在本质上的区别。无产阶级思想政治教育致力于唤醒广大群众追求自身解放的革命意志，引导广大群众为实现自身解放不懈奋斗。马克思、恩格斯在《德意志意识形态》中认为："每一个单个人的解放的程度是与历史完全转变为世界历史的程度一致的。"③可见，在世界历史的完全转变下，个体不会自己获得解放，他的解放程

① 《马克思恩格斯文集》第1卷，人民出版社2009年版，第287页。
② 《马克思恩格斯文集》第1卷，人民出版社2009年版，第287页。
③ 《马克思恩格斯文集》第1卷，人民出版社2009年版，第541页。

度与其他个体的解放程度紧密联系在一起。这种解放条件又体现在无产阶级的生活条件和发展环境上面。无产阶级如果不能彻底消灭整个社会的昭彰罪恶，如果不能使广大群众获得解放，则不能解放自身。

马克思、恩格斯在《共产党宣言》中指出："共产党人并没有发明社会对教育的作用；他们仅仅是要改变这种作用的性质，要使教育摆脱统治阶级的影响。"[1] 共产党人作为无产阶级中的先进代表，他们没有任何与无产阶级利益不同的特殊利益，他们领导着无产阶级完成"为绝大多数人谋利益"[2] 的独立运动，所以他们也承担着无产阶级思想政治教育的重要任务。马克思、恩格斯强调："共产党一分钟也不忽略教育工人尽可能明确地意识到资产阶级和无产阶级的敌对的对立。"[3] 无产阶级思想政治教育应当向广大群众揭露资产阶级的政治、法律、道德、宗教和哲学等意识形态都是资产阶级偏见，隐藏在这些偏见后面的全都是资产阶级的特殊利益。无产阶级思想政治教育只有帮助广大群众认识到资产阶级意识形态的剥削性、抽象性和伪善性，理解无产阶级意识形态的人民性、科学性和革命性，引导广大群众形成与资产阶级相对立的，建立在无产阶级利益和原则基础上的独立世界观，才能把无产阶级革命推向世界历史高度，使整个资本主义社会革命化，实际地反对并改变资本主义社会的现存事物。

### 三、理想信念的现实性

无产阶级在自己的社会历史实践中形成了反映自身物质利益的阶级意识。在无产阶级意识中，共产主义理想信念体现了无产阶级进行社会历史实践的最强烈、最持久、最崇高的自觉意图和预期目的。恩格斯在

---

① 《马克思恩格斯文集》第 2 卷，人民出版社 2009 年版，第 49 页。
② 《马克思恩格斯文集》第 2 卷，人民出版社 2009 年版，第 42 页。
③ 《马克思恩格斯文集》第 2 卷，人民出版社 2009 年版，第 66 页。

《共产主义原理》中对共产主义作出了基本定义："共产主义是关于无产阶级解放的条件的学说。"① 无产阶级通过实现广大群众的解放来解放自身，是共产主义理想信念的价值原则。这个价值原则又需要在社会历史发展进程中通过无产阶级解放条件的不断积累才能实现。马克思、恩格斯始终把共产主义理想信念放置于社会历史发展进程中来考察和分析其内在本质，揭示了什么样的现实中介才能推动共产主义从理想到信念的升华，探讨了共产主义理想信念是如何在历史合力的推进中不断形成、巩固和坚定的。

### 1. 共产主义理想信念的现实根源

马克思、恩格斯在《德意志意识形态》中认为，我们应当这样来理解共产主义理想信念："共产主义对我们来说不是应当确立的状况，不是现实应当与之相适应的理想。我们所称为共产主义的是那种消灭现存状况的现实的运动。这个运动的条件是由现有的前提产生的。"② 这里所说的共产主义不是"理想"，并不是反对人们把共产主义作为理想信念，反对人们朝着共产主义的美好愿景不断努力，而是在于强调共产主义是一种根植于现存社会既有前提，紧紧依靠人的实践力量推动的现实运动。人们要想秉持共产主义理想信念，则需要把共产主义视为一种"消灭现存状况的现实的运动"。

共产主义理想信念伴随着共产主义运动不断生成。马克思在《1844年经济学哲学手稿》中探究了共产主义理想信念伴随共产主义运动的生成过程："历史的全部运动，既是这种共产主义的现实的产生活动，即它的经验存在的诞生活动，同时，对它的思维着的意识来说，又是它的被理解和被认识到的生成运动。"③ 可见，共产主义理想信念作为一种

① 《马克思恩格斯文集》第1卷，人民出版社2009年版，第676页。
② 《马克思恩格斯文集》第1卷，人民出版社2009年版，第539页。
③ 《马克思恩格斯文集》第1卷，人民出版社2009年版，第186页。

思想产物，它是在共产主义运动中形成的。马克思认为，共产主义运动本身是随着社会历史发展到资本主义阶段所产生的一种社会革命，这种社会革命力求通过积极地扬弃私有财产制来彻底变革资本主义生产方式，推动社会历史从资本主义向共产主义不断过渡。人们投身于共产主义运动中，自然会在头脑中产生关于共产主义"被理解和被认识到的生成运动"①。在马克思看来，"共产主义并不是人类发展的目标，并不是人类社会的形态"②。因为，共产主义既是对资本主义现存生产关系的"否定的否定的肯定"，也是下一段历史发展中人类解放的必然环节。人类社会从资本主义时代过渡到共产主义时代是一个遥远漫长且曲折复杂的历史过程。如果把共产主义视为"人类发展的目标"，或者"人类社会的形态"，不过是把人们对现有的社会历史发展状况的理解和认识用以盲目裁定共产主义的未来形势。然而，共产主义运动总是发展的、变化的和现实的，它的每一步发展都建立在现存社会的物质基础上。可以说，共产主义既是无产阶级解放的条件学说，也是社会历史发展的过程学说。人们需要在共产主义运动的发展过程中，根据每一历史发展阶段的现实情况和变化趋势，与时俱进地获得对共产主义的理解和认识，不断巩固和深化共产主义理想信念。

共产主义理想信念是扎根生活、指向现实、诉诸实践的。恩格斯在《英国工人阶级状况》中介绍英、法两国的早期共产主义思想时，就把客观的物质生产和现实的社会关系确立为自身理论研究的前提、人性分析的基础和环境改变的源头。在《神圣家族》中，恩格斯指出："唯物主义关于人性本善和人们天资平等，关于经验、习惯、教育的万能，关于外部环境对人的影响，关于工业的重大意义，关于享乐的合理性等等学说，同共产主义和社会主义有着必然的联系。"③ 在这个意义上，唯

① 《马克思恩格斯文集》第 1 卷，人民出版社 2009 年版，第 186 页。
② 《马克思恩格斯文集》第 1 卷，人民出版社 2009 年版，第 197 页。
③ 《马克思恩格斯文集》第 1 卷，人民出版社 2009 年版，第 334 页。

物主义奠定了早期共产主义思想的理论基础。早期共产主义者认识到，既然人是从感性世界中获得一切知识和经验，那么也必须从感性世界着手，把感性世界改造得合乎人性，使个体的私人利益符合社会的共同利益。在这种思想的指引下，早期共产主义者不再批判"什么在人类之外的、抽象的、彼岸的人格化的东西"①，而是展开对现存社会生动现实的批判。他们想要认识现存社会的衰败原因，想要通过"实践的、明确的实际措施"来改变现存社会，恩格斯指出："在这里面他们不仅思考，并且更多的是行动。"② 然而，早期共产主义者由于没有从历史唯物主义的角度去分析现存社会，所以，他们无法真正找到决定现存社会发展变化的根本原因，也无法提出使现存社会发生历史变革的道路方法。

共产主义理想信念表达了无产阶级实现"普遍的人的解放"的革命追求。马克思、恩格斯在《德意志意识形态》中系统阐释了在历史唯物主义视域下，共产主义运动实现无产阶级乃至一切被压迫人民解放的基本方式："只有在现实的世界中并使用现实的手段才能实现真正的解放。"③ 如果人们的物质生活在各个方面都不能充分获得保障，那么人们也无法获得真正的解放。在马克思、恩格斯看来，"'解放'是一种历史活动，不是思想活动，'解放'是由历史的关系，是由工业状况、商业状况、农业状况、交往状况促成的。"④ 共产主义运动产生的现实前提在于工业革命的发展和世界市场的形成所导致的贫富差异、资本垄断、商业危机和无序竞争等严重后果，不仅使资本主义生产力与生产关系之间产生了的最尖锐的矛盾，而且使无产阶级与资产阶级之间发生了最激烈的对立。马克思认为，无产阶级作为共产主义运动的主体力量："从这个阶级中产生出必须实行彻底革命的意识，即共产主义的意

---

① 《马克思恩格斯文集》第 1 卷，人民出版社 2009 年版，第 355 页。
② 《马克思恩格斯文集》第 1 卷，人民出版社 2009 年版，第 355 页。
③ 《马克思恩格斯文集》第 1 卷，人民出版社 2009 年版，第 527 页。
④ 《马克思恩格斯文集》第 1 卷，人民出版社 2009 年版，第 527 页。

识。"① 可见，共产主义理想信念是革命取向的。它致力于摧毁资本主义旧世界，建立共产主义新世界。所以，它的基本要求在于"使现存世界革命化，实际地反对并改变现存的事物"②。共产主义理想信念正是无产阶级政治立场在这种斗争中的原则表现，是无产阶级解放条件的观念反映，也是无产阶级推动共产主义运动持续发展的精神力量。

### 2. 从理想愿景到革命信念的升华

恩格斯在《关于共产主义者同盟的历史》中指出："共产主义现在已经不再意味着凭空设想一种尽可能完善的社会理想，而是意味着深入理解无产阶级所进行的斗争的性质、条件以及由此产生的一般目的。"③在这里，恩格斯揭示出共产主义从一种尽善尽美的社会理想变成一种理论彻底的革命信念的思想飞跃。无产阶级在最初了解共产主义时，往往把共产主义作为一种尽善尽美的社会理想，想要通过共产主义指向的未来世界图景来实现自身的自由解放。随着无产阶级投身于共产主义的现实运动，他们才会对共产主义指明的人类社会历史发展趋势有更切实的理解体会，也才能够更深刻地把握到无产阶级革命在每一历史阶段的"性质、条件以及由此产生的一般目的"。无产阶级从对共产主义理想愿景到革命信念的升华，是一个共产主义理想信念的辩证发展过程，代表了无产阶级的共产主义思想不断深化、巩固和坚定，这也是一个革命理论指导革命实践、革命实践检验革命理论、革命理论再提升革命实践的现实过程，需要由革命理论和革命实践来共同推动。可以说，革命理论与革命实践的辩证统一正是从理想到信念的现实中介。

首先，革命理论指导革命实践。马克思、恩格斯为了帮助无产阶级

---

① 《马克思恩格斯文集》第 1 卷，人民出版社 2009 年版，第 542 页。
② 《马克思恩格斯文集》第 1 卷，人民出版社 2009 年版，第 527 页。
③ 《马克思恩格斯文集》第 4 卷，人民出版社 2009 年版，第 233 页。

更加系统地、科学地、辩证地理解共产主义，制定了"新的科学的世界观"①。马克思从社会存在决定社会意识的基本原理出发"阐发他的唯物主义历史理论"②。在此基础上，马克思、恩格斯"着手在各个极为不同的方面详细制定这种新形成的世界观了"③。可以说，这个建立在唯物主义历史理论基础上的"新形成的世界观"，也是帮助无产阶级形成共产主义理想信念的理论基础和思想前提。正如恩格斯所说的那样："我们有义务科学地论证我们的观点，但是，对我们来说同样重要的是：争取欧洲无产阶级，首先是争取德国无产阶级拥护我们的信念。"④ 这种"拥护我们的信念"指的就是无产阶级理解和掌握了共产主义世界观以后，把对共产主义的理想愿景升华为现实的革命信念。马克思在《〈黑格尔法哲学批判〉导言》中指明了"实践"是对"德国迄今为止政治意识形式"⑤ 进行"坚决反抗"的唯一解决办法。这种实践代表的是能把德国提高到"人的高度的革命"⑥ 这一水准上面的"有原则高度的实践"⑦。"有原则高度的实践"也是有革命理论提供科学指导的革命实践。在马克思看来："批判的武器当然不能代替武器的批判，物质力量只能用物质力量来摧毁；但是理论一经掌握群众，也会变成物质力量。"⑧ 在这里，马克思解释了"武器的批判"和"批判的武器"是一种对立统一的关系，它体现了精神力量与物质力量之间的内在矛盾。然而，"理论一经掌握群众"是精神力量变成物质力量的中介环节，无产阶级只有掌握了实现彻底、抓住根本的革命理论，才能够把具有精神力

---

① 《马克思恩格斯文集》第2卷，人民出版社2009年版，第599页。
② 《马克思恩格斯文集》第4卷，人民出版社2009年版，第232页。
③ 《马克思恩格斯文集》第4卷，人民出版社2009年版，第232页。
④ 《马克思恩格斯文集》第4卷，人民出版社2009年版，第233页。
⑤ 《马克思恩格斯文集》第1卷，人民出版社2009年版，第11页。
⑥ 《马克思恩格斯文集》第1卷，人民出版社2009年版，第11页。
⑦ 《马克思恩格斯文集》第1卷，人民出版社2009年版，第11页。
⑧ 《马克思恩格斯文集》第1卷，人民出版社2009年版，第11页。

量的"批判的武器"转换成摧毁旧世界物质力量的"武器的批判"。

其次，革命实践检验革命理论。无产阶级在长期的革命实践中，通过愈益清晰的历史事实不断验证着革命理论的科学性和真理性，使自己的革命思想从一种社会理想升华为一种坚定信念。恩格斯在《反杜林论》中系统论述了无产阶级是如何在革命思想方面发生这一变化的："自然观的这种变革只能随着研究工作提供相应的实证的认识材料而实现，而在这期间一些在历史观上引起决定性转变的历史事实却老早就发生了。"① 从 1831 年的法国里昂工人起义开始，直到 19 世纪 40 年代的英国宪章运动达到高潮，无产阶级和资产阶级之间的阶级斗争上升到欧洲先进国家的重要地位。历史事实使无产阶级不得不信服，所有阶级斗争都是基于物质利益展开的，这些相互斗争的社会阶级始终是这个时代经济关系的产物。只要揭露了这个时代经济关系的内在性质，也就找到了推动这个时代发生历史变革的前进道路。然而，无产阶级要想准确找到这条前进道路，需要从自身的革命实践中总结经验、反思问题和校准理论，从而对共产主义运动的发展方向有一个连贯而清晰的认识。正如恩格斯在 1886 年 12 月 28 日写给威士涅威茨基的信中提到的："我们的理论不是教条，而是对包含着一连串互相衔接的阶段的发展过程的阐明。"②

最后，革命理论提升革命实践。恩格斯在《反杜林论》中强调："现代社会主义必获胜利的信心，正是基于这个以或多或少清晰的形象和不可抗拒的必然性印入被剥削的无产者的头脑中的、可以感触到的物质事实，而不是基于某一个蛰居书斋的学者的关于正义和非正义的观念。"③ 在这里，"现代社会主义必获胜利的信心"也可以理解为从理想到信念的升华。恩格斯从"或多或少清晰的形象""不可抗拒的必然

① 《马克思恩格斯文集》第 9 卷，人民出版社 2009 年版，第 28 页。
② 《马克思恩格斯文集》第 10 卷，人民出版社 2009 年版，第 560 页。
③ 《马克思恩格斯文集》第 9 卷，人民出版社 2009 年版，第 165 页。

性"和"可以感触到的物质事实"三个方面揭示了无产阶级形成"现代社会主义必获胜利的信心"的三个必要条件。在这三个必要条件中，既有无产阶级从革命实践中获得的感性认识，也有无产阶级从革命理论中获得的理性认知。在革命实践中，无产阶级能够通过切实可感的物质事实，体悟到现代社会主义必获胜利的现实基础和实践力量；从革命理论中，无产阶级能够通过科学严密的学理论证，理解现代社会主义必获胜利的历史规律和发展趋势。只有在感性认识和理性认知的相互验证和相互促进中，无产阶级才能不断树立对"现代社会主义必获胜利的信心"，实现从理想到信念的升华。所以，无产阶级只有在不断扩大的共产主义运动中，不断在革命理论与革命实践相对立中促成革命理论与革命实践相统一，再在革命理论与革命实践相统一中促成革命理论与革命实践达到更高层次的统一，才能使共产主义未来世界图景不断变成真切现实，也才能使自己的革命思想实现由理想到信念的不断跃升。

### 3. 历史合力推进实现理想信念

恩格斯在《路德维希·费尔巴哈和德国古典哲学的终结》中说："无论历史的结局如何，人们总是通过每一个人追求他自己的、自觉预期的目的来创造他们的历史，而这许多按不同方向活动的愿望及其对外部世界的各种各样作用的合力，就是历史。"[①] 马克思、恩格斯根据唯物史观的基本原理，揭示了人们各种各样的目标追求是人们创造自己历史的直接动力。人们的目标追求不同，选择的行动方向则不同，这些相互作用的实践力量就构成了推动社会历史发展的合力。历史合力又会进一步推动人们理想信念的形成和发展。恩格斯深入阐释了人类社会的历史进程总是受内在的一般规律支配的。从表面上看，每个社会个体都根据自己的预期目的来展开自己的实践活动，人们的预期目的不同，实践

--------

① 《马克思恩格斯文集》第 4 卷，人民出版社 2009 年版，第 302 页。

活动就会互相干扰、彼此冲突，人类社会的历史进程仿佛是被偶然性所支配的。人们行动的预期目的往往与产生的实际结果不相符合，这就让人们难以把握在历史发展偶然性的表象背后隐藏着的历史发展必然性。这种历史发展必然性也反映了历史合力中不同预期目的之间的本质联系。

首先，广大群众的行动动机是形成历史合力的直接驱动，它凝聚着理想信念的美好愿景。恩格斯认为，如果去探究隐藏在历史人物背后的可以构成历史合力的真正动机，则会发现不是个别人物的动机，而是"使广大群众、使整个整个的民族，并且在每一民族中间又是使整个整个阶级行动起来的动机；而且也不是短暂的爆发和转瞬即逝的火光，而是持久的、引起重大历史变迁的行动"①。可以说，只有使广大群众行动起来的动机才能够形成持久的目标追求，这种目标追求能够激发出引起重大历史变迁的行动，汇聚成推动历史进程的合力。这样，人们就可以透过历史进程的表象准确把握到人类社会历史发展的一般规律。广大群众的目标追求在历史进程中得到实现以后，推动历史进程的合力又会把广大群众的目标追求肯定和确证为一种"关于人类（至少在现时）总的说来是沿着进步方向运动的这种信念"②。这种信念从普遍意义上反映了广大群众对自由解放的美好愿景。

其次，由阶级利益根本对立引发的阶级斗争是形成历史合力的现实因素，它指明了理想信念的目标方向。阶级社会的不同历史阶段存在着不同形式的阶级斗争恩格斯基于唯物史观的基本原理，分析了在资本主义社会，无产阶级与资产阶级的阶级斗争和它们的利益冲突才是现代历史的直接动力。因为每个阶级的行动动机都建立在阶级利益的基础上，无产阶级与资产阶级的阶级利益根本对立。无产阶级不仅是资本主义社

---

① 《马克思恩格斯文集》第 4 卷，人民出版社 2009 年版，第 304 页。
② 《马克思恩格斯文集》第 4 卷，人民出版社 2009 年版，第 286 页。

会的被压迫者，也是"为争夺统治而斗争的第三个战士"①。在资本主义社会，无产阶级与资产阶级的利益冲突导致了它们之间的阶级斗争，从而给资本主义社会向共产主义社会过渡的历史发展注入了真正动力。

最后，社会生产力和生产关系之间的内在矛盾是形成历史合力的根本动因，它决定了理想信念的内容形式。恩格斯在《社会主义从空想到科学的发展》中曾指出："唯物主义历史观及其在现代的无产阶级和资产阶级之间的阶级斗争上的特别应用，只有借助于辩证法才有可能。"②在唯物主义历史观的视野中，人类社会是一个包含众多要素的有机系统，众多要素之间也进行着多向耦合的复杂运动，只有借助于辩证法才能揭示出人类社会的内在运行机制。其中，生产力和生产关系是人类社会有机系统中起决定性作用的一对要素，它们之间的矛盾也是推动人类社会历史进程的主要矛盾关系。无产阶级实现自身解放，是由工业状况、商业状况、农业状况和交往状况等各个方面的社会历史状况来促成的。无产阶级只有在各个社会领域中，通过不断革命来彻底摧毁资本主义生产关系，全面建立共产主义生产关系，推动社会生产力的自由、协调和有序发展，使社会物质生产资料和精神生产资料由全体社会成员共建共享，才能使无产阶级自身乃至一切被压迫人民获得解放，无产阶级也才能在这一历史过程中完整把握共产主义运动相互衔接的内在逻辑和本质内容，从而推进自己理想信念的不断生成、巩固和坚定。

通过考察马克思、恩格斯创立唯物史观的历史语境可以发现，马克思、恩格斯运用唯物史观对青年黑格尔派思辨哲学的批判、对费尔巴哈人本哲学的批判、对资本主义政治经济学的批判，主要是把历史分析法作为一种方法论原则置于分析人类社会历史发展的核心位置。唯物

---

① 《马克思恩格斯文集》第 4 卷，人民出版社 2009 年版，第 304 页。
② 《马克思恩格斯文集》第 4 卷，人民出版社 2009 年版，第 495—496 页。

史观奠定了历史分析法的理论基础。唯物史观提出了社会存在决定社会意识的根本原则，把人的物质生产作为理解人的交往形式和生活方式的基本前提和出发点，由此来追溯人的思想伴随物质生产的形成过程，阐明人的思想产物的内容和形式。历史分析法坚持唯物史观的核心要义在于要从现实的、历史的、具体的视角来把握纷繁复杂的历史现象，理解不断发展的历史运动，辨析相互作用的历史关系，推动人类社会的文明进步。思想政治教育运用历史分析法是坚持唯物史观的基本要求。个体思想、阶级思想、国家意志是如何在历史中生成的，共产主义理想信念是如何在历史中不断通过实践变成现实的，这些都需要思想政治教育利用历史分析法才能作出科学的解释说明。

以历史分析法来做人的思想工作，能够站在一个总体性的原则高度来认识人的思想发展变化。历史分析法把社会发展作为一个有机整体来理解和把握。生产力和生产关系构成了社会发展的物质基础，在这个物质基础上形成了与之相适应的上层建筑和各种意识形式，共同推动了社会发展的历史进程。这样，历史分析法就为思想政治教育提供了一个总体的历史分析框架。在这个历史分析框架中，思想政治教育需要把人的思想置于社会历史的总体结构和运动过程中来认识，从而深入社会历史的实际环境和具体条件中，把握人的思想发展变化的深层原因和内在动机，引导人们作出对历史传统、历史规律和历史趋势的准确认识与把握。尤其是思想政治教育承担着培育理想信念的重要任务，更加需要利用历史分析法准确把握我们当今所处时代共产主义运动的历史方位、历史特点和历史条件，教育人们结合共产主义运动的历史坐标来认识和理解理想信念的发展形态、实践主题和实现形式，从而帮助人们在树立理想信念的过程中增强历史自觉、秉持历史耐心和掌握历史主动。

# 第三章  阶级分析法

马克思、恩格斯在《共产党宣言》中指出："至今一切社会的历史都是阶级斗争的历史。"[1] 阶级斗争是阶级社会历史发展的直接动力，是认识和理解阶级社会的一条指导性线索。阶级分析法，就是要运用阶级和阶级斗争的观点来准确解剖社会结构，正确理解历史事件，全面认识历史人物，科学把握阶级社会的矛盾、本质和规律。马克思、恩格斯在《英国工人阶级状况》《德意志意识形态》《共产党宣言》《1848年至1850年的法兰西阶级斗争》《法兰西内战》《路易·波拿巴的雾月十八日》《家庭、私有制和国家的起源》等著作中，对阶级社会尤其是资本主义社会进行了透彻的阶级分析，全面剖析了资本主义社会三大阶级的基本状况与相互关系，准确阐明资产阶级、无产阶级、中间阶级如何生产、如何思想以及如何行动，为我们提供了理解阶级社会历史发展的理论钥匙。

马克思、恩格斯的阶级观点和阶级分析法，是随着他们历史唯物主义世界观的深化、随着他们革命实践活动的深入而不断发展的。在《〈黑格尔法哲学批判〉导言》中，马克思对无产阶级的现实境况、阶级使命、历史任务作了基本的描述和分析。在《英国工人阶级状况》中，恩格斯具体考察了工业无产阶级的生活状况、思想状况和行动特点，分析了资产阶级对无产阶级的态度和策略，并在此基础上明晰了共产主义运动的方向和趋势。在《1844年经济学哲学手稿》中，马克思分析了私有财产和无产阶级之间的对立关系，从而明确了有产阶级和无产阶级在资本主义社会中的基本状态、发展诉求与任务使命。在《德意志意识形态》中，马克思、恩格斯从阶级斗争的视角批判了资产阶级的虚假意

---

[1] 《马克思恩格斯文集》第2卷，人民出版社2009年版，第31页。

识形态，揭示了阶级社会中意识形态斗争的基本规律。在《哲学的贫困》中，马克思从生产力和生产关系入手探讨了无产阶级贫困的根源，剖析了无产阶级和资产阶级对立的根本原因。在《共产党宣言》中，马克思、恩格斯梳理了传统社会阶级斗争的基本情况，分析了资产阶级、中间阶级和无产阶级的产生原因、历史作用与发展趋势，论证了资产阶级的必然灭亡和无产阶级的必然胜利。《路易·波拿巴的雾月十八日》《1848 年至 1850 年的法兰西阶级斗争》是马克思运用阶级分析法分析历史事件的典范。他在这两部著作中剖析了法国 1848 年二月革命和六月起义等重大事件，总结了法国 1848 年革命经验和 1851 年 12 月 2 日路易·波拿巴政变中的阶级关系，考察了各阶级在革命进程中的利益诉求、思想状况和行动特点。国际工人协会和德国社会民主党时期，马克思、恩格斯多次提醒无产阶级政党要明确阶级立场，时刻警惕资产阶级的反动性、小资产阶级的两面性，制定灵活正确的斗争策略，坚守原则、抓住时机、顺应形势、壮大力量、赢得胜利。

## 一、生产方式分析

阶级是一个经济范畴，也是一个历史范畴。阶级的产生、发展以及消亡，都与一定社会的经济发展程度息息相关。恩格斯在《反杜林论》中指出："这些互相斗争的社会阶级在任何时候都是生产关系和交换关系的产物，一句话，都是自己时代的经济关系的产物。"[1] 要进行阶级分析，就必须深入社会的经济领域当中去，分析社会的经济关系、生产关系和交换关系。其实，"阶级"概念并非由马克思、恩格斯原创，阶级与经济的关系也并非由马克思、恩格斯首先发现。马克思却以历史唯

---

[1] 《马克思恩格斯文集》第 9 卷，人民出版社 2009 年版，第 29 页。

物主义的眼光将阶级理论更向前推进了一步，他指出："我所加上的新内容就是证明了下列几点：（1）阶级的存在仅仅同生产发展的一定历史阶段相联系；（2）阶级斗争必然导致无产阶级专政；（3）这个专政不过是达到消灭一切阶级和进入无阶级社会的过渡……"① 在经济生活领域，对阶级划分起决定性作用的就是生产方式，就是一定社会生产力与生产关系的总和。各阶级经济利益的对立导致阶级斗争，漫长的阶级斗争最终必然走向无产阶级专政，实行无产阶级专政的目的则是消灭阶级对立、消灭阶级本身，进入没有阶级压迫的共产主义社会。开展阶级分析，必然要从生产方式分析入手，分析生产方式是如何决定了社会的阶级结构、决定了人们的阶级地位、决定了不同阶级之间的相互关系。

### 1. 生产方式决定阶级结构

社会生产方式的发展水平，即社会生产力的发展程度和生产关系的构成情况，决定着整个社会的阶级结构。这不仅表现为它决定着这个社会能否产生阶级，还表现为它决定着这个社会能够产生什么样的阶级。从原始社会到奴隶社会，到封建社会，再到资本主义社会，不同的生产方式产生了不同的阶级划分，形成了不同的阶级结构。

一方面，生产方式决定着这个社会能否产生阶级。阶级并不是从来就有的，也不会永远存在，它存在于人类社会发展的一定历史阶段。马克思指出："阶级的存在仅仅同生产发展的一定历史阶段相联系。"② 阶级是社会生产力发展到一定阶段的产物，只要生产力尚未发展充分，阶级就会持续存在。在原始社会阶段，生产力极其低下，人们的劳动产品除用于满足自身生存所需外没有任何剩余，原始氏族公社内部是完全的公有，不存在利益的分化与对立。在这一阶段，人们共同参与劳动，共同占有生产资料，共同进行分配，生产出来的全部产品尚不能够满足

---

① 《马克思恩格斯文集》第 10 卷，人民出版社 2009 年版，第 106 页。
② 《马克思恩格斯文集》第 10 卷，人民出版社 2009 年版，第 106 页。

或者刚好能够满足人们的基本生存需要。因此，整个社会也就没有产品的剩余，没有生产生活资料的私人占有，没有任何人能够凭借这种占有来奴役他人，也就没有阶级分化、没有阶级压迫。

那么，究竟是在什么样的历史阶段才产生了阶级划分呢？恩格斯指出："如果说阶级的划分根据上面所说具有某种历史的理由，那也只是对一定的时期、一定的社会条件才是这样。这种划分是以生产的不足为基础的，它将被现代生产力的充分发展所消灭。"① 阶级是在生产力有了一定的发展却发展不足的历史阶段才产生的，并且会随着生产力的充分发展而逐渐消亡。当生产力发展到一定程度，在满足人们最基本的生活需要之外出现了一定量的剩余产品，但是这些剩余产品尚未充足到满足所有人的所有需求。于是，人们就开始了对剩余产品的争夺，强力掠夺或秘密窃取剩余产品的排他性的使用权。经过激烈的争夺，剩余产品最终只能被少数人占有，成为少数人的私有财产。私有财产的出现使得人对人的剥削有了可能并逐渐成为一种普遍的现实。占有物质生产资料的人能够凭借这种占有，来支配和奴役那些没有物质生产资料的人，迫使他们进行劳动，并无偿占有他们的劳动产品。于是，社会开始出现利益分化与阶级分化，"居民第一次划分为两大阶级，这种划分直接以分工和生产工具为基础"②。

另一方面，生产方式决定着这个社会能够产生什么样的阶级。恩格斯在《社会主义从空想到科学的发展》中指出："在每个历史地出现的社会中，产品分配以及和它相伴随的社会之划分为阶级或等级，是由生产什么、怎样生产以及怎样交换产品来决定的。所以，一切社会变迁和政治变革的终极原因，不应当到人们的头脑中，到人们对永恒的真理和正义的日益增进的认识中去寻找，而应当到生产方式和交换方式的

---

① 《马克思恩格斯文集》第 9 卷，人民出版社 2009 年版，第 298 页。
② 《马克思恩格斯文集》第 1 卷，人民出版社 2009 年版，第 556 页。

变更中去寻找。"① 在一定社会的生产关系体系中，人们"生产什么、怎样生产以及怎样交换产品"② 决定着这个社会划分阶级的标准，决定着这个社会能够产生什么样的阶级。生产方式如何变更，社会的阶级结构也就会如何变化。马克思在《哲学的贫困》中指出："手推磨产生的是封建主的社会，蒸汽磨产生的是工业资本家的社会。"③ 不同的生产方式就会产生不同的阶级划分，产生不同的阶级身份。在任何社会阶段，都无法产生超越该阶段生产方式的阶级。

马克思在《孟德斯鸠第五十六》一文中指出："在埃及有过劳动和分工，因此有等级；在希腊和罗马有过劳动和分工，因此有自由民和奴隶；在中世纪有过劳动和分工，因此有封建主和农奴、行会、等级等等。在我们这个时代也有劳动和分工，因此也就有阶级，其中一个阶级占有全部生产工具和生活资料，另一个阶级只有出卖自己的劳动才能生存。"④ 不同时代劳动和分工的具体情况是不同的，生产方式、生产产品和交换方式都是不同的，由此就会产生不同的生产关系、不同的阶级结构。

恩格斯在《家庭、私有制和国家的起源》中明确描述了历史上先后出现的三种生产方式："奴隶制是古希腊罗马时代世界所固有的第一个剥削形式；继之而来的是中世纪的农奴制和近代的雇佣劳动制。"⑤ 奴隶制、农奴制和雇佣劳动制这三种不同的生产方式，产生了不同的阶级。在奴隶社会，奴隶制产生了奴隶主和奴隶两大阶级，奴隶主直接完全占有奴隶的人身，可以随意买卖奴隶，奴隶完全没有权利和自由，只能在奴隶主的强制下进行劳动生产。在封建社会，农奴制产生了地主和

---

① 《马克思恩格斯文集》第 3 卷，人民出版社 2009 年版，第 547 页。
② 《马克思恩格斯文集》第 9 卷，人民出版社 2009 年版，第 283—284 页。
③ 《马克思恩格斯文集》第 1 卷，人民出版社 2009 年版，第 602 页。
④ 《马克思恩格斯全集》第 6 卷，人民出版社 1961 年版，第 221 页。
⑤ 《马克思恩格斯文集》第 4 卷，人民出版社 2009 年版，第 195 页。

农奴两大阶级，地主阶级占有土地这一生产资料，通过土地租赁、雇佣佃农、放高利贷等方式占有农民阶级的大部分劳动产品，农奴阶级拥有一定的人身自由，也可能占有少量的生产资料。在资本主义社会，雇佣劳动制则产生了资本家和工人两大阶级，资本家占有社会生产资料，雇佣工人进行劳动，榨取工人剩余价值，工人只能靠出卖自己的劳动力来维持生存。从奴隶社会到封建社会再到资本主义社会，生产方式不断发生改变，社会阶级结构也在发生改变，但归根结底"只是用新的阶级、新的压迫条件、新的斗争形式代替了旧的"①。在生产方式和阶级结构的调整变化中，阶级对立日益简单化，"整个社会日益分裂为两大敌对的阵营，分裂为两大相互直接对立的阶级：资产阶级和无产阶级"②。

当然，根据生产资料的占有情况，社会总是能够划分为两大直接对立的阶级，但这并非意味着社会之中只存在这两个阶级。马克思、恩格斯在《共产党宣言》中有过明确表述："在过去的各个历史时代，我们几乎到处都可以看到社会完全划分为各个不同的等级，看到社会地位分成多种多样的层次。在古罗马，有贵族、骑士、平民、奴隶，在中世纪，有封建主、臣仆、行会师傅、帮工、农奴，而且几乎在每一个阶级内部又有一些特殊的阶层。"③ 这就是说，在两大阶级之间还有大量的中间阶级存在，例如奴隶社会的骑士、平民；封建社会的行会师傅、帮工；资本主义社会的小工业家、小商人、手工业者等。中间阶级和两大直接对立的剥削阶级、被剥削阶级，构成了阶级社会的基本阶级结构。同时，每个阶级内部又可以分为不同的阶层，而且这些阶层在各个时代都有着不同的具体表现形式。譬如，在资本主义社会，资产阶级内部可以分为官僚资产阶级、农业资产阶级、工业资产阶级、金融资产阶级等；中间阶级内部可以分为农民、小资产阶级、小商人、手工业者

① 《马克思恩格斯文集》第 2 卷，人民出版社 2009 年版，第 32 页。
② 《马克思恩格斯文集》第 2 卷，人民出版社 2009 年版，第 32 页。
③ 《马克思恩格斯文集》第 2 卷，人民出版社 2009 年版，第 31—32 页。

等；无产阶级内部可以分为农业无产阶级、工业无产阶级、流氓无产阶级等。这些多样的社会阶层共同构成了阶级社会的复杂结构图景。

### 2. 生产方式决定阶级地位

生产方式不仅决定着整个社会的阶级结构，而且决定着每个阶级在整个阶级社会中的地位。恩格斯指出："随着新生产力的获得，人们改变自己的生产方式，随着生产方式即谋生的方式的改变，人们也就会改变自己的一切社会关系。"[①] 生产方式决定着每个人的生存方式，决定着每个人的生产关系，并以生产关系为核心建构了个体的一切社会关系。相同的生产方式"创造了同等的地位和共同的利害关系"[②]，有着相同谋生方式的个体就天然地具有了共同的利益诉求，并且会为了维护共同的利益，结成一定的社会集团。马克思、恩格斯在经典文本中对于社会发展各阶段的各阶级都有所提及，但他们主要是以此为依据来明确人类社会发展的基本规律，进一步分析他们所处的资本主义社会中的各个阶级。在此，我们以马克思恩格斯经典文本为依据，来深入考察资本主义社会中的三大阶级，即资产阶级、无产阶级和中间阶级。这三大阶级在资本主义生产体系中有着不同的谋生方式，处于不同的阶级地位，具有不同的阶级属性，承担不同的历史使命。

占有生产资料且雇佣他人劳动的资产阶级，是资本主义社会中占统治地位的阶级。恩格斯在《共产党宣言》1888 年英文版序言所加的一个注释中指出："资产阶级是指占有社会生产资料并使用雇佣劳动的现代资本家阶级。"[③] "占有社会生产资料"和"使用雇佣劳动"是资产阶级的两大基本特征。他们由于占有了社会的物质生产资料，获得了支配他人劳动的权利，成为社会的统治阶级，进而在一切社会领域中都占据

---

① 《马克思恩格斯文集》第 1 卷，人民出版社 2009 年版，第 602 页。
② 《马克思恩格斯文集》第 1 卷，人民出版社 2009 年版，第 654 页。
③ 《马克思恩格斯文集》第 2 卷，人民出版社 2009 年版，第 31 页。

了统治地位，并且"按照自己的面貌为自己创造出一个世界"①。马克思、恩格斯进一步指出："资产阶级生存和统治的根本条件，是财富在私人手里的积累，是资本的形成和增殖；资本的条件是雇佣劳动。"② 在生产资料私有基础之上的资本主义雇佣劳动制中，资产阶级"占有全部生产工具和生活资料"，他们扮演着剥削者的角色。他们能够凭借对生产资料的占有，来雇佣他人为自己劳动，支配他人的生产活动，榨取他人的剩余价值。这样的生产方式，决定了资产阶级必将极大地推动生产力的发展，也决定了这个阶级必将在它无法驾驭生产力发展时走向灭亡。

没有生产资料且不得不出卖自己劳动力的无产阶级，是资本主义社会中居于被统治地位的阶级。恩格斯指出："无产阶级是指没有自己的生产资料，因而不得不靠出卖劳动力来维持生活的现代雇佣工人阶级。"③ "没有自己的生产资料"且"不得不靠出卖劳动力来维持生活"，这是无产阶级的两大基本特征。随着资本主义大工业生产的发展，资产阶级摧毁了"一切封建的、宗法的和田园诗般的关系"④，他们也就"用公开的、无耻的、直接的、露骨的剥削代替了由宗教幻想和政治幻想掩盖着的剥削"⑤。在资产阶级的残酷剥削之下，社会的中间阶级急剧解体，农民、手工业者、小商人等不断破产，释放出了大量没有任何财产而只有自身劳动力的无产者，他们只能依靠出卖自己的劳动才能勉强生存。恩格斯在《英国工人阶级状况》中详细考察了资本主义社会中无产阶级的现实生活，他指出："无产者已经被置于人们所能想象的最令人愤怒的非人的境地。"⑥ 这个阶级"实际生活缺乏精神活力，精神

---

① 《马克思恩格斯文集》第 2 卷，人民出版社 2009 年版，第 36 页。
② 《马克思恩格斯文集》第 2 卷，人民出版社 2009 年版，第 43 页。
③ 《马克思恩格斯文集》第 2 卷，人民出版社 2009 年版，第 31 页。
④ 《马克思恩格斯文集》第 2 卷，人民出版社 2009 年版，第 33—34 页。
⑤ 《马克思恩格斯文集》第 2 卷，人民出版社 2009 年版，第 34 页。
⑥ 《马克思恩格斯文集》第 1 卷，人民出版社 2009 年版，第 430 页。

生活也无实际内容"①。他们不是在某一个社会领域而是在一切社会领域中都遭受着"普遍苦难"和"普遍的不公正";不是同整个资本主义国家制度处于"片面的对立"而是处于"全面的对立之中";不是表明"人的权利"的部分丧失而是表明"人的完全丧失"。这个阶级"由于自己的直接地位、由于物质需要、由于自己的锁链本身的强迫"② 而具备"普遍解放的需要和能力"③。正是在此意义上,马克思、恩格斯强调,无产阶级必须自己解放自己,且无产阶级只有解放全人类才能解放自己。

农民、手工业者、小工业家、小商人、小食利者、小资产阶级等,构成了资本主义社会中介于资产阶级与无产阶级之间的中间阶级。中间阶级是一个数量庞大、成分多样的阶级,他们之中既包含着从本质上来说附属于资产阶级的小商人、小资产阶级、小工业家,又包含着和工人阶级一样处于相对弱势地位的手工业者和农民。他们占有着少许生产资料,能够满足自己生产生活的基本需要,甚至能有一些富余,处境比无产阶级稍好一些。但是,他们也承受着统治阶级的压迫,那不多的生产资料随时可能被统治阶级剥夺。恩格斯在《德国的革命和反革命》中清楚地阐明了中间阶级的地位:"在所有现代国家和现代革命中,都居于极重要的地位,而在德国则尤其重要,在最近德国的各次斗争中,它常常起着决定性的作用。它的地位是介于较大的资本家(商人和工业家)即名副其实的资产阶级与无产阶级或产业工人阶级之间,这种地位就决定了它的特性。它力图爬上资产阶级的地位,但命运中的一点点不顺利就把这个阶级中的某些人抛到无产阶级的队伍中去。"④ 小资产阶级

---

① 《马克思恩格斯文集》第 1 卷,人民出版社 2009 年版,第 16 页。
② 《马克思恩格斯文集》第 1 卷,人民出版社 2009 年版,第 16 页。
③ 《马克思恩格斯文集》第 1 卷,人民出版社 2009 年版,第 16 页。
④ 《马克思恩格斯文集》第 2 卷,人民出版社 2009 年版,第 355—356 页。

"在新兴的资产阶级身旁勉强生存着"①，勉强维持着自己不多的私有财产，他们"摇摆于无产阶级和资产阶级之间，并且作为资产阶级社会的补充部分不断地重新组成"②，具有较强的流动性、过渡性和不稳定性。这个阶级的成员并不是固定地处在社会的中间地位，他们中的少数可能会通过个人努力上升为更高层次的统治阶级，但他们中的大多数却会在资本主义大工业的倾轧之下面临着随时破产的风险，"经常被竞争抛到无产阶级队伍里去"③。恩格斯在《国民经济学批判大纲》中指出了这一阶级的未来发展趋势："中间阶级必然越来越多地消失，直到世界分裂为百万富翁和穷光蛋、大土地占有者和贫穷的短工为止。"④ 随着资本主义大工业的不断发展，小资本必将被大资本所吞没，中间阶级必然会被不断排挤到无产阶级当中，社会就会不断简化为无产阶级和资产阶级两大对立的阵营。

### 3. 生产方式决定阶级关系

阶级关系的核心问题，就是要处理各阶级在占有生产资料方面所处的地位的关系。各阶级都力求通过调整阶级关系，发展壮大自己的阶级力量，占有更多的生产资料，谋求更多现实的物质利益。生产方式决定阶级关系，本质上是物质利益决定阶级关系。使用不同的生产方式的人们，必然有着不同的物质利益诉求。各阶级正是基于相互之间物质利益需求的相近或相反，来决定反对谁、联合谁，来调整对待其他阶级的态度和策略。一般来说，阶级关系具有两种基本表现形式，即阶级对立与阶级联合。联合与对立的关系，发生在阶级内部，也存在于阶级与阶级之间，且会随着时代的变化不断发生调整。

---

① 《马克思恩格斯文集》第2卷，人民出版社2009年版，第56页。
② 《马克思恩格斯文集》第2卷，人民出版社2009年版，第56页。
③ 《马克思恩格斯文集》第2卷，人民出版社2009年版，第56页。
④ 《马克思恩格斯文集》第1卷，人民出版社2009年版，第83—84页。

　　阶级对立包含阶级内部的对立与阶级之间的对立。阶级对立根源于生产方式的对立，根源于物质利益的对立；阶级对立及由其引发的阶级斗争也会反过来推动社会利益关系的调整，为社会生产力的发展和生产方式的进步开辟道路。1848 年，马克思在《巴黎"改革报"论法国状况》一文中指出："阶级对立是建立在经济基础之上的，是建立在迄今存在的物质生产方式和由这种方式所决定的交换关系上的。"[①] 1885 年，恩格斯在《路易·波拿巴的雾月十八日》第三版序言中也曾指出："阶级的存在以及它们之间的冲突，又为它们的经济状况的发展程度、它们的生产的性质和方式以及由生产所决定的交换的性质和方式所制约。"[②] 当社会生产力发展尚未充足时，物质利益具有强烈的独占性和排他性，一部分人物质利益的扩大必然是以牺牲其他人的物质利益为代价的。物质利益所引起的对立关系存在于同一阶级内部，也存在于不同阶级之间。

　　一方面是阶级内部的对立。阶级内部的对立是一种竞争意义上的对立，这种对立并非不可调和。恩格斯指出："竞争最充分地反映了流行在现代市民社会中的一切人反对一切人的战争。这个战争……不仅在社会各个阶级之间进行，而且也在这些阶级的各个成员之间进行……"[③] 资产阶级为了争夺市场、销售产品、提升利润而相互竞争，无产阶级也会为了争夺工作机会、赚取工资而相互竞争。"工人彼此间的这种竞争对于工人来说是现代各种关系中最坏的一面；这是资产阶级对付无产阶级的最有力的武器。"[④] 资产阶级为了对付无产阶级，会想方设法引起他们的内部对立，而无产阶级要反抗资产阶级的统治，就必须尽可能消除这种内部竞争。

---

① 《马克思恩格斯全集》第 5 卷，人民出版社 1958 年版，第 533 页。
② 《马克思恩格斯文集》第 2 卷，人民出版社 2009 年版，第 469 页。
③ 《马克思恩格斯全集》第 2 卷，人民出版社 1957 年版，第 359 页。
④ 《马克思恩格斯全集》第 2 卷，人民出版社 1957 年版，第 360 页。

另一方面是阶级与阶级之间的对立。阶级与阶级之间的对立是"从敌对阶级的物质的、经济的生活条件中产生的"①，这种对立是根本性的、不可调和的对立。马克思、恩格斯指出："自由民和奴隶、贵族和平民、领主和农奴、行会师傅和帮工，一句话，压迫者和被压迫者，始终处于相互对立的地位，进行不断的、有时隐蔽有时公开的斗争，而每一次斗争的结局都是整个社会受到革命改造或者斗争的各阶级同归于尽。"② 在阶级社会的各个阶段，阶级对立尽管有着各不相同的表现形式，但它所反映的都是"社会上一部分人对另一部分人的剥削"③，它归根结底都是占有生产资料的压迫者同无法占有生产资料的被压迫者之间的对立。当二者的阶级对立达到一定程度，就会引发阶级之间的对抗与斗争，甚至会以暴力革命的形式爆发出来。其结果要么是统治阶级改造生产方式，调节生产关系，缓和阶级矛盾；要么是原来的统治阶级被推翻，被统治阶级则上升为新的统治阶级，新的生产方式取代旧的生产方式，推动社会继续向前发展。

阶级联合包含阶级内部的联合与阶级之间的联合。阶级社会中的成员会由于物质利益的冲突而走向对立和斗争，自然也会因为共同的物质利益而结成暂时的联合。这种联合不仅包括阶级内部的联合，而且包括不同阶级之间的联合。

一方面，是指阶级内部的联合。同一国家内甚至不同国家间的同一阶级，会因为共同的物质利益而结成兄弟联盟。马克思、恩格斯在《关于波兰的演说》一文中指出："一个国家里在资产阶级各个成员之间虽然存在着竞争和冲突，但资产阶级却总是联合起来并且建立兄弟联盟以反对本国的无产者；同样，各国的资产者虽然在世界市场上互相冲突和

---

① 《马克思恩格斯全集》第 5 卷，人民出版社 1958 年版，第 534 页。
② 《马克思恩格斯文集》第 2 卷，人民出版社 2009 年版，第 31 页。
③ 《马克思恩格斯文集》第 2 卷，人民出版社 2009 年版，第 51 页。

竞争，但总是联合起来并且建立兄弟联盟以反对各国的无产者。"① 世界范围内的资产阶级总是在共同的阶级利益的驱使下结成联盟，加紧剥削无产阶级的剩余价值，镇压无产阶级的反抗。为了反抗资产阶级的联合剥削，就必须"以各国工人的兄弟联盟来对抗各国资产者的兄弟联盟"②。马克思指出："要使各国真正联合起来，它们就必须有一致的利益。要使它们利益一致，就必须消灭现存的所有制关系，因为现存的所有制关系是一些国家剥削另一些国家的条件；消灭现存的所有制关系只符合工人阶级的利益。"③ 消灭资本主义私有制是广大无产阶级的共同利益诉求。只有以此为旗帜，才能将广大无产阶级联合起来，壮大无产阶级的革命力量，为无产阶级革命运动提供胜利保证。

另一方面，是阶级与阶级之间的联合。当两个不同的阶级有了一致的或相近的利益诉求时，他们就会联合起来反对共同的敌人。马克思、恩格斯指出："只要资产阶级采取革命的行动，共产党就同它一起去反对专制君主制、封建土地所有制和小资产阶级。"④ 这个时候，无产阶级就会和资产阶级结成暂时的同盟，并在资产阶级的领导下"同自己的敌人作斗争，即同专制君主制的残余、地主、非工业资产者和小资产者作斗争"⑤。同样，在反对资产阶级的斗争中，无产阶级也会同农民、手工业者、小商人、小资产阶级等暂时联合起来，维护共同的利益。应当注意的是，阶级联合不是固定不变的，而是会随着阶级与阶级之间利益关系的变化而不断调整。

综上所述，进行阶级分析首先就要从生产方式分析着手，生产方式决定着阶级结构、阶级地位和阶级关系。但是，我们既不能片面地

① 《马克思恩格斯文集》第 1 卷，人民出版社 2009 年版，第 694 页。
② 《马克思恩格斯文集》第 1 卷，人民出版社 2009 年版，第 697 页。
③ 《马克思恩格斯文集》第 1 卷，人民出版社 2009 年版，第 694 页。
④ 《马克思恩格斯文集》第 2 卷，人民出版社 2009 年版，第 66 页。
⑤ 《马克思恩格斯文集》第 2 卷，人民出版社 2009 年版，第 40 页。

认为，阶级的差异仅仅表现为生产方式的差异，仅仅表现为经济状况的差异，也不能片面地认为，一个群体只要采取同样的生产方式，就自然而然地成为一个阶级。马克思在《路易·波拿巴的雾月十八日》中指出："数百万家庭的经济生活条件使他们的生活方式、利益和教育程度与其他阶级的生活方式、利益和教育程度各不相同并互相敌对，就这一点而言，他们是一个阶级。而各个小农彼此间只存在地域的联系，他们利益的同一性并不使他们彼此间形成共同关系，形成全国性的联系，形成政治组织，就这一点而言，他们又不是一个阶级。"[①] 生产方式的差异，对生产资料的占有情况决定了这些社会成员在客观上是一个阶级的，是一个自在阶级，但这并不意味着他们就能自然而然地意识到自己成为一个阶级。只有当他们真正认识到自己的现实处境，意识到相互之间生活方式、利益和教育程度的一致性，形成共同的阶级意识，建立起共同的关系，形成本阶级的政治组织，他们才能从一个自在的阶级逐渐成长为自为自觉的阶级。

## 二、思想状况分析

从辩证唯物主义与历史唯物主义的观点来看，一个阶级生产什么、如何生产决定了这个阶级会思想什么、如何思想。从生产方式分析入手，可以进一步深入思想分析，深入各个阶级的精神世界中去，洞察各个阶级的思想特点。

### 1. 资产阶级的思想状况

资产阶级思想是在资本主义生产关系基础之上形成的，是资本主义经济基础在精神领域当中的投射和反映。马克思、恩格斯在《共产党宣

---

① 《马克思恩格斯文集》第 2 卷，人民出版社 2009 年版，第 566—567 页。

言》中明确指出了资产阶级思想产生的根源，他们强调："你们的观念本身是资产阶级的生产关系和所有制关系的产物，正像你们的法不过是被奉为法律的你们这个阶级的意志一样，而这种意志的内容是由你们这个阶级的物质生活条件来决定的。"① 在资本主义生产关系和所有制关系体系中，资产阶级是居于统治地位的阶级。他们的思想体系具有明显的利己性、虚假性和抽象性，是这个阶级争夺切身物质利益、加强对无产阶级精神统治、维护自身统治地位的工具。

资产阶级思想的利己性。经济基础决定上层建筑，以雇佣劳动为基础的资本主义生产资料私有制，必然会塑造出以狭隘的利己主义为核心的剥削阶级思想。马克思在《资本论》中指出："作为资本家，他只是人格化的资本。他的灵魂就是资本的灵魂。而资本只有一种生活本能，这就是增殖自身，创造剩余价值，用自己的不变部分即生产资料吮吸尽可能多的剩余劳动。"② 在资本主义生产关系中的资产阶级，早已为资本所支配，成为"人格化的资本"。他的灵魂是资本的灵魂，他的思想也是资本支配下产生的思想。资本无限增殖的逐利本性，成为整个资产阶级的内在驱动力，成为资产阶级思想的核心观念。马克思、恩格斯在《共产党宣言》中指出："你们的利己观念使你们把自己的生产关系和所有制关系从历史的、在生产过程中是暂时的关系变成永恒的自然规律和理性规律，这种利己观念是你们和一切灭亡了的统治阶级所共有的。"③ 这里所说的利己观念不是合理正当地维护自己的权益，而是极端地、狭隘地、片面地要求剥削被统治阶级的利益、扩张统治阶级的利益。这种利己主义是阶级社会中一切统治阶级思想的共同特征，并且在资产阶级思想中得到了极致的发展和体现。资产阶级以利己主义为核心，构建出一整套为资本主义生产关系与所有制关系作辩护的理论体系，并试图将

---

① 《马克思恩格斯文集》第 2 卷，人民出版社 2009 年版，第 48 页。
② 《马克思恩格斯文集》第 5 卷，人民出版社 2009 年版，第 269 页。
③ 《马克思恩格斯文集》第 2 卷，人民出版社 2009 年版，第 48 页。

它永久地固定下来，不断确立和维持自己在物质生产领域中的优势地位。正是在此意义上，马克思、恩格斯指出："法律、道德、宗教在他们看来全都是资产阶级偏见，隐藏在这些偏见后面的全都是资产阶级利益。"①

资产阶级思想的虚假性。资产阶级思想的虚假性，也是其利己主义原则的重要体现。马克思、恩格斯在《德意志意识形态》中指出："统治阶级的思想在每一时代都是占统治地位的思想。"② 作为资本主义社会中占统治地位的阶级，资产阶级掌握着社会的物质生产资料，也掌握着社会的精神生产资料。但这并不意味着他们的思想就会自动成为占统治地位的思想。从"统治阶级的思想"到"占统治地位的思想"之间，还有一个统治阶级"调节着自己时代的思想的生产和分配"③ 的过程。资产阶级为了使自己的思想成为真正占统治地位的思想，不仅会精心地"编造这一阶级关于自身的幻想"④，而且会把这些幻想伪装成普适性的思想理论。具体而言，就是"把自己的利益说成是社会全体成员的共同利益"，"赋予自己的思想以普遍性的形式，把它们描绘成唯一合乎理性的、有普遍意义的思想"。⑤ 而广大无产阶级由于精神生产资料的匮乏，思想的鉴别力与判断力尚未十分完善，往往难以直接识破资产阶级的谎言。如此一来，资产阶级就给自己的思想披上了普遍思想的外衣，以"普遍性的形式"掩盖了资产阶级的特殊利益，用欺骗性的言辞蒙蔽了广大无产阶级，给无产阶级套上了思想的枷锁，让无产阶级和广大人民群众误以为维护资产阶级的利益就是在维护他们自己的利益，使他们陷入被剥削而不自知的蒙昧状态。

资产阶级思想的抽象性。资产阶级思想的抽象性，是他们把自己的

---

① 《马克思恩格斯文集》第2卷，人民出版社2009年版，第42页。
② 《马克思恩格斯文集》第1卷，人民出版社2009年版，第550页。
③ 《马克思恩格斯文集》第1卷，人民出版社2009年版，第551页。
④ 《马克思恩格斯文集》第1卷，人民出版社2009年版，第551页。
⑤ 《马克思恩格斯文集》第1卷，人民出版社2009年版，第552页。

思想普适化、掩盖自己的特殊利益的必然结果。马克思指出："占统治地位的将是越来越抽象的思想，即越来越具有普遍性形式的思想。"①资产阶级赋予自己的思想以普遍的合理性，总是会把"占统治地位的思想"同"进行统治的个人"分割开来，让无产阶级以为自己现在是受完满的抽象概念的统治而不是受资产阶级的统治。恩格斯指出："更高的即更远离物质经济基础的意识形态，采取了哲学和宗教的形式。在这里，观念同自己的物质存在条件的联系，越来越错综复杂，越来越被一些中间环节弄模糊了。"②资产阶级用这种抽象化的手法，将自己的思想从现实的经济基础中剥离出来。思想越是抽象、越是远离经济基础，就越是能够模糊这种思想同资产阶级之间的真实联系，越是能够模糊资产阶级在现实的生产关系中的剥削阶级属性，越是能够以更为巧妙而隐晦的方式为资产阶级辩护。马克思在《政治经济学批判（1857—1858年手稿）》中戳穿了资产阶级意识形态的抽象本质，他指出："个人现在受抽象统治，而他们以前是互相依赖的。但是，抽象或观念，无非是那些统治个人的物质关系的理论表现。"③资产阶级"承认思想或幻想在历史上的统治"，无非就是要用抽象的人掩盖现实的人，用名义上的民主、自由、平等、博爱来粉饰现实中的剥削和压迫，用超阶级的思想论调来遮蔽现实中的阶级对立与阶级斗争，从而麻痹广大无产阶级，使他们不知不觉地接受资产阶级的思想统治，"在思想、感情和意志表达方面也成为资产阶级的奴隶"④。

### 2. 无产阶级的思想状况

生产方式的差异决定了无产阶级与资产阶级的思想状况是截然不同

① 《马克思恩格斯文集》第 1 卷，人民出版社 2009 年版，第 552 页。
② 《马克思恩格斯文集》第 4 卷，人民出版社 2009 年版，第 308 页。
③ 《马克思恩格斯文集》第 8 卷，人民出版社 2009 年版，第 59 页。
④ 《马克思恩格斯文集》第 1 卷，人民出版社 2009 年版，第 437 页。

的。恩格斯明确指出："工人比起资产阶级来，说的是另一种方言，有不同的思想和观念，不同的习俗和道德原则，不同的宗教和政治。"① 在资本主义社会，无产阶级是居于被统治地位的阶级，是处于被压迫、被奴役、被剥削状态的阶级。他们的思想是在现实的苦难中淬炼出来的，带有强烈的现实性、人民性与革命性，是这个阶级开展革命运动、反抗阶级压迫、争取人类解放的内在指引。

无产阶级思想的现实性。无产阶级的思想并非意识形态家编造出来的抽象幻想，而是立足于物质生活条件、着眼于破解现实难题、致力于争取实际利益的思想。恩格斯在《英国工人阶级状况》中指出："这个阶级的生活状况给了他们一种实际的教育，……贫困教人去祈祷，而更重要的是教人去思考和行动。"② 资产阶级虽然掌握着充足的精神生产资料，但是他们不愿意关注社会现实，或者说是有意忽视现实中的苦难人民，乐于陷入抽象思维，沉迷于编织虚假的意识形态。而无产阶级则处于精神生产资料匮乏、理论教育缺失、体力劳动繁重的现实境况之中，这种现实境况虽没有给他们充足的理论滋养，却给了他们"实际的教育"。他们总是被现实的苦难倒逼着进行思考，他们思想的全部内容都是自己的现实生活以及如何摆脱这种现实生活。马克思、恩格斯在《神圣家族》中曾指出："无产阶级并不是白白地经受那种严酷的但能使人百炼成钢的劳动训练的。"③ 无产阶级在现实生活中经受的实际教育与劳动训练，不仅让他们认清了宗教观念的毒素和资产阶级的谎言，而且使他们"更加深刻地了解尘世的政治和社会问题"；不仅激起了他们对"对当权的资产阶级的强烈仇恨"④，而且促使他们"开始考虑自己的状况并为改变这种状况而斗争"⑤；不仅让他们清醒地意识到"什么

① 《马克思恩格斯文集》第 1 卷，人民出版社 2009 年版，第 437—438 页。
② 《马克思恩格斯文集》第 1 卷，人民出版社 2009 年版，第 427 页。
③ 《马克思恩格斯文集》第 1 卷，人民出版社 2009 年版，第 262 页。
④ 《马克思恩格斯文集》第 1 卷，人民出版社 2009 年版，第 428 页。
⑤ 《马克思恩格斯文集》第 1 卷，人民出版社 2009 年版，第 436 页。

是资产阶级的特殊利益，他们能够从这个资产阶级那里得到些什么"①，而且让他们清楚地认识到"什么是他们自己的利益，什么是全民族的利益"②。

无产阶级思想的人民性。无产阶级思虑的从来不是少数人的特殊利益，而是绝大多数人的根本利益，他们不是在为某一特殊阶级的阶级统治开展理论辩护，而是在为一切被压迫人民的自由解放进行思想探索。马克思在《〈黑格尔法哲学批判〉导言》中指出，普遍的人类解放的实际可能性"就在于形成一个被戴上彻底的锁链的阶级"③，这个阶级就是无产阶级。这就是说，既然无产阶级承受的压迫和奴役包含着人类社会的一切压迫和奴役，那么无产阶级对自由和解放的需要也就体现着一切被压迫人民对自由和解放的需要。无产阶级必须要"从其他一切社会领域解放出来从而解放其他一切社会领域"④，才能实现"自我解放"，必须"通过人的完全回复才能回复自己本身"⑤。马克思、恩格斯在《神圣家族》中指出："它的目标和它的历史使命已经在它自己的生活状况和现代资产阶级社会的整个组织中明显地、无可更改地预示出来了。英法两国的无产阶级中有很大一部分人已经意识到自己的历史任务，并且不断地努力使这种意识完全明确起来……"⑥ 可见，无产阶级思想的人民性正是他们关注现实问题、力求挣脱苦难现实、寻求自由解放的必然结果。这个阶级的现实生活状况，决定了他们"能够而且必须自己解放自己"⑦，决定了他们必然承担着实现自我解放和普遍的人类解放的历史任务和历史使命，决定了他们的思想在很大程度上代表

---

① 《马克思恩格斯文集》第1卷，人民出版社2009年版，第427页。
② 《马克思恩格斯文集》第1卷，人民出版社2009年版，第427页。
③ 《马克思恩格斯文集》第1卷，人民出版社2009年版，第16页。
④ 《马克思恩格斯文集》第1卷，人民出版社2009年版，第17页。
⑤ 《马克思恩格斯文集》第1卷，人民出版社2009年版，第17页。
⑥ 《马克思恩格斯文集》第1卷，人民出版社2009年版，第262页。
⑦ 《马克思恩格斯文集》第1卷，人民出版社2009年版，第262页。

着资本主义社会中一切被压迫人民的思想，体现着一切被压迫人民的根本利益。

无产阶级思想的革命性。无产阶级思想是同以往的一切有产阶级思想截然对立的。这一阶级的思想不是对当前阶级社会作缝缝补补的改良主义观点，而是要彻底颠覆阶级社会、消灭一切阶级、消灭所有阶级对立和阶级剥削、实现一切领域内一切人的解放的革命思想。马克思、恩格斯在《共产主义者同盟中央委员会告同盟书》中指出："民主派小资产者只不过希望实现了上述要求便赶快结束革命，而我们的利益和我们的任务却是要不断革命，直到把一切大大小小的有产阶级的统治全都消灭，直到无产阶级夺得国家政权，直到……那些有决定意义的生产力集中到了无产者手中。"[1] 无产阶级"没有任何地位"的阶级地位，锻造了他们"必须成为一切"的革命需要，塑造了他们解放一切社会领域、解放一切人的革命目标。他们不仅要求"同传统的所有制关系实行最彻底的决裂"[2]，消灭一切剥削奴役人的社会制度；而且要求"同传统的观念实行最彻底的决裂"[3]，消灭一切剥削奴役人的制度与观念，从而将整个剥削阶级的经济基础与上层建筑连根拔起，对整个社会进行彻底的改造。他们拥有"和人民魂魄相同的……开阔胸怀"[4]，还具有"革命的大无畏精神"[5]。可以说，无产阶级的思想是关于无产阶级自我解放与人类解放的革命思想，这种思想意识最后必然"归结为人是人的最高本质这样一个学说，从而也归结为这样的绝对命令：必须推翻使人成为被侮辱、被奴役、被遗弃和被蔑视的东西的一切

---

① 《马克思恩格斯文集》第2卷，人民出版社2009年版，第192页。
② 《马克思恩格斯文集》第2卷，人民出版社2009年版，第52页。
③ 《马克思恩格斯文集》第2卷，人民出版社2009年版，第52页。
④ 《马克思恩格斯文集》第1卷，人民出版社2009年版，第15页。
⑤ 《马克思恩格斯文集》第1卷，人民出版社2009年版，第15页。

关系"①。

### 3. 中间阶级的思想状况

中间阶级是介于资产阶级和无产阶级之间的阶级，数量庞大，成分复杂。他们常常摇摆于无产阶级和资产阶级之间，并且总是根据社会革命形势的变化，不断调整自己的思想观念，以期在激烈的阶级斗争中保留自己不多的私有财产。这一阶级的思想具有两面性、投机性、守旧性的显著特点。

中间阶级思想的两面性。中间阶级在资本主义生产关系中"比上不足，比下有余"的阶级地位决定了他们思想上的两面性，决定了他们必将处于长期的犹豫、不安和焦虑之中。这个阶级处在资产阶级与无产阶级的夹缝之中，他们害怕资产阶级大工业生产瓦解自己的小生产，又害怕无产阶级革命运动把自己连同资产阶级一并消灭。正如恩格斯在《德国的革命和反革命》中所说："既希望跻身于较富有的阶级的行列，又惧怕堕入无产者甚至乞丐的境地；既希望参与对公共事务的领导以增进自己的利益，又唯恐不合时宜的对抗行为会触怒主宰着他们的生存的政府，……这一阶级的观点是极端动摇的。"② 中间阶级的思想表现出鲜明的两面性，从他们固守私有财产、维持现有生产方式、企图跻身资产阶级行列的角度来看，他们是保守的甚至是反动的；但从他们在某些情况下能够同无产阶级一起反对资产阶级的压迫来看，他们又具有一定的革命性。但是无论如何，他们都不会坚定地选择一条路走下去，不会始终坚定地站在剥削者或者被剥削者某一种立场之上，而是会"为了维护他们这种中间等级的生存，以免于灭亡"③，在种种不同的状态中左右摇摆、变来变去。

---

① 《马克思恩格斯文集》第1卷，人民出版社2009年版，第11页。
② 《马克思恩格斯文集》第2卷，人民出版社2009年版，第356页。
③ 《马克思恩格斯文集》第2卷，人民出版社2009年版，第42页。

　　中间阶级思想的投机性。中间阶级的两面性，决定了他们是天然的投机分子。这一阶级总是专注于自己那不多的私有财产的经营，当其私人利益没有被侵犯的威胁时，他们没有开展政治斗争的迫切需要，只是希望保持现有制度、保持其社会地位不动摇。当其实际利益遭受威胁时，他们既没有勇气和决心抛下自己不多的财产，投入反对剥削阶级的革命之中，也没有能力上升到更高的资产阶级的阵营中，和资产阶级一起剥削无产阶级。马克思在《论蒲鲁东》一文中曾揭露了中间阶级的这种矛盾思想以及由此必然产生的投机观点，他指出："小资产者在自己的经济利益上是如此，因而在自己的政治上、在自己的宗教观点、科学观点和艺术观点上也是如此。他们在自己的道德上是如此，在一切事情上都是如此。他们是活生生的矛盾。……科学上的招摇撞骗和政治上的投机，都是和这种观点分不开的。"[①] 中间阶级永远处于矛盾撕裂之中，他们既不希望资产阶级和无产阶级任意一方占据绝对优势、取得绝对胜利，也不希望任意一方被彻底消灭。他们只希望资产阶级与无产阶级永远保持着矛盾对立的状态，暗中观察二者斗争态势，并且伺机而动，利用两大对立阶级之间的矛盾，谋求自己的利益，拓宽自己的生存空间。

　　中间阶级思想的守旧性。中间阶级的两面性和投机性根源于他们的落后、守旧和反动。这一阶级本质上是旧生产关系中的既得利益者，他们"成了作为社会基础的工人身上的沉重负担，同时也增加了上流社会的社会安全和力量"[②]。他们有时会起来反抗资产阶级的统治，但那"并不是因为它代表新社会时代的首创精神，而只是因为它反映旧社会时代的怨恨情绪"[③]。正如马克思、恩格斯在《共产党宣言》中所说："中间等级，即小工业家、小商人、手工业者、农民，他们同资产阶级

---

① 《马克思恩格斯文集》第 3 卷，人民出版社 2009 年版，第 24 页。
② 《马克思恩格斯全集》第 26 卷（第二册），人民出版社 1973 年版，第 653 页。
③ 《马克思恩格斯文集》第 2 卷，人民出版社 2009 年版，第 75—76 页。

作斗争，都是为了维护他们这种中间等级的生存，以免于灭亡。所以，他们不是革命的，而是保守的。不仅如此，他们甚至是反动的，因为他们力图使历史的车轮倒转。"① 中间阶级仍旧沉浸在旧社会的余音之中，他们是作为旧的生产关系的肯定力量存在的，他们所追求的不过是尽可能地保留并扩大自己的财产。这个阶级固然也批判资产阶级，但他们确实"用小资产阶级和小农的尺度去批判资产阶级制度的"②，他们是"从小资产阶级的立场出发替工人说话的"③。马克思、恩格斯指出，中间阶级"企图恢复旧的生产资料和交换手段，从而恢复旧的所有制关系和旧的社会，或者是企图重新把现代的生产资料和交换手段硬塞到已被它们突破而且必然被突破的旧的所有制关系的框子里去"④。中间阶级看到了资本主义制度下机器生产对以往的生产关系的冲击，看到了资本主义社会不可避免的生产过剩和经济危机，看到了资本主义生产方式造成的中间阶级的瓦解和无产阶级的贫困。但是，他们的最终结论是要回到过去，恢复"工场手工业中的行会制度"⑤ 和"农业中的宗法经济"⑥。这种使历史车轮倒转的思想注定要陷于空想，走向反动。

## 三、革命行动分析

　　每个阶级生产什么、如何生产，在很大程度上决定着他们思想什么、如何思想；而每个阶级思想什么、如何思想，又深刻影响着他们在革命中会如何行动。阶级分析最终要落实到阶级行动分析上来，只有洞悉各个阶级在革命中的基本动向，才能及时调整革命的政策策略，将革

---

① 《马克思恩格斯文集》第 2 卷，人民出版社 2009 年版，第 42 页。
② 《马克思恩格斯文集》第 2 卷，人民出版社 2009 年版，第 56 页。
③ 《马克思恩格斯文集》第 2 卷，人民出版社 2009 年版，第 56 页。
④ 《马克思恩格斯文集》第 2 卷，人民出版社 2009 年版，第 57 页。
⑤ 《马克思恩格斯文集》第 2 卷，人民出版社 2009 年版，第 57 页。
⑥ 《马克思恩格斯文集》第 2 卷，人民出版社 2009 年版，第 57 页。

命运动不断推向深入。

### 1. 资产阶级的行动特点

马克思、恩格斯在《共产党宣言》中指出："资产阶级在历史上曾经起过非常革命的作用。"[①] 资产阶级"对生产工具，从而对生产关系，从而对全部社会关系不断地进行革命"[②]，用"纯粹的金钱关系"[③]"赤裸裸的利害关系"[④] 代替了"一切封建的、宗法的和田园诗般的关系"[⑤]，用资本主义制度代替了封建君主专制制度。但是，这个狭隘的、虚伪的、利己的阶级，不可避免地仍然带着有产阶级的局限性，他们的革命行动也具有不可避免的裹挟性、叛变性和不彻底性。在面对强大的封建政权时，资产阶级会裹挟着无产阶级、中间阶级来反对封建君主和贵族。但是当封建政权土崩瓦解时，他们又会立刻背叛革命，转而压迫帮助他们取得革命胜利的无产阶级和中间阶级。

资产阶级革命行动的裹挟性。恩格斯在《德国的革命和反革命》中指出："资产阶级知道，它正处在革命的前夜，而且它已准备进行革命。它用一切可能的方法争取城市的工人阶级和农业地区的农民的支持……"[⑥] 在反对封建君主专制的斗争中，资产阶级自知单是凭借自己的力量，是无法战胜封建君主和贵族的。为了实现自己的特殊利益，他们会极力宣扬封建君主专制的压迫与剥削，将封建政权塑造成"公开的奴役者等级"，将自己塑造成真正的"解放者等级"[⑦]，以争取无产阶级和中间阶级的支持，将他们统统裹挟到资产阶级反对封建君主专制的斗

---

① 《马克思恩格斯文集》第 2 卷，人民出版社 2009 年版，第 33 页。
② 《马克思恩格斯文集》第 2 卷，人民出版社 2009 年版，第 34 页。
③ 《马克思恩格斯文集》第 2 卷，人民出版社 2009 年版，第 34 页。
④ 《马克思恩格斯文集》第 2 卷，人民出版社 2009 年版，第 34 页。
⑤ 《马克思恩格斯文集》第 2 卷，人民出版社 2009 年版，第 33—34 页。
⑥ 《马克思恩格斯文集》第 2 卷，人民出版社 2009 年版，第 367 页。
⑦ 《马克思恩格斯文集》第 1 卷，人民出版社 2009 年版，第 15 页。

争中来，共同反对封建君主和贵族势力。马克思、恩格斯在《共产党宣言》中指出："资产阶级为了达到自己的政治目的必须而且暂时还能够把整个无产阶级发动起来。"① 恩格斯在《德国的革命和反革命》中也提到，资产阶级不仅会"冒充'社会主义者'以取得无产阶级的同情"②，而且会大力鼓动"下层贵族，工商业资产阶级，各个大学、各级学校的教员，甚至一部分下级文武官员都联合起来反对政府"③。这种联合不是平等意义上的联合，而是在资产阶级主导之下的联合，是资产阶级对无产阶级和中间阶级的利用与裹挟。在这种裹挟式的联合斗争中，无产阶级和中间阶级实际上不是在为自己的利益作斗争，而是在为资产阶级的利益作斗争；不是在同自己的敌人作斗争，而是在同自己敌人的敌人作斗争。

资产阶级革命行动的叛变性。资产阶级同无产阶级、中间阶级的革命联合是一种并不牢靠的暂时的联合。恩格斯在《德国的革命和反革命》中指出："事实上，早在革命剧开演时就可以看出，自由派资产阶级只有依靠较激进的人民党的援助，才能守住自己的阵地，抵抗那些已被击败但未被消灭的封建官僚党；另一方面，为了对付这些较激进的群众的冲击，自由派资产阶级又需要封建贵族和官僚的援助。"④ 支撑资产阶级进行革命的并不是对人类解放的崇高追求，也不是对被压迫人民的深切同情，而是对自己狭隘利益的苦心经营。他们会为了利益同无产阶级、中间阶级联合，自然也会为了利益而随时背叛这种联合。他们在推翻了封建政权，实现了自己的特殊利益之后，为了独占胜利成果，就会立刻叛变革命，调转枪口对付"群众的冲击"。恩格斯感叹道："历史上从来没有任何一个党派这样出卖自己最好的同盟者，出卖自己。"⑤

---

① 《马克思恩格斯文集》第 2 卷，人民出版社 2009 年版，第 39 页。
② 《马克思恩格斯文集》第 2 卷，人民出版社 2009 年版，第 367 页。
③ 《马克思恩格斯文集》第 2 卷，人民出版社 2009 年版，第 369 页。
④ 《马克思恩格斯文集》第 2 卷，人民出版社 2009 年版，第 391 页。
⑤ 《马克思恩格斯文集》第 2 卷，人民出版社 2009 年版，第 390 页。

资产阶级不是把无产阶级与中间阶级当作真诚的盟友，而是把他们当作用来对抗封建统治的手段，当作可以哄骗利用并随时背叛的工具性存在。于是，我们就会看到资产阶级"如何立即转而反对它昨天的同盟者，如何对一切较先进的阶级或党派采取敌对态度，并且同战败的封建官僚势力结成同盟"①。恩格斯恰如其分地描述了这种矛盾的、反复的心态，他指出："当群众墨守成规的时候，资产阶级害怕群众的愚昧，而在群众刚有点革命性的时候，它又害怕起群众的觉悟了。"② 资产阶级需要群众摆脱以往的愚昧状态，跟随他们一起反对封建主义的统治，但他们也害怕无产阶级真正觉悟起来，反过来站在资产阶级的对立面，成为难以掌控的革命力量。当资产阶级叛变革命时，无产阶级与中间阶级这时候才会发现，他们不仅没有分享到革命的胜利果实，反而遭受了比原来更加沉重的剥削。

　　资产阶级革命行动的不彻底性。资产阶级革命行动的裹挟性与叛变性，决定了资产阶级革命必将是一场不彻底的革命。在阶级社会中，任何一次阶级斗争都只是"使国家机器管理权从统治阶级的一个集团手中转到另一个集团手中，在每次这样的革命之后，国家政权的压迫性质就更充分地表现出来，并且更无情地被运用"③。资产阶级革命只是用资本主义社会的私有制代替了封建社会的私有制，只是"越来越直接地把国家政权本身交给工人阶级的直接的敌人"④。资产阶级在革命行动中，并不打算彻底消灭一切旧的剥削制度，而只是要摧毁那些压迫资产阶级的剥削制度，并将剥削的权力掌握到自己手中来，即"简单地掌握现存的国家机体并运用这个现成的工具来达到自己的目的"⑤。因此，资产阶级在推翻了封建君主专制制度，消灭了封建君主和贵族阶级之后，便

① 《马克思恩格斯文集》第 2 卷，人民出版社 2009 年版，第 391 页。
② 《马克思恩格斯文集》第 2 卷，人民出版社 2009 年版，第 568 页。
③ 《马克思恩格斯文集》第 3 卷，人民出版社 2009 年版，第 220 页。
④ 《马克思恩格斯文集》第 3 卷，人民出版社 2009 年版，第 220 页。
⑤ 《马克思恩格斯文集》第 3 卷，人民出版社 2009 年版，第 218 页。

会立刻要求结束革命，以便自己成为新的统治阶级。这样的革命对资产阶级来说是足够彻底的，但是对广大人民群众来说却并不彻底。

### 2. 无产阶级的行动特点

同资产阶级欺诈式的革命行动相反，无产阶级是真正革命的阶级，他们表现出了高度的彻底性、组织性和策略性，为人类解放革命运动的胜利提供了强大的力量支撑与可靠的政治保证。

无产阶级革命行动的彻底性。马克思在《〈黑格尔法哲学批判〉导言》中指出："彻底的革命只能是彻底需要的革命。"[①] 无产阶级的现实处境奠定了"彻底需要所应有的前提和基础"[②]，他们只有通过彻底的革命才能满足自己的革命需要，才能解放自己。马克思、恩格斯在《共产主义者同盟中央委员会告同盟书》中指出："民主派小资产者只不过希望实现了上述要求便赶快结束革命，而我们的利益和我们的任务却是要不断革命，直到把一切大大小小的有产阶级的统治全都消灭。"[③] 以往的由某一有产阶级主导的革命，都只是消灭了一个阶级的私有制，却建立了另一个阶级的私有制；只是推翻了一个阶级的剥削统治，却建立了另一个阶级的剥削统治。他们总是会在消灭自己的直接敌对阶级、实现自己的特殊利益之后，立刻要求结束革命，生怕革命运动再向前走一步，就会触及他们的利益。而无产阶级革命则是要消灭一切形式的私有制，消灭一切剥削阶级的统治，"推翻使人成为被侮辱、被奴役、被遗弃和被蔑视的东西的一切关系"[④]。因此，在达成这一目标之前，无产阶级将会持之以恒地贯彻"不断革命"的行动原则，将革命进行到彻底。

---

① 《马克思恩格斯文集》第 1 卷，人民出版社 2009 年版，第 13 页。
② 《马克思恩格斯文集》第 1 卷，人民出版社 2009 年版，第 13 页。
③ 《马克思恩格斯文集》第 2 卷，人民出版社 2009 年版，第 192 页。
④ 《马克思恩格斯文集》第 1 卷，人民出版社 2009 年版，第 11 页。

无产阶级革命行动的组织性。恩格斯指出："在阶级对阶级的政治斗争中，组织是最重要的武器。"①  建立无产阶级组织，打造"追求共同目标即工人阶级得到保护、发展和彻底解放的各国工人团体进行联络和合作的中心"②，引领广大无产阶级以组织化的形式开展革命斗争，这是无产阶级革命自身发展的基本规律，也是无产阶级对抗资产阶级的必然要求。马克思在《法兰西内战》中指出："他们组成自己的力量去代替压迫他们的有组织的力量；这是人民群众获得社会解放的政治形式，这种政治形式代替了被人民群众的敌人用来压迫他们的假托的社会力量。"③  无产阶级不是仅凭着本能的愤怒与憎恶来反对资产阶级的乌合之众，而是遵循着严明纪律、严格制度的"有组织的力量"。组织是无产阶级的战斗堡垒，是无产阶级建立革命联系、凝聚革命力量、引领革命运动的有力依托。马克思在国际工人协会成立七周年庆祝大会上指出："国际的任务就是为迎接即将到来的斗争，把工人阶级的力量组织并联合起来。"④  从单纯争取经济利益的工人联合会，到引导无产阶级从事"自己的政治"的独立政党，再到加强全世界无产阶级联系的"国际工人协会"，组织结构愈加严密化、成熟化、体系化，无产阶级也就逐渐建立起强大的革命同盟，形成共同的阶级意识和阶级觉悟，确立起一致的革命政策和行动策略。在这样的组织化的过程中，无产阶级就不断成长为一个自为自觉的革命阶级，成为一股足以和资产阶级相抗衡的政治力量，并且"运用自己有组织的力量作为杠杆来最终解放工人阶级"⑤。

无产阶级革命行动的策略性。在革命运动中，无产阶级必须要把握革命发展趋势，及时调整革命策略，正确处理同其他阶级的关系，以争

---

① 《马克思恩格斯全集》第 25 卷，人民出版社 2001 年版，第 499 页。
② 《马克思恩格斯文集》第 3 卷，人民出版社 2009 年版，第 227 页。
③ 《马克思恩格斯文集》第 3 卷，人民出版社 2009 年版，第 195 页。
④ 《马克思恩格斯文集》第 3 卷，人民出版社 2009 年版，第 619 页。
⑤ 《马克思恩格斯文集》第 3 卷，人民出版社 2009 年版，第 78 页。

取革命的彻底胜利。一方面，无产阶级总是会同中间阶级联合起来共同对抗资产阶级。在资本主义社会，资产阶级在各个社会领域都占据着统治地位，无产阶级则在各个社会领域都处于极为劣势的被剥削地位，二者力量对比悬殊。因此，正如资产阶级在反对封建专制统治的过程中要同无产阶级联合起来一样，无产阶级在反对资本主义剥削制度的过程中也必须同中间阶级联合起来。马克思在《1848 年至 1850 年的法兰西阶级斗争》中指出："在革命进程把站在无产阶级与资产阶级之间的国民大众即农民和小资产者发动起来反对资产阶级制度，反对资本统治以前，在革命进程迫使他们承认无产阶级是自己的先锋队而靠拢它以前，法国的工人们是不能前进一步，不能丝毫触动资产阶级制度的。"[1] 只要充分发动起中间阶级反对资产阶级制度的积极性与能动性，无产阶级就能为革命增加胜利砝码，提供力量支撑。在这种联合中，无产阶级必须保证自己作为革命先锋队的领导地位，必须保证是无产阶级领导着中间阶级，而不是中间阶级领导着无产阶级走。另一方面，无产阶级也必须同中间阶级的反动性作斗争。中间阶级虽然带有一定的革命性，但也具有在革命过程中叛变革命和在革命之后反过来压迫无产阶级的反动性。马克思、恩格斯要求，在反对封建专制统治的斗争中，无产阶级应当"利用资产阶级统治所必然带来的社会的和政治的条件作为反对资产阶级的武器，以便在推翻德国的反动阶级之后立即开始反对资产阶级本身的斗争"[2]。在反对资产阶级的斗争中，无产阶级应当"同小资产阶级民主派一起去反对工人政党所要推翻的派别"[3]，但是"在小资产阶级民主派企图为自己而巩固本身地位的一切场合，工人政党都对他们采取反对的态度"[4]。无产阶级只有时刻警惕中间阶级的倒戈与背叛，坚

---

[1] 《马克思恩格斯文集》第 2 卷，人民出版社 2009 年版，第 89 页。
[2] 《马克思恩格斯文集》第 2 卷，人民出版社 2009 年版，第 66 页。
[3] 《马克思恩格斯文集》第 2 卷，人民出版社 2009 年版，第 191 页。
[4] 《马克思恩格斯文集》第 2 卷，人民出版社 2009 年版，第 191 页。

决反对并积极改造中间阶级的反动性，才能有力地捍卫革命果实，确保革命的最终胜利。

### 3. 中间阶级的行动特点

中间阶级革命性与保守性兼具的思想特点，决定了他们在革命行动中不可避免地表现出摇摆性、妥协性与散漫性，他们总是摇摆于无产阶级与资产阶级之间，总是不够坚定、缺乏决断、容易妥协，总是自由散漫、缺乏组织纪律性。

中间阶级革命行动的摇摆性。在资本主义社会中，中间阶级的地位十分不稳定，他们为了在两大对立阶级之间维持自己的生存，总是要根据革命形势的发展来改变自己的革命立场，总是要依附于某一阶级，在某一阶级的引领下开展革命，在某一阶级同另一阶级的斗争中谋取利益。恩格斯在《德国的革命和反革命》中指出："它在强有力的封建制或君主制政府面前卑躬屈膝，百依百顺，但当资产阶级得势的时候，它就转到自由主义方面来；一旦资产阶级获得了统治权，它就陷入强烈的民主主义狂热，但当低于它的那个阶级——无产阶级企图展开独立的运动时，它马上就变得意气消沉，忧虑重重。"[①] 这个阶级永远在当权的统治阶级与底层的被统治阶级之间摇摆不定，在封建主义时代如此，在资本主义时代亦是如此。当资产阶级得势，资本主义大生产冲击着他们的小生产，他们就会转向无产阶级，同无产阶级一起来反对资产阶级；当无产阶级企图开展独立运动时，他们又会惧怕无产阶级把他们连同资产阶级一起消灭，于是他们又会迅速加入资产阶级的阵营。正因如此，马克思、恩格斯曾多次告诫无产阶级革命政党，必须要对参加革命运动的中间阶级时刻保持警惕，"在决定性的时刻，他们跟平常一样彷徨、动摇、不知所措和任人摆布"[②]。

---

① 《马克思恩格斯文集》第 2 卷，人民出版社 2009 年版，第 356 页。
② 《马克思恩格斯文集》第 10 卷，人民出版社 2009 年版，第 553 页。

中间阶级革命行动的妥协性。在无产阶级和资产阶级的斗争中，中间阶级只是"迫于形势而同正式共和国公开敌对"，"被共和国当作敌人来对待"①，只是"随着他们境况的恶化以及他们与资产阶级对抗的尖锐化而越来越紧密地靠拢无产阶级"②。但是，当资产阶级对中间阶级的压迫有所缓和，中间阶级就会被资产阶级的小恩小惠所迷惑而向他们妥协，转而迎合资产阶级的需要。当资产阶级在革命中展现出强大的压制力，中间阶级就会因为惧怕资产阶级而放弃革命的立场，"用全部力量和精力来实现这样一些小资产阶级的补补缀缀的改良"③。其实，只要尚有一丝生存喘息的余地，中间阶级就总是要求"不要采取坚决的政治上的反对立场，而应全面地和解；不要反对政府和资产阶级，而应尝试争取他们，说服他们；不要猛烈地反抗从上面来的迫害，而应逆来顺受，并且承认惩罚是罪有应得"④。他们甚至会寄希望于资产阶级的良心发现，希望"资产阶级发善心和慷慨解囊"⑤，通过改良主义的道路来改善自己的处境。这样的阶级在革命行动中是相当软弱的，他们随时都可能为了保全自己而向敌对阶级妥协，出卖自己的盟友。

中间阶级革命行动的散漫性。中间阶级虽然数量庞大，成分却十分复杂，包含着农民、手工业者、小工业家、小商人、小食利者、小资产阶级等。他们来自不同的行业领域，都力求保存自己不多的私有财产，始终把个体的利益放在第一位，为利而来，利尽而散，极容易被统治阶级用利益分化瓦解。这些中间阶级分子缺少稳定的内部联系与坚定的革命意志，难以团结凝聚成一支有组织、有纪律的革命队伍。相反，他们极易受到无政府主义的蛊惑，走上绝对民主化自由化的道路，要求取消一切权威和纪律，实现"充分的和无条件的自由"，以极端的革命暴动

---

① 《马克思恩格斯文集》第 2 卷，人民出版社 2009 年版，第 164 页。
② 《马克思恩格斯文集》第 2 卷，人民出版社 2009 年版，第 104 页。
③ 《马克思恩格斯文集》第 3 卷，人民出版社 2009 年版，第 482 页。
④ 《马克思恩格斯文集》第 3 卷，人民出版社 2009 年版，第 482 页。
⑤ 《马克思恩格斯文集》第 2 卷，人民出版社 2009 年版，第 64 页。

来争取直接的物质利益。恩格斯严厉批判了小资产阶级无政府主义者无组织无纪律的行径，他指出："没有任何服从纪律的支部！没有任何党的纪律，没有任何力量在一点的集中，没有任何斗争的武器！那末未来社会的原型会变成什么呢？简而言之，我们采用这种新的组织会得到什么呢？会得到一个早期基督教徒那样的畏缩胆怯的而又阿谀奉承的组织。"① 这些中间阶级混入无产阶级革命队伍之中，并且"建议无产阶级不要按照每时每刻都迫使它进行的斗争的要求把自己组织起来，而是按照某些空想家关于未来社会的不着边际的想象把自己组织起来"②。他们在革命行动中自由散漫，不服从组织管理，不服从纪律约束，这不仅会破坏革命组织的团结统一，而且会严重阻碍革命运动的发展。因此，无产阶级在同小资产阶级的合作中，不仅要对其进行严格的组织约束和经常的纪律教育，而且要对他们时刻保持警惕，防止小资产阶级在关键时期腐蚀革命队伍，阻碍革命运动。

时至今日，阶级分析法依然是理解人类社会历史发展、把握社会思想动态、捍卫马克思主义在意识形态领域指导地位的重要方法论原则。开展思想政治教育，必须首先讲清阶级立场，分清敌我关系。什么是阶级，阶级的本质和产生的根源何在，阶级斗争在人类社会发展中的真实作用，现代社会中的基本阶级架构、世界历史范围内阶级斗争的实际情况……对这些重要问题进行把握与阐释，是新时代思想政治教育运用和把握阶级分析法的总的理论前提。

要对各种外来的错误思潮进行研判。随着改革开放不断走向深入，西方资本主义国家利用经济全球化趋势不断加紧对我国的意识形态入侵，向我国输入各种错误社会思潮，冲击着我国的主流意识形态。这些错误思潮本质上都是来自西方的资产阶级观念。开展思想政治教育，必

---

① 《马克思恩格斯全集》第 17 卷，人民出版社 1963 年版，第 519 页。
② 《马克思恩格斯全集》第 17 卷，人民出版社 1963 年版，第 518—519 页。

须时刻警惕资本主义意识形态的侵蚀，对这些错误思潮开展批判，保证中国特色社会主义意识形态的安全。具体而言，就是要对这些错误思潮进行深刻的阶级研判，不能仅仅把它们当作某种价值无涉的社会思潮，而是要认清这背后隐藏的阶级立场与阶级利益，看到资本主义国家利用这些思潮对我国实施分化、西化的政治图谋。只有深刻揭露并严厉批判这些错误思潮的阶级实质、严重危害和错误根源，划清社会主义意识形态和资本主义意识形态之间的界限，牢牢掌握意识形态领域的领导权、管理权和话语权，才能坚决捍卫马克思主义在意识形态领域的指导地位，不断提升社会主义意识形态的抵御力与战斗力，不断增强社会主义意识形态的持久性和稳定性，构筑坚强的社会主义意识形态阵地。

要做好当代中国社会各群体的思想状况分析。自 1956 年社会主义改造完成，社会主义制度基本建立以来，剥削阶级已经作为一个阶级在我国被消灭掉了，当代中国社会的时代主题已经不再是无产阶级与资产阶级之间的阶级斗争，社会的主要矛盾也已经不再是复杂尖锐的敌我矛盾。但是，在中国特色社会主义内部依然存在着一定的人民内部矛盾，存在着一定的利益分歧和阶层分化。在改革开放这场历史性的社会大变革中，经济体制、利益格局、思想观念都发生了深刻而重大的调整，社会阶层结构也随之发生了深刻变化。不同的阶层有着不同的经济利益诉求，也有着不同的思想特点与政治需要。开展思想政治教育工作，必须要深入了解各阶层存在的问题和他们的利益需求，从他们的现实处境来把握和分析思想政治教育对象，正确认识和处理各阶层之间的相互关系，准确把握不同阶层的思想观念、价值取向和政治诉求，有针对性地做好思想引领与政治引导，不断巩固和扩大全党全国各族人民的政治认同、思想共识与情感联结，将广大人民群众凝聚在中国特色社会主义的伟大旗帜之下，为实现中华民族伟大复兴的中国梦铸就强大的精神力量与坚实的物质力量。

思想政治教育具有鲜明的意识形态属性。新时代开展思想政治教育工作，既要立足于唯物史观、立足于百年未有之大变局中意识形态斗争的现实需要，重新理解思想政治教育存在的根本依据；又要立足新时代社会阶层的新变化，重新表述思想政治教育的本质要求与重大意义；还要立足时代条件的变化，继续推进思想政治教育理论的发展与转型。每个时代的思想政治教育理论，都是以这个时代阶级斗争的现实情况作为根本支撑的。当前，思想政治教育必须要重新研判时代条件，立足于中国特色社会主义新时代的历史方位，着眼于全面建设社会主义现代化国家和实现中华民族伟大复兴的现实需要，与时俱进地调整和转变思想政治教育的现实指向、工作重心和实施手段，切实发挥思想政治教育凝心聚力、铸魂育人的本质功能，不断增强思想政治教育的时代性与实效性。

# 第四章  理论灌输法

围绕理论灌输这一重要命题，马克思、恩格斯留下了丰富的理论论述。在马克思、恩格斯那里，理论灌输是指一种系统而全面的理论教育，旨在表明一种思想掌握一定群体的转化过程。马克思、恩格斯对灌输的多维度阐释，明确了理论灌输的本质规定、前提条件、基本环节与原则遵循，确立了理论灌输的总体脉络与基本框架。这不仅为后来列宁进一步丰富和发展理论灌输法作了重要的理论铺垫，也为中国共产党百年来的思想政治工作提供了科学的理论指导与行动指南。

马克思、恩格斯在其著作、文章、书信中明确使用"灌输"这一概念 60 余次，提出了大量与灌输直接或间接相关的经典论断。1843 年，马克思在《〈黑格尔法哲学批判〉导言》中关于理论一经掌握群众、思想闪电击中人民园地的相关论述，就暗含着把科学理论从外面灌输到人民群众头脑中去的本质要求。1844 年 11 月，恩格斯在《共产主义在德国的迅速进展》一文中，称赞许布内尔关于西里西亚纺织工人的画作"给不少人灌输了社会的思想"①。这里所说的"社会的思想"是指关于德国社会现实的基本状况，关于共产主义与社会主义的科学思想理论。1875 年，马克思在《哥达纲领批判》中批判了拉萨尔派对于党内理论灌输工作的破坏，谴责他们"歪曲那些花费了很大力量才灌输给党而现在已在党内扎了根的现实主义观点"②。美国工人运动时期，恩格斯坚持和发展了他们以往的灌输理论，强调不要进行"硬灌输"，要将理论灌输与亲身体验结合起来，澄清了灌输的认识误区，明确了灌输的科学要求。当我们提到灌输的时候，总是会带着这样一种传统看法，认为马克思、恩格斯总是在否定资本主义意识形态灌输的意义上使用这一概

① 《马克思恩格斯全集》第 2 卷，人民出版社 1957 年版，第 590 页。
② 《马克思恩格斯文集》第 3 卷，人民出版社 2009 年版，第 436 页。

念，无产阶级的理论灌输法是在列宁那里才得以澄明和发展的。通过文献梳理可以看出，马克思、恩格斯也曾在正面的意义上，在教育广大人民群众接受社会主义观点的意义上，在塑造和凝聚党内共识的意义上，使用过"灌输"一词。新时代坚持和发展理论灌输法，需要我们在本原意义上不断明晰马克思恩格斯灌输论的精神实质，回应与廓清时代发展中对灌输论的偏离与误读，明晰灌输在思想政治工作方法体系中的重要地位与重大作用，这是推动新时代思想政治工作守正创新、建设坚强的社会主义意识形态阵地、完成铸魂育人根本使命的必然要求。

## 一、理论灌输的本质属性

新时代坚持和发展理论灌输法，必须从其作为思想政治教育一般方法的高度上、从其作为社会主义意识形态建设重要策略的意义上，来理解和把握灌输的本质规定，将灌输的核心要义与精神实质贯穿到思想政治教育的实际工作之中，切实增强思想政治工作的主动性与实效性。

### 1. 灌输目的的人民性

马克思、恩格斯揭露了宗教理论灌输与资本主义理论灌输目的的反动性，阐明了无产阶级理论灌输目的的人民性。为什么目的而进行灌输，这是理论灌输的首要问题。目的统领内容与方式，灌输内容与灌输方式的差别根源于灌输目的的不同，而灌输目的的不同则必然要归结于阶级立场的根本对立。

宗教理论灌输与资本主义理论灌输的根本目的就在于加强阶级统治以维护统治阶级的特殊利益。在阶级社会中，"灌输"不过是统治阶级用来实现自己目的的手段。为了不断确立和巩固对广大人民群众的统治，为了通过剥削和压迫广大人民群众维护本阶级的根本利益，"统治阶级自然会千方百计地来加强、扶植和灌输"① 隐含着本阶级利益的那些 "观点、思想、情感与世界观",企图通过加强思想领域的观念统治来巩固和强化现实领域中的实际统治。宗教理论灌输的目的从根本上来说就是要"把宗教笃诚变成了人的内在世界"②,就是"用信念造成的奴役制""给人的心灵套上了锁链"③,使人沉醉于宗教世界的"精神抚慰"之中而心甘情愿地在观念世界中接受"神圣形象"的统治,从而在现实生活中接受封建君主、贵族、资产阶级等"非神圣形象"的剥削。

资本主义的理论灌输同样是资产阶级为了自身利益、为了财富保障、为了麻痹愚化与剥削无产阶级而采取的必要手段之一。恩格斯在《英国工人阶级状况》中指出:"英国资产阶级自私自利竟这样冷酷,这样鼠目寸光,甚至不肯花一点力气把现代道德,即资产阶级为了自身的利益、为了自身的保障而炮制出来的道德灌输给工人!"④ 恩格斯在《英国工人阶级状况》中再次强调,资产阶级"只允许工人接受符合资产阶级本身利益的那一点点教育"⑤。资本主义理论灌输就是通过强化对无产阶级的精神控制来不断巩固和加强对无产阶级的实际统治;就是通过主导无产阶级在精神生活领域"思想什么"以及"怎样思想"来规定无产阶级在物质生活领域"为谁生产"以及"怎样生产";就是通过向无产阶级灌输符合资产阶级利益的意识形态,使无产阶级"在思想、感情和意志表达方面也成为资产阶级的奴隶"⑥,进而在物质生产中"屈服于命运,做一个'好工人','忠实地'维护资产者的利益"⑦。

---

① 《马克思恩格斯文集》第 8 卷,人民出版社 2009 年版,第 59 页。
② 《马克思恩格斯文集》第 1 卷,人民出版社 2009 年版,第 12 页。
③ 《马克思恩格斯文集》第 1 卷,人民出版社 2009 年版,第 12 页。
④ 《马克思恩格斯文集》第 1 卷,人民出版社 2009 年版,第 427 页。
⑤ 《马克思恩格斯文集》第 1 卷,人民出版社 2009 年版,第 423 页。
⑥ 《马克思恩格斯文集》第 1 卷,人民出版社 2009 年版,第 437 页。
⑦ 《马克思恩格斯文集》第 1 卷,人民出版社 2009 年版,第 433 页。

无产阶级理论灌输的根本目的是要维护无产阶级以及一切被压迫人民的根本利益，而这一根本利益就在于要实现普遍的人的解放。恩格斯在《反杜林论》中指出："完成这一解放世界的事业，是现代无产阶级的历史使命。深入考察这一事业的历史条件以及这一事业的性质本身，从而使负有使命完成这一事业的今天受压迫的阶级认识到自己的行动的条件和性质，这就是无产阶级运动的理论表现即科学社会主义的任务。"① 作为无产阶级的理论运动，无产阶级理论灌输当然无法直接带来现实的人的解放，但它可以依托于对无产阶级的理论解放来不断推动与促进争取人类解放的革命实践。具体来说，就是要通过理论灌输使无产阶级深刻了解"无产阶级运动的条件、进程和一般结果"②，不断提升无产阶级的阶级意识、思想觉悟、理论水平与精神高度，从而使之成为"同一切有产阶级相对立的、有自己的利益和原则、有自己的世界观的独立的阶级"③，成为人类解放运动中"最坚决的、始终起推动作用的部分"④，成为"社会的头脑"和"社会的心脏"，最终以"有原则高度的实践"和"人的高度的革命"实现无产阶级的自我解放和普遍的人的解放。

### 2. 灌输内容的科学性

马克思、恩格斯在揭露宗教理论灌输与资本主义理论灌输内容的虚伪性的同时，阐明了无产阶级理论灌输内容的科学性。"灌输什么内容"，这是理论灌输的中心问题，对灌输内容的具体的历史的规定是由占统治地位的阶级决定的。从本质上来看，灌输是开展意识形态工作的一般方法之一，是指从外面向人的内在精神世界大量地、高效地、快速

---

① 《马克思恩格斯文集》第 9 卷，人民出版社 2009 年版，第 300 页。
② 《马克思恩格斯文集》第 2 卷，人民出版社 2009 年版，第 44 页。
③ 《马克思恩格斯文集》第 1 卷，人民出版社 2009 年版，第 475 页。
④ 《马克思恩格斯文集》第 2 卷，人民出版社 2009 年版，第 44 页。

地供给一定的思想内容的过程。作为意识形态工作方法，"灌输"本身没有价值判断上的好坏之分，但"灌输"这一方法具体由谁来使用，即由哪一阶级以何种方式向哪一阶级灌输何种内容，则决定着灌输的根本性质。

内容的科学性是无产阶级理论灌输区别于宗教理论灌输与资本主义理论灌输的根本之处，是无产阶级理论灌输的先进性与优越性的根本体现。马克思、恩格斯以历史唯物主义的眼光洞察了宗教理论灌输内容与资本主义理论灌输内容均是打着善意和博爱的幌子为统治阶级进行理论辩护。1839 年 7 月，恩格斯在致威廉·格雷培的书信中批判了宗教灌输对自己的精神荼毒，他指出："如果我不是受过极端的正统思想和虔诚主义教育，如果教堂、儿童宗教课和家庭不是一直向我灌输最直接地、无条件地相信圣经，相信圣经教义同教会教义、甚至同每一个传教士的特殊教义之间的一致性，那我可能还会长时间地保持一些自由主义的超自然主义。"[1] 1844 年，恩格斯在《英国工人阶级状况》中再次提及了宗教灌输的无用性与危害性，他指出："这些孩子被人们用宗教教条硬灌了四五年，结果并没有比原来多知道一点什么。"[2] 宗教灌输就是要让广大人民群众"脑子里塞满了各种无法理解的教条和神学上的奥义"[3]，它要求人们放弃独立的自我意识与思考能力而无条件地盲目相信圣经教义，是对人的精神世界极其严重的麻痹与腐蚀。这与马克思在《〈黑格尔法哲学批判〉导言》中的宗教批判思想不谋而合，"教堂、儿童宗教课和家庭"所灌输的不过是"宗教观念的毒素"，是关于让人们忍受现实世界的压迫而希冀在"彼岸世界"获得抚慰与救赎的虚幻观念，这些思想内容是"人民的鸦片"，是"虚幻的太阳"，是"真理的彼岸世界"，是"颠倒的世界意识"，只会使人民群众沉醉于不切实际的

---

① 《马克思恩格斯全集》第 47 卷，人民出版社 2004 年版，第 198 页。
② 《马克思恩格斯文集》第 1 卷，人民出版社 2009 年版，第 426 页。
③ 《马克思恩格斯文集》第 1 卷，人民出版社 2009 年版，第 424 页。

宗教幻想中而丧失面对残酷现实的勇气、挣脱现实压迫的意识以及改变现实境遇的能力。

在揭开了宗教灌输为统治阶级辩护的神秘面纱后，马克思批判的矛头直接指向了在资本主义社会获得了官方地位的资产阶级理论灌输本身。马克思强调："资产者认为道德教育就是灌输资产阶级的原则。"①资本主义私有制条件下，作为统治阶级的资产阶级不仅会在物质生产领域"把自己的利益说成是社会全体成员的共同利益"②，而且会在精神生产领域"编造这一阶级关于自身的幻想"③，"赋予自己的思想以普遍性的形式，把它们描绘成唯一合乎理性的、有普遍意义的思想"④，并灌输给广大无产阶级。这些抽象的谎言与幻想就是对广大无产阶级的蒙蔽、欺骗与毒害，只能让无产阶级长期处于愚昧无知的状态，而无法为其提供任何有益的精神启示。

马克思、恩格斯要求灌输的理论内容从来都不是某一阶级的虚伪说辞，而是关于普遍的人类解放的科学思想理论。内容的科学性是人们接受灌输的首要前提，是整个灌输逻辑得以合理通达的必要条件。恩格斯曾批评普鲁士国王，"弗里德里希－威廉四世在 1848 年之后，尽管有'英勇军队'，却不能把中世纪的行会制度和其他浪漫的狂念，灌输到本国的铁路、蒸汽机以及刚刚开始发展的大工业中去"⑤。当灌输内容落后于时代发展、不再满足于人们物质生产的实际需要，人们也就对这样的理论灌输毫无兴趣。长期处在资本主义虚伪观念统治之下的无产阶级早已厌倦了毫无实际意义的思辨词句的纠缠，显示出对科学内容的深切渴望。马克思指出："如果不给工人以严格的科学思想和正确的学说，

---

① 《马克思恩格斯全集》第 6 卷，人民出版社 1961 年版，第 648 页。
② 《马克思恩格斯文集》第 1 卷，人民出版社 2009 年版，第 552 页。
③ 《马克思恩格斯文集》第 1 卷，人民出版社 2009 年版，第 551 页。
④ 《马克思恩格斯文集》第 1 卷，人民出版社 2009 年版，第 552 页。
⑤ 《马克思恩格斯全集》第 20 卷，人民出版社 1971 年版，第 199 页。

那就同传教士们所玩的一套空洞而无耻的把戏没有什么区别。"① 无产阶级所渴望的"严格的科学思想和正确的学说",就是从客观的社会现实出发深入洞察资本主义剥削制度的存在秘密与无产阶级本身的存在秘密,坚决要求"推翻使人成为被侮辱、被奴役、被遗弃和被蔑视的东西的一切关系"② 的学说;就是以辩证唯物主义和历史唯物主义的基本观点准确揭示人类社会历史发展规律,全面把握人类社会未来发展趋势,系统论证资本主义必然灭亡与社会主义必然胜利的理论;就是始终站在无产阶级与一切受压迫阶级人民的立场上,坚定追求无产阶级的自我解放与普遍的人的解放,不断引领无产阶级实现一切人的自由全面发展与每个人的自由全面发展的思想。只有这样具有客观现实依据、严密论证逻辑与崇高价值追求的科学理论才能真正反映无产阶级的利益诉求,才能从根本上触动与说服无产阶级,才能成为指导无产阶级认识世界与改造世界的锐利"精神武器"。

### 3. 灌输方式的灵活性

马克思、恩格斯揭露了宗教理论灌输方式的迷惑性与资本主义理论灌输方式手段的强制性,阐明了无产阶级理论灌输方式手段的灵活性。"以什么样的方式进行灌输"是理论灌输的基本问题,灌输者与灌输对象之间不同的阶级关系影响着灌输方式的具体选择。

宗教借助于具有迷惑性的教育手段,即"通过基督教的粉饰和教士的感化来灌输",灌输那些为教皇教士阶级与封建贵族阶级辩护的教义,并且通过宗教仪式、宗教禁忌、宗教生活等一系列手段使人逐渐放下心理防备而完全成为虔诚的宗教信徒。宗教的理论灌输手段披着温情脉脉的面纱,看似没有任何的强迫性且完全尊重人的主观意愿,实则是以宗

---

① 《回忆马克思恩格斯》,胡尧之等译,人民出版社 1957 年版,第 311 页。
② 《马克思恩格斯文集》第 1 卷,人民出版社 2009 年版,第 11 页。

教救赎的名义泯灭自主意识、实行精神控制。

与宗教理论灌输不同，资产阶级的理论灌输手段对无产阶级的迫害更为直接、更为深刻、更为赤裸。对资产阶级来说，灌输是"使下层阶级就范的统治手段"；是愚化无产阶级、压服无产阶级、统治无产阶级的直接方法；是利用国家政治机器的强制力量将代表资产阶级利益的思想灌注到无产阶级头脑中的单向度过程。马克思将资产阶级比作"奴隶监工"，他们"挥舞着保护关税的皮鞭以便向自己的民族灌输'工业教育'的精神，并且教它运用自己的肌肉力"①。恩格斯在《英国工人阶级状况》中也指出："就像对待无理性的动物一样，资产阶级对工人只有一种教育手段，那就是皮鞭，就是残忍的、不能服人而只能威吓人的暴力。"② 资产阶级在狭隘的利己主义原则的支配下，将无产阶级视为"无理性的动物"，毫不顾及无产阶级作为现实的人的思想与情感，采取生灌硬输的暴力驯服方式对无产阶级进行强制性的精神统治。

马克思、恩格斯坚决反对对无产阶级进行强制灌输。对无产阶级而言，理论灌输应当是唤醒无产阶级、说服无产阶级、武装无产阶级的灵活而有效的策略，是在灌输者与灌输对象的双向互动中向无产阶级供给输送其迫切需要的思想养料与精神养分的过程。恩格斯在致弗洛伦斯·凯利-威士涅威茨基夫人的信中指出："不要硬把别人在开始时还不能正确了解、但很快就能学会的一些东西灌输给别人，从而使初期不可避免的混乱现象变本加厉。"③ 无产阶级的精神世界并非一片空白，他们不仅具有一定的思想基础，而且具备一定的思想能力，因此理论灌输绝不能简单粗暴地采取直接给予的方式，而是要给予无产阶级一定的思想发展的空间与自由，启发无产阶级积极主动地趋近与学习科学理论，引导

① 《马克思恩格斯全集》第 42 卷，人民出版社 1979 年版，第 258 页。
② 《马克思恩格斯文集》第 1 卷，人民出版社 2009 年版，第 428 页。
③ 《马克思恩格斯文集》第 10 卷，人民出版社 2009 年版，第 561 页。

无产阶级自觉地理解与内化科学理论。

此外，恩格斯还强调："越少从外面把这种理论硬灌输给美国人，而越多由他们通过自己亲身的经验（在德国人的帮助下）去检验它，它就越会深入他们的心坎。"① 他在致弗里德里希·阿道夫·左尔格的信中也指出："即使掌握了从一个大民族本身的生活条件中产生出来的出色理论，并拥有比社会主义工人党所拥有的还要高明的教员，要用空谈理论和教条主义的方法把某种东西灌输给该民族，也并不是那样简单的事情。"② 理论灌输不是用生灌硬输的方法来迫使无产阶级接受某种思想，而是要充分尊重并不断发挥无产阶级的主体性，引导他们自觉自愿地将社会主义理论内化到自身的精神世界中；不是用空谈理论的方法来传播不切实际的思想，而是要将理论灌输与实践体悟结合起来，引领无产阶级在革命实践中不断深化对社会主义理论的理解与把握；不是用教条主义的方法进行机械刻板的理论灌输，而是要根据广大无产阶级的思想实际与现实条件不断调整灌输的具体策略手段，确保理论灌输能够与时俱进地满足无产阶级革命运动的理论需求与实践需要。

## 二、理论灌输的前提观照

从灌输的本质规定可以看出，无产阶级理论灌输不是悬置于精神世界的将抽象理论植入个体意识的单向化、机械化、抽象化的生灌硬输，而是在充分观照无产阶级本身的利益和原则、理论思维能力、历史主动性等前提条件下，向无产阶级灌注输送他们迫切需要的思想养料与精神养分的过程。无产阶级作为"现实的人"的利益原则、作为"思想的人"的理论思维能力、作为"实践的人"的历史主动性是理论灌输不可

① 《马克思恩格斯文集》第 10 卷，人民出版社 2009 年版，第 562 页。
② 《马克思恩格斯全集》第 10 卷，人民出版社 2009 年版，第 575 页。

脱离、不可忽视、不可逾越的三大基本条件。离开这些前提条件，灌输就容易沦为单向化、机械化、抽象化的生灌硬输。只有充分尊重条件、观照条件，从现实的具有思想力与行动力的人出发理解"整个的人"，才能准确把握理论灌输的逻辑前提；只有紧密依托条件、利用条件，精准把握无产阶级的利益和原则、理论思维能力与历史主动性，才能夯实巩固理论灌输的发生基础和实施效果；只有不断挖掘条件、创造条件，使无产阶级充分认识并不断提升自身的利益原则、理论思维能力与历史主动性，才能使理论灌输不断走向深化，不断获得升华。

### 1. 无产阶级的"利益和原则"

马克思、恩格斯在《神圣家族》中指出："'思想'一旦离开'利益'，就一定会使自己出丑。"① 理论灌输一旦离开无产阶级的利益和原则，就会成为对无产阶级的思想毒害与精神异化，就会被无产阶级所排斥。理论灌输只有同无产阶级利益原则保持高度的、内在的、本质的一致性，也就是说只有灌输的理论是无产阶级实现自身利益原则所迫切需要的内容时，无产阶级才能真正认同并接受这一理论，理论才能真切地进入人的精神世界，为无产阶级提供可靠的精神武器。

马克思指出，无产阶级"是一定的阶级关系和利益的承担者"②。"处在现实的、可以通过经验观察到的、在一定条件下进行的发展过程中的人"③，在从事物质生产和物质交往、处理生产关系与社会关系的过程中，不断明确了本阶级的核心物质利益，确立了本阶级的物质利益原则。这些物质利益原则以一种强大的不以人的意志为转移的客观性力量规定着每个阶级进行精神生产与精神交往的活动空间，统摄着人们思想观念、政治观点、价值取向、道德情操等的生成与发展，支

---

① 《马克思恩格斯文集》第1卷，人民出版社2009年版，第286页。
② 《马克思恩格斯文集》第5卷，人民出版社2009年版，第10页。
③ 《马克思恩格斯文集》第1卷，人民出版社2009年版，第525页。

配着人们"思想什么""怎样思想"以及"渴望怎样的思想"。恩格斯在《家庭、私有制和国家的起源》中指出："只有权利而无义务的财产概念，绝不能灌输到爱尔兰人头脑中去。"① 这就是说，无法观照人的实际利益的理论灌输是不可能成功的。忽略实际利益的财产概念，只要求履行义务而忽略权利保障的思想观念，是根本不可能被人们所接受认同的。

正是在此意义上，马克思、恩格斯强调，理论灌输必须密切观照无产阶级作为"现实的人"的物质利益原则，必须"从现实的前提出发"且"一刻也不离开这种前提"②。无产阶级遭受普遍苦难与普遍不公正的物质生活条件、表明人的完全丧失的生存状态、没有任何地位的阶级地位，决定了这个阶级的利益原则必然体现着一切被压迫被剥削阶级的共同诉求，决定了这个阶级要求的不是"封闭于自身、封闭于自己的私人利益"③，而是超越狭隘的利己主义限制的普遍的人的利益，决定了这个阶级的全部利益和原则就是要求"推翻使人成为被侮辱、被奴役、被遗弃和被蔑视的东西的一切关系"④，要求争取无产阶级的自我解放与普遍的人的解放；要求实现每个人的自由全面发展与一切人的自由全面发展。将无产阶级的利益和原则作为灌输的首要前提条件，就是说理论灌输必须不断确立和巩固同无产阶级利益和原则的内在一致性；必须要在灌输内容的构建中契合无产阶级的利益诉求，切中无产阶级的思想关切，准确对接无产阶级的实践需要与理论需要；必须使无产阶级通过灌输清醒地认识到自己被压迫被奴役的阶级地位，深刻地体会到自己在实现自我解放与人类解放的革命运动中的历史使命，深切地领悟到自身要求实现每个人的自由全面发展与一切人的自由全面发展的价值追求，

---

① 《马克思恩格斯文集》第 4 卷，人民出版社 2009 年版，第 151 页。
② 《马克思恩格斯文集》第 1 卷，人民出版社 2009 年版，第 525 页。
③ 《马克思恩格斯文集》第 1 卷，人民出版社 2009 年版，第 42 页。
④ 《马克思恩格斯文集》第 1 卷，人民出版社 2009 年版，第 11 页。

成为拥有鲜明而坚定的利益和原则的独立阶级。

### 2. 无产阶级的"理论思维能力"

马克思在《资本论》中指出："被认为是德国世袭财产的卓越的理论思维能力，已在德国的所谓有教养的阶级中完全消失了，但在德国工人阶级中复活了。"① 无产阶级是否具有"理论思维能力"以及这种"理论思维能力"能够发展到什么程度，决定了无产阶级是否具有以及具有何种程度的思想能力与理论基础来展开理论对话、进行思想对接，决定了无产阶级是否能够以及能够在何种程度上选择、理解并接受灌输的内容，决定了理论灌输的实效性能否发挥以及能够发挥到何种程度。马克思、恩格斯立足于无产阶级现实的生产关系与社会关系，指出无产阶级苦难的尘世生活"给了他们一种实际的教育"②，塑造了他们同外界开展理论对话、进行思想对接的理论思维能力，使得他们成为拥有"非凡的社会主义天赋"③ 的"可塑材料"④。

一方面，无产阶级具备能够接受理论灌输的理论思维能力。承受着人类社会一切压迫和奴役的物质生活，在最为现实的维度上提升了无产阶级的思考力、思想力、鉴别力与判断力，让这个阶级能够"更加深刻地了解尘世的政治和社会问题"⑤；能够"比资产者客观，比资产者容易摆脱传统的陈腐的原则和先入之见的束缚"⑥；能够更加容易地接受先进的思想理论。换句话说，他们不会像其他有产阶级那样囿于自身狭隘的特殊利益，而将科学理论拒之门外。正如恩格斯所说："科学越是

---

① 《马克思恩格斯文集》第5卷，人民出版社2009年版，第15页。
② 《马克思恩格斯文集》第1卷，人民出版社2009年版，第427页。
③ 《马克思恩格斯全集》第1卷，人民出版社1956年版，第484页。
④ 《马克思恩格斯文集》第4卷，人民出版社2009年版，第322页。
⑤ 《马克思恩格斯文集》第1卷，人民出版社2009年版，第427页。
⑥ 《马克思恩格斯文集》第1卷，人民出版社2009年版，第439页。

毫无顾忌和大公无私，它就越符合工人的利益和愿望。"① 越是代表最广大人民群众根本利益的理论，越是为人民谋幸福、为人类谋解放的学说，也就越能在无产阶级中间激起强烈的情感共鸣，唤起广泛的理性认同。

另一方面，无产阶级运用自身的理论思维能力，在本阶级"物质条件和相应的社会关系的基础上"②，创造了"表现独特的情感、幻想、思想方式和人生观构成的整个上层建筑"③。这些"情感、幻想、思想方式和人生观"，反映着无产阶级的思想状况，构成了无产阶级同外界进行精神交往、接受理论灌输的基础和前提。但马克思、恩格斯也意识到，与无产阶级"普遍缺乏现代生活条件"的物质基础相适应的，必然是"差不多同样普遍缺乏现代思想的现象"④。在资本主义私有制条件下，无产阶级不仅缺乏物质生产资料，而且缺乏从事思想探索与理论创造的精神生产资料，不仅在物质生活中遭受着剥削压迫，而且在精神生活中忍受着思想迫害。因此，无产阶级虽然具备一定的"接受文化、知识的能力"，具备自发而本能的"理论感"，但他们"所特有的、也是在他们的生活条件下所应该有的那些观点和思想"⑤，仍然不可避免地带有一定的盲目性、局限性与不成熟性，仍然与社会主义意识形态的思想深度与理论高度有一定的距离。

将无产阶级的"理论思维能力"作为灌输的必要前提条件，不仅意味着要高度重视无产阶级的思想能力，不断激发无产阶级在理论灌输中的积极性、能动性与创造性，充分发挥无产阶级的思想力、鉴别力与创造力，而且意味着要密切观照无产阶级的理论基础，不断加强灌输的亲

---

① 《马克思恩格斯文集》第 4 卷，人民出版社 2009 年版，第 313 页。
② 《马克思恩格斯文集》第 2 卷，人民出版社 2009 年版，第 498 页。
③ 《马克思恩格斯文集》第 2 卷，人民出版社 2009 年版，第 498 页。
④ 《马克思恩格斯文集》第 2 卷，人民出版社 2009 年版，第 357 页。
⑤ 《马克思恩格斯文集》第 1 卷，人民出版社 2009 年版，第 435 页。

和力、引领力与提升力，在契合无产阶级思想需求、契合无产阶级理论程度的基础上，不断提升无产阶级的思想觉悟与理论水平。

### 3. 无产阶级的"历史主动性"

马克思、恩格斯在《神圣家族》中指出："思想本身根本不能实现什么东西。思想要得到实现，就要有使用实践力量的人。"① 从实践的观点出发来理解和把握无产阶级的主体力量，从"使用实践力量的人"出发来构筑理论灌输的基本逻辑，灌输内容才获得了通过实践的人与人的实践转化到现实中去的可能。不能把无产阶级作为承载思想的容器，而是要将无产阶级视为能够在鲜活生动的社会实践中创造理论、发展理论与实现理论的能动的历史主体。这是马克思主义灌输论区别于以往一切灌输论的根本之处。

诚然，无产阶级作为"思想的人"的"理论感"，是理论灌输有效连接其精神世界的必要前提。但如果仅仅局限于纯粹的思想领域来理解无产阶级，仅仅将无产阶级看作等待接受理论灌输的消极存在，那就犯了同黑格尔及青年黑格尔派一样的错误。黑格尔将无产阶级视为"绝对精神"自我展开与自我外化的一个环节，将无产阶级视为"绝对精神"的承担者。青年黑格尔派更甚，他们认为无产阶级只是愚昧无知且精神空虚的群氓。这些思辨哲学家都"看不到无产阶级方面的任何历史主动性"②，妄图脱离无产阶级的物质生活实践而只以"绝对精神"或"自我意识"的思辨力量来改变世界，那么他们的理论学说自然也就无法真正灌输到无产阶级群众中去，无法获得突破思想范围的物质力量。

马克思、恩格斯则强调："历史的活动和思想就是'群众'的思想

---

① 《马克思恩格斯文集》第 1 卷，人民出版社 2009 年版，第 320 页。
② 《马克思恩格斯文集》第 2 卷，人民出版社 2009 年版，第 62 页。

和活动。"① 无产阶级不仅是社会历史的思想主体，更是社会历史的实践主体，是连接思想与现实的关键所在，是能够积极地"考虑自己的状况并为改变这种状况而斗争"② 的"有实践力量的人"。只有充分发挥无产阶级在理论灌输中的历史主动性，不断唤醒、凝聚与发挥无产阶级的"实践力量"，引导无产阶级在实践活动中切身体认、实现与发展理论的科学性与真理性，理论才能寻获主体性的物质承担者，完成从现实的物质世界出发切入人的精神世界，并经历个体精神世界的深化与升华，最终依托于"实践的人"的物质力量再次回归现实世界的过程，从而超出"旧世界秩序的思想范围"并在现实范围中建立新的世界秩序。只有从"实践的人"的高度把握无产阶级的历史主动性，使无产阶级作为"有实践力量的人"的积极性、能动性与创造性成为灌输的关键性前提条件，理论灌输才能彻底摆脱思想领域的抽象与虚浮，突破思想边界的规约与限制，在现实中找到真切的目标与落点，贯通其过程、完善其逻辑、实现其目的。

### 三、理论灌输的基本环节

加强理论灌输，是开展无产阶级意识形态斗争的重要策略。从过程分析的角度具体考察，这就是一个引导无产阶级清除资本主义思想观念，确立社会主义理念的思想教化过程。灌输是一个整体性、连续性的教育过程，围绕无产阶级思想灵魂的理论转化环环相扣、层层递进，服务于无产阶级思想政治教育的逻辑推进。

#### 1. "同传统的观念实行最彻底的决裂"

与传统观念相决裂，就是要同旧社会尤其是资本主义社会遗留下来

---

① 《马克思恩格斯文集》第 1 卷，人民出版社 2009 年版，第 286 页。
② 《马克思恩格斯文集》第 1 卷，人民出版社 2009 年版，第 436 页。

的传统观念进行彻底的决裂。意识形态领域的冲突与斗争具有强烈的排他性，社会主义与资本主义的意识形态之间相互对峙、相互挤压、相互排斥，都力图在更为广泛的范围内确立自己的绝对主导权。人们必然不可能同时受到两种截然对立的意识形态的统治，要让广大无产阶级真正接受社会主义意识形态，这也就意味着要将资本主义意识形态的残余从无产阶级的头脑中彻底清除出去，使无产阶级"同传统的观念实行最彻底的决裂"①。

马克思、恩格斯在《德意志意识形态》中指出："支配着物质生产资料的阶级，同时也支配着精神生产资料，因此，那些没有精神生产资料的人的思想，一般地是隶属于这个阶级的。"② 处在资本主义私有制统治下的无产阶级，经年累月地遭受着资本主义意识形态的禁锢与束缚，他们一边在资本主义的剥削与压迫中倍感痛苦绝望，一边又总是自觉或不自觉地在资产阶级原则的隐蔽支配下去思想、去行动。正如恩格斯在1892年12月31日写给费里德里希·阿道夫·左尔格的信中所说："资产阶级偏见在工人阶级中也那样根深蒂固。"③ 这些根深蒂固的资产阶级偏见不仅使无产阶级逐渐丧失了独立的自我意识，而且严重阻碍着无产阶级去接受先进的社会主义思想。从这一层面来看，社会主义与资本主义这两种新旧世界观的斗争"不仅在无产阶级和资产阶级之间进行，而且也在自由思考的工人和仍然受旧传统支配的工人之间进行"④。

因此，要首先使无产阶级从资本主义的谎言与幻想中觉醒出来，为进一步的科学理论灌输做好思想准备，就必须对资本主义意识形态进行"搏斗式的批判"，彻底驳倒并彻底消灭这个敌人。正是在这个意义上，

---

① 《马克思恩格斯文集》第2卷，人民出版社2009年版，第52页。
② 《马克思恩格斯文集》第1卷，人民出版社2009年版，第550页。
③ 《马克思恩格斯文集》第10卷，人民出版社2009年版，第640页。
④ 《马克思恩格斯全集》第28卷，人民出版社2018年版，第611页。

马克思强调："应当让受现实压迫的人意识到压迫，从而使现实的压迫更加沉重；应当公开耻辱，从而使耻辱更加耻辱。"① 只有公开揭露并深刻批判资本主义意识形态掩盖下的"卑劣事物""羞耻部分""昭彰的罪恶"，才能让无产阶级清醒地认识到自己遭受着最为沉重的剥削和处于受奴役的阶级地位，才能使无产阶级真切地感受到他们与资产阶级之间不可调和的矛盾对立，才能使无产阶级不再"有一时片刻去自欺欺人和俯首听命"②，才能使他们充满激情、愤怒与勇气地去砸碎资本主义意识形态的沉重锁链。恩格斯在《英国工人阶级状况》中指出："经过宪章运动的考验并清除了资产阶级成分的、真正的无产阶级社会主义……不久就会在英国人民的发展史上发挥重要的作用。"③ 同样地，只有"彻底地摆脱那些属于旧世界观的传统言辞的影响"④ 的真正的无产阶级，才能与社会主义的精神实质同频共振，才能自觉地去寻求社会主义的真理之光，才能在人类解放运动中发挥真正的革命性作用。

### 2. "思想的闪电"击中"素朴的人民园地"

以"思想的闪电"击中"素朴的人民园地"，就是要向人民群众输送彻底的理论。在意识形态交锋日趋激烈的阶级社会中，无产阶级的思想领地不可避免地会受到各种意识形态的渗透、侵蚀与荼毒。因而在清除资产阶级意识形态不良影响的同时，如果无法使社会主义意识形态及时、迅速、全面地占领无产阶级的精神世界，那么处在意识形态斗争漩涡中的无产阶级将再度陷入复杂动荡的思想混乱之中。马克思指出："思想的闪电一旦彻底击中这块素朴的人民园地，德国人就会解放成为人。"⑤ "思想的闪电"的"彻底击中"是无产阶级获得理论解放进而争

---

① 《马克思恩格斯文集》第 1 卷，人民出版社 2009 年版，第 6—7 页。
② 《马克思恩格斯文集》第 1 卷，人民出版社 2009 年版，第 6 页。
③ 《马克思恩格斯文集》第 1 卷，人民出版社 2009 年版，第 472 页。
④ 《马克思恩格斯文集》第 2 卷，人民出版社 2009 年版，第 219 页。
⑤ 《马克思恩格斯文集》第 1 卷，人民出版社 2009 年版，第 17—18 页。

取人的解放的先决条件，那么这一过程究竟是如何具体实现的呢？

1844 年，马克思在《评"普鲁士人"的普鲁士国王和社会改革一文》中写道："社会的贫困产生政治理智的看法是错误的，可是与此相反，社会的丰足产生政治理智的看法却是正确的。"① 身处极端非人境地的无产阶级，"无论是个人还是整个阶级都不可能像人一样地思想、感觉和生活"②，他们能够自然生发出反抗现实压迫的"社会本能"，却由于缺乏从事理论探索的时间、精力与资源而无法自发产生关于社会主义的"政治理智"，无法自主寻获社会主义的"思想的闪电"。因此，科学社会主义的思想体系只能由无产阶级先锋队中那些"已经有些家当，已经生活得不坏的"③，能够从事精神生产的无产阶级理论家创生出来，并从外面输送给广大无产阶级。

恩格斯在《德国农民战争》1870 年第二版序言的补充中进一步指出："要做到这一点，就必须在斗争和鼓动的各个方面都加倍努力。特别是领袖们有责任越来越透彻地理解种种理论问题，……必须以高度的热情把由此获得的日益明确的意识传播到工人群众中去。"④ 那些"具有更多的智慧、更明确的思想、更好的风格和更丰富的知识"⑤ 的理论家，是无产阶级革命运动中率先觉醒的、最具觉悟的先锋分子。他们负有站在无产阶级的立场上来调节社会主义意识形态的生产和分配的神圣使命与重要职责。这些理论家不仅要"把社会主义当作科学来对待"，要在总结、凝练、升华无产阶级革命运动的现实经验与历史教训的基础上创生"思想的闪电"，而且要以更大力度、更高强度、更精准度地向无产阶级供给输送思想养料与精神养分，开展对无产阶级的启蒙与唤醒，加速无产阶级的成长与发展，提升无产阶级的生命力与战斗力，完

---

① 《马克思恩格斯全集》第 1 卷，人民出版社 1956 年版，第 485 页。
② 《马克思恩格斯文集》第 1 卷，人民出版社 2009 年版，第 448 页。
③ 《马克思恩格斯全集》第 1 卷，人民出版社 1960 年版，第 485 页。
④ 《马克思恩格斯文集》第 2 卷，人民出版社 2009 年版，第 218—219 页。
⑤ 《马克思恩格斯文集》第 1 卷，人民出版社 2009 年版，第 664 页。

成"思想的闪电"对无产阶级"素朴的人民园地"的"彻底击中"。

### 3. 人民群众彻底掌握理论

强化接受认同，就是要提升人民群众对理论的掌握与接受程度。如果说思想的击中是从灌输者的角度来解决理论供给问题，那么在灌输之后还有一个理论掌握的问题，有一个从灌输对象的角度来直面理论接受的问题。无产阶级能否接受以及能在多大程度上掌握思想理论，是决定理论灌输实效性的关键。马克思指出："无产阶级具有非凡的社会主义天赋。"[1] 恩格斯也强调："如果工人没有理论感，那么这个科学社会主义就决不可能像现在这样深入他们的血肉。"[2] 无产阶级饱受苦难的尘世生活"给了他们一种实际的教育"[3]，激发了他们"非凡的社会主义天赋"，铸造了他们基于感性直观与实践锻炼的纯粹而敏锐的"理论感"，使得他们能够彻底掌握科学社会主义。

首先，无产阶级深切渴望科学理论的滋养。承受着人类社会一切压迫和奴役的现实境况导致无产阶级精神世界的贫瘠与荒芜，但也孕育出无产阶级对一切被压迫阶级的同情、对一切剥削制度的愤怒、对彻底的人类解放的向往，锻造了无产阶级没有任何特殊利益的"在理论上毫无顾忌的精神"[4]，使得无产阶级与关于人类解放的学说——科学社会主义之间能够达成天然的高度契合，使得无产阶级极度渴望能够接受无产阶级理论灌输来不断提升自身的思想高度与理论深度。

其次，无产阶级能够主动趋近科学理论。无产阶级渴望得到理论滋养，但绝不会被动等待理论救赎。这一阶级内在潜藏着"现实本身应当力求趋向思想"[5] 的自觉意志，他们能够积极主动地接受、配合并参与

---

① 《马克思恩格斯全集》第 1 卷，人民出版社 1960 年版，第 484 页。
② 《马克思恩格斯文集》第 2 卷，人民出版社 2009 年版，第 217 页。
③ 《马克思恩格斯文集》第 1 卷，人民出版社 2009 年版，第 427 页。
④ 《马克思恩格斯文集》第 4 卷，人民出版社 2009 年版，第 313 页。
⑤ 《马克思恩格斯文集》第 1 卷，人民出版社 2009 年版，第 13 页。

到理论灌输的各个环节当中去；能够自愿地、自主地、自发地去理解与领会科学社会主义的思想精髓与理论内涵；能够有意识地将科学社会主义的"理论的彻底性"不断内化、深化、升华为自身思想的彻底性；能够以自身的实践力量去运用、检验和实现科学社会主义的"理论的彻底性"。当然，这并不是说无产阶级接受理论灌输的过程是自然发生的，是无须外力干预的。这里意在说明，无产阶级具有主动趋近科学理论的先进本质，具有渴望科学理论灌输的主观愿望，具有理解接受科学理论的良好潜能。在这一过程中，他们也会有自身的困惑和局限，也会面对资产阶级意识形态的遮蔽与蛊惑，也需要先进的无产阶级理论家来帮助和指引他们理解并掌握科学理论。

最后，无产阶级能够能动地推动科学理论的发展。囿于精神生产条件的限制，无产阶级虽然无法直接创生出完整的思想体系，但他们可以在接受理论灌输的基础上不断提升自身的"思想理论基础"与"理论思维能力"①，在对现实社会问题的直接感知、切身体认与深刻反思中开展进一步的思想探索与理论创造，不断为科学理论的完善、发展与创新提供丰厚内容和不竭动力。只有充分尊重并不断发挥无产阶级的主体性、主动性与能动性，才能使无产阶级彻底掌握科学理论，才能使无产阶级真正成为一个自为自觉的革命阶级，才能为人类解放的革命运动铸育坚实可靠的物质力量与精神力量。

## 四、理论灌输的基本原则

马克思、恩格斯在领导无产阶级革命运动、开展理论灌输的过程中，积累了宝贵的实践经验，形成了大量的具有开创性意义的理论成果。全面挖掘并深入分析马克思恩格斯关于灌输的实践经验与理论成

---

① 《马克思恩格斯文集》第 5 卷，人民出版社 2009 年版，第 15 页。

果，从中总结凝练理论灌输的基本原则，对于充分发挥灌输的重要作用与独特优势，持续增强科学思想理论的辐射力、影响力与感召力，不断守牢意识形态阵地具有重要意义。

### 1. 紧迫性与持续性相结合

顾名思义，"灌输"就是要像灌注水流一样，快速地、大量地、持续地输出、输送。正如马克思、恩格斯在《共产党宣言》中强调的："共产党一分钟也不忽略教育工人。"[①] 这是马克思、恩格斯基于激烈的、严峻的、残酷的意识形态斗争形势，对无产阶级政党理论灌输工作提出的根本要求、奠定的基本原则。无产阶级政党必须加强理论灌输的紧迫性、坚持理论灌输的持续性，以"一分钟也不忽略"的强度、力度与持久度，"不断地鼓励、灌输、支持和传播"[②] 科学的思想理论、政治原则与社会理想。

一方面，必须加强理论灌输的紧迫性。在无产阶级与资产阶级的意识形态斗争中，"一切优势，一切最重要的阵地"[③] 大都掌握在资产阶级手中，资本主义意识形态对无产阶级的侵蚀与渗透无处不在、无时不有、无孔不入。无产阶级的思想空间与精神领地，如果社会主义的意识形态不去主动占领，那么就会立刻被资本主义的意识形态吞噬。无产阶级思想政治教育必须"迅速而坚决地利用一切可能的方法来巩固自己的阵地，削弱敌人的阵地"[④]，必须抓住一切机会、发动一切资源、利用一切手段向无产阶级灌输社会主义意识形态的内容。无产阶级接受社会主义理论灌输的频率越高、强度越大、力度越深，就越能够使科学社会主义"深入他们的血肉"，就越能够抵御各种虚假意识形态的侵蚀与荼

---

① 《马克思恩格斯文集》第 2 卷，人民出版社 2009 年版，第 66 页。
② 《马克思恩格斯全集》第 16 卷，人民出版社 2007 年版，第 140 页。
③ 《马克思恩格斯文集》第 2 卷，人民出版社 2009 年版，第 97 页。
④ 《马克思恩格斯文集》第 2 卷，人民出版社 2009 年版，第 447 页。

毒，就越能够"在严酷顽强的斗争中夺取一个一个的阵地"①。

另一方面，必须坚持理论灌输的持续性。意识形态领域的斗争是一场旷日持久、永不懈怠的斗争，资本主义意识形态对无产阶级的渗透从未停止，社会主义意识形态对无产阶级的理论灌输也不会中断。灌输的持续性不仅体现为时间的延续性，而且体现为内容的延展性。不光要持续关注广大无产阶级的思想渴望与理论需求，目标不移、力度不减、尺度不松，持之以恒且不容间断地向无产阶级灌输马克思主义的精神养料，而且要根据时代条件与斗争形势的变化，把握时机、把控节奏、把准方向，与时俱进且源源不断地向无产阶级灌输马克思主义中国化时代化大众化的最新理论成果，为无产阶级提供永不枯竭的精神动力。

### 2. 实质坚决与形式温和相统一

"灌输"有灌注输送之意，亦有疏导引流之意。马克思、恩格斯要求对无产阶级开展理论灌输必须"实质上坚决，形式上温和"②，既要将科学的理论内容"那样有力地灌输"给无产阶级，"肯定他一生都忘不掉"③，同时多次强调不能对无产阶级进行"硬灌输"。

一方面，要加强灌输实质的坚决性。无产阶级思想政治教育应当坚持的那种"强制性"，不是说要对无产阶级进行"生灌硬输"以强迫其接受某种思想，而是说在无产阶级自身思想能力不足与理论基础欠缺的条件下，在资产阶级、小资产阶级以及空想社会主义等各种错误思潮的欺骗性、迷惑性、诱导性不断增强的情况下，必须对无产阶级进行理论灌输而不能选择什么也不灌输，必须向无产阶级灌输社会主义意识形态的内容而不能灌输其他非社会主义或反社会主义的意识形态内容，必须将无产阶级内部无法自发产生的科学社会主义的思想

---

① 《马克思恩格斯文集》第 4 卷，人民出版社 2009 年版，第 541 页。
② 《马克思恩格斯文集》第 10 卷，人民出版社 2009 年版，第 216 页。
③ 《马克思恩格斯全集》第 30 卷，人民出版社 1975 年版，第 122 页。

理论、政治原则、社会理想，从外面及时地输送到无产阶级的头脑中，使无产阶级能够在一定程度上突破自身物质生活条件与思想意识条件带来的局限性，成长为真正的革命阶级。只要无产阶级实现自我解放与人类解放的伟大历史使命没有完成，无论阶级斗争发展到什么程度，无论无产阶级力量强大到何种地步，无论在社会主义革命、建设与改革的任何时期，思想政治教育都坚决不能放松对无产阶级进行坚定、纯粹的科学理论灌输。

另一方面，要注重灌输形式的温和性。恩格斯在致弗洛伦斯·凯利-威士涅威茨基夫人的信中说道："不要硬把别人在开始时还不能正确了解、但很快就能学会的一些东西灌输给别人，从而使初期不可避免的混乱现象变本加厉。"[1] 马克思、恩格斯认为，我们不能指望无产阶级"一开始行动就完全了解在比较老的工业国家里制定出来的理论"[2]，而是应当让他们"有巩固自己的时间"[3]，应当引导无产阶级逐步去提升自己的理论高度。恩格斯在《反杜林论》中也指出："我们不知道有任何一种力量能够强制处在健康清醒状态的每一个人接受某种思想。"[4]对无产阶级进行理论灌输，必须要注重具体方式手段的选择与运用。既不能采取宗教意识形态"无条件地相信"式的盲目灌输，也不能采取资本主义意识形态"挥舞皮鞭"式的暴力灌输，而要坚持温和有力的启发引导式灌输。做好疏解、引导与调适，高度尊重并不断发挥无产阶级的主体性、主动性、能动性，充分给予无产阶级思想发展的时间、空间与自由，引导无产阶级积极地趋近、理解、接受、掌握科学理论，打通无产阶级与科学理论之间的思想通路，为灌输扫清道路、清除阻塞，真正解决"灌而不进、输而不畅"的问题，使无产阶级能够更好地将外在灌

---

[1] 《马克思恩格斯文集》第 10 卷，人民出版社 2009 年版，第 561 页。
[2] 《马克思恩格斯文集》第 10 卷，人民出版社 2009 年版，第 560 页。
[3] 《马克思恩格斯文集》第 10 卷，人民出版社 2009 年版，第 560—561 页。
[4] 《马克思恩格斯文集》第 9 卷，人民出版社 2009 年版，第 91 页。

输的思想内容彻底转化为内在的精神原则。

### 3. 理论系统性与实践转化性相统一

灌输是直接作用于人的精神世界的活动，但其目的在于指引人们改造现实世界。这就决定了在灌输过程中必须要坚持理论系统性与实践转化性的统一，既要引导无产阶级在思想上完整准确地掌握社会主义意识形态的内容实质，又要引领无产阶级将社会主义的理论追求、政治原则与理想图景付诸实践活动、转化为社会现实，使无产阶级在理论与实践的交融中成为真正的社会主义先锋战士。

一方面，必须坚持灌输的理论系统性。坚持理论系统性原则，就是要以全面完整且不断发展的社会主义思想理论"彻底击中"无产阶级的精神园地，就是要将社会主义意识形态的精髓要义完整而准确地灌输给广大无产阶级，既要坚持有理讲理、以理服人，又要坚持讲好理、讲通理、讲透理，使无产阶级真正掌握社会主义的理论内涵与思想逻辑，真正领会社会主义的科学性、革命性与崇高性，确保无产阶级始终思想不偏、立场不移、方向不变。要在坚持社会主义意识形态精髓要义的前提下"尽可能地做到通俗易懂"，以便将复杂深奥的思想理论"用目前水平的工人运动所能接受的形式"[1] 灌输给无产阶级，循序渐进地稳步提升无产阶级的理论高度；但同时应注意"不要把我国工人的智力和文化程度估计过低"[2]，不要为了增强短期内群众掌握理论的直接效果而使内涵深刻的思想理论变得流俗化、庸俗化、低俗化，以致损害灌输内容的完整性、科学性与崇高性，背离思想政治教育灌输的本质与初衷。

另一方面，必须强化灌输的实践转化性。马克思、恩格斯强调："思想本身根本不能实现什么东西。思想要得到实现，就要有使用实践

---

[1] 《马克思恩格斯文集》第 10 卷，人民出版社 2009 年版，第 216 页。
[2] 《马克思恩格斯文集》第 4 卷，人民出版社 2009 年版，第 407 页。

力量的人。"① 从"使用实践力量的人"出发来构筑灌输的基本逻辑，引导无产阶级"根据自己的理论去行动"，社会主义意识形态才能突破思想边界的限制与束缚，才能依托"实践的人"与"人的实践"获得转化为现实的实际可能。强化灌输的实践转化性，一方面是指要通过理论灌输不断唤醒、凝聚、发挥无产阶级的实践力量，引导无产阶级不断明确自身作为"实践的人"在社会历史中的主体性、主动性与能动性，另一方面是指要引领无产阶级在实践活动中切身体认并不断实现社会主义的理论要求与精神原则，在将社会主义现实化的过程中实现无产阶级的革命化，实现无产阶级的自我解放与普遍的人的解放。

理论灌输法是无产阶级思想政治教育的经典方法，是新时代思想政治教育完成理论武装群众与群众掌握理论这一根本任务的重要法宝。马克思恩格斯经典文本对理论灌输法的论证与阐发，为新时代思想政治教育坚持灌输的本质规定、把握灌输的前提条件、理解灌输的实质内容、确立灌输的基本原则提供了重要的理论依据与文本支撑，也为新时代思想政治教育在正本清源、守正创新中继承与发展理论灌输法提供了观念启迪与精神启示。

一是要始终坚守马克思主义理论灌输法的精神实质与核心要义，不断明晰理论灌输作为思想政治教育一般方法的时代价值与现实意义。具体来说，就是要紧扣马克思恩格斯关于灌输的基本观点，准确把握马克思主义理论灌输法的本质规定与内在逻辑，正确理解无产阶级思想政治教育灌输的本质规定、前提条件、基本环节与原则遵循，必须从其作为思想政治工作一般方法的高度上、从其作为社会主义意识形态建设重要策略的意义上来理解和把握灌输的本质与价值，彻底澄清对灌输的误读与质疑，坚决抵制"灌输万能论""灌输过时论""灌输洗脑论"

① 《马克思恩格斯文集》第 1 卷，人民出版社 2009 年版，第 320 页。

等错误观点，大力纠正将思想政治教育完全等同于灌输、将灌输视为强迫性灌输、将灌输矮化为简单的理论知识灌输、将灌输窄化为只有在革命运动初期才能发挥作用的手段等错误倾向，不断明确与巩固灌输作为思想政治教育一般方法的重要地位，将灌输的原则精神深刻融入思想政治教育的各方面、各环节、各层次的具体工作之中，充分发挥理论灌输法在建设社会主义意识形态阵地、抵御资本主义意识形态渗透中的重大作用。

二是要立足于新的历史方位与时代条件来把握灌输的前提条件。随着中国特色社会主义进入新时代，我国社会主要矛盾发生历史性转变，经济体制深刻变革，社会结构深刻变动，利益格局深刻调整，思想观念深刻变化，思想政治教育灌输面对的前提条件也呈现出重大的发展变化。因此，思想政治教育必须要站在新的历史方位上，重新审视世界百年未有之大变局与中华民族伟大复兴战略全局的现实情况，精准研判新时代的人民群众作为"现实的人"的利益原则、作为"思想的人"的理论感、作为"实践的人"的历史主动性，准确把握当前理论灌输应密切观照的前提条件，找准新时代灌输工作的关键点、切入点与着力点。

三是要坚持灌输与启发相结合，不断推进社会主义意识形态建设。恩格斯在 1887 年 1 月 27 日写给弗洛伦斯·凯利-威士涅威茨基的信中强调："我们的理论是发展着的理论，而不是必须背得烂熟并机械地加以重复的教条。"[①] 灌输并不是要向广大人民群众教条式地机械重复马克思主义的原初内容，而是要在始终坚持马克思主义基本立场、观点与方法的基础上，与时俱进地将发展着的马克思主义、将马克思主义中国化时代化的最新理论成果、将二十一世纪的马克思主义灌输给广大人民群众，增强教育转化的针对性、启发性和具体性。新时代思想政治教育必须将习近平新时代中国特色社会主义思想作为理论教育的核心内

---

① 《马克思恩格斯文集》第 10 卷，人民出版社 2009 年版，第 562 页。

容，将其内在蕴含的关于"新时代坚持和发展什么样的中国特色社会主义，怎样坚持和发展中国特色社会主义"的崭新而丰厚的思想内容、鲜明而严整的政治原则、切近而高远的社会理想灌注、输送、引流到广大人民群众的精神园地中，铸就广大人民群众对马克思主义的信仰、对中国特色社会主义的信念和对实现中华民族伟大复兴中国梦的信心。

四是要在坚持马克思主义理论灌输基本原则的基础上推动灌输方式方法的创新发展。马克思主义灌输思想并不是对灌输具体进程的硬性规定，遵循马克思恩格斯关于理论灌输的基本要求，将灌输作为意识形态工作一般方法，这并不意味着要排斥在具体方式方法选择上的多样性、丰富性与灵活性。新时代坚持与发展马克思主义灌输法，光是与时俱进地更新灌输内容是不够的，还必须在坚持紧迫性与持续性相统一、坚决性与温和性相统一、理论系统性与实践转化性相统一的基本原则的基础上，紧密结合广大人民群众的思想实际与生活实际，充分利用思想政治教育载体、介体、环体等要素的新的发展情况，不断推动灌输的具体手段、具体方式、具体措施的创新发展，赋予灌输方法以鲜明的时代特色、民族特色与实践特色，不断增强灌输的生命力和战斗力，让这一经典的思想政治教育一般方法在新的时代条件下重新焕发生机与活力。

# 第五章　批判揭露法

马克思在《〈黑格尔法哲学批判〉导言》中指出："批判不是头脑的激情，它是激情的头脑。它不是解剖刀，它是武器。它的对象是自己的敌人，它不是要驳倒这个敌人，而是要消灭这个敌人。……批判已经不再是目的本身，而只是一种手段。它的主要情感是愤怒，它的主要工作是揭露。"① 批判揭露是对错误的思想、言行和一切旧事物进行前提审视和本质揭示，并加以否定的理论活动。批判性是马克思主义理论的本质属性。在马克思、恩格斯的思想政治教育理论建构与实践斗争过程中，批判揭露主要是指意识形态领域的批判揭露，这构成无产阶级思想政治教育的一般方法。没有批判揭露，就没有马克思主义理论的提出和阐发，也就没有马克思、恩格斯在意识形态批判中对广大无产阶级的思想启蒙与理论指引。马克思、恩格斯在其著作、文章与书信中提出了大量关于批判揭露法的经典论断，明确了批判揭露的本质属性、主要内容、内在逻辑与基本原则，奠定了批判揭露作为思想政治教育一般方法的理论基础与文本依据。

批判揭露是马克思、恩格斯驳斥对手错误观点、阐发自身理论学说的基本方式，也是马克思、恩格斯引领和塑造无产阶级理论运动与革命实践的一般方法。从宗教批判到哲学批判、到政治经济学批判、再到社会主义批判，这是马克思、恩格斯的批判揭露法发展的大致历史脉络，也是他们进行批判揭露的基本逻辑进路。《莱茵报》和《德法年鉴》时期，马克思在《论犹太人问题》《〈黑格尔法哲学批判〉导言》中集中阐发了关于宗教批判的思想，并且进入了对德国国家哲学和法哲学的批判。恩格斯在《英国工人阶级状况》中深入考察了工业无产阶级饱受剥

---

① 《马克思恩格斯文集》第1卷，人民出版社2009年版，第6页。

削与压迫的现实状况，深刻批判了资本主义社会的剥削本质。巴黎时期和布鲁塞尔时期，马克思、恩格斯在《1844 年经济学哲学手稿》《神圣家族》《德意志意识形态》等文献中，对黑格尔以及青年黑格尔派的思辨哲学展开了全面而深刻的揭露与批判。同时，马克思、恩格斯愈发清醒地认识到，光是揭穿奴役人们的"神圣形象"与"非神圣形象"是不够的，必须使理论批判从"天国"下降到"尘世"，对现实中奴役着人们的资本主义制度进行彻底的批判。在《国民经济学批判大纲》《资本论》《政治经济学批判（1857—1858 年手稿）》等政治经济学著作中，马克思、恩格斯"通过完全经验的、以对国民经济学进行认真的批判研究为基础的分析"①，深刻剖析了资本主义社会的"资本拜物教"，得出了要求废除资本主义私有制的革命性结论。在批判资本主义私有制的过程中，马克思、恩格斯也时刻关注着社会主义理论运动的发展，他们及时批驳了受到资本主义意识形态残余影响的各式各样的社会主义思潮。在《德意志意识形态》《共产党宣言》《社会主义从空想到科学的发展》《反杜林论》等著作中，马克思、恩格斯对封建的社会主义、小资产阶级的社会主义、资产阶级的社会主义、空想社会主义等学说作了深刻的批判，清除了这些错误思潮对无产阶级政党和工人运动的不良影响。正是沿着这样的批判逻辑，马克思、恩格斯逐步阐明了自身的理论立场、政治观点与价值追求，也从根本上明确了无产阶级意识形态批判的本质规定、内容逻辑、基本环节与原则遵循，为社会主义意识形态工作提供了科学的理论指导与实践遵循。

## 一、批判揭露的本质属性

探究马克思、恩格斯的批判揭露法，首要任务就是要考察马克思、

---

① 《马克思恩格斯文集》第 1 卷，人民出版社 2009 年版，第 111 页。

恩格斯的"批判揭露"的本质属性与内在规定，厘清马克思、恩格斯是站在什么样的批判立场上、通过什么样的路径进行批判揭露，以什么样的革命精神来开展批判揭露，明确马克思、恩格斯的批判揭露同以往各式各样的批判揭露之间的本质区别。

### 1. 人民性：要与"群众的运动"相适应

立场问题是根本问题，它决定着为谁批判、批判谁以及依靠谁来进行批判等一系列重大问题。坚定的人民立场是批判的旺盛生命力与广泛感召力的根本保证，是马克思主义理论同其他理论批判的不同之处，是马克思、恩格斯所从事的理论批判与资产阶级意识形态家进行的批判的不同之处。

在马克思看来，黑格尔思辨法哲学从维护落后的德国国家制度的保守的资产阶级立场出发，认为批判只能是国家作为"绝对精神"地上化身的自我展开，"人类只是这种精神的无意识或有意识的承担者，即群众"[1]，他们只能服从于国家制度的支配与统治而无力进行任何革命性的批判。如果说黑格尔只是否定了无产阶级的批判性，那么青年黑格尔派则进一步制造了"绝对的批判的英明"与"绝对的群众性的愚蠢"的绝对对立。马克思指出："这种批判自认为是历史上唯一积极的因素。与这种批判相对立的是作为群众、作为怠惰的群众的整个人类，群众只是作为精神的对立物才有意义。"[2] 青年黑格尔派的批判是彻头彻尾的资本主义意识形态家的批判，他们为确立与巩固资产阶级的特殊利益，不仅将批判规定为只有资产阶级"批判的哲学家"才能从事的纯粹精神活动，将无产阶级贬低为毫无批判性的思想懒惰且精神空虚的群众，而且将无产阶级与广大人民群众作为批判对象，"对各种各样的群众性的对象进行批判的研究"，"靠批判地贬低、否定和改变普遍

---

① 《马克思恩格斯文集》第 1 卷，人民出版社 2009 年版，第 291 页。
② 《马克思恩格斯文集》第 10 卷，人民出版社 2009 年版，第 15 页。

的群众来取得自己的绝对荣誉"①。

与思辨哲学家不同，马克思、恩格斯将无产阶级的根本利益作为批判的价值尺度，从根本上避免了"批判"与"群众"之间的隔阂与对立，打破了无产阶级与广大人民群众对资本主义意识形态的屈从状态，确立了批判的无产阶级立场。马克思、恩格斯在《神圣家族》中写道："一开始就和这种共产主义批判相适应的，是广大群众的运动，而过去的历史发展是与这个运动相对立的。"② 马克思、恩格斯的意识形态批判具有鲜明的无产阶级性质，它不是维护某一特殊阶级利益的统治工具，而是捍卫无产阶级以及一切被压迫人民根本利益的必要手段，它与无产阶级革命运动具有本质的、内在的、高度的一致性。具体而言，无产阶级意识形态批判坚持为表达无产阶级与一切被压迫人民的经济诉求、政治诉求与理论诉求而发声，为反抗资本主义社会的一切剥削与奴役制度而呼号，为实现无产阶级的自我解放以及普遍的人类解放而论战。只有这样始终坚持为人民而批判的批判，才能真正代表人民利益、反映人民心声、体现人民意志，才能真正被无产阶级接受、认同与掌握，才能真正适应于无产阶级争取人类解放的革命运动。

### 2. 科学性：要"针对事物的进程本身"

批判路径的选择就是解决怎样批判的问题，这是影响整个批判逻辑合理性的关键问题。科学的批判路径是马克思恩格斯理论学说的强大说服力与不竭创造力的重要支撑，是马克思、恩格斯所主张的批判区别于其他形形色色的社会主义意识形态家的基本特征。

恩格斯在《反杜林论》中指出："以往的社会主义固然批判了现存的资本主义生产方式及其后果，但是，它不能说明这个生产方式，因而也就

---

① 《马克思恩格斯文集》第 1 卷，人民出版社 2009 年版，第 282 页。
② 《马克思恩格斯文集》第 1 卷，人民出版社 2009 年版，第 290 页。

不能对付这个生产方式，……因为以往的批判主要是针对有害的后果，而不是针对事物的进程本身。"① 封建的社会主义"完全不能理解现代历史的进程"，坚持以"反动的倒退式批判"宣泄被剥夺统治权力的愤怒、诋毁资本主义社会的一切事物、要求恢复封建专制剥削制度。小资产阶级的社会主义则"用小资产阶级和小农的尺度去批判资产阶级制度"②，试图以"保守的折中式批判"完成对资本主义社会的温和改良以保存自身的财产与地位。空想的社会主义站在同情无产阶级的立场反对任何形式的阶级对立，只是希望通过"人道的空想式批判"唤起资产阶级的良善觉悟来实施他们"最美好的社会的最美好的计划"③。这些形形色色的社会主义都只是以狭隘的外在性否定来片面地反对资本主义社会发展造成的"有害的后果"，它们无法科学地说明资本主义社会"进程本身"，自然也就无法科学地驳倒资本主义社会的内在逻辑，只能简单地把它当作有害事物彻底否定掉。

马克思指出，对资本主义的批判不是"先验地构想某种'解决社会问题'的公式的所谓'科学'"④，而是"从对历史运动的批判的认识中，即对本身就产生了解放的物质条件的运动的批判的认识中得出科学"⑤。这就是说，批判是一个辨明是非、探寻本质、把握规律的过程，是一个以科学的方式剖析资本主义运行方式、破解资本主义基本矛盾、探究人类解放物质条件的过程。批判的科学性在于"一方面应当说明资本主义生产方式的历史联系和它在一定历史时期存在的必然性，从而说明它灭亡的必然性；另一方面应当揭露这种生产方式的一直还隐蔽着的内在性质"⑥。马克思、恩格斯将辩证唯物主义与历史唯物主义作为无

---

① 《马克思恩格斯文集》第 9 卷，人民出版社 2009 年版，第 29—30 页。
② 《马克思恩格斯文集》第 2 卷，人民出版社 2009 年版，第 56 页。
③ 《马克思恩格斯文集》第 2 卷，人民出版社 2009 年版，第 63 页。
④ 《马克思恩格斯文集》第 3 卷，人民出版社 2009 年版，第 20 页。
⑤ 《马克思恩格斯文集》第 3 卷，人民出版社 2009 年版，第 20 页。
⑥ 《马克思恩格斯文集》第 9 卷，人民出版社 2009 年版，第 30 页。

产阶级意识形态批判的底层思维逻辑，全面地审视、剖析与反思了资本主义社会的历史与现实。他们在对人类社会历史发展基本规律的准确洞察中阐明了资本主义"存在的必然性"与"灭亡的必然性"；在对资本主义社会内在运行一般规律的深入把握中明晰了无产阶级"遭受普遍苦难"[①] 的阶级地位和实现"自我解放"与"普遍的人的解放"[②] 的历史使命；在对无产阶级与资产阶级之间矛盾对立与阶级斗争本质规律的透彻分析中指明了"无产阶级运动的条件、进程和一般结果"[③]。只有这样理据充足、论证严谨、逻辑清晰的理论批判，才能从根本上触及、撼动、驳倒资本主义社会的整个内在逻辑，才能成为无产阶级的科学思想武器，才能为无产阶级革命运动提供深刻有力的思想引领，不断提升无产阶级的思想觉悟、理论水平与精神高度。

### 3. 革命性：要"不崇拜任何东西"

以什么样的精神高度来进行批判，这是关系着批判的深刻性与彻底性的重要问题。革命的批判精神是无产阶级意识形态批判的强劲战斗力与强大引领力的重要源泉，是马克思、恩格斯的无产阶级意识形态批判超越于以往一切形式的批判的重要标志。马克思强调："辩证法不崇拜任何东西，按其本质来说，它是批判的和革命的。"[④] 马克思、恩格斯的理论体系不承认任何绝对的东西，这是他们进行一切批判的前提，他们始终要求以这样"不崇拜任何东西"的革命性精神来开展理论斗争与革命实践。

首先，革命性的批判精神要求"对现存的一切进行无情的批判"。马克思在与阿尔诺德·卢格讨论《德法年鉴》的创刊任务时曾强调：

---

① 《马克思恩格斯文集》第 1 卷，人民出版社 2009 年版，第 17 页。
② 《马克思恩格斯文集》第 1 卷，人民出版社 2009 年版，第 14 页。
③ 《马克思恩格斯文集》第 2 卷，人民出版社 2009 年版，第 44 页。
④ 《马克思恩格斯文集》第 5 卷，人民出版社 2009 年版，第 22 页。

"要对现存的一切进行无情的批判，所谓无情，就是说，这种批判既不怕自己所作的结论，也不怕同现有各种势力发生冲突。"① 无产阶级意识形态批判本身包含着要不断变革一切现存事物的内在要求，它从不崇拜任何权威，也不惧怕任何冲突，它在强大的占统治地位的剥削阶级以及各种非无产阶级与反无产阶级势力面前都始终保持着无所畏惧的批判精神。这种大无畏的批判精神最直接的表现就在于始终坚持以辩证的、历史的、发展的眼光来看待"现存的一切"，坚持从事物的暂时性方面即必然灭亡的方面去理解资本主义社会的现存事物，坚持将资本主义社会中的"一切卑劣事物"② 都置于无产阶级利益原则的框架之下进行无情的揭露、剖析与审判。

其次，革命性的批判精神要求"彻底驳倒"并"彻底消灭"自己的敌人。马克思在《〈黑格尔法哲学批判〉导言》中指出："它不是要驳倒这个敌人，而是要消灭这个敌人。"③ 无产阶级与资产阶级之间阶级立场的根本对立决定了社会主义与资本主义之间的意识形态斗争必然是一场你死我活的"搏斗式的批判"④。在这场斗争中，"批判"就是无产阶级同资产阶级战斗的"精神武器"，它的唯一目的就在于"给敌人以打击"，打击的力度不仅要足以在理论上彻底驳倒资本主义社会的合理性与合法性，而且要足够在实际上彻底消灭资本主义社会的一切现存状况。

最后，革命性的批判精神要求"批判旧世界发现新世界"。马克思指出："我们不想教条地预期未来，而只是想通过批判旧世界发现新世界。"⑤ 无产阶级意识形态批判是面向未来的批判，其根本意图并不在于割裂式地告别过去，也不在于教条式地规定未来，而在于要发掘旧世

---

① 《马克思恩格斯文集》第 10 卷，人民出版社 2009 年版，第 7 页。
② 《马克思恩格斯文集》第 1 卷，人民出版社 2009 年版，第 6 页。
③ 《马克思恩格斯文集》第 1 卷，人民出版社 2009 年版，第 6 页。
④ 《马克思恩格斯文集》第 1 卷，人民出版社 2009 年版，第 6 页。
⑤ 《马克思恩格斯文集》第 10 卷，人民出版社 2009 年版，第 7 页。

界中的革命因素以开创社会主义的新世界，在于引领无产阶级从资本主义社会的历史发展与现实矛盾中不断探寻通往未来社会的现实道路。对旧世界的批判每深入一步，对新世界的探索就前进一步。唯有始终坚守破旧立新、革故鼎新的批判精神，无产阶级意识形态批判才能始终保持深刻而彻底的批判力，才能成为无产阶级攻无不克、战无不胜的锐利"精神武器"，才能在复杂多变的意识形态斗争中为无产阶级提供走向社会主义新世界的切实可靠的精神指引。

## 二、批判揭露的主要内容

批判揭露是马克思、恩格斯同资本主义进行意识形态斗争、构建科学社会主义的重要手段，是贯穿于马克思、恩格斯全部理论学说的逻辑主线。马克思、恩格斯不是在传统的思想大厦之外重建了一个完全独立的理论体系，而是在对他者的批判中建构和发展了自己的理论学说。在他们那里，批判揭露不是消极的否定，而是积极的扬弃。他们通过对宗教神学、黑格尔思辨法哲学、政治经济学、形形色色的社会主义、党内错误思潮的批判，确立了马克思主义的科学理论体系，捍卫了马克思主义在无产阶级革命运动中的指导地位，为无产阶级找到了推翻一切剥削奴役制度、争取彻底的人的解放、实现一切人的自由全面发展的现实路径。

### 1. 对宗教的批判

马克思、恩格斯通过宗教批判，将颠倒的人与神之间的关系重新颠倒过来，为无产阶级摆脱"神圣形象"的束缚提供了理论明证。马克思在《〈黑格尔法哲学批判〉导言》中强调："对宗教的批判是其他一切批判的前提。"[①] 马克思之所以将宗教批判作为一切批判的前提、作为批

---

① 《马克思恩格斯文集》第 1 卷，人民出版社 2009 年版，第 3 页。

判整个资本主义社会的起点，是因为如果不能首先"废除作为人民的虚幻幸福的宗教"①，那么也就无法进一步"要求人民的现实幸福"②，那么对资本主义社会现实的批判自然也就无从谈起。"对宗教的批判基本上已经结束"③，这就是说费尔巴哈通过"把宗教的本质归结于人的本质"④，正确地开启了对于宗教神学的批判，但他只是把人的本质理解为爱、理性、宗教感情等"单个人所固有的抽象物"⑤，企图以"爱的宗教"来代替"上帝的宗教"，再次陷入唯心主义的窠臼而无法从根本上彻底完成对宗教的批判。

真正完成这一任务的是马克思、恩格斯。马克思在《〈黑格尔法哲学批判〉导言》中宣布："人创造了宗教，而不是宗教创造人。……人就是人的世界，就是国家，社会。这个国家、这个社会产生了宗教，一种颠倒的世界意识。"⑥ 恩格斯在《反杜林论》中也指出："一切宗教都不过是支配着人们日常生活的外部力量在人们头脑中的幻想的反映。"⑦ 从本质上来说，宗教不是凌驾于现实之上的神秘世界，而是充满对立与压迫的阶级社会的必然产物，是广大无产阶级对现实的社会生活的虚幻的反映与无声的抗议。生活在苦难尘世中的无产阶级，承受着统治阶级永无休止且愈加沉重的剥削与奴役，已经无法在现实的社会生活中感受到自身作为人的本质力量。强烈的压迫感与绝望感使得他们只能将"人的本质"交付给幻想中的"神圣形象"⑧，在现实世界之外创造出一个虚假的宗教世界，并希冀着通过虔诚的信仰在这个"颠倒的世界"中获得精神上的慰藉。但宗教神学给予无产阶级的终究只是"精神鸦片"，

---

① 《马克思恩格斯文集》第 1 卷，人民出版社 2009 年版，第 4 页。
② 《马克思恩格斯文集》第 1 卷，人民出版社 2009 年版，第 4 页。
③ 《马克思恩格斯文集》第 1 卷，人民出版社 2009 年版，第 3 页。
④ 《马克思恩格斯文集》第 1 卷，人民出版社 2009 年版，第 501 页。
⑤ 《马克思恩格斯文集》第 1 卷，人民出版社 2009 年版，第 501 页。
⑥ 《马克思恩格斯文集》第 1 卷，人民出版社 2009 年版，第 3 页。
⑦ 《马克思恩格斯文集》第 9 卷，人民出版社 2009 年版，第 333 页。
⑧ 《马克思恩格斯文集》第 1 卷，人民出版社 2009 年版，第 4 页。

它看似暂时纾解了无产阶级的痛苦，实际上却"给人的心灵套上了锁链"①，使无产阶级逐渐丧失了直面现实的勇气、挣脱现实的意识与改变现实的能力。既然宗教神学产生的根源在现实的物质世界之中，那么宗教批判就绝不能简单地以"人创造了宗教"而宣告结束。马克思进一步指出："反宗教的斗争间接地就是反对以宗教为精神抚慰的那个世界的斗争。"② 这就是说，对宗教的批判就不仅仅是要为无产阶级彻底解构"人的自我异化的神圣形象"，彻底打碎不切实际的"天国的幻想"，彻底消解宗教这个"颠倒的世界意识"，更重要的是使无产阶级能够作为主体性的人直面"现实的苦难"，能够回到现实的国家和社会之中去"寻找自己的真正现实性"③，并且"能够作为不抱幻想而具有理智的人来思考，来行动，来建立自己的现实"④。

### 2. 对黑格尔思辨法哲学的批判

马克思、恩格斯通过对黑格尔思辨法哲学的批判，将颠倒的物质与精神的关系重新颠倒过来，为无产阶级挣脱"非神圣形象"的桎梏奠定了思想基础。如果说宗教神学是在"真理的彼岸世界"奴役着人们的"神圣形象"，那么黑格尔思辨法哲学则是在"此岸世界"统治着人们的"非神圣形象"。在宗教批判结束之后，只有将批判的矛头指向黑格尔思辨法哲学，才能使"现代的政治社会现实本身受到批判"⑤，才能将批判"提高到真正的人的问题"⑥。恩格斯在《路德维希·费尔巴哈和德国古典哲学的终结》中指出："像对民族的精神发展有过如此巨大影响的黑格尔哲学这样的伟大创作，是不能用干脆置之不理的办法来消

① 《马克思恩格斯文集》第 1 卷，人民出版社 2009 年版，第 12 页。
② 《马克思恩格斯文集》第 1 卷，人民出版社 2009 年版，第 3 页。
③ 《马克思恩格斯文集》第 1 卷，人民出版社 2009 年版，第 3 页。
④ 《马克思恩格斯文集》第 1 卷，人民出版社 2009 年版，第 4 页。
⑤ 《马克思恩格斯文集》第 1 卷，人民出版社 2009 年版，第 8 页。
⑥ 《马克思恩格斯文集》第 1 卷，人民出版社 2009 年版，第 8 页。

除的。必须从它的本来意义上'扬弃'它，就是说，要批判地消灭它的形式，但是要救出通过这个形式获得的新内容。"① 马克思在《资本论》中也指出："在他那里，辩证法是倒立着的。必须把它倒过来，以便发现神秘外壳中的合理内核。"② 对黑格尔思辨法哲学的批判就是要"消灭形式、救出内容"，就是要克服其"头足倒置"的唯心主义，保留其辩证法的"合理内核"。马克思、恩格斯在《神圣家族》中指出："黑格尔把世界头足倒置，因此，他也就能够在头脑中消灭一切界限。"③ 黑格尔从"纯粹的思辨的思想"出发，以"超人的抽象精神结束"，认为整个现实世界不过是"绝对精神"的自我展开、自我否定、自我实现的结果。不仅如此，黑格尔还将这样的哲学体系投射于社会历史领域，认为国家是"绝对精神"的地上化身，无产阶级不过是"这种精神的无意识或有意识的承担者"，现代资本主义国家根本无须进行"彻底的革命"④，而只要通过"绝对精神"的自我运动——"局部的纯政治的革命，毫不触犯大厦支柱的革命"⑤ ——就可以实现"社会的普遍解放"。于是，思辨哲学家就通过颠倒物质与意识的关系，进而颠倒了社会存在与社会意识的关系，消解了无产阶级对资本主义剥削制度的质疑与反抗，维护了资产阶级的特殊利益。

马克思、恩格斯则将这种"用头立地"的唯心主义哲学彻底颠倒过来，确立了辩证唯物主义和历史唯物主义的"新的科学的世界观"⑥，使哲学重新"用脚立地"。马克思、恩格斯宣布："不是意识决定生活，而是生活决定意识。"⑦ "历史的活动和思想就是'群众'的思想和活

① 《马克思恩格斯文集》第4卷，人民出版社2009年版，第276页。
② 《马克思恩格斯文集》第5卷，人民出版社2009年版，第22页。
③ 《马克思恩格斯文集》第1卷，人民出版社2009年版，第357页。
④ 《马克思恩格斯文集》第1卷，人民出版社2009年版，第14页。
⑤ 《马克思恩格斯文集》第1卷，人民出版社2009年版，第14页。
⑥ 《马克思恩格斯文集》第2卷，人民出版社2009年版，第599页。
⑦ 《马克思恩格斯文集》第1卷，人民出版社2009年版，第525页。

动。"① 社会历史的辩证运动不是通过绝对精神的否定之否定来实现的，而是依靠人民群众的社会实践活动来推动的。受到现实压迫的无产阶级根本无法在纯粹的、抽象的、不切实际的思维运动中获得彻底的人的解放，"只有在现实的世界中并使用现实的手段才能实现真正的解放"②。正是在此意义上，马克思指出："对思辨的法哲学的批判既然是对德国迄今为止政治意识形式的坚决反抗，它就不会专注于自身，而会专注于课题，这种课题只有一个解决办法：实践。"③ 这就是说，对黑格尔思辨法哲学的批判，就是要为无产阶级打破"非神圣形象"的禁锢与束缚，揭露资产阶级编造的谎言与幻想，戳穿资本主义国家学说的虚伪性与欺骗性，从而使无产阶级能够作为"有实践力量的人""实际地反对并改变现存的事物"④，能够依靠现实的物质力量完成对资本主义社会不合理社会现实的否定之否定，能够凭借自身的革命实践不断争取现实的人的解放。

### 3. 对古典政治经济学的批判

马克思、恩格斯通过对古典政治经济学的批判，将颠倒的劳动与资本的关系重新颠倒过来，为无产阶级挣脱"资本拜物教"的统治提供了理论支持。马克思在《政治经济学批判（1857—1858 年手稿）》中指出："个人现在受抽象统治，……但是，抽象或观念，无非是那些统治个人的物质关系的理论表现。"⑤ 无产阶级之所以会受到黑格尔思辨法哲学的"非神圣形象"的奴役，是因为他们在资本主义社会的物质生产关系中承受着资本的剥削与压迫。于是，对黑格尔思辨法哲学的

① 《马克思恩格斯文集》第 1 卷，人民出版社 2009 年版，第 286 页。
② 《马克思恩格斯文集》第 1 卷，人民出版社 2009 年版，第 527 页。
③ 《马克思恩格斯文集》第 1 卷，人民出版社 2009 年版，第 11 页。
④ 《马克思恩格斯文集》第 1 卷，人民出版社 2009 年版，第 527 页。
⑤ 《马克思恩格斯文集》第 8 卷，人民出版社 2009 年版，第 59 页。

批判就必然要变成对资本主义政治经济学的批判，变成对资本主义社会物质生产关系的批判。恩格斯在为《资本论》写的书评中指出："资本和劳动的关系，是我们全部现代社会体系所围绕旋转的轴心。"① 资产阶级政治经济学家从维护资本主义私有制的立场出发，将资本主义生产关系视为"永恒的范畴"，认为"资本对劳动的统治"② 具有自然的必然性与永恒的合理性，以利润、利息、地租等抽象范畴掩盖了资产阶级榨取无产阶级剩余价值的秘密，以颠倒着的国民经济学掩盖了劳动与资本之间的颠倒关系。

马克思洞察了资本主义政治经济学的本质，他指出："它没有给劳动提供任何东西，而是给私有财产提供了一切。"③ 与抽象的古典政治经济学不同，马克思在深入考察资本主义社会物质生产事实的基础上，以剩余价值理论深刻揭露了资本主义社会中资本与劳动对立的实质，彻底驳倒了资产阶级的谎言。在以私有制为核心的资本主义生产关系中，"资本家和雇佣工人，本身不过是资本和雇佣劳动的体现者，人格化"④。一方面是作为雇佣劳动的人格化的无产阶级，他们生产出了整个资本主义社会，却承受着最为严重的剥削和压迫；另一方面是作为资本的人格化的资产阶级，他们不生产任何东西，却凭借着对生产资料的私人占有而无偿占有了无产阶级的剩余劳动。这种"资本统治劳动"的物质生产关系就创造出一个"劳者不获、获者不劳"⑤ 的世界。马克思在《1844 年经济学哲学手稿》中指出："劳动和资本的这种对立一达到极端，就必然是整个关系的顶点、最高阶段和灭亡。"⑥ 要使无产阶级摆脱被压迫被奴役的命运，就必须要消灭劳动与资本的极端对立，消灭

① 《马克思恩格斯文集》第 3 卷，人民出版社 2009 年版，第 79 页。
② 《马克思恩格斯文集》第 1 卷，人民出版社 2009 年版，第 133 页。
③ 《马克思恩格斯文集》第 1 卷，人民出版社 2009 年版，第 166 页。
④ 《马克思恩格斯文集》第 7 卷，人民出版社 2009 年版，第 996 页。
⑤ 《马克思恩格斯文集》第 2 卷，人民出版社 2009 年版，第 48 页。
⑥ 《马克思恩格斯文集》第 1 卷，人民出版社 2009 年版，第 172 页。

资本对劳动的统治。但马克思同时看到："在资本对雇佣劳动的关系中……它已经自在地、但还只是以歪曲的头脚倒置的形式，包含着一切狭隘的生产前提的解体，而且它还创造和建立无条件的生产前提，从而为个人生产力的全面的、普遍的发展创造和建立充分的物质条件。"① 因此，对资产阶级政治经济学的批判不是要广大无产阶级片面地否定资本、消灭一切私有财产、消解资本主义生产关系带来的生产力大发展，而是要引领广大无产阶级将资本主义社会中颠倒着的劳动和资本的关系重新颠倒过来，消灭劳动与资本的"歪曲的头脚倒置的形式"，消灭资产阶级凭借资本占有而获取的"对劳动及其产品的支配权力"②、消解无产阶级劳动的外在性与异己性，使劳动和资本能够"作为积极的条件而互相促进和互相推动"③，从而为无产阶级彻底炸毁资本主义社会物质关系的统治，为实现一切人的自由全面发展创造现实的充分的物质条件。

### 4. 对形形色色社会主义的批判

马克思、恩格斯通过对形形色色社会主义的批判，将颠倒的经济基础与上层建筑的关系重新颠倒过来，使无产阶级走出了各种各样"社会空想"的迷思。在深刻揭露资本主义旧世界宗教神学、哲学、政治经济学的"颠倒的假象"之后，马克思、恩格斯将批判的矛头转向了干扰无产阶级革命运动的形形色色的社会主义，如封建的社会主义、小资产阶级的社会主义、"真正的"社会主义、资产阶级的社会主义、空想的社会主义。

封建的社会主义是一种代表没落封建贵族利益的反动思潮。马克思、恩格斯在《共产党宣言》中指出："贵族们把无产阶级的乞食

---

① 《马克思恩格斯全集》第 30 卷，人民出版社 1995 年版，第 511—512 页。
② 《马克思恩格斯文集》第 1 卷，人民出版社 2009 年版，第 130 页。
③ 《马克思恩格斯文集》第 1 卷，人民出版社 2009 年版，第 177 页。

袋当做旗帜来挥舞。每当人民跟着他们走的时候，都发现他们的臀部带有旧的封建纹章，于是就哈哈大笑，一哄而散。"① 他们抨击资本主义社会，只是为了证明封建主义的剥削比资本主义的剥削更合理；他们控告资产阶级，只是因为资产阶级创造了一个要求炸毁整个旧社会制度的无产阶级；他们争取无产阶级来反对资产阶级的统治，只是为了实现封建贵族的复辟。这种涂着"社会主义的色彩"的封建反动思想只是贵族阶级不切实际的复辟幻想，根本无法成为无产阶级的思想指引。

小资产阶级的社会主义"是从小资产阶级的立场出发替工人说话的"②。马克思、恩格斯指出："这种社会主义非常透彻地分析了现代生产关系中的矛盾，……但是，这种社会主义按其实际内容来说，或者是企图恢复旧的生产资料和交换手段，从而恢复旧的所有制关系和旧的社会，或者是企图重新把现代的生产资料和交换手段硬塞到已被它们突破而且必然被突破的旧的所有制关系的框子里去。"③ 小资产者因为害怕"被竞争抛到无产阶级队伍里去"④，极力地要求恢复"工场手工业中的行会制度，农业中的宗法经济"⑤。这种社会主义只是小资产阶级的自我欺骗，从根本上来说也是反动的、倒退的、空想的。

"真正的"社会主义是"小市民的夸夸其谈的代言人"⑥。马克思、恩格斯指出，这种社会主义"完全失去了直接实践的意义，而只具有纯粹文献的形式。它必然表现为关于真正的社会、关于实现人的本质的无谓思辨"⑦。这种学说是德国思辨哲学家对法国社会主义文献的抽象理解，他们把社会主义完全抽象化了，宣称自己是超乎任何特殊阶级利益

---

① 《马克思恩格斯文集》第 2 卷，人民出版社 2009 年版，第 55 页。
② 《马克思恩格斯文集》第 2 卷，人民出版社 2009 年版，第 56 页。
③ 《马克思恩格斯文集》第 2 卷，人民出版社 2009 年版，第 56—57 页。
④ 《马克思恩格斯文集》第 2 卷，人民出版社 2009 年版，第 56 页。
⑤ 《马克思恩格斯文集》第 2 卷，人民出版社 2009 年版，第 57 页。
⑥ 《马克思恩格斯文集》第 2 卷，人民出版社 2009 年版，第 60 页。
⑦ 《马克思恩格斯文集》第 2 卷，人民出版社 2009 年版，第 57—58 页。

的，要求实现"真理的要求"①，要求实现"人的本质的利益，即一般人的利益"②。这种纯粹的、抽象的、真正的社会主义"根本不存在于现实界，而只存在于云雾弥漫的哲学幻想的太空"③。

资产阶级的社会主义是资产阶级中的一部分人为了保障资本主义社会的长期存续而创立的完整体系。他们试图把资本主义社会的一切都合理化，试图将资本主义社会的一切都解释为"为了工人阶级的利益"④，并以此"要求无产阶级停留在现今的社会里，但是要抛弃他们关于这个社会的可恶的观念"⑤。这种理论学说只是资产阶级编造的"安慰人心的观念"⑥ 和"纯粹的演说辞令"⑦，根本无法获得无产阶级的认同与支持。

空想的社会主义是一种"对未来社会的幻想的描绘"⑧，其中包含着"普遍的禁欲主义和粗陋的平均主义"⑨。马克思、恩格斯在《共产党宣言》中曾肯定过空想社会主义在早期工人运动中的价值与意义，指出："这些社会主义和共产主义的著作也含有批判的成分。这些著作抨击现存社会的全部基础。因此，它们提供了启发工人觉悟的极为宝贵的材料。"⑩ 空想社会主义中的"批判的成分"的出发点是从道义上对苦难中的无产阶级施以同情与怜悯。这样较为原始简陋的批判是"同无产阶级对社会普遍改造的最初的本能的渴望相适应的"⑪，在一定程度上

---

① 《马克思恩格斯文集》第 2 卷，人民出版社 2009 年版，第 58 页。
② 《马克思恩格斯文集》第 2 卷，人民出版社 2009 年版，第 58 页。
③ 《马克思恩格斯文集》第 2 卷，人民出版社 2009 年版，第 58 页。
④ 《马克思恩格斯文集》第 2 卷，人民出版社 2009 年版，第 61 页。
⑤ 《马克思恩格斯文集》第 2 卷，人民出版社 2009 年版，第 61 页。
⑥ 《马克思恩格斯文集》第 2 卷，人民出版社 2009 年版，第 61 页。
⑦ 《马克思恩格斯文集》第 2 卷，人民出版社 2009 年版，第 61 页。
⑧ 《马克思恩格斯文集》第 2 卷，人民出版社 2009 年版，第 63 页。
⑨ 《马克思恩格斯文集》第 2 卷，人民出版社 2009 年版，第 62 页。
⑩ 《马克思恩格斯文集》第 2 卷，人民出版社 2009 年版，第 63 页。
⑪ 《马克思恩格斯文集》第 2 卷，人民出版社 2009 年版，第 63 页。

为无产阶级提供了一种不同于资本主义的新的社会制度的美好构想。但是，空想社会主义理论家完全无视资本主义经济发展的现实状况与无产阶级解放需要的基本物质条件，"他们不得不从头脑中构想出新社会的要素……他们只能求助于理性来构想自己的新建筑的基本特征"①。这种罔顾现实的社会经济基础而凭空构造社会主义上层建筑的学说，根本看不到资本主义经济基础内在包含的革命性因素，自然也就无法在现实中找到支撑自己社会理想的物质力量，也就无法在现实中取代资本主义制度，至多也只能成为哄骗无产阶级的"空中楼阁"②。正如恩格斯所说："这种新的社会制度是一开始就注定要成为空想的，它越是制定得详尽周密，就越是要陷入纯粹的幻想。"③

这些形形色色的社会主义，都是各个有产阶级脱离社会现实、维护自己特殊利益的幻想、空想。与这些形形色色的社会主义不同，马克思、恩格斯将社会主义置于现实的基础之上，实现了社会主义从空想到科学的历史性转变。恩格斯在《社会主义从空想到科学的发展》中强调："为了使社会主义变为科学，就必须首先把它置于现实的基础之上。"④ 马克思在1843年9月致阿尔诺德·卢格的信中也指出："我们不是教条地以新原理面向世界：真理在这里，下跪吧！我们是从世界的原理中为世界阐发新原理。"⑤ 马克思、恩格斯不是在头脑中预先设想了构建社会主义的刻板教条，而是将社会主义"置于现实的基础之上"⑥，从资本主义社会的现有经济基础中挖掘瓦解资本主义、导向社会主义的新因素，从资本主义社会的内在原理中找寻击溃资本主义固有逻辑、阐发社会主义新原理的新路径。于是，通过对空想社会主义的颠倒，

① 《马克思恩格斯文集》第9卷，人民出版社2009年版，第282页。
② 《马克思恩格斯文集》第2卷，人民出版社2009年版，第64页。
③ 《马克思恩格斯文集》第9卷，人民出版社2009年版，第274页。
④ 《马克思恩格斯文集》第3卷，人民出版社2009年版，第537页。
⑤ 《马克思恩格斯文集》第10卷，人民出版社2009年版，第9页。
⑥ 《马克思恩格斯文集》第9卷，人民出版社2009年版，第22页。

马克思、恩格斯就将社会主义从空想变为了科学。这种全新的科学社会主义从资本主义社会的现有经济基础出发，把握人类社会发展的基本规律与必然趋势；以变革资本主义社会物质生产关系为切入点，探索推翻资本主义制度、建设社会主义上层建筑的可能性与必然性；从不断消灭资本主义社会现存状况的革命运动的角度，理解社会主义发展的过程性与曲折性。由此可见，对空想无产阶级意识形态批判并不是要无产阶级完全摒弃社会主义的社会理想，而是要克服社会主义的"纯粹空想的性质"，使无产阶级走出对"社会空想"的狂热迷信；是要为社会主义理想找到不可动摇的现实根基，从根本上坚定无产阶级对社会主义的信念信心；是要找到通向科学社会主义的切实可行的现实道路，为无产阶级争取人类解放的革命运动提供切实的理论依据与精神指引。

### 5. 对党内错误思潮的批判

马克思、恩格斯通过对共产主义者同盟、国际工人协会内部各种错误思潮的揭露和批判，极大地削弱了它们对无产阶级革命运动的消极影响，有力地捍卫了马克思主义在无产阶级革命队伍中的指导地位，为无产阶级革命运动提供了正确思想指引。

为了消除错误思想对党内的不良影响，19 世纪 60 年代，马克思、恩格斯同小资产阶级社会主义者蒲鲁东开展了激烈的斗争，批判了他在哲学与政治经济学方面的双重错误。马克思在《哲学的贫困》中指出："说他在经济学家之下，因为他作为一个哲学家，自以为有了神秘的公式就用不着深入纯经济的细节；说他在社会主义者之下，因为他既缺乏勇气，也没有远见，不能超出（哪怕是思辨地也好）资产者的眼界。"① 在哲学方面，蒲鲁东把黑格尔的辩证法"降低到极可怜的程度"②，把

---

① 《马克思恩格斯文集》第 1 卷，人民出版社 2009 年版，第 617 页。
② 《马克思恩格斯文集》第 1 卷，人民出版社 2009 年版，第 602 页。

辩证运动狭隘地理解为"保存好的方面，消除坏的方面"①。他又将这样幼稚的哲学思想运用到政治经济学领域，要求通过和平改良的办法解决资本主义社会的矛盾，即消除阶级斗争、保留小资产阶级私有制。蒲鲁东打着同情底层贫苦人民的幌子，实则是在麻痹无产阶级、消解阶级对立、消除暴力革命，是在为小资产阶级的利益原则作辩护。除了在理论层面揭穿这种拙劣的思辨把戏，马克思、恩格斯还在现实层面同蒲鲁东进行了持续的斗争。他们在国际工人协会的伦敦代表大会、日内瓦代表大会、洛桑代表大会、布鲁塞尔代表大会、巴塞尔代表大会上围绕"要不要暴力革命、要不要消灭私有制"这一问题，同蒲鲁东主义者展开了激烈的争论，多次强调了暴力革命的重要意义，反复重申了土地公有化的决议，削弱了这种改良主义思潮对无产阶级革命运动的消极影响。

19世纪60年代到19世纪90年代，马克思、恩格斯对当时德国工人运动中的右倾机会主义思潮——拉萨尔主义，进行了坚持不懈的批判与斗争。马克思、恩格斯在拉萨尔派与爱森纳赫派的合并浪潮中始终保持着清醒，他们将两派的合并纲领评价为一个"极其糟糕的、会使党精神堕落的纲领"②，批判了拉萨尔派片面强调争取普选权、局限于合法斗争的机会主义实质。马克思在《哥达纲领批判》中指出，拉萨尔派"用民主主义者和法国社会主义者所惯用的、凭空想象的关于权利等等的废话，来歪曲那些花费了很大力量才灌输给党而现在已经在党内扎了根的现实主义观点"③。

19世纪60年代到19世纪70年代，马克思、恩格斯同无政府主义者巴枯宁进行了不调和的斗争，严厉批判了他要求放弃一切政治活动、取消一切权威和纪律、立即进入无政府状态的错误思想。恩格斯在《关

①　《马克思恩格斯文集》第1卷，人民出版社2009年版，第604页。
②　《马克思恩格斯文集》第3卷，人民出版社2009年版，第426页。
③　《马克思恩格斯文集》第3卷，人民出版社2009年版，第436页。

于工人阶级的政治行动》中指出："没有政治行动，工人总是在战斗后的第二天就会受到法夫尔和皮阿之流的愚弄。应当从事的政治是工人的政治；工人的政党不应当成为某一个资产阶级政党的尾巴，而应当成为一个独立的政党，它有自己的目的和自己的政治。"① 1872 年初，马克思、恩格斯在《桑维耳耶代表大会和国际》《所谓国际内部的分裂》等文章中，揭露了巴枯宁及其领导的社会主义民主同盟分裂第一国际的阴谋活动。同年，马克思、恩格斯在海牙代表大会上对巴枯宁进行了彻底的清算，并将其彻底开除出第一国际。

1871 年巴黎公社运动失败以后，马克思、恩格斯在总结其革命经验的过程中，高度称赞了布朗基主义者英勇献身的革命精神，同时批判了他们制造少数人突然袭击的极端观点。恩格斯在《流亡者文献》中指出："他只是在感情上，即在同情人民的痛苦这一点上，才是一个社会主义者，但是他既没有社会主义的理论，也没有改造社会的确定的实际的建议。"② 布朗基主义者没有提出确切可行的建议，只是凭着激情与冲动来搞"某种革命的突袭"，最终只能走向左倾盲动的冒险主义。正是在此意义上，马克思、恩格斯将其称为"走得最远、最极端的派别的代表者"③。

可以说，马克思、恩格斯领导无产阶级革命运动的历史，就是他们不断批判各种错误思潮的历史，也是他们不断校正无产阶级政党的政治方向、巩固马克思主义在党内指导地位的历史。

### 三、批判揭露的内在逻辑

在马克思、恩格斯那里，批判揭露不仅是开展思想论战与理论建构

---

① 《马克思恩格斯文集》第 3 卷，人民出版社 2009 年版，第 224—225 页。
② 《马克思恩格斯文集》第 3 卷，人民出版社 2009 年版，第 358 页。
③ 《马克思恩格斯文集》第 3 卷，人民出版社 2009 年版，第 361 页。

的重要手段，更是激发人民、唤醒人民、引领人民的基本方式。从揭露本质到思想击中再到掌握群众，马克思、恩格斯从剖析资本主义社会混沌表象的剥削本质出发，对混沌具体背后的抽象规定展开进一步的理性反思，再将理性探索的思想结晶用于指导革命运动、改造社会现实。这一批判过程严格遵循着唯物辩证法的逻辑与精神，即"从具体到抽象"再"从抽象上升到具体"。① 正是通过这样环环相扣、层层深入、螺旋上升的批判方式，马克思、恩格斯完成了对无产阶级精神世界的铸塑，使无产阶级成为真正的"解放者等级"②，为人类解放的革命运动凝聚了强大的精神力量与物质力量。

**1. 现状批判："让受现实压迫的人意识到压迫"**

现状批判就是要揭露资本主义社会中无产阶级的现实生活状况，批判资本主义社会的剥削本质，激发无产阶级的革命激情与革命勇气。马克思在《〈黑格尔法哲学批判〉导言》中指出："它（批判）不是解剖刀，它是武器。……它的主要情感是愤怒，它的主要工作是揭露。"③批判不是毫无阶级感情与价值取向的纯粹思维工具，不是无产阶级了解资本主义社会制度、分析资本主义社会机理结构的解剖刀，而是饱含着无产阶级以及一切被压迫人民愤怒情感的战斗武器，是无产阶级反抗资本主义制度压迫、同资产阶级进行阶级斗争的精神武器。它的首要任务不是要对资本主义的社会表象进行简单呈现与直接反映，而是要站在无产阶级的根本立场上，无情揭穿笼罩在资本主义社会之上的伪善面纱，彻底揭露资本主义社会的剥削本质，让无产阶级直面残酷的社会现实。恩格斯在致马克思的信中强调："揭露越来越深入，批判就变得越来越

---

① 《马克思恩格斯文集》第 8 卷，人民出版社 2009 年版，第 25 页。
② 《马克思恩格斯文集》第 1 卷，人民出版社 2009 年版，第 15 页。
③ 《马克思恩格斯文集》第 1 卷，人民出版社 2009 年版，第 6 页。

尖锐。"① 揭露越是接近本质，批判就越是精准有力，就越是能给无产阶级的精神世界带来强烈的震撼、冲击与洗礼。

所谓揭露，就是"应当让受现实压迫的人意识到压迫，从而使现实的压迫更加沉重；应当公开耻辱，从而使耻辱更加耻辱"②。长期处在资本主义社会"神圣形象"与"非神圣形象"禁锢之下的无产阶级，总会自觉或不自觉地在资产阶级狭隘的利己主义原则的支配下"相互采取暧昧的猜疑的态度"，"处于互相对立的状态"，"承认和首肯自己之被支配、被统治、被占有"③，以致逐渐丧失掉"解放的需要和能力"④。只有深刻揭露资本主义社会的"卑劣事物""昭彰的罪恶""羞耻部分"，揭露资本主义意识形态的虚伪性与欺骗性，揭露资产阶级对无产阶级的压迫与奴役，才能点燃无产阶级对资本主义社会剥削制度的愤怒与憎恶，才能使无产阶级不再"有一时片刻去自欺欺人和俯首听命"⑤，才能激发无产阶级争取自我解放与普遍的人的解放的激情与勇气。正如恩格斯所说："无产阶级对他们的压迫者的愤怒是必然的，是正在开始的工人运动的最重要的杠杆。"⑥ 对资本主义社会的愤怒情感会加速无产阶级的觉醒与成长，会使无产阶级充分认识到自身"遭受普遍苦难"的现实处境，认识到自身"不从其他一切社会领域解放出来从而解放其他一切社会领域就不能解放自己"⑦ 的阶级地位，认识到自身"我没有任何地位，但我必须成为一切"⑧ 的革命需要，从而激发无产阶级"和人民魂魄相同的"⑨ 开阔胸怀，使无产阶级真正成为人类解放的革命运

① 《马克思恩格斯文集》第 10 卷，人民出版社 2009 年版，第 415 页。
② 《马克思恩格斯文集》第 1 卷，人民出版社 2009 年版，第 6—7 页。
③ 《马克思恩格斯文集》第 1 卷，人民出版社 2009 年版，第 6 页。
④ 《马克思恩格斯文集》第 1 卷，人民出版社 2009 年版，第 16 页。
⑤ 《马克思恩格斯文集》第 1 卷，人民出版社 2009 年版，第 6 页。
⑥ 《马克思恩格斯文集》第 1 卷，人民出版社 2009 年版，第 497 页。
⑦ 《马克思恩格斯文集》第 1 卷，人民出版社 2009 年版，第 17 页。
⑧ 《马克思恩格斯文集》第 1 卷，人民出版社 2009 年版，第 15 页。
⑨ 《马克思恩格斯文集》第 1 卷，人民出版社 2009 年版，第 15 页。

动的"社会的心脏"。

## 2. 理论批判：用"严格的科学思想"进行批判

理论批判就是要将对资本主义社会的批判上升到理论分析层面，科学地论证和阐释人类解放革命运动的条件、性质、进程和一般结果，从而唤醒无产阶级的革命理性与革命智慧。马克思、恩格斯深刻明白，单是激起无产阶级的革命激情与革命勇气，只能使无产阶级成为同众多被压迫人民一样的盲目冲动的"反抗者"，却不足以让无产阶级成为真正意义上的"从事社会的普遍解放"的睿智深刻的"解放者"。正如马克思所说："激起人们虚幻的希望的作法，只会把受苦难的人们引向最终的毁灭，而不能拯救他们。……如果不给工人以严格的科学思想和正确的学说，那就同传教士所玩的一套空洞而无耻的把戏没有什么区别。"① 这就决定了批判揭露必须要从对资本主义社会的感性揭露提升到理性批判上来，必须要将无产阶级对资本主义社会剥削现实的愤怒情感上升为对资本主义社会制度的理性审视上来，必须使无产阶级不仅在感性层面上同一切被压迫人民共情共鸣，而且在理性层面上积极探索消灭资本主义剥削统治的可能性与必然性。

马克思以比喻的方式形象地说明了批判揭露的这一关键环节，他写道："思想的闪电一旦彻底击中这块素朴的人民园地，德国人就会解放成为人。"② 以"思想的闪电"彻底击中无产阶级的精神园地，就是要用社会主义思想和共产主义思想去启发无产阶级的"钻研精神、求知欲望、道德毅力和对自己发展的孜孜不倦的追求"③，唤醒无产阶级的革命理性与革命智慧，提升无产阶级的思想觉悟、理论水平与精神高度，将无产阶级对资本主义社会弊病的愤懑与憎恶转化为对人类解放伟大事

---

① 《回忆马克思恩格斯》，胡尧之等译，人民出版社 1957 年版，第 311 页。
② 《马克思恩格斯文集》第 1 卷，人民出版社 2009 年版，第 17—18 页。
③ 《马克思恩格斯文集》第 1 卷，人民出版社 2009 年版，第 290 页。

业的深入思考与积极探索，引导无产阶级从理性的高度把握人类社会历史发展的基本规律，理解资本主义必然灭亡、社会主义必然胜利的历史发展趋势，明确自身在社会主义革命运动中的阶级使命与历史任务，探索克服资本主义社会内在矛盾、消灭一切剥削奴役制度、实现彻底的人类解放的必要条件与现实道路。恩格斯在《英国工人阶级状况》中指出："无产阶级所接受的社会主义思想和共产主义思想越多，革命中的流血、报复和残酷性就越少。"① 当无产阶级彻底掌握了社会主义思想和共产主义思想这样先进的"批判的武器"，他们就能够更加"了解无产阶级运动的条件、进程和一般结果"②，就能够"按自己的观点来表达解放的思想"，就能够"逐渐克服革命中的野蛮成分"③，成为社会主义革命运动中"最坚决的、始终起推动作用的部分"④。唯有如此，社会主义的"批判的武器"才能真正成为无产阶级和一切被压迫人民的精神武器，无产阶级也才能真正成为具有批判精神的革命阶级，成为"有自己的利益和原则、有自己的世界观的独立的阶级"⑤，成为人类解放革命事业的"社会的头脑"。

### 3. 实践批判："批判的武器"不能代替"武器的批判"

所谓实践批判，就是要通过理论掌握群众变成物质力量，引领无产阶级投入争取人类解放的革命运动，以革命的实践来揭露、批判和推翻一切剥削制度。马克思强调："批判的武器当然不能代替武器的批判，物质力量只能用物质力量来摧毁；但是理论一经掌握群众，也会变成物质力量。"⑥ 作为无产阶级的"批判的武器"，科学社会主义的思想理论

---

① 《马克思恩格斯文集》第 1 卷，人民出版社 2009 年版，第 497 页。
② 《马克思恩格斯文集》第 2 卷，人民出版社 2009 年版，第 44 页。
③ 《马克思恩格斯文集》第 1 卷，人民出版社 2009 年版，第 498 页。
④ 《马克思恩格斯文集》第 2 卷，人民出版社 2009 年版，第 44 页。
⑤ 《马克思恩格斯文集》第 1 卷，人民出版社 2009 年版，第 475 页。
⑥ 《马克思恩格斯文集》第 1 卷，人民出版社 2009 年版，第 11 页。

无论如何恳切、如何锋利、如何切实，至多也只能为无产阶级带来彻底的"理论的解放"，只能使无产阶级"同传统的观念实行最彻底的决裂"①，只能使无产阶级超出"旧世界秩序的思想范围"②。要彻底摧毁资本主义社会的旧有物质力量，使无产阶级从资本主义社会中实际地解放出来，只能依靠广大无产阶级的革命的物质力量。这就意味着无产阶级意识形态批判光是击中无产阶级的头脑、占领无产阶级的思想是不够的，还必须要通过无产阶级的"实践力量"将"批判的武器"转化为"武器的批判"，将科学的思想理论赋予无产阶级的强大精神力量转化为改造现实世界的可靠物质力量，使无产阶级能够在科学社会主义理论的指导下，为实现彻底的人类解放创造对资本主义实现超越性发展的物质基础。

正如马克思在 1843 年 9 月致阿尔诺德·卢格的信中所强调的那样："把实际斗争作为我们的批判的出发点，并把批判和实际斗争看做同一件事情。"③ 无产阶级的理论批判与实际斗争是根本一致、不可分割的。无产阶级的实际斗争如果失去了"批判的武器"的理论指导，就会成为盲目的群众暴动；社会主义的理论批判如果缺失了"武器的批判"的力量支撑，就会成为纯粹的抽象思维活动。马克思、恩格斯在《神圣家族》中称赞英法社会主义者时，在坚持理论批判与实践批判的内在统一性的基础上，进一步强调了实现理论批判的实践转向的必要性。马克思、恩格斯指出："他们的批判同时也是实践的，他们的共产主义是这样一种社会主义，在这里面他们提出了实践的、明确的实际措施，在这里面他们不仅思考，并且更多的是行动。"④ 从本质上来说，无产阶级意识形态批判是"作为社会积极成员的个人所进行的现实的人的活

---

① 《马克思恩格斯文集》第 2 卷，人民出版社 2009 年版，第 52 页。
② 《马克思恩格斯文集》第 1 卷，人民出版社 2009 年版，第 320 页。
③ 《马克思恩格斯文集》第 10 卷，人民出版社 2009 年版，第 9 页。
④ 《马克思恩格斯文集》第 1 卷，人民出版社 2009 年版，第 355 页。

动"①。"有痛苦，有感情，有思想，有行动"② 的无产阶级实现了理论活动与实践活动高度统一。这样的批判不仅要求无产阶级的理论解放，而且力求无产阶级的现实解放；不仅要求引导无产阶级以"批判的武器"在道义上、思想上驳倒资本主义，而且力求引领无产阶级以"武器的批判"在现实中消灭资本主义社会的剥削制度，构建社会主义的社会图景。只有将无产阶级对资本主义社会的愤怒情感与理性思考最终注入"现实的人的活动"，才能使无产阶级在革命激情与革命理性的共同支撑下，在"有原则高度的实践"③ 和"人的高度的革命"④ 中实现彻底的自我解放和普遍的人的解放。

## 四、批判揭露的基本原则

批判性始终是马克思、恩格斯进行科学思想建构、领导无产阶级革命运动的重要精神品质。综合梳理马克思、恩格斯关于批判的直接理论阐释，系统回顾马克思、恩格斯开展批判的历史实践活动，从中总结凝练批判揭露的基本原则遵循，这是坚持与发展马克思恩格斯批判立场、加强社会主义意识形态工作的必然要求。

### 1. "批判"与"自我批判"相结合

批判揭露是外在否定性与内在否定性的辩证统一。如果说外在性的批判揭露是马克思、恩格斯否定资本主义意识形态、构建科学社会主义思想大厦的有力武器，那么内在性的自我批判就是马克思、恩格斯保持科学社会主义理论学说和无产阶级革命运动旺盛生命力与强大战斗力的

① 《马克思恩格斯文集》第 1 卷，人民出版社 2009 年版，第 355 页。
② 《马克思恩格斯文集》第 1 卷，人民出版社 2009 年版，第 355 页。
③ 《马克思恩格斯文集》第 1 卷，人民出版社 2009 年版，第 11 页。
④ 《马克思恩格斯文集》第 1 卷，人民出版社 2009 年版，第 11 页。

重要法宝。本章已对马克思、恩格斯的对象性批判做了深入剖析，这里主要探讨关于自我批判的问题。

马克思在《政治经济学批判（1857—1858 年手稿）》中指出："资产阶级经济学只有在资产阶级社会的自我批判已经开始时，才能理解封建的、古代的和东方的经济。"① 这里实质上揭示了批判与自我批判的辩证统一关系，每一时代的理论学说只有对自身所处社会的理论运动与革命实践进行自我批判，才能理解以往社会的内在本质与基本矛盾，也才能将对以往社会的批判进行到彻底。资产阶级的意识形态家"很少而且只是在特定条件下才能够进行自我批判"②，他们总是"对敌手采取批判的态度，对自己本身却采取非批判的态度"③。这样狂妄傲慢且故步自封的理论态度决定了资产阶级意识形态体系只能在资本主义社会的固有逻辑内兜圈子，而永远无法克服自身理论的片面性与局限性，永远无法超出资产阶级意识的狭隘范围。对此，马克思、恩格斯在《神圣家族》中疾呼："为了迫使理论进行自我批判而痛斥这种理论该是多么必要。"④ 与那些只知外在否定而拒绝内省自查的资产阶级意识形态家不同，马克思、恩格斯始终坚持将对资本主义社会的批判同对社会主义理论与实践的自我批判融会贯通、协同推进。

马克思在《路易·波拿巴的雾月十八日》中深刻阐释了自我批判的精神内涵，他指出："无产阶级革命，例如 19 世纪的革命，则经常自我批判，往往在前进中停下脚步，返回到仿佛已经完成的事情上去，以便重新开始把这些事情再做一遍；它十分无情地嘲笑自己的初次行动的不彻底性、弱点和拙劣。"⑤ 自我批判是敢于自我否定、自我扬弃、自我发展的高度的自觉与勇气，是一种强大的内在生命力、内在约束力与内

---

① 《马克思恩格斯文集》第 8 卷，人民出版社 2009 年版，第 30 页。
② 《马克思恩格斯选集》第 2 卷，人民出版社 1995 年版，第 23 页。
③ 《马克思恩格斯文集》第 1 卷，人民出版社 2009 年版，第 10 页。
④ 《马克思恩格斯全集》第 2 卷，人民出版社 1957 年版，第 129 页。
⑤ 《马克思恩格斯文集》第 2 卷，人民出版社 2009 年版，第 474 页。

生驱动力。无产阶级的"自我批判"就是要对无产阶级的理论运动与革命实践采取严格的批判态度,就是要回到自身"仿佛已经完成"但实质上还需更加深化完善的事情上,进行恳切而深刻的审视、清算与反思,发现自身理论与实践中的"不彻底性、弱点和拙劣",并随时准备着手克服、突破与超越这些"不彻底性、弱点和拙劣",不断完善社会主义意识形态的理论体系,不断推动无产阶级革命运动向更高阶段发展。只有坚持批判与自我批判相统一的基本原则,才能不断提升社会主义思想理论的科学性与真理性,才能始终确保无产阶级思想的先进性与纯洁性,确保无产阶级在人类解放运动中始终发挥革命性的作用。

**2. "激情的头脑"与"头脑的激情"相结合**

马克思在《〈黑格尔法哲学批判〉导言》中强调:"批判不是头脑的激情,它是激情的头脑。"① 在资本主义私有制条件下,资产阶级总是会利用自身占据统治地位的优势条件,以国家政治机器的强制力量对无产阶级进行精神控制,而无产阶级由于缺乏精神生产的时间、精力与资源,总是会陷于被统治、被禁锢、被奴役的绝对劣势地位。面对这样残酷而严峻的斗争形势,无产阶级意识形态批判不仅要具有敢于批判的"头脑的激情",不断提振批判精神,还要具有善于批判的"激情的头脑",不断增强批判本领,这样才能在争夺阵地,争夺人心,争夺群众的意识形态斗争中取得一个又一个胜利。

一方面,要具有敢于批判的"头脑的激情"。对资本主义意识形态的任何妥协与退让,都意味着对社会主义意识形态工作的松懈与削弱。无产阶级意识形态批判必须要时刻保持"革命精力和精神上的自信"②,要以前所未有的魄力、坚毅与决心对整个资本主义社会进行彻底的否定、驳斥与反思,要敢于公开质疑资本主义社会的合理性与合法性,敢

① 《马克思恩格斯文集》第 1 卷,人民出版社 2009 年版,第 6 页。
② 《马克思恩格斯文集》第 1 卷,人民出版社 2009 年版,第 15 页。

于公开捍卫自己的利益和原则，敢于公开表明自己的革命意图。批判越是激情澎湃、坚强有力、振奋人心，就越是能够在无产阶级和一切受压迫人民中激起"瞬间的狂热"，越是能够鼓舞无产阶级争取人类解放的革命意志与革命精神，越是能够增强无产阶级对社会主义的胜利信心与理想信念。

另一方面，要具有善于批判的"激情的头脑"。要彻底驳倒并彻底消灭资本主义社会，光凭敢于批判的魄力、坚毅与决心是不够的，还必须有善于批判的理智、策略与方法。无产阶级意识形态批判必须时刻保持清醒，在批判的重大原则问题上态度明确、意志坚定，将批判的矛头对准"当代所谓的问题之所在的那些问题的中心"①，将批判的高度"提高到真正的人的问题"②，将批判的目的"归结为这样的绝对命令：必须推翻使人成为被侮辱、被奴役、被遗弃和被蔑视的东西的一切关系"③。同时，要时刻注意在不同时代条件与社会环境中理解意识形态斗争形势与斗争任务的新变化，洞察资本主义意识形态发展演变的新情况，把握无产阶级革命需要与思想实际的新表现，并根据这些新变化、新情况、新表现不断调整批判的具体方式、手段与措施，不断提升批判工作的时代性与实效性。只有始终坚持"头脑的激情"与"激情的头脑"相统一的基本原则，才能始终保证无产阶级意识形态批判初心不改、方向不变、力度不减，才能不断满足无产阶级的理论需求与实践需要，才能在风云变幻的意识形态斗争中始终为无产阶级提供强大的精神鼓舞与思想指引。

### 3."消极的批判"与"积极的批判"相结合

恩格斯在《反杜林论》的序言中指出："消极的批判成了积极的批

① 《马克思恩格斯文集》第1卷，人民出版社2009年版，第9页。
② 《马克思恩格斯文集》第1卷，人民出版社2009年版，第8页。
③ 《马克思恩格斯文集》第1卷，人民出版社2009年版，第11页。

判；论战转变成对马克思和我所主张的辩证方法和共产主义世界观的比较连贯的阐述，而这一阐述包括了相当多的领域。"① 在恩格斯看来，批判绝不应局限于"举出确切的、无可争辩的事实去反驳我的论敌的错误的或歪曲的论断"②，而应当扩展到在论战中抓住一切机会、利用一切可能去"正面阐发我对这些在现时具有较为普遍的科学意义或实践意义的争论问题的见解"③。这就是说，无产阶级意识形态批判不仅是否定，更是否定之否定；不仅是被动的回应与反击，更是主动的引领与出击；不仅是具有战斗力与破坏力的解构性批判，更是具有生命力与创造力的建构性批判。批判作为意识形态方法论原则的意义不仅在于对错误思想的揭露与剥离，更在于对马克思恩格斯理论学说的澄清与捍卫。马克思、恩格斯也正是在同资产阶级意识形态家、小资产阶级思想家、空想社会主义者等的思想论战中，不断形成了辩证唯物主义与历史唯物主义的科学思想，不断推动无产阶级革命运动走向成熟和发展。批判的力度、深度、高度就是衡量马克思恩格斯理论学说发展程度的重要标尺，也是衡量无产阶级革命运动发展程度的重要标志。

一方面，要通过"消极的批判"使无产阶级"彻底地摆脱那些属于旧世界观的传统言辞的影响"④。身处意识形态斗争漩涡中心的无产阶级总是会受到资本主义意识形态以及各种非社会主义与反社会主义思想的侵蚀、渗透与毒害。要在复杂而严峻的意识形态斗争态势中做到寸土不让、寸土不丢，社会主义意识形态工作就必须跟着敌人的脚步"到处跑"⑤，必须及时对这些错误思潮作出有效回应与有力反击，必须随时准备着为无产阶级清除思想迷障，破除思想困惑，化解思想隐患。唯有如此，才能不断提升无产阶级的政治敏锐性与思想鉴别力，帮助无产阶

① 《马克思恩格斯文集》第9卷，人民出版社2009年版，第11页。
② 《马克思恩格斯文集》第9卷，人民出版社2009年版，第9页。
③ 《马克思恩格斯文集》第9卷，人民出版社2009年版，第8页。
④ 《马克思恩格斯文集》第2卷，人民出版社2009年版，第219页。
⑤ 《马克思恩格斯文集》第9卷，人民出版社2009年版，第11页。

级克服和抵御各种非无产阶级思想的诱惑与荼毒，使无产阶级始终保持高度的思想清醒与政治坚定。

另一方面，要将"消极的批判"转化为"积极的批判"，使无产阶级彻底掌握"新的科学的世界观"①。在意识形态斗争中，如果仅仅将批判的重点放在让无产阶级认识到那些错误思潮是如何荒谬、如何愚蠢上，那么在清除了错误思潮的不良影响之后，由于缺乏清晰而坚定的科学世界观的支撑，无产阶级就会陷入思想真空而更易于被裹挟、被腐蚀。因此，被动的"消极批判"必须进一步转化为主动的"积极批判"，转化为对辩证唯物主义和历史唯物主义的深入阐释，从而在广大无产阶级的精神世界里牢固树立起社会主义的思想旗帜，使无产阶级牢牢掌握并熟练运用社会主义的基本立场、观点与方法，真正成为信仰社会主义、坚守社会主义、捍卫社会主义的先锋革命战士。只有始终坚持"消极的批判"与"积极的批判"相统一的基本原则，才能构筑起坚不可摧的社会主义意识形态阵地，才能牢牢掌握意识形态工作的领导权、管理权与话语权，才能在激烈的意识形态斗争中始终占得先机，赢得主动，立于不败之地。

批判揭露是马克思、恩格斯驳斥错误观点、建构理论学说的重要方式，也是他们帮助人民群众廓清思想迷雾、分析现实问题、明辨是非界限的有效手段。思想政治教育是意识形态斗争的主阵地，是阵地就会有斗争，有斗争就要进行批判揭露。可以说，没有批判性思维，就没有马克思主义理论学说的建立；没有批判揭露，马克思主义思想政治教育就会缺少一个坚实的立足基点。思想政治教育要用好"批判的武器"，必须深入考察批判这个一般方法在今天得以运用的范围以及发挥作用的效果，进一步明确要批判什么、对什么进行批判、怎样批判。

---

① 《马克思恩格斯文集》第 2 卷，人民出版社 2009 年版，第 599 页。

一方面，思想政治教育要对各种错误社会思潮进行深刻批判。当前我国正处于社会转型的关键时期，社会主要矛盾发生深刻变化，社会利益格局发生深刻调整，人们的思想观念与价值取向随之更加多样、多元、多变。西方资本主义国家虎视眈眈，大力鼓吹各种非马克思主义和反马克思主义思想，意图攻破社会主义的思想防线。面对资本主义意识形态以及各种非社会主义和反社会主义思想的冲击与渗透，思想政治教育必须要坚持用好"批判的武器"，正确运用辩证唯物主义和历史唯物主义世界观和方法论，对错误社会思潮进行理性的分析与科学的批判，深入剖析形形色色的错误社会思潮的理论实质与政治意图，深刻揭露它们的虚伪面目，彻底清除人们思想观念中的杂草灰尘，构筑坚强的思想防线，筑牢社会主义意识形态阵地，坚决捍卫马克思主义在意识形态领域的指导地位。

另一方面，思想政治教育自身也要有前提性的理论批判。思想政治教育是意识形态斗争的主阵地，是进行意识形态批判的武器，承担着批判各种"虚假意识形态"的光荣任务与艰巨使命。同时，这个批判的武器本身需要经历自我批判，需要对"批判"本身以及在批判中所使用的思想理论采取批判的态度，需要在自我批判的淬炼之中保持自己的先进性与科学性。随着社会历史条件和人们思想观念状况的变化，思想政治教育应当不断对已经确立和建构的理论基础、本质规定、方式手段、规律原则等展开理性的审视与反思，摒弃那些与时代发展不相符的东西，赋予其新的内容与形式，使之在自我革新与自我提高中不断明确前进方向与发展道路，不断焕发出新的生机与活力。

# 第六章 说服教育法

马克思在《〈黑格尔法哲学批判〉导言》中指出："理论只要说服人，就能掌握群众；而理论只要彻底，就能说服人。所谓彻底，就是抓住事物的根本。而人的根本就是人本身。"① 在思想政治教育语境中，说服教育是指通过把彻底的理论讲彻底，来说服人、掌握群众。这是"思想的闪电"彻底击中"人民园地"的关键一环，是为无产阶级和广大人民群众带来"理论的解放"、提升无产阶级革命"理论高度"的重要前提。马克思、恩格斯围绕"说服"这一重要命题作出了诸多深刻阐释，揭示了说服教育法的基本内涵与主要特征，指明了增强说服效果的重要路径，对新时代思想政治教育的深化发展具有重要启迪。

总的来看，马克思、恩格斯的说服教育法是伴随着他们的理论工作与革命实践的深入一同发展起来的。在《莱茵报》时期，在面对与人民群众密切相关的物质利益难题时，马克思发现黑格尔思辨法哲学无法说明资本主义社会的剥削现实，无法说服人民群众。在《〈黑格尔法哲学批判〉导言》中，马克思明确提出了说服教育法实现理论彻底与彻底掌握的双重要求，只有不断强化理论本身的彻底性和理论掌握工作本身的彻底性，才能确保科学的理论能够彻底说服人民，掌握人民，变成物质力量。这篇文献包含着马克思对于说服教育法的集中阐发，是马克思、恩格斯的说服教育法成熟发展的重要标志。在《神圣家族》《德意志意识形态》中，马克思、恩格斯更是强调物质利益是说服人们信服某种思想学说的关键因素，只有体现人民群众根本利益诉求的思想才能真正说服人。在领导共产主义者同盟和国际工人协会时期，马克思、恩格斯在革命实践中广泛运用并丰富完善了说服教育法，强调说服教育一定要适

---

① 《马克思恩格斯文集》第 1 卷，人民出版社 2009 年版，第 11 页。

合于人民群众的思想水平和革命运动的现实要求，并且进一步明确了说服者素质、事实材料、语言艺术、情感信任等因素在说服教育中的重要作用，为说服教育法注入了深刻的实践内涵。

## 一、说服教育的内在要求

思想政治教育意义上的说服，就是要用彻底的理论说服群众，打通理论与群众之间的隔阂，使群众掌握理论的精神力量，理论掌握群众的物质力量。要达成这一目的，应当通过有理说理、说理有理、说理融情、事实说理，实现理论本身、理论掌握、思想击中、事实信服的彻底，使广大无产阶级真正懂理、服理、信理，真正成为"社会的头脑"和"社会的心脏"。

### 1. 有理说理

有理说理是指要想"说理"必得先"有理"。有理才能说理，理论彻底是彻底说服人、掌握群众的前提条件，"理论一经掌握群众，也会变成物质力量。理论只要说服人，就能掌握群众；而理论只要彻底，就能说服人。"[1] 在这一论断中，马克思以一种倒推的方式阐明了说服教育的本质，也明确了说服教育的首要要求。理论要想变成物质力量，就要去掌握群众，捕获群众的物质力量。而理论要想掌握群众，就需要先说服群众，这就要求理论本身必须是彻底的。理论的彻底性在很大程度上影响着说服的有效性，说服所要说的内容应当是彻底的理论。理论如果不彻底，就不可能有彻底的说服，也就不可能真正说服人、掌握群众。马克思指出："思想的闪电一旦彻底击中这块素朴的人民园地，德国人就会解放成为人。"[2] 要完成对人民群众的彻底击中，必须保证用

---

[1] 《马克思恩格斯文集》第 1 卷，人民出版社 2009 年版，第 11 页。
[2] 《马克思恩格斯文集》第 1 卷，人民出版社 2009 年版，第 17—18 页。

来击中人民园地的是真正的"思想的闪电",即彻底的理论。

并非所有的理论都是"彻底的理论",都能够成为"思想的闪电"。在一切阶级社会尤其是资本主义社会中,占统治地位的阶级为了确立与巩固自己的阶级统治,总是会"赋予自己的思想以普遍性的形式,把它们描绘成唯一合乎理性的、有普遍意义的思想"①。这些思想是由资产阶级意识形态家编造出来的一整套谎言,它代表的仅仅是统治阶级自己的特殊利益,它本身并不具备真正的普遍性和彻底性。它只是被统治阶级包装成了"具有普遍性形式的思想",只是被统治阶级美化成了一种代表全体社会成员共同利益的思想。而处于被统治地位的广大人民群众由于"很少有时间来编造关于自身的幻想和思想"②,而不得不"对于这些思想和幻想则采取比较消极的态度,并且准备接受这些思想和幻想"③。这就营造出了一种这些代表统治阶级利益的不彻底的理论已经彻底说服了群众、掌握了群众的假象,似乎统治阶级的思想已经成为真正被人接受认同的普遍真理。但是这种说服和掌握没有理论彻底性的根本保障,因而是很不牢靠、很容易崩塌的。一旦人们意识到这些思想理论只是统治阶级编造出来的"虚假的意识",一旦人们觉察到资本主义意识形态的剥削本质,一旦人们认识到自己正在被欺骗蒙蔽,那么这种理论就会立刻失去群众的信任,群众就会立刻起来反抗并且最终推翻这种观念的统治。

既然统治阶级所编造的、掩盖统治阶级利益的理论不具有真正的彻底性,根本无法说服群众,那么究竟什么才是彻底的理论呢?马克思进一步指出:"所谓彻底,就是抓住事物的根本。而人的根本就是人本身。德国理论的彻底性的明证,亦即它的实践能力的明证,就在于德国理论是从坚决积极废除宗教出发的。对宗教的批判最后归结为人是人的最高

---

① 《马克思恩格斯文集》第 1 卷,人民出版社 2009 年版,第 552 页。
② 《马克思恩格斯文集》第 1 卷,人民出版社 2009 年版,第 551 页。
③ 《马克思恩格斯文集》第 1 卷,人民出版社 2009 年版,第 551 页。

本质这样一个学说，从而也归结为这样的绝对命令：必须推翻使人成为被侮辱、被奴役、被遗弃和被蔑视的东西的一切关系。"① 彻底在于能够抓住根本，能够彻底说服人的理论就是能够抓住人的根本的理论。而人的根本就是人本身。只有把握到了"人本身"这个根本的理论才是彻底的理论。"人本身"是什么？即人的本质，"人是人的最高本质"，人的最高本质就是人作为人所应当具有的一切东西。"人的本质不是单个人所固有的抽象物，在其现实性上，它是一切社会关系的总和。"② 那么，"人的最高本质"不是一种抽象的最高本质，而是一种现实的本质，是排除了一切异化因素的、使人成为真正的人的现实的社会关系。只有那些抓住了人的最高本质的理论，只有那些能够致力于帮助人建立真正成为人的现实社会关系的理论，才是彻底的理论。理论的彻底性就在于它的实践能力的彻底性，在于它能够指导人民群众，运用自己的实践能力去改造现实的社会关系。

由此可见，真正的彻底性是理论与实践的内在一致。彻底的理论，就是指那些能够在现实世界中恢复和实现人的最高本质的理论，就是那些能够指导人通过改造现实世界并在现实世界中再度成为人、再度找回人应有的一切的理论，就是那些能够在现实世界中帮助人推翻那些侮辱人、奴役人、遗弃人、蔑视人的社会关系的理论。总的来说，彻底的理论就是关于"普遍的人的解放"的学说。这样的理论学说不代表任何一个特殊阶级的特殊利益，而是代表无产阶级以及一切被压迫人民的根本利益。它关涉着人民群众最关心的根本问题，为人民群众争取自身解放的一切实践活动提供理论层面的支持与指导。只有这样的理论才真正突破了阶级的局限，才是真正抓住了人的根本的理论，才是真正具有普遍性与彻底性的理论。只有这样的理论，才是能够彻底说服人的理论，才构成理论说服的前提条件。只有这样的理论，才能成为彻底击中"素朴

---

① 《马克思恩格斯文集》第 1 卷，人民出版社 2009 年版，第 11 页。
② 《马克思恩格斯文集》第 1 卷，人民出版社 2009 年版，第 505 页。

的人民园地"的"思想的闪电"。

### 2. 说理有理

说理有理是指说理必须有理，必须把彻底的理论讲彻底。实现了理论彻底，就一定能说服人、掌握群众吗？理论彻底，只是掌握群众的充分条件，而非必要条件。彻底的理论并不会自动去和群众结合，也并非所有群众都能够自己直接掌握彻底的理论。现实中，不彻底的理论在某些情况下也会以一种异化的形式掌握群众，如宗教意识形态、资本主义意识形态。这些"歪理""邪理"之所以能够具备相当程度的说服力，一个重要的原因就是它们背后有相当多的说理者。宗教意识形态背后有的是教皇、主教、僧侣，资本主义意识形态则是各色各样的资产阶级意识形态家。他们充当着这些"歪理""邪理"的代言人，用这些"歪理""邪理"去满足群众的需要，去说服群众。当然，这种满足是一种虚假的满足；这种说服也是一种暂时的、狭隘的、不彻底的说服；这种说服教育对群众来说是一种欺骗，是一种蒙蔽，是一种精神压迫。

可见，有了彻底的理论并不一定能直接说服人，说服了人的理论也未必一定是彻底的理论。理论彻底和理论掌握群众之间还有一个理论说服的必要环节。这个环节就是一个有理讲理、把理讲彻底的过程，就是一个由掌握着彻底的理论的人去把理论说彻底的必要过程。理论无法自己去说服人，而只能通过人去说服人。光是"有理"是不够的，还必须"有理说理"；光是理论是彻底的也是不够的，"说服"本身也必须彻底。彻底的理论要想掌握群众，就要通过具体的说服者来进行彻底的说服，把理论讲透彻，把说服工作做彻底。

那么怎样的讲理才算是彻底的讲理呢？怎么样才算是把理论讲彻底了呢？说服，"说"在前，通过"说"来达到"服"的目的。具体而言就是要把理论彻底讲清楚，充分展现出理论的说服力，使广大人民群众认可理论并接受理论。前文说过，彻底的理论就是抓住人的根本的理论。同样，要完成"彻底的说服"，说服本身、击中本身也必须要"抓住人的根本"，必须要立足于"人的最高本质"，必须真正触动人、打动人、抓住人。马克思在《〈黑格尔法哲学批判〉导言》开篇指出："人不是抽象的蛰居于世界之外的存在物。人就是人的世界，就是国家，社会。"① 他在《1844年经济学哲学手稿》中再次强调："人是肉体的、有自然力的、有生命的、现实的、感性的、对象性的存在物，这就等于说，人有现实的、感性的对象作为自己本质的即自己生命表现的对象；或者说，人只有凭借现实的、感性的对象才能表现自己的生命。"② 人是在现实中生活着的并且凭借现实的对象来表现自身生命、构建自身生命的存在物，是具有丰富的、历史的、现实的具体规定的生命力量。人的身上，有着深刻的国家、社会、民族、家族中丰富现实对象留下的印记。只有立足于人存在其中的现实社会，着眼于现实的个人，把握个体生命存在的现实基础，理解人的现实关切，找到真正打动人的切入点，找到真正能够抓住人的方式方法，才能将"彻底的理论"讲得彻底，讲得深入浅出、深刻透彻、通透明了。

### 3. 说理融情

把彻底的理论讲彻底了，就一定能够完成理论对群众的彻底掌握吗？就一定能够完成"思想的闪电"对"人民园地"的彻底击中吗？并不一定。"彻底击中"不仅是一种理性的征服，也是一种情感的震撼，是在理性与情感的融合共通中才能升华成的精神上的共鸣。马克思指出："激情、热情是人强烈追求自己的对象的本质力量。"③ 在群众对理论的接受与掌握中，如果缺少了激情、热情这类感性成分的催化与升华，那仍然不能称之为彻底的接受与掌握。

① 《马克思恩格斯文集》第1卷，人民出版社2009年版，第3页。
② 《马克思恩格斯文集》第1卷，人民出版社2009年版，第209—210页。
③ 《马克思恩格斯文集》第1卷，人民出版社2009年版，第211页。

实际上，宗教意识形态和资本主义意识形态之所以能够在一定时期内，以一种异化的形式掌握群众，很大程度上是因为它们对群众进行了情感上的蛊惑与欺骗。宗教世界里的"虚幻幸福""虚幻的太阳""虚幻的花朵"，为身处苦难现实中的人营造出一个圆满的天国，让他们在"颠倒的世界"中得到了情感的满足与慰藉。资本主义社会编造了一套虚假的民主制度，赋予了人们虚假的民主与平等，掩盖了现实的剥削与奴役，让人们产生了一种自己似乎获得了解放的满足感与荣誉感。这种情感蛊惑与欺骗，虽然并不能够起到持久的、坚实的支撑效果，但毕竟在一定历史时期内强化了宗教意识形态和资本主义意识形态的支配效果。要用彻底的理论彻底说服人，自然也不能缺失对人的情感层面的说服。说服不仅需要有理说理、以理服人，也需要融情入理、情理交融、以情动人；不仅需要让理论进入人们的头脑之中，更要让理论深入到人们的心灵之中。

那么如何做到说理融情、情理交融呢？恩格斯在《英国工人阶级状况》中指出："无产阶级对他们的压迫者的愤怒是必然的，是正在开始的工人运动的最重要的杠杆；但是共产主义比这种愤怒更进了一步，因为它不仅仅是工人的事业，而且是全人类的事业。"① 这一论断准确地揭示出思想政治工作中情与理之间的关系。人们对压迫者的愤怒，是他们基于自己被压迫、被剥削、被奴役的客观现实而必然产生的负面情感，是激励他们投身革命运动的重要杠杆。共产主义事业作为一种理论上的应然状态，它是高于这种直接的愤怒情感的。要把说服进行到彻底，就应当在理论说服中合理发挥情感因素的重要作用，把以理服人和以情感人结合起来。

一方面，要从情入手，以情感人，推动人们趋近科学理论。马克思指出："光是思想力求成为现实是不够的，现实本身应当力求趋向思

① 《马克思恩格斯文集》第 1 卷，人民出版社 2009 年版，第 497 页。

想。"① 说服者讲理的过程，其实就是推动思想力求成为现实的过程。但光是单向的思想趋向现实是不够的，还必须推动现实趋向思想，必须推动广大人民群众主动去趋向思想。情感因素就是这样一个关键的切入点。要唤醒人们的情感情绪，就不能仅仅停留在说理层面，而是应当深入人民群众的现实生活当中去，"描述各个社会领域相互施加的无形压力，描述普遍无所事事的沉闷情绪"②，从而"让受现实压迫的人意识到压迫，从而使现实的压迫更加沉重"③，激发人们对资产阶级、对资本主义社会的愤怒与憎恶，在社会中激起"瞬间的狂热"。在这些情感情绪的激励下，人类解放会逐渐上升为人们"不可抗拒的要求"。人们也就会更加自觉自愿地去寻求那些关于人的解放的理论学说，就会更加积极主动地趋近科学理论。同时，在情感因素的催化下，人们原本对于科学理论的向往和认同会得到进一步的加强巩固。

另一方面，要情理结合，以科学理论引导和升华人们的情感。情感因素固然是激励人民群众投身人类解放运动的重要动力，但是人们对于资本主义社会的那种原始的、直接的、粗糙的憎恶与愤怒，很容易会助长"他们反对资产阶级的措施中野蛮和粗暴行为"④。这就需要革命理论来进一步规约、疏导、升华和深化人们的情感情绪。恩格斯指出："无产阶级所接受的社会主义思想和共产主义思想越多，革命中的流血、报复和残酷性就越少。"⑤ 科学的理论一旦说服人，能够在人们的精神世界形成一股强大的理性力量，就能够将人们对压迫者的愤怒与憎恨，进一步深化为对社会发展规律的理性认知，升华为对人类解放的理性追寻。说服工作做到了情理交融、合情合理、入情入理，科学理论也就能

① 《马克思恩格斯文集》第 1 卷，人民出版社 2009 年版，第 13 页。
② 《马克思恩格斯文集》第 1 卷，人民出版社 2009 年版，第 6 页。
③ 《马克思恩格斯文集》第 1 卷，人民出版社 2009 年版，第 6 页。
④ 《马克思恩格斯文集》第 1 卷，人民出版社 2009 年版，第 497 页。
⑤ 《马克思恩格斯文集》第 1 卷，人民出版社 2009 年版，第 497 页。

够更加彻底地说服人们，人们对理论的情感认同也就更加持久而深刻。

### 4. 事实说理

事实就是现实的客观世界发生的真实情形，是人民群众在社会历史中经历的真实事件。恩格斯在《欧洲土耳其前途如何？》一文中指出："任何蛊惑的号召和谋叛的宣言都不能像平凡而简单的人类史料那样起着革命作用。"① 相比于系统深奥的理论学说，"那些表明现代文明社会处于什么样的状况的事实"②，对群众来说有一种天然的亲和力和亲切感。生活在现实世界当中的无产阶级，总是会对客观的物质事实有着更为真切而深刻的感受，总是能够更为迅速地理解和接收"雄辩的事实"③。恩格斯强调："应当由事实来使人们信服。到那时，运动就会迅速发展，而发展最快的当然是一部分无产阶级已经组织起来并且受过理论教育的地方。"④ 可见，恩格斯将事实说服视为理论说服的重要补充，视为巩固和增强理论说服实际效果的有效手段。

说服的一个重要原则就是将理论说服与事实说服结合起来，用事实来佐证理论的真理性与科学性，用理论来诠释事实的复杂性与深刻性。这些事实能够以一种鲜活的、生动的、直观的方式，使群众明白一些简单而深刻的道理，能够加深理论对群众的影响力与说服力。事实说理，这是马克思、恩格斯在进行理论写作和革命活动中常用的一种说服手段。

一方面，要在理论与事实的结合中阐明理论的实际价值。恩格斯指出："我们对未来非资本主义社会区别于现代社会的特征的看法，是从历史事实和发展过程中得出的确切结论；不结合这些事实和过程去加以阐明，就没有任何理论价值和实际价值。"⑤ 任何科学的思想理论都是

---

① 《马克思恩格斯全集》第 12 卷，人民出版社 1998 年版，第 40 页。
② 《马克思恩格斯全集》第 2 卷，人民出版社 1957 年版，第 594 页。
③ 《马克思恩格斯全集》第 2 卷，人民出版社 1957 年版，第 594 页。
④ 《马克思恩格斯全集》第 27 卷，人民出版社 1971 年版，第 348 页。
⑤ 《马克思恩格斯文集》第 10 卷，人民出版社 2009 年版，第 548 页。

在现实的社会历史生活中产生的，都是伴随着一系列的社会历史事实发生的。脱离现实生活、脱离历史事件，说服者是无法把理论讲彻底的，群众也是无法彻底理解理论的。要把科学的理论讲明白，就应将理论同具体的"事实和过程"结合起来，在历史事实中把握理论产生发展的逻辑、理解理论的内在本质、明确理论的实践路径。

另一方面，要在理论与事实的结合中"确立无可争辩的信念"。恩格斯在《对英国工人阶级状况的补充评述》一文中明确指出："使读者确立无可争辩的信念，只有明显的、无可争辩的事实才能做到这一点，……仅凭空洞的说教，哪怕是很高明的权威的说教，都不能使人产生这种信念。"[①] 人民群众是在现实生活的磨炼中成长起来的，他们面临的从来不是抽象的理论问题，而是具体的现实问题。对他们来说，缺乏事实支撑的空洞说教是软弱无力的，是不足以使人信服的，只有"明显的、无可争辩的事实"才能为他们拨开思想迷雾，确立"无可争辩的信念"。因此，要确立起人们"对现代社会主义必获胜利的信心"[②]，就应当把对社会历史发展客观规律的理解具化为人们"可以感触到的物质事实"[③]，以社会生活实践中能够看得见、摸得着的世俗事实去加深人们对历史规律的现实感知，以切实可感的"或多或少清晰的形象"[④]，强化人们对社会主义的"不可抗拒的必然性"[⑤] 的确信。

## 二、说服教育的基本特征

说服是通过向对方说理，改变对方的思想、态度、行为的过程。这一过程涉及说服者与被说服者双方的相互作用，具有现实性、明确性、

---

① 《马克思恩格斯全集》第 42 卷，人民出版社 1979 年版，第 277 页。
② 《马克思恩格斯文集》第 9 卷，人民出版社 2009 年版，第 165 页。
③ 《马克思恩格斯文集》第 9 卷，人民出版社 2009 年版，第 165 页。
④ 《马克思恩格斯文集》第 9 卷，人民出版社 2009 年版，第 165 页。
⑤ 《马克思恩格斯文集》第 9 卷，人民出版社 2009 年版，第 165 页。

互动性、引导性、渐进性等基本特征。

### 1. 现实性

　　理论凭什么能说服人呢？有的理论只能说服这一部分人，却说服不了另一部分人；有的理论只是暂时地说服人，却无法长久地说服人；有的理论只能部分地说服人，却无法彻底地说服人。这背后的原因就在于用来说服人的这个理论具有何种程度的现实性。并不是任意一个思想体系都是能够拿来说服人的，能够说服人民群众的一定是符合群众现实需要的理论，是能够给群众以思想启迪与精神指引、帮助群众解决现实问题的理论。

　　忽视现实、脱离实际的理论，是无法让群众信服的。马克思、恩格斯指出："人数众多的、与资产阶级不同的那部分群众认为，在革命的原则中并没有体现他们的现实利益，并没有体现他们自己的革命原则，而仅仅包含一种'思想'，也就是仅仅包含一个激起暂时热情和掀起表面风潮的对象罢了。"[1] 当然，每一种试图说服人的思想，总是会以一种代表着"一般的人的利益"的姿态出现，总是会披着"普遍性形式"的外衣来吸引群众。这种思想往往只能在群众中激起暂时的热情，掀起表面的风潮。一旦群众意识到，"在政治'思想'中并没有体现关于他们的现实'利益'的思想"[2]，那么这种思想就会被群众抛弃，就会"出丑"。马克思在《道德化的批评和批评化的道德》一文中还批判了小资产阶级民主派卡尔·海因岑脱离实际的理论空谈，把他称为"以'人类'目的为幌子、为'资产阶级'利益冲锋陷阵，但同时又没有意识到理想主义词句与其现实主义实质之间的联系的诚实正直而胸襟开阔的幻想家"[3]。缺乏现实主义实质的理想主义词句，都是意识形态家编

---

[1]　《马克思恩格斯文集》第1卷，人民出版社2009年版，第287页。
[2]　《马克思恩格斯文集》第1卷，人民出版社2009年版，第287页。
[3]　《马克思恩格斯全集》第4卷，人民出版社1958年版，第348页。

造的"资产阶级幻想"。而觉醒的无产阶级是不会理睬这些空洞无物的言辞的,"他们一刻也没有相信资产阶级激进主义者的虚伪保证和捏造,一刻也没有停止同他们作斗争"①。

彻底说服群众的理论必然是那种有现实依据的、切中群众现实需要的理论,是符合群众根本利益诉求的理论。真正彻底的说服,是用这种立足于现实的、体现着群众根本利益的思想去说服群众。马克思指出:"理论在一个国家实现的程度,总是取决于理论满足这个国家的需要的程度。"② 同样,理论对群众的说服程度,总是取决于理论满足群众的需要的程度。切合群众根本利益、满足群众现实需要的理论,自然是具备了极大的说服群众的可能性。马克思强调:"人们为之奋斗的一切,都同他们的利益有关。"③ 只有契合人民利益需求、维护人民现实利益、致力于争取和实现人民利益的理论,才是人民真正愿意听并听得进去的理论,才是真正满足人民需要的理论,才是能够成为人民群众"精神武器"的理论。一旦人民群众认识到,掌握与运用这样的科学理论,能够帮助他们捍卫、争取和实现自己的切身利益,他们对这种理论的认同感、趋近感与认同感也就会油然而生。用这样的理论去说服群众,就能够充分发挥人民群众的积极性、主动性与能动性,在思想趋近人民的过程中鼓舞人民主动趋向思想,实现理论对群众的说服和群众对理论的掌握。

### 2. 明确性

说服的"说"不是"胡说"而是"说明";不是随心所欲地说,而是要旗帜鲜明地把理论说清楚、说明白、说透彻。准确地说明理论,这是人民群众理解理论、接受理论、信服理论的重要前提。恩格斯在《德

---

① 《马克思恩格斯全集》第4卷,人民出版社1958年版,第347页。
② 《马克思恩格斯文集》第1卷,人民出版社2009年版,第12页。
③ 《马克思恩格斯全集》第1卷,人民出版社1995年版,第187页。

国农民战争》1870 年第二版序言的补充中指出："特别是领袖们有责任越来越透彻地理解种种理论问题，越来越彻底地摆脱那些属于旧世界观的传统言辞的影响，并且时刻注意到：社会主义自从成为科学以来，就要求人们把它当做科学来对待，就是说，要求人们去研究它。必须以高度的热情把由此获得的日益明确的意识传播到工人群众中去。"① 说服者不仅有责任去透彻理解种种理论问题，而且有责任把他们在理论研究中获得的明确的理论意识传播到工人群众当中去。说服者说得清晰、明了、透彻，人民群众才能听得明白，才可能进一步内化到自己的精神世界。说服者如果都说得含糊不清、模棱两可、故弄玄虚，人民群众就会对这个理论缺乏兴趣、难以接受。

现实中往往也会出现理论难以被明确说明的情况，这可能是因为说服者基于阶级立场局限而不想把理论讲明白，也可能是因为说服者受自身能力限制而不能把理论讲明白。小资产阶级民主派卡尔·海因岑就是这样既不想也不能把理论讲明确的说服者。恩格斯在《共产主义者和卡尔·海因岑》一文中指出："他根本没有花费精力这样做。他没有向人民即无产者、小农和小资产者说明任何问题。他从来没有研究过各阶级和党派的情况。"② 海因岑的全部精力都放在了转移人民的仇恨情绪、为小资产阶级利益辩护上面，他试图"把徭役农民对地主的仇恨和工人对雇主的仇恨转到君主头上"③，而不去向人们说明任何现实问题，不去给人们提供任何实质的理论支持，只是不断发表一些试图转移矛盾的谎言。正如恩格斯所说："他笨拙可笑地在各种通过幻想和欺骗硬被说成可能实现而实际上并不可能实现的事情上跌跌撞撞地行进。"④ 这种缺乏明确内容支撑的、没有说明任何问题的说服，最后的结果就是"人

---

① 《马克思恩格斯文集》第 2 卷，人民出版社 2009 年版，第 219 页。
② 《马克思恩格斯文集》第 1 卷，人民出版社 2009 年版，第 661 页。
③ 《马克思恩格斯文集》第 1 卷，人民出版社 2009 年版，第 660 页。
④ 《马克思恩格斯文集》第 1 卷，人民出版社 2009 年版，第 670 页。

民对他的号召表示冷淡"①。

那么，真正明确的说服应当是怎样的呢？究竟怎样说才能把理论说明确呢？早在《莱茵报》时期，马克思就曾批判了青年黑格尔派不切实际、抽象高调、空洞浮夸的文章风格，并且向他们提出了"三少三多"的要求："少发些不着边际的空论，少唱些高调，少来些自我欣赏，多说些明确的意见，多注意一些具体的事实，多提供一些实际的知识。"②人民群众真正关注的不是"书斋里的学问"，而是自己的现实生活与切身利益。要说服人民群众，就应当用人民群众无法完全直接理解的科学理论，为他们说明具体的现实问题，提供解决现实问题的明确意见，阐明关于人类解放革命运动的实际知识，让他们在科学理论中体会到更多的现实感与获得感。

其一，"应该说明，无产者、小农和小资产者（因为在德国，构成"人民"的正是这些人）为什么受官吏、贵族和资产阶级的压迫"③。向广大人民群众说明他们受到统治阶级压迫的原因，让他们明白自己所处的阶级地位，明白自己同旧社会官吏、贵族、资产阶级之间不可调和的阶级对立，从而唤醒并不断增强他们的阶级意识与革命自觉。

其二，"应该说明，为什么不仅产生了政治压迫，而且首先产生了社会压迫，以及采取哪些手段可以消除这种压迫"④。向广大人民群众说明政治压迫与社会压迫产生的根本原因，让他们明白政治压迫与社会压迫的根本区别、政治解放与社会解放的根本区别，明白自己要争取的是实现普遍的人的解放的社会解放，明白自己应当如何反抗社会压迫、实现社会解放。

其三，"应该证明，无产者、小农和小资产者取得政权是采取这些

---

① 《马克思恩格斯文集》第 1 卷，人民出版社 2009 年版，第 661 页。
② 《马克思恩格斯文集》第 10 卷，人民出版社 2009 年版，第 3 页。
③ 《马克思恩格斯文集》第 1 卷，人民出版社 2009 年版，第 661 页。
④ 《马克思恩格斯文集》第 1 卷，人民出版社 2009 年版，第 661 页。

手段的首要条件"①。向广大人民群众说明开展政治斗争、推翻资产阶级政治统治、夺取政权的必要性与必然性，推动广大人民群众不断组织成为革命的政党，将无产阶级革命运动推向新的发展阶段。

其四，"应该探讨，立即实现民主制的可能性究竟有多大，党有哪些手段可以采取，当它还很软弱不能独立行动的时候，它应当联合哪些党派"②。向人民群众说明革命运动的条件、手段和策略，让他们明白自己应当如何实际地推进革命运动，应当如何开展具体的阶级联合与阶级斗争，在革命运动中应当采取哪些具体行动。

把这些问题讲清楚、讲明白，人民群众就能够更加深刻地理解这个理论的本质要求与内在逻辑究竟是什么，就能够更加切身地体会这个理论究竟是用来做什么的，就能够更加透彻地明白自己应当如何运用这个理论。只有这样，人民群众才能明确意识到这个理论就是自己所需要的理论，这个理论就是可以用来指导人类解放革命运动的理论。也只有这样，人民群众才能真正理解和掌握这个理论的核心要义与精神实质，才能真正把这个理论当作自己的精神武器。

### 3. 互动性

说服不是说教，不是一个人说一个人听，而是双方相互表达与倾听。顾名思义，说服是通过"说"来让人"服"，这里面就包含着说服者与被说服者双方的深层互动、交流沟通。在这一过程中，说服者与被说服者之间不是相互对立的，而是相互平等、彼此尊重的。说服者应当充分重视人们的理论感、理论思维，深入人民群众当中去，在交流、沟通、互动中完成说服教育。通过交互式的说服教育，说服者就能够真正了解人们所想所思，有的放矢地为人们答疑解惑；人们也就能更加深刻

---

① 《马克思恩格斯文集》第 1 卷，人民出版社 2009 年版，第 661 页。
② 《马克思恩格斯文集》第 1 卷，人民出版社 2009 年版，第 661 页。

地理解和领会理论的真谛，更好地把理论内化到自己的思想体系当中去。

单方面的训诫说教是无法说服人的，只会使人们产生厌烦、逆反的心理，消磨人们的理论兴趣，降低人们学习理论的热情。恩格斯指出："难道一个头脑多少还正常的人会异想天开地认为人民对这类政治说教和训诫将予以丝毫重视吗？试问：海因岑先生在他的传单中除了进行训诫和说教以外，什么时候还做过别的事情吗？试问：不经过冷静思考，不了解也不顾及实际情况，就声嘶力竭地向全世界发出革命号召，这岂不是太可笑了吗？"[1] 卡尔·海因岑一本正经地向群众进行道德说教与政治训诫的样子，就是一种"卡普勤式的政治说教"。在这种说教模式中，说服者单向地向被说服者输出观点，人民群众只能被动地接收观点。说到底，这些资产阶级意识形态家不相信人民，他们不相信人民有能力跟他们进行理论的对话，也不相信人民能够进行理性的思考。资产阶级意识形态家全然不顾及人民群众的实际需求与真实想法，把人民群众"当作一种易燃物看待，把他们当作鼓动和剥削的对象"[2]，机械地重复激烈的革命号召，想要让他们成为资产阶级和小资产阶级的附庸，以群众的流血牺牲换取自己的利益。最后的结果就是，人们对这类说教、训诫不会予以丝毫的重视。

与这些傲慢的资产阶级意识形态家相反，马克思、恩格斯看到了人民群众学习理论的热情与能力，他们坚持深入人民群众当中去，在同群众的交流互动中说服群众。恩格斯强调："我们决不想把新的科学成就写成厚厚的书，只向'学术界'吐露。正相反，我们两人已经深入到政治运动中；我们已经在知识分子中间，特别是在德国西部的知识分子中间获得一些人的拥护，并且同有组织的无产阶级建立了广泛联系。"[3]

---

① 《马克思恩格斯文集》第 1 卷，人民出版社 2009 年版，第 660 页。
② 《马克思恩格斯全集》第 7 卷，人民出版社 1959 年版，第 218 页。
③ 《马克思恩格斯文集》第 4 卷，人民出版社 2009 年版，第 233 页。

理论工作者不应局限于学术界的理论探讨，也不应以学者的高姿态向群众进行说教，而是应当深入革命运动中去，深入群众队伍中去，同人民群众建立广泛的、经常的、紧密的联系，在深入的、经常的、密切的沟通互动中，把科学理论吐露给他们，使他们"拥护我们的信念"①。恩格斯在《共产主义在德国的迅速进展》一文中指出："共产主义的事业仍然在迅速发展，……到处我都碰到一些新近改变信仰的人，他们都在无比热情地讨论和传播共产主义的思想。"② 可见，人民群众是具有"讨论和传播共产主义的思想"的热情、愿望和能力的。他们既在讨论和传播共产主义的过程中被他人说服，也在讨论共产主义的过程中说服他人并自我说服，将共产主义的思想传播得更加深远、更加广泛。立足于这一点，充分尊重人民群众的理论兴趣和理论热情，注重和广大群众的交流沟通，深入了解人民群众的真实想法和理论需求，不断鼓励人民群众表达自己的理论观点和思想困惑，不断激发人民群众投身理论学习的热忱与激情，才能营造理论交流、思想互动的良好氛围，及时并准确地为人们破除思想迷障，不断增强理论说服的实效性，不断争取人们拥护共产主义的信念。

### 4. 引导性

说服不是压服，不是通过权威的强制力来迫使人们接受某种思想，而是要通过说理来引导人、启发人，帮助他们实现理论的内化与升华。这是在理论教育中尊重群众主体地位、提升群众革命自觉、发挥群众主观能动性的必然要求。

强制性的说服无异于进行思想的压迫和剥削，其结果只能是压而不服，只会导致人们对这种思想专制的厌恶与反抗。恩格斯在《英国工人阶级状况》中曾严厉批判了资产阶级对广大无产阶级的强制说服，他指

---

① 《马克思恩格斯文集》第 4 卷，人民出版社 2009 年版，第 233 页。
② 《马克思恩格斯全集》第 2 卷，人民出版社 1957 年版，第 593 页。

出："就像对待无理性的动物一样，资产阶级对工人只有一种教育手段，那就是皮鞭，就是残忍的、不能服人而只能威吓人的暴力。"① 在资本主义工业快速发展的起步阶段，资产阶级把无产阶级视为"无理性的动物"，他们总是以皮鞭式的暴力教育来驯服无产阶级，驱使他们投入繁重的工业生产之中。其实，资产阶级本身并非不知道暴力教育无法使人信服。他们之所以还是选择使用这样的手段，是因为他们清楚自己的理论内核根本无法说服群众，而且他们也无须群众真心信服他们所说的一切，只需要群众能够无条件地执行他们的命令即可。甚至，在这样的暴力教育中，资产阶级也并不想带给人民任何思想上的启发与引导，并不想让被压迫人民有任何觉醒的可能。于他们而言，成本最低、风险最低的教育手段就是皮鞭、威吓与暴力。然而，这种皮鞭式的暴力教育只能让人们被迫服从资产阶级的命令，却无法使人们真正接受和认同说服者，无法给予人们正确的思想指引。

如何使人们真正信服说服者所带来的理论指导呢？相比于强制性的暴力恐吓，引导性的说服教育更加符合人的认识发展规律和认知接受规律。恩格斯在《反杜林论》中指出："我们不知道有任何一种力量能够强制处在健康清醒状态的每一个人接受某种思想。"② 每一个处在健康清醒状态下的人，都拥有基本的认识力、思考力与判断力，他们不会盲目地选择相信或不相信某种思想，也不会在强力压制下发自内心地认同和接受某种思想。要真正说服一个健康清醒的人，就必须充分尊重个体的主观能动性，把他当作一个真正能思维、会思考、有思想的人，引导他去理解领会科学的思想理论。广大人民群众是理论学习的主体，说服者则是广大人民群众投身理论学习的引路人、推动者。说服者不是要把自己的主观意志强加给人们，也不是要把科学的理论体系直接植入人们的头脑中，而是要发挥引领推动作用，帮助人们积极主动地领会理论、

---

① 《马克思恩格斯文集》第 1 卷，人民出版社 2009 年版，第 428 页。
② 《马克思恩格斯文集》第 9 卷，人民出版社 2009 年版，第 91 页。

践行理论、检验理论。正如恩格斯在 1887 年 1 月 27 日写给弗洛伦斯·凯利-威士涅威茨基的信中所说："越少从外面把这种理论硬灌输给美国人，而越多由他们通过自己亲身的经验去检验它，它就越会深入他们的心坎。"[①] 说服者应当在充分尊重人的主体性、充分体察人们的主体差异和主观意愿、充分发挥人们主观能动性的基础上，帮助他们在自己的亲身经验中体会理论、检验理论，自觉主动地趋近科学的思想理论。引导式的说服，能够把理论讲进人们心里去，能够让人们在理论学习的过程中感受到自己的主体地位、主体能力和主体价值，相信自己是能够学习理论并且能够掌握理论的。这就能够不断增强人民群众学习理论的热情与信心，使说服教育事半功倍。

### 5. 渐进性

说服教育不是一蹴而就的，也不是一劳永逸的，而是一个客观的、长期的、渐进的发展过程。从辩证唯物主义的视角来看，个体的思想形成发展有其客观规律，说服教育工作也有自己的客观规律，有不可跳跃的发展阶段，有需要不断积累的量变过程。开展理论说服工作，不能急功近利、不能急于求成、不能大水漫灌，而是要立足现实、尊重规律、着眼长远，要由浅入深、稳中求进、循序渐进地推进下去。

说服教育如果违背人的思想形成发展的基本规律，不仅会有碍于个体思想的健康成长，而且会给无产阶级革命运动和无产阶级政党造成混乱和损失。19 世纪 80 年代，北美社会主义工人党中的德国移民，忽略美国革命运动的实际情况，违背理论说服的客观规律，试图将德国已然形成的革命理论强加给尚在成长中的美国工人，让他们直接照搬德国革命的理论总结与实践经验。恩格斯对此进行了严厉批评："希望美国人一开始行动就完全了解在比较老的工业国家里制定出来的理论，那是可

---

① 《马克思恩格斯文集》第 10 卷，人民出版社 2009 年版，第 562 页。

望而不可即的。"① 恩格斯从美国工人运动的现实情况出发，看到"美国人由于各种显而易见的历史原因在所有理论问题上都远远落后"②，他们在同欧洲的经济交往中"接受了过去对做生意并不直接有害而现在对愚化群众则非常有用的各种荒唐的东西"③。无产阶级对某种理论的接受程度和接受进度，不可避免地会受到他们所处客观社会条件的影响，也不可避免地会受到他们原有思想基础的局限。这些都是理论说服必须要加以考虑的重要因素，都是开展理论说服工作的前提条件。我们不能指望理论说服一步到位，不能指望革命尚未成熟地区的人民直接接受成熟的思想理论，不能用教条主义的方式来要求群众直接掌握超越他们发展阶段的理论学说。

如何循序渐进地开展说服教育呢？如何使说服教育工作符合个体思想成长发展规律呢？那就是要有重点、有步骤、有节奏地持续推进并不断深化理论说服。恩格斯在谈到美国工人运动时曾说道："首先要让运动有巩固自己的时间，不要硬把别人在开始时还不能正确了解、但很快就能学会的一些东西灌输给别人，从而使初期不可避免的混乱现象变本加厉。"④ 要说服群众，就必须要考虑到个体思想发展的渐进性和理论接受程度的渐进性，必须要考虑到现实发展的实际需要，不能盲目追求速度而试图跳过某些发展阶段，强迫人们立即接受他们在当前阶段还无法理解的理论。欲速则不达，思想的蜕变和精神的升华不是瞬间的飞跃，而是日积月累的量变带来的质的突破。正如恩格斯所说，他们应当"参加工人阶级的一切真正的普遍性的运动，接受运动的实际出发点，并通过下列办法逐步地把运动提到理论高度"⑤。理论说服既要实事求

---

① 《马克思恩格斯文集》第 10 卷，人民出版社 2009 年版，第 560 页。
② 《马克思恩格斯文集》第 10 卷，人民出版社 2009 年版，第 558 页。
③ 《马克思恩格斯文集》第 10 卷，人民出版社 2009 年版，第 558—559 页。
④ 《马克思恩格斯文集》第 10 卷，人民出版社 2009 年版，第 560—561 页。
⑤ 《马克思恩格斯文集》第 10 卷，人民出版社 2009 年版，第 560 页。

是，一切从"运动的实际"出发，不能超越当前的发展阶段；又要循序渐进，逐步提升无产阶级的思想深度，逐步拔高无产阶级运动的理论高度。理论说服的进度、速度、深度，要同无产阶级所处历史阶段的理论思维能力与理论接受能力相匹配，要同无产阶级革命运动所处历史阶段的发展需要相匹配。在给予无产阶级相应的理论指导之后，还应当给他们自我消化、自我体会、自我巩固的时间，引导他们将外在的理论学说内化到自身的思想体系中去，逐步提升自己的理论水平和思想高度，让他们循序渐进地接受理论、检验理论、践行理论，进而真正信服理论。

### 三、增强说服效果的重要路径

说服不是简单的理论呈现，不是简单地把理论说给人民群众听。说服是一门艺术，也是一种策略。只有不断提升说服者素质，不断改进说服的语言风格，不断争取人民群众信任，才能不断增强理论说服的感染力与号召力，真正起到说理服人的良好效果。

#### 1. 提升说服者素质

马克思、恩格斯在《神圣家族》中指出："思想本身根本不能实现什么东西。思想要得到实现，就要有使用实践力量的人。"① 一个理论要想成为指引人们进行物质力量创造的精神自觉，必须依靠"使用实践力量的人"来开展理论说服工作，将科学理论进一步转化为人民群众的实践力量。"使用实践力量的人"既包括要说服的对象，也包括说服工作的实施主体，即说服者。实施理论说服，引导人民群众掌握先进思想产生物质力量，必须首先解决好"谁来干"这个队伍建设问题。说服者是理论与人民群众之间的中介和桥梁，说服者自身的能力素质直接影响

---

① 《马克思恩格斯文集》第 1 卷，人民出版社 2009 年版，第 320 页。

着人民群众对理论的接收与感知，直接影响着理论说服的效果。高素质的说服者，能够有效拉近人民群众与理论之间的距离，增强理论在人民群众中的影响力与说服力。

那么，说服者应当具备怎样的能力和品格呢？马克思、恩格斯在经典文本中通过一系列相关论断的阐述，对说服者的基本素质和品格能力做了原则性说明，回答了这一重要问题。恩格斯指出："作为党的政论家，除了一定的信念、善良的愿望和洪亮的嗓音而外，还需要一些别的条件，……党的政论家还需要具有更多的智慧、更明确的思想、更好的风格和更丰富的知识。"① 党的政论家就是共产党派遣到人民群众当中的"说服者"，他们的重大任务就是用党的思想理论来说服广大人民群众。恩格斯从信念、愿望、嗓音、智慧、思想、风格、知识七个方面，对党的"说服者"提出了明确的要求。

第一，说服者应当具备"一定的信念"，即共产主义的崇高信念。对于共产主义事业必获胜利以及对于消灭一切剥削制度、实现普遍的人的解放的真挚笃信，这是支撑说服者义无反顾地投身共产主义事业、实施理论说服、唤醒人民大众的精神动力。

第二，说服者应当具备"善良的愿望"，即对无产阶级以及一切被压迫人民的深切同情。他们应当具备强烈的共情能力，在情感上同无产阶级和广大人民群众共鸣共通，强烈地憎恶资本主义社会的剥削制度，热切地盼望实现普遍的人的解放。

第三，说服者应当具备"洪亮的嗓音"，这是进行口头说服工作的必备生理条件。说服者应当成为党和人民群众的喉舌，要以高亢、洪亮、饱满、富有激情的嗓音，清晰准确地传播党的思想，坚定有力地为人民发声。

第四，说服者应当具备"更多的智慧"，即善于说服群众的智慧。

---

① 《马克思恩格斯文集》第1卷，人民出版社2009年版，第664页。

说服者应当积极灵活地调整说服的策略，善于深入人民群众当中去，善于同群众进行交流和沟通，善于做通群众的思想工作。

第五，说服者应当具备"更明确的思想"，即辩证唯物主义和历史唯物主义的科学思想。说服者要想说服别人，他自身必须应当具有较高的思想水平，他自己应当首先清晰地了解、熟练地掌握、坚定地遵循辩证唯物主义和历史唯物主义的世界观和方法论。

第六，说服者应当具备"更好的风格"，应当以更加亲切的语言风格和行事风格融入群众当中去，保持同人民群众的血肉联系，采取人民群众更能够接受的说服方式，把理论真正讲到人民群众的心坎里去。

第七，说服者应当具备"更丰富的知识"。除了掌握关于人类解放的理论学说，说服者还应不断拓宽自己的知识储备，以丰富的知识为各行各业的人民群众答疑解惑，回应人民群众不同层次的理论需求，从各个侧面说服人民群众，将人民群众引导到无产阶级世界观上来。

### 2. 改进语言风格

语言是意识的物质载体，是"思维的物质外壳"，是思想的生命表现，是人们表达自我意识、开展思想交流、进行人际交往的重要载体。马克思在《1844 年经济学哲学手稿》中指出："思维本身的要素，思想的生命表现的要素，即语言，具有感性的性质。"[①] 无论书面表达的文字还是口头表达的话语，人与人之间的思想交流与精神交往总是要借助于某种特定的语言形式来进行。马克思、恩格斯指出："'精神'从一开始就很倒霉，受到物质的'纠缠'，物质在这里表现为振动着的空气层、声音，简言之，即语言。语言和意识具有同样长久的历史，语言是一种实践的、既为别人存在因而也为我自身而存在的、现实的意识。语言也和意识一样，只是由于需要，由于和他人交往的迫切需要才产生的。"[②]

---

① 《马克思恩格斯文集》第 1 卷，人民出版社 2009 年版，第 194 页。
② 《马克思恩格斯文集》第 1 卷，人民出版社 2009 年版，第 533 页。

思想意识是看不见、摸不着的，是无法独自呈现的。一定的思想必定要以一定的语言表达出来，才能被人们理解与接受。说服是说服者与说服对象双方思想意识的交互过程，必然要通过语言这个中介来展开。说服者需要通过语言将科学思想正确表述出来，传递给被说服者，同时需要通过被说服者的语言，来了解他们的所思所想。被说服者需要从说服者的语言中获取思想和信息，也需要通过语言来进行自我表达与沟通反馈。良好顺畅的语言沟通机制，是正确开展并顺利推进说服教育工作的重要保障。

语言使用是否准确连贯、妥帖确切，影响着双方思想意识的表达、接收与理解，影响着说服的实际效果与具体进度。面对同样的说服对象、同样的理论与事实，不同的语言呈现方式可能会带来截然不同的说服效果。恩格斯在《共产主义者和卡尔·海因岑》一文中批判了海因岑糟糕的语言表达："越往后他的语句就越糟糕。他始终未能找到恰当的词语，因而语言显得拙劣，……他的每一句话都包含着两重废话：一种是他想说的废话，另一种是他不想说但还是说出来的废话。"[1] "海因岑先生不合时宜地到处宣扬没有受过教育的人头脑中的混乱，而且语句颠三倒四，这是他说话不直截了当的报应。"[2] 马克思在 1846 年 5 月 5 日致蒲鲁东的信中也毫不留情地批判了格律恩低劣的语言风格："他无非是一个文字冒险家，一个妄想利用现代思想从中取利的骗子手。他企图用傲慢和狂妄的词藻来掩盖自己的无知，但是空话连篇只不过使他自己成了笑柄。"[3] 这些"糟糕的语句""傲慢和狂妄的辞藻""两重废话"，不仅会在群众中造成一定程度的思想混乱，而且会"使这些作者在德国读者的眼中丧失威信"[4]，人民群众将不再信任他们传递的思想观点。

---

① 《马克思恩格斯文集》第 1 卷，人民出版社 2009 年版，第 674 页。
② 《马克思恩格斯文集》第 1 卷，人民出版社 2009 年版，第 671 页。
③ 《马克思恩格斯全集》第 27 卷，人民出版社 1972 年版，第 465 页。
④ 《马克思恩格斯全集》第 27 卷，人民出版社 1972 年版，第 465 页。

要想说服群众，应当采用什么样的语言呢？一方面，要用"最容易理解的语言"来说服群众。恩格斯在《德国的革命和反革命》一文中批判了青年黑格尔派故弄玄虚的思辨语言，他指出："用来表达这些思想的晦涩的哲学语言，既把作者和读者都弄得昏头昏脑，同样也把检查官的眼睛蒙蔽了。"① 抽象的、深奥的、复杂的语言会给人一种距离感，会给无产阶级造成一定的理解障碍，会有利于巩固资产阶级对无产阶级的思想统治。在马克思、恩格斯看来，说服者应当考虑到无产阶级"目前的知识水平和接受能力"②，将"纯学术性的著作"改写为"人人易懂的宣传性的小册子"③，把晦涩深奥的学理语言转化为人民群众都能够听得懂的语言。用生动形象、通俗易懂、朴实无华的语言来说明科学理论，能够有效增强话语表达的亲和力与吸引力，拉近理论与群众之间的距离。

另一方面，要用简练严整、言简意赅的语言来说服群众。恩格斯指出："言简意赅的句子，一经理解，就能牢牢记住，变成口号"④。言不在多而在精，言简意赅不是单薄贫乏，而是言辞简洁而内涵深厚。冗繁拖沓的语言难于理解，难于记忆，难以在群众当中广泛传扬开来。简明扼要、严整清晰、精练准确的语言则能够鲜明地表达无产阶级的思想观点，给群众带来强烈的思想冲击与心灵震撼，加深群众记忆，成为引领无产阶级革命运动的精神口号。

### 3. 争取群众信任

在《德国的革命和反革命》一文中，恩格斯将"工人阶级的信任"称为"欧洲所有起义的真正战斗力量"⑤。任何理论和实践活动，只有

① 《马克思恩格斯文集》第 2 卷，人民出版社 2009 年版，第 362 页。
② 《马克思恩格斯全集》第 44 卷，人民出版社 1982 年版，第 561 页。
③ 《马克思恩格斯全集》第 35 卷，人民出版社 1971 年版，第 343 页。
④ 《马克思恩格斯文集》第 4 卷，人民出版社 2009 年版，第 407 页。
⑤ 《马克思恩格斯文集》第 2 卷，人民出版社 2009 年版，第 458 页。

在人民群众的信任支持下，才能取得实际的效果。信任是实施说服教育的重要基础，广大无产阶级对说服者的信任程度，是影响说服效果的重要因素。1871 年，马克思在伦敦代表会议上指出："国际的思想一下子就把他们吸引住了。这是唯一能取得工人信任的团体。"[①] 同样的理论，由信任的人说出来，更容易吸引人民群众的关注，也更容易让人民群众相信并接受。恩格斯在 1881 年 10 月 25 日致伯恩施坦的信中指出："马克思由于在理论上和实践上的成就已经赢得了这样的地位，各国工人运动的最优秀的人物都充分信任他。他们在紧要关头都向他请教，而且总是发现他的建议是最好的，……马克思所起的特殊的、对运动极端重要的影响，正是建立在这种基础上的。"[②] 一旦建立起人民群众对说服者的充分信任，他就会成为人民群众在理论和实践中的指路明灯。人民群众在面临重要问题时，就会愿意主动向他请教，并听从他的指导与建议。

那么如何赢得人民群众的信任呢？一方面，要充分尊重人民群众的意志。恩格斯指出："违反别人的意志去影响别人的任何企图，都只会对我们有害，只会毁灭在国际时期取得的原有的信任。"[③] 说服不是要把说服者自己的主观意志强加给被说服者，不是要强迫被说服者接受某种理论观点，不是要强制改变被说服者的意志，而是要在尊重人民群众原本意志的前提下，通过说明理论的本质内涵、内在逻辑、实现路径，引导人民群众感知这一理论的真理性与科学性，激发他们对科学理论的渴求感与认同感，发挥他们的积极性与能动性，帮助他们自觉地将这一理论内化为自己的意志。恩格斯在评价马克思时曾指出："并不是马克思把自己的意见，更谈不上把自己的意志强加于人，而是这些人自

---

① 《马克思恩格斯全集》第 17 卷，人民出版社 1963 年版，第 694 页。
② 《马克思恩格斯文集》第 10 卷，人民出版社 2009 年版，第 467—468 页。
③ 《马克思恩格斯文集》第 10 卷，人民出版社 2009 年版，第 468 页。

己来向他求教的。"① 在这样的说服过程中，人民群众能够感受到自己是被充分尊重的，自己的主体性是得到充分体现的，自己的主体地位是得到切实保障的。因此，他们也就会更加信任说服者，更加信任他所说的理论。

另一方面，说服者要善于倾听人民群众的心声。马克思指出："一个人在处于绝望的境地时，有时是需要向人倾吐胸怀的。但是他只是对他特别信任的人才会这样做。"② 用心倾听人民群众的心声，表明自己对人民群众的重视与尊重，这是获取理解与信任的有效途径。说服者既要做理论的传播者，做好理论的输出，把复杂深奥的学理讲清楚，又要做人民群众的倾听者，做好思想的倾听，认真倾听对方的观点与想法。说服者要成为群众的知心人，揣摩群众心理及其诉求，走进群众的内心深处，深刻体察群众的现实需要，深入了解群众的思想动态，这样，才能赢得人民的信任与支持，群众才会敞开心扉，真正接纳与领会说服者所传递的思想观点。

说服教育是思想政治教育经典的、常用的、基本的方法。任何方式方法的运用，都要落实到说服人这一点上来。马克思、恩格斯关于如何说服人、掌握群众的理论论述与实践经验，确立了思想政治教育说服方法的核心要义与本质内涵。在新的时代条件下，坚持和发展说服教育法，应当以马克思恩格斯的理论观点为重要遵循，在研究和把握说服的基本原理与一般规律的基础上，推动说服手段、形式、途径、机制的创新。

其一，思想政治教育要坚持以理服人。以科学真理说服人，这是马克思主义理论掌握群众的根本要求。2022 年 4 月 25 日，习近平总书

① 《马克思恩格斯文集》第 10 卷，人民出版社 2009 年版，第 468 页。
② 《马克思恩格斯文集》第 10 卷，人民出版社 2009 年版，第 242 页。

记在中国人民大学考察时指出："思政课的本质是讲道理，要注重方式方法，把道理讲深、讲透、讲活。"① 习近平总书记关于"讲道理"的重要论述，是对马克思恩格斯说服教育法的继承、发展和深化，打通了理论说服人、武装头脑、掌握群众的重要关节点。"讲道理"是说服人的关键之所在，说服不是要照本宣科讲理论，将原生形态的理论直接拿来武装人，而是要将理论进一步转化为道理，将精奥深邃的哲理和学理融合转化为深入浅出、清晰透彻、鲜活生动的道理，真正做到有理讲理、言之成理、以理服人，使人们能够融会贯通地理解与掌握道理中所包含的理论知识、价值观念、政治原则、理想信念。这是增强理论解释力、说服力、感召力的本质要求，也是理论武装往深里走、往实里走、往心里走的必然选择，更是思想政治教育入耳、入脑、入心的重要保障。

其二，要深入把握说服规律。时至今日，马克思、恩格斯所阐明的理论说服人、掌握群众、变成物质力量的核心规律，仍然是正确的、科学的，仍然是思想政治教育说服教育法的根本遵循。我们在把握核心规律的基础上，应当更加密切地关注说服教育法在当今时代条件下的运用发展。在不同时代、不同社会、不同国家中，同一种理论学说的说服力与影响力是不同的，人们对同一理论学说的感知与认知也是会发生变化的。因此，用来说服人的理论，不是一成不变的，而是要随着社会历史条件的发展而及时调整变化。要完成对人的彻底说服，就必须用这个时代、这个社会、这个国家人们所需要的彻底的理论内容开展彻底的理论说服。在当今中国，用彻底的理论说服人，就意味着要用马克思主义基本立场、观点、方法来说服人，要用当代中国马克思主义、二十一世纪马克思主义来说服人，要用习近平新时代中国特色社会主义思想来说服人。

---

① 《习近平在中国人民大学考察时强调：坚持党的领导传承红色基因扎根中国大地走一条建设中国特色世界一流大学新路》，《人民日报》2022年4月26日。

　　其三，要推动说服手段、形式、途径的创新发展。在新的时代条件下运用和发展说服方法，必须顺应时代发展需要，创新说服的手段、形式与途径，不断解决新的社会条件下面临的新问题与新挑战。当前，互联网和移动客户端的普及已然改变了传统的说服关系，降低了说服者的信息优势与经验优势，打破了以往思想政治教育中说服者占主导地位的不对等状态，将说服者与被说服者置于一种非常平等的关系状态，社会舆论、群体心理与个体情绪的变化发展机制已经发生了很大改变。每个人都可以成为信息的阅读者，也可以成为信息的发布者与观点的提供者，甚至可以成为影响他人的意见领袖。面对快速更新、良莠不齐、真假难辨的海量互联网信息，人们容易受到错误社会思潮的诱惑与侵蚀，彻底说服人变得越来越困难。我们应当把握互联网背景下说服的条件与限度，借助新媒体、新技术、新平台，推动说服手段、技巧、方式、途径的创新发展，不断占领意识形态新阵地。

# 第七章　情感感染法

马克思在《1844 年经济学哲学手稿》中指出："人的感觉、激情等等不仅是［本来］意义上的人本学规定，而且是对本质（自然）的真正本体论的肯定。"① 感觉、知觉、情感、情绪等是人在对象性活动中展现出的诸多感性因素，是对人的本质力量的真正本体论的肯定与确证。人不仅是一种理性的存在物，也是一种感性的存在物。思想政治教育不仅要说理以服人，更要诉情以感人。只有用自己真实的感觉、知觉、情感、情绪等去感染他人，引发他人产生与自己相一致的情感体验、心理认同和思想感悟，才能做到深入人心、心意相通、以心换心。正如马克思所说："只能用爱来交换爱，只能用信任来交换信任，等等。"② 不同于纯粹的说理教育，感染教育是对于人的本质中感性因素的直接观照，是直接作用于人的感性因素的。但它并非局限于人的感性世界，而是要通过作用于人的感性因素，进入人的内心世界，抵达人的思想深处，在情理交融之中引导受教育者更加积极主动地接受教育者的情感意向、思想主张和行为要求。将情感感染作为思想政治教育的一般方法，做到以情感人、由情入理、情理交融，增强思想政治教育的感化力、感召力、感染力，这是思想政治教育入耳、入脑、入心的重要路径，是思想政治教育塑造人的思想、铸育人的灵魂的必然要求。

马克思、恩格斯一贯重视感性因素在思想政治教育过程中的应用，注重发挥情感感染法的思想政治教育功能。《莱茵报》和《德法年鉴》时期，他们正处于从唯心主义到唯物主义、从革命民主主义到共产主义的深刻的转变之中，逐渐与黑格尔思辨法哲学分道扬镳，且较多地

① 《马克思恩格斯文集》第 1 卷，人民出版社 2009 年版，第 242 页。
② 《马克思恩格斯文集》第 1 卷，人民出版社 2009 年版，第 247 页。

受到人本主义和自然主义的影响，愈发观照人的本质的感性表现。在《〈黑格尔法哲学批判〉导言》中，马克思强调愤怒、激情、勇气、狂热等感性因素有助于唤醒和激发人民群众的革命精神与行动自觉。恩格斯在《英国工人阶级状况》中，阐明了人口集中与群体感染在塑造工人群众思想情感中的重要作用，并进一步论证了社会主义思想对于合理调节和适当引导人民群众革命情感的重要作用。巴黎时期，是马克思恩格斯情感感染法的成熟发展阶段。在《1844 年经济学哲学手稿》中，马克思从人的能动性与受动性相统一的角度，阐释了感觉、直观、激情、情感、愿望、爱等因素对于实现人的对象性本质的重要作用，强调要通过对这些感性因素的激发与引导来协调人的能动性与受动性。共产主义者同盟和国际工人协会时期，马克思、恩格斯不仅在革命实践中积极运用了情感感染法，而且在《共产党宣言》《德国农民战争》《法兰西内战》等著作中，对如何感染教育人民群众的相关问题作出了较为深入的理论解答，明确了感染教育的精神原则与具体要求。

## 一、情感感染的原因分析

在思想政治工作中，为什么必须要对人进行情感感染，为什么有可能对人进行情感感染，为什么必然要进行情感感染？厘清这些问题，才能明确情感感染何以能够成为思想政治教育的一般方法。从必要性来看，这是因为资本主义社会中的无产阶级逐渐被淹没在了"利己主义打算的冰水"之中，必须要通过感染教育唤醒他们的阶级情感。从可能性来看，这是因为无产阶级"内心充满了丰富的情感"，还保留着接受情感感染的能力。从必然性来看，这是因为感性因素是确证人的本质力量，对于人本质的追求和回复必然要求恢复人的激情与热情，必然要求通过加强对人的情感感染来增强人的本质力量。

### 1. 必要性分析

所谓必要性，就是说现实情况要求人们必须要这么做、不得不这么做。马克思、恩格斯将目光聚焦于资本主义社会中无产阶级的现实生活，从无产阶级的思想状况和意识形态斗争的迫切需要出发，将感性因素作为激发唤醒无产阶级的重要抓手，将情感感染作为教育引导无产阶级的必要方法。

从无产阶级的思想状况来看，情感感染是激活无产阶级思想的必要方法。在资本主义社会，无产阶级被置于绝对的非人境地，"无论是个人还是整个阶级都不可能像人一样地思想、感觉和生活"①。在物质生产领域，无产阶级被资本主义社会分工钳制着进行强制劳动，长期局限在琐碎的纯机械性的操作之中。沉重且单调的强制劳动剥夺了他们全部的时间和精力，"不让工人有精神活动的余地，并且要他投入很大的注意力，除了把工作做好，别的什么也不能想"②。在精神生产领域，资产阶级严格掌控着对无产阶级的教育内容，"一切理性的、精神的和道德的教育却被严重地忽视了"③。同时，资产阶级只留给无产阶级两种享乐，即"酗酒"和"纵欲"，"工人为了从生活中得到点什么，就把全部热情集中在这两种享乐上，过度放纵地沉溺于其中"④。恩格斯在《英国工人阶级状况》中引用西蒙斯的一句话来描述无产阶级的思想状况："贫穷对精神所起的毁灭性的影响，正如酗酒对身体一样。"⑤ 无产阶级不仅没有经受过系统的智力教育和全面的理论训练，而且长期忍受着资产阶级带给他们的思想荼毒与精神迫害。在这样的生活中成长起来的无产阶级，思想水平和思维能力都遭到了极大的限制和破坏，思想基础较薄弱，理论水平较低下。

---

① 《马克思恩格斯文集》第 1 卷，人民出版社 2009 年版，第 448 页。
② 《马克思恩格斯文集》第 1 卷，人民出版社 2009 年版，第 433 页。
③ 《马克思恩格斯文集》第 1 卷，人民出版社 2009 年版，第 425 页。
④ 《马克思恩格斯文集》第 1 卷，人民出版社 2009 年版，第 442 页。
⑤ 《马克思恩格斯文集》第 1 卷，人民出版社 2009 年版，第 429 页。

当然，这并不是在否定无产阶级的理论感，并不是说无产阶级没有接受理论教育的能力。相反，无产阶级的理论感正是对他们进行思想政治教育的前提和基础，这点前文已有详细讨论。这里应当注意的是，无产阶级身上有着基于现实生活的实际教育而来的理论感，但是他们的理论感尚停留在感性直观的阶段，还是不完善、有待发展的。缺乏系统理论训练的无产阶级，不可避免地习惯用简单的、感性的、直观的思维方式来搜集和整合信息，依靠经验和直觉的方式来进行思考和判断，凭借着亲身的经历和切身的感受来认识外部世界。这就导致他们容易对直接的、复杂的、深奥的理论内容产生反感情绪和抵触心理。纯粹的理论说教很难直接激活和调动人们的理性因素，总是会"使那些没有受过教育的工人感到莫名其妙和格格不入"[①]。形象生动的感染教育反而更加贴近无产阶级的思想水平，符合无产阶级的思想需要，能够通过激活人的感性因素，进一步调动人的理性因素，激发人们的理论兴趣和理论热情。

从意识形态斗争的迫切需要来看，感染教育是对抗资本主义精神污染的必然要求。马克思、恩格斯在《共产党宣言》中描绘了资本主义社会中的异化现象，他们指出："资产阶级在它已经取得了统治的地方把一切封建的、宗法的和田园诗般的关系都破坏了。它无情地斩断了把人们束缚于天然尊长的形形色色的封建羁绊，它使人和人之间除了赤裸裸的利害关系，除了冷酷无情的'现金交易'，就再也没有任何别的联系了。"[②] 自阶级社会产生以来，私有财产就已经存在，但只有到了资本主义社会，私有制才发展到了顶点，私有制的利己主义内核才真正成为整个社会的精神原则。这固然消灭了"一切固定的僵化的关系以及与之相适应的素被尊崇的观念和见解"[③]，破除了形形色色的封建羁绊对生

① 《马克思恩格斯文集》第 1 卷，人民出版社 2009 年版，第 427 页。
② 《马克思恩格斯文集》第 2 卷，人民出版社 2009 年版，第 33—34 页。
③ 《马克思恩格斯文集》第 2 卷，人民出版社 2009 年版，第 34 页。

产关系的束缚，极大地促进了社会生产力的发展，却也用纯粹的利益关系、金钱关系替代了人与人之间的一切关系，把人的情感、尊严、价值、道德都变成了交换价值，使整个社会都笼罩在资本统治的阴影之下。正如马克思、恩格斯所说："它把宗教虔诚、骑士热忱、小市民伤感这些情感的神圣发作，淹没在利己主义打算的冰水之中。"[①]"在这种贪得无厌和利欲熏心的情况下，人的任何观点都不可能不受到污染。"[②]无产阶级的一切痛苦、伤感、悲哀、快乐、激情、爱等都被碾碎在资本主义社会的生产机器之中，他们"都或多或少地患着忧郁症，总是愁眉苦脸，郁郁寡欢"[③]。久而久之，无产阶级也会逐渐被利己主义的冰水淹没，"一切情欲和一切活动都必然湮没在贪财欲之中"[④]。部分人甚至会认为"斗争是无益的而放弃摆脱自己所处状况的斗争，只是力图尽可能地利用有利时机去得到一点好处"[⑤]。当然，要彻底消除资产阶级对无产阶级情感奴役与思想异化，将无产阶级从利己主义的精神荼毒之中挽救出来，就必须现实地消灭资本主义的私有制，消灭资本主义利己主义精神产生的现实根源。但是在漫长的斗争过程中，我们也必须立即着手加强对无产阶级的感染教育，挽救无产阶级作为人的情感意志，唤醒无产阶级作为革命阶级的精神力量，使他们不致丧失抗争的欲望与革命的激情。

### 2. 可能性分析

所谓可能性，就是说事情具有一定的发生概率，能够行得通。分析情感感染法的可能性或是可行性，就是要探讨感染教育能否触动无产阶级，无产阶级身上是否还保留着接受情感感染的可能。与那些被冰冷的

---

① 《马克思恩格斯文集》第 2 卷，人民出版社 2009 年版，第 34 页。
② 《马克思恩格斯文集》第 1 卷，人民出版社 2009 年版，第 476 页。
③ 《马克思恩格斯文集》第 1 卷，人民出版社 2009 年版，第 418 页。
④ 《马克思恩格斯文集》第 1 卷，人民出版社 2009 年版，第 227 页。
⑤ 《马克思恩格斯文集》第 1 卷，人民出版社 2009 年版，第 430 页。

利己主义支配的资产阶级不同，无产阶级"内心充满了丰富的感情"。无产阶级身上之所以还保留着人的丰富感情，"应当归功于他所受的教育，或者更确切地说，应当归功于他没有受过教育"①。无产阶级接受过的实际生活教育和没有接受过的资产阶级教育，从双重意义上帮助无产阶级保存了"合乎人性的意识和感情"，保持了被唤醒、被激发、被熏陶的可能，保留了在感染教育之下去反抗资产阶级剥削统治的能力。

从无产阶级所受的教育来看，现实生活的实际教育使得无产阶级能够保持清醒和愤怒。在资本主义社会，资产阶级掌握着社会的精神生产资料，掌握着调节教育资源的权利。对资产阶级而言，"让工人受教育是危险的"②，他们害怕无产阶级的觉悟，他们"对工人只有一种教育手段，那就是皮鞭，就是残忍的、不能服人而只能威吓人的暴力"③。在资本主义社会的教育系统中，无产阶级长期忍受资产阶级的思想荼毒与情感异化，"脑子里塞满了各种无法理解的教条和神学上的奥义，从很小的时候起就激起教派的仇恨和狂热的迷信，而一切理性的、精神的和道德的教育却被严重地忽视了"④。如果无产阶级只能接受到资产阶级的精神统治，而无法获取任何其他的思想启蒙，那么他们也就只能沦为资产阶级的生产工具。

万幸的是，"这个阶级的生活状况给了他们一种实际的教育，这种教育不但代替了学校的那套东西，而且还清除了和那些东西乱七八糟搅在一起的宗教观念的毒素，甚至还把工人置于英国全民族运动的前列"⑤。无产阶级亲身经历了长期而艰难的贫苦生活，现实生活的磨砺给了他们最为深沉的痛苦，也给了他们最为深刻的教育，教导他们时刻

① 《马克思恩格斯文集》第 1 卷，人民出版社 2009 年版，第 448 页。
② 《马克思恩格斯文集》第 1 卷，人民出版社 2009 年版，第 425 页。
③ 《马克思恩格斯文集》第 1 卷，人民出版社 2009 年版，第 428 页。
④ 《马克思恩格斯文集》第 1 卷，人民出版社 2009 年版，第 424—425 页。
⑤ 《马克思恩格斯文集》第 1 卷，人民出版社 2009 年版，第 427 页。

保持清醒，保持对现实生活的感知能力与认识能力。"贫困教人去祈祷，而更重要的是教人去思考和行动。"① 贫苦生活中的实际教育能够在一定程度上抵消宗教教育和资产阶级教育对无产阶级的荼毒与蛊惑，能够让无产阶级认识到资产阶级意识形态的虚假性与欺骗性，能够使无产阶级不致麻木僵化到对自己的苦难无知无觉。同时，能够让无产阶级比任何阶级都更加清晰地感受着资本主义社会的现实苦难与内在矛盾，更加深切地了解尘世的政治和社会问题，更加真实地明白什么是自己的切身利益、什么是资产阶级的特殊利益。经受了深刻的实际教育的无产阶级，就不会对自己的现实处境冷漠麻木、无动于衷，就不会"再在思想、感情和意志表达方面也成为资产阶级的奴隶"②，就能够以合乎人性的方式去感知、去感受、去感悟。

从无产阶级没有受过教育来看，智力教育的缺乏反而使得无产阶级"内心充满了丰富的情感"。恩格斯指出："资产阶级由于自私自利竟这样冷酷，这样鼠目寸光，甚至不肯花一点力气把现代道德，即资产阶级为了自身的利益、为了自身的保障而炮制出来的道德灌输给工人!"③ 出于对自身利益的维护，资产阶级自然不会为无产阶级提供接受良好教育的机会，这势必会导致无产阶级精神生活的匮乏与思想水平的落后。但从另一个角度来看，这也说明资产阶级对无产阶级的思想教化与情感奴役是不全面不系统的，无产阶级受到资产阶级的思想荼毒与情感异化是存在漏洞的。资产阶级自私自利到不肯向无产阶级提供全部的教育因素，使得无产阶级难以像资产阶级一样接受系统完善的资本主义教育，也使得他们能够在一定程度上幸免于资产阶级的精神荼毒，使得他们仍然保持着思想的纯净与情感的丰富。

正如恩格斯所说："智力教育已经如此有力地促进了英国资产者利

① 《马克思恩格斯文集》第1卷，人民出版社2009年版，第427页。
② 《马克思恩格斯文集》第1卷，人民出版社2009年版，第437页。
③ 《马克思恩格斯文集》第1卷，人民出版社2009年版，第427—428页。

己主义天性的发展，使他所有的热情都受利己心的支配，并把他的情感
的全部力量集中在追求金钱这一点上。而工人缺少这种智力教育，因
此，工人的热情和外国人一样强烈奔放。"① 资本主义社会中的教育极
大地促进了资产阶级的智力发展，同时以强烈的利己主义精神吞没了他
们的全部情感，把他们变成了冷酷无情的人格化的资本。没有受过这种
利己主义教育的无产阶级，虽然在智力发育方面被忽视了，但他们"不
是像他的有钱的邻居那样的专会打算盘的拜金者；他的内心充满了丰富
的感情"②。恩格斯进一步指出："缺少宗教教育和其他教育，也使得工
人比资产者客观，比资产者容易摆脱传统的陈腐的原则和先入之见的束
缚，……工人比资产者偏见少得多，对事实看得清楚得多，不是戴着自
私的眼镜来看一切。因为缺少教育，所以他没有宗教偏见。"③ 由于受
资产阶级传统观念影响尚不全面，无产阶级也就比资产阶级能够更加容
易地抛却这些陈腐偏见，他们身上也就更多地保持着人的丰富情感，保
持着对资本主义社会丑恶现实的愤怒与憎恶，保持着改造社会的热情和
对美好生活的向往。这样有着丰富情感的无产阶级自然也就更加容易受
到外界的影响和感染。

### 3. 必然性分析

所谓必然性，就是说事物发展的合规律性，是指客观事物一定要发
生的、确定不移的趋势。探讨以情感因素为切入点、开展感染教育是否
具有必然性，就是要清楚感染教育是否切合人的思想形成发展的基本规
律，是否符合人的本质的发展规律。恩格斯在《路德维希·费尔巴哈和
德国古典哲学的终结》一文中指出："在社会历史领域内进行活动的，

---

① 《马克思恩格斯文集》第 1 卷，人民出版社 2009 年版，第 448—449 页。
② 《马克思恩格斯文集》第 1 卷，人民出版社 2009 年版，第 448 页。
③ 《马克思恩格斯文集》第 1 卷，人民出版社 2009 年版，第 439 页。

是具有意识的、经过思虑或凭激情行动的、追求某种目的的人。"① 思虑与激情、理性与感性，都是人的本质的内在意蕴。马克思在《1844年经济学哲学手稿》中指出："人的感觉、激情等等不仅是［本来］意义上的人本学规定，而且是对本质（自然）的真正本体论的肯定。"② 人的感觉、知觉、情绪、情感等感性因素，既是人的受动性的基本表征，也是人的能动性的重要体现。这些感性因素构成了人们的基本自然能力，是人们认识客观事物、感受外部世界的基本途径，是确证人的本质力量的重要维度，具有不可替代的政治意义和社会意义。正是在这个意义上，我们说情感感染法的作用机制是符合人的本质发展规律的，感染教育的方法艺术闪耀着人性的光芒，它既是对人的受动性本质的积极肯定，也是对人的能动性本质的充分发挥。

一方面，情感感染是对人的受动性的积极肯定。马克思指出："人作为自然的、肉体的、感性的、对象性的存在物，同动植物一样，是受动的、受制约的和受限制的存在物，就是说，他的欲望的对象是作为不依赖于他的对象而存在于他之外的；但是，这些对象是他的需要的对象；是表现和确证他的本质力量所不可缺少的重要的对象。"③ 人不是孤立存在的，生活在现实世界中的人在外部对象的刺激和作用下，会产生强烈追求的需要、欲望和目的。当人在实现自己的需要、欲望和目的的时候，也会受到各种客观存在条件的限制、制约和束缚，产生对客观存在条件的依赖。人的受动性本质决定了人需要通过现实的、感性的对象，在多样的对象性关系之中表现自己的生命，确证自己的本质力量。"人对世界的任何一种人的关系——视觉、听觉、嗅觉、味觉、触觉、思维、直观、情感、愿望、活动、爱，……通过自己的对象性关系，即

① 《马克思恩格斯文集》第4卷，人民出版社2009年版，第302页。
② 《马克思恩格斯文集》第1卷，人民出版社2009年版，第242页。
③ 《马克思恩格斯文集》第1卷，人民出版社2009年版，第209页。

通过自己同对象的关系而对对象的占有。"① 人在与外部世界发生对象性关系的过程中，在不同对象的刺激和作用下，产生了多种多样的感觉、知觉、情绪、情感。对象性关系的发展程度决定着人的精神世界的丰富性，也决定着人的本质的丰富性。

马克思进一步指出："人作为对象性的、感性的存在物，是一个受动的存在物；因为它感到自己是受动的，所以是一个有激情的存在物。激情、热情是人强烈追求自己的对象的本质力量。"② 人无时无刻不在同这个世界发生对象性的关系，无时无刻不在接受着对象世界的感染。人们追求对象世界、接受对象世界感染的过程，正是彰显与实现人的本质力量的过程。感染教育就是要通过建构和调节人与人、人与客观事物、人与外在环境的对象性关系，最大程度地把客观对象对人的限制与制约转化成人们自我实现的基础和条件，使人们在积极的对象性关系中获得正向的感觉、知觉、情绪、情感等感性体验，在人与外在对象的共情共鸣共振中感化人、感染人、感召人，不断增强人们"强烈追求自己的对象的本质力量"，从而丰富人们的精神世界，指引人们的实践活动。正是在这个意义上，我们说感染教育切合于人的对象性关系的建构机制和发展规律，是积极扬弃人的受动性本质的必然要求。

另一方面，情感感染能够促进人的能动性的充分发挥。人作为有生命的自然存在物，"具有自然力、生命力，是能动的自然存在物；这些力量作为天赋和才能、作为欲望存在于人身上"③。生活在现实世界之中的人，会受到各种外在客观条件的限制与束缚。但是在这些限制与束缚面前，人并不是完全被动的，而是具有自然力和生命力的，是具有天赋、才能和欲望的。马克思指出："对象性的本质在我身上的统治，我

---

① 《马克思恩格斯文集》第 1 卷，人民出版社 2009 年版，第 189 页。
② 《马克思恩格斯文集》第 1 卷，人民出版社 2009 年版，第 211 页。
③ 《马克思恩格斯文集》第 1 卷，人民出版社 2009 年版，第 209 页。

的本质活动的感性爆发,是激情,从而激情在这里就成了我的本质的活动。"① 人受到对象性的支配和统治,但也能通过自己的感性爆发、通过自己的激情的本质活动来改造对象世界。在这里,激情既是人对对象的欲望与追求,也是促使人将自己的愿望和意图实现到对象世界的内在渴望,是人们以自己的愿望和意图来改造对象的动力支撑。人们能够在对象性关系中获得和展现自己的自然力和生命力,并且能够运用自己的自然力和生命力能动地改造对象世界,使对象成为人的对象、成为人存在发展的基础和条件,使外在的对象服务于自己的欲望和目的。

马克思进一步指出:"对象如何对他来说成为他的对象,这取决于对象的性质以及与之相适应的本质力量的性质;因为正是这种关系的规定性形成一种特殊的、现实的肯定方式,……每一种本质力量的独特性,恰好就是这种本质力量的独特的本质,因而也是它的对象化的独特方式。"② 外在的对象如何成为人的对象、成为人的何种对象,不仅取决于对象本身的性质,而且取决于人如何发挥自己的本质力量、取决于人究竟以何种方式来将外在世界对象化。人作为主体在对象性活动中要正确掌握对自己有意义的对象,就必须通过发挥自己的主观能动性,确立与对象的性质相适应的本质力量,以现实的肯定方式建构起同对象的关系,在主客体的内在统一中使对象真正成为人的对象。而这正是感染教育的核心机制与本质追求。感染教育不是把人当作只能被感染、被支配、被统治的受动性存在,而是当作具有各种天赋、才能和欲望的能动性存在,当作能够爆发激情的主体活动的人。感染只是方式和手段,其最终目的在于通过调动人的感觉、知觉、情绪、情感等感性因素,激发人的主观能动性,增强人的本质力量,达到人与对象世界的共通共融,实现人对客观世界的能动的改造。正是在这个意义上,我们说感染教育

---

① 《马克思恩格斯文集》第 1 卷,人民出版社 2009 年版,第 195 页。
② 《马克思恩格斯文集》第 1 卷,人民出版社 2009 年版,第 191 页。

是对人的本质的充分肯定，是对人的主观能动性的正确发挥。

## 二、情感感染的基本环节

马克思、恩格斯关于无产阶级革命的理论论述和实践经验已然展现了他们对广大人民群众进行情感感染的基本过程，为我们提供了理解和把握情感感染法的范本和依据。情感感染不是纯粹的煽情，不仅要以情动人、以情感人、以情化人，还要融情于理、由情入理、情理交融。感染教育既要有情感的温度，也要有思想的深度，还要有政治的高度。这是一个循序渐进的过程，不仅是感性因素的激发与唤醒，也是情感共鸣的渲染与增强，更是精神境界的提高与升华。

### 1. 激发"无产阶级对他们的压迫者的愤怒"

愤怒是唤醒抗争本能、激发人们革命欲望的起点。恩格斯在深入考察无产阶级生活状况之后感叹道："无产者已经被置于人们所能想象的最令人愤怒的非人的境地。"① 同时，他将愤怒视为"唯一能够引导工人前进的手段"②，"这种憎恨、这种愤怒是一种证明，证明工人感觉到他们是处在非人的境地，证明他们不想被人贬低为牲口，证明他们总有一天要把自己从资产阶级的奴役下解放出来"③。感染教育的首要任务，就是要让广大人民群众深切感受到自己正处在非人的境地，激发他们对自己现实处境的愤怒、对资产阶级统治的愤怒、对资本主义社会的愤怒，唤醒无产阶级反对资产阶级剥削的抗争本能。

当无产阶级清醒地感知到自己的现实处境时，他们对压迫者的愤怒是必然的。但在资产阶级的思想统治与情感异化之下，无产阶级并非时

① 《马克思恩格斯文集》第 1 卷，人民出版社 2009 年版，第 430 页。
② 《马克思恩格斯文集》第 1 卷，人民出版社 2009 年版，第 472 页。
③ 《马克思恩格斯文集》第 1 卷，人民出版社 2009 年版，第 431—432 页。

刻都能清晰地认识到自己的处境。有的无产者不仅不会产生反抗资产阶级统治的情感情绪，甚至"还必须承认和首肯自己之被支配、被统治、被占有全是上天的恩准"①，对自己的苦难生活无动于衷、表示默许。正如恩格斯所说："一些人温驯地屈服于自己的命运，安分守己，得过且过，对世界上发生的事情不闻不问，帮助资产阶级把束缚工人的锁链锻造得更结实，他们还处于工业时代以前的那种死气沉沉的精神状态；另一些人则听天由命，玩世不恭，在失去外部的稳定依托以后，又失去内心的稳定依托，过一天算一天，酗酒，追逐女人。——在这两种情况下，他们都是牲口。"② 极端的压迫和长期的贫困，确实对无产阶级的精神产生了毁灭性的影响，逐渐湮灭了他们身上那些作为人的感情。部分无产者"驯顺地让人把挽轭套在脖子上，只想把挽轭下的生活弄得比较舒适些，而不想打碎这个挽轭"③。他们沦为资产阶级沉默的帮凶，对资产阶级的丑恶行径缄口不言，对资产阶级的小恩小惠表示服从、感激和爱戴。部分无产者陷入"绝望的冷漠"，变得僵化麻木、驯顺温吞、死气沉沉，用一种近乎自我毁灭的方式来表达自己的绝望，走向颓废堕落、犯禁享乐、违法犯罪的深渊。这些被抹杀了人的感情的无产者，丧失了对资产阶级表达愤怒的能力，在枯燥而沉重的强制性劳动中沦为为资产阶级劳作的"牲口"。

要挽救无产阶级作为人的感情和尊严，就应当让他们清醒地感知到、认识到自己所遭受的压迫和剥削，激起他们对自己所处的"牲口的环境"的愤怒和"对当权的资产阶级的强烈仇恨"，使他们能够再度以人的方式去感受、去表达、去发泄。恩格斯指出："如果人们被置于只适合于牲口的环境，那么他们除了起来反抗或者真的沦为牲口，是没有

① 《马克思恩格斯文集》第1卷，人民出版社2009年版，第6页。
② 《马克思恩格斯文集》第1卷，人民出版社2009年版，第432页。
③ 《马克思恩格斯文集》第1卷，人民出版社2009年版，第428页。

其他道路可走的。"① 当人们不甘心真的变得像牲口一样的时候，当人们强烈地想要去改变"只适合于牲口的环境"的时候，他们就会走上反抗的道路。正如恩格斯所说："这些被当做牲口对待的工人，不是真的变得像牲口一样，就是只有靠着对当权的资产阶级的强烈仇恨，靠着对资产阶级永不熄灭的内心愤慨才能保持合乎人性的意识和感情。"② 这些情感不是凭空产生的，也不是靠纯粹的煽情和渲染得来的。"无产阶级对他们的压迫者的愤怒是必然的，是正在开始的工人运动的最重要的杠杆。"③ 但是，必然并不意味着自然而然，并不意味着无产阶级会自然自发地产生对资产阶级的愤怒、憎恶与仇恨。要点燃无产阶级的仇恨、愤慨与勇气，就要"让受现实压迫的人意识到压迫，从而使现实的压迫更加沉重；应当公开耻辱，从而使耻辱更加耻辱"④。只有用最沉重的现实去唤醒无产阶级，让他们对自己的现实处境大吃一惊，他们才不会心甘情愿地成为资产阶级的生产工具，他们才能够有所改变并有所行动，才能推动革命运动进一步向前发展。

恩格斯指出："在群情异常激愤的时期，这些工会中发生了——不论领导者是否知情——一些只能用达到绝望地步的仇恨和冲破一切藩篱的狂野的激情来解释的个别行动。"⑤ 确实，无产者反抗资产者的最初斗争还只是表现为一些个别的复仇行动，这些仇恨与激情支配的个别行动中不可避免地包含了一些野蛮的、流血的、残酷的成分，比如"泼硫酸事件""纵火和试图爆炸的事件""枪击事件"。但是，无产阶级终究是被愤怒的杠杆撬动了，他们终于感知到了资产阶级与无产阶级之间不可调和的对立，他们终于开始了反抗资产阶级的实际行动。这也说明感

---

①　《马克思恩格斯文集》第 1 卷，人民出版社 2009 年版，第 442 页。
②　《马克思恩格斯文集》第 1 卷，人民出版社 2009 年版，第 428 页。
③　《马克思恩格斯文集》第 1 卷，人民出版社 2009 年版，第 497 页。
④　《马克思恩格斯文集》第 1 卷，人民出版社 2009 年版，第 6—7 页。
⑤　《马克思恩格斯文集》第 1 卷，人民出版社 2009 年版，第 455 页。

染教育不能停留在简单的情绪情感的激发上，必须要把个别无产者的反抗情绪凝结为无产阶级以及一切被压迫人民的共同情感，提升为革命阶级追求人类解放的崇高精神。

### 2. 争取人民群众的"普遍同情"

革命的激情如果只是体现为个别无产者的愤怒，那么革命运动也就只能表现为一些个别的抗争行动。恩格斯在考察了英国工人阶级的悲惨生活与无产阶级运动的初期状况后指出："共产主义就认为，无产阶级对他们的压迫者的愤怒是必然的，是正在开始的工人运动的最重要的杠杆；但是共产主义比这种愤怒更进了一步，因为它不仅仅是工人的事业，而且是全人类的事业。"[①] 要把"工人的事业"变成"全人类的事业"，就要用革命的激情来感染整个社会，尽可能广泛地争取被压迫人民对革命事业的深切同情，使无产阶级和一切被压迫人民都"摆脱束缚住市民社会利己精神的枷锁"[②]，使无产阶级运动成为"得到普遍同情的革命"。

所谓同情，不仅仅是对弱者的怜悯，更重要的是不局限于利己主义的狭隘视角，将情感关切和利益关注的视角从自我转移至他人，设身处地体验他人处境、理解他人情感，从而与他人情感相连、心绪相通、感同身受。同情是把不同阶级联结起来的情感纽带。只有不断加强无产阶级与其他被压迫人民的相互同情，不断扩大无产阶级革命的共同情感基础，才能在无产阶级和一切被压迫人民之间形成广泛的共情、共鸣、共振，以普遍而深刻的同情来凝聚革命共识，壮大革命队伍，催化革命运动。

一方面，要加强无产阶级对一切被压迫人民的同情。同情是革命的催化剂，自人类进入阶级社会以来，从来没有哪个阶级能够像无产阶级

---

① 《马克思恩格斯文集》第 1 卷，人民出版社 2009 年版，第 497 页。
② 《马克思恩格斯文集》第 1 卷，人民出版社 2009 年版，第 45 页。

一样深切地同情一切被压迫人民。在以利己主义为根本原则的资本主义社会中，"人们只管自己，使人类彼此隔绝，变成一堆互相排斥的原子"①，"资产阶级只关心他们本身的利益，很难指望他们会对人民表示同情"②。资本主义私有制"扯断人的一切类联系，代之以利己主义和自私自利的需要，使人的世界分解为原子式的相互敌对的个人的世界"③，不同阶级彼此隔绝、相互对立、相互猜疑，对统治阶级的剥削行为保持淡漠，对其他阶级的苦难生活视而不见，根本无法产生情感情绪上的同频共振。

只有处于社会最底层的无产阶级，还保留着同情的能力。恩格斯指出："工人在帮助穷人方面总是比资产阶级做得多，……工人的仁慈也表现在其他各个方面，而且其表现形式也是令人愉快的。他们自己就是命途多舛的，所以能同情那些境况不好的人。在他们看来，每一个人都是人，而在资产者的眼中，工人却不完全是人。"④ 无产阶级由于自己"命途多舛"，更容易真切地"同情那些境况不好的人"，真诚地"同情每一个为人类的进步而真诚地献出自己力量的人"⑤。其他阶级在不同程度、不同领域遭受过的苦难，都毫无遗漏地降落在无产阶级身上；其他阶级的利益诉求与解放需要，也都毫无例外地包含在了无产阶级的利益诉求与解放需要之中，这正是感染教育的切入点，正是加强无产阶级对一切被压迫人民的同情的切入点。正如恩格斯所说："只能指望工人的同情，因为工人根据切身的体验知道饥饿是什么滋味，而且他们自己也随时都会陷入同样的境地。"⑥ 加强无产阶级对一切被压迫人民的同情，就是要引导无产阶级推己及人、将心比心，让无产阶级去感受其他

---

① 《马克思恩格斯文集》第 1 卷，人民出版社 2009 年版，第 94 页。
② 《马克思恩格斯全集》第 2 卷，人民出版社 1958 年版，第 210 页。
③ 《马克思恩格斯文集》第 1 卷，人民出版社 2009 年版，第 54 页。
④ 《马克思恩格斯文集》第 1 卷，人民出版社 2009 年版，第 438 页。
⑤ 《马克思恩格斯全集》第 2 卷，人民出版社 1957 年版，第 277 页。
⑥ 《马克思恩格斯全集》第 2 卷，人民出版社 1957 年版，第 371 页。

被压迫人民在何种程度上遭受着自己曾遭受过的苦难，深切地理解这些被压迫人民在何种程度上承受着资本主义社会的剥削和压迫，切身地感知到这些被压迫人民的痛苦与挣扎，深刻地感受到这些被压迫人民的革命诉求与革命意愿。如此一来，无产阶级就会明白自己在革命的道路上还有数量庞大的、可供争取的力量，就会在情感上更加亲近其他被压迫阶级人民，更加主动地同其他被压迫人民汇合起来、结成同盟。这不仅能够增强无产阶级的革命热情，而且能够强化无产阶级的胜利信心，为持续推进无产阶级革命提供强大的精神力量。

另一方面，要争取一切被压迫人民对无产阶级的同情。光是有无产阶级对其他被压迫人民的同情，那么革命就会变成无产阶级的一厢情愿、舍己为人，无产阶级就会陷入孤立无援的被动境地。革命要进一步扩大和发展，还必须争取一切被压迫人民对无产阶级的同情，增强一切被压迫人民对无产阶级的信任和支持，在最大程度上联合革命力量、扩大革命基础。马克思等在《救济德国政治流亡者的呼吁书》中指出："如果你们同情你们的先进的优秀战士所受的苦难，那末用不着我们特别劝说，你们就会响应我们的号召。"[1] 对无产阶级的同情，是推动一切被压迫人民加入无产阶级革命队伍、投入无产阶级革命的重要动力。

争取一切被压迫人民对无产阶级的同情，不是要让其他阶级的人民把无产者当作承受苦难的弱者去怜悯，而是要引导被压迫人民感受无产阶级遭受的苦难，体会无产阶级的痛苦与愤怒，理解无产阶级的先进性和革命性，使他们在道义上和情感上支持、帮助直至投入无产阶级争取自由解放的现实运动。当他们深刻明白如果自己不投入革命，那么无产阶级现在遭受的苦难就会在未来的某一时刻降临到他们身上；当他们真正理解到无产阶级利益诉求的革命性，他们就会明白只有无产阶级是一个真正彻底的革命阶级；他们就会相信只有跟着无产阶级进行革命才能

---

[1] 《马克思恩格斯全集》第 7 卷，人民出版社 1959 年版，第 596 页。

实现自己的彻底解放；他们就会发自内心地"承认无产阶级是自己的先锋队而靠拢它"①。同时，当其他阶级的被压迫人民看到，无产阶级这样一个承受着普遍苦难的阶级都已经起来反抗剥削阶级的统治，他们就会被无产阶级的革命激情所感染，会被无产阶级的革命勇气所激励，进而更加积极主动地响应革命号召。无产阶级和一切被压迫人民之间的相互理解、相互同情、相互支持，就能够为无产阶级革命提供广阔而坚实的群众基础，注入强劲而持久的发展动力。相互的同情是无产阶级与一切被压迫人民之间的黏合剂。当他们能够亲如兄弟、汇合起来、混为一体，才能一齐爆发出"瞬间的狂热"，将"个别地、间接地进行的穷人反对富人的战争"② 扩展为"普遍的、全面的和直接的战争"③。

### 3. 升华革命精神的"原则高度"

恩格斯指出，共产主义比无产者的愤怒"更进了一步"，共产主义事业是"全人类的事业"。这里所说的"更进了一步"，不只是范围的扩大，更是高度的提升；这里所说的"全人类的事业"，不只是在强调革命运动的普遍性，更是在强调革命运动的原则高度。前面已经谈到，愤怒是激活人们行动的杠杆，同情则是将人们联结在一起的纽带。但仅仅有愤怒和同情是不够的，要把已经被激活并且联结在一起的人们锻造成坚强的革命力量，还必须进一步升华革命精神的"原则高度"，将无产者"个人的复仇"提升到人类解放的革命高度上来，实现"有原则高度的革命"。

马克思在《〈黑格尔法哲学批判〉导言》中探讨人类解放的实际可能时指出："在市民社会，任何一个阶级要能够扮演这个角色，就必须

---

① 《马克思恩格斯文集》第 2 卷，人民出版社 2009 年版，第 89 页。
② 《马克思恩格斯文集》第 1 卷，人民出版社 2009 年版，第 498 页。
③ 《马克思恩格斯文集》第 1 卷，人民出版社 2009 年版，第 498 页。

在自身和群众中激起瞬间的狂热。在这瞬间，这个阶级与整个社会亲如兄弟，汇合起来，与整个社会混为一体并且被看做和被认为是社会的总代表……"① 无产阶级要真正成为"社会的总代表"，夺取"解放者的地位"，就不能仅仅局限于对资产者的复仇行为，也不能仅仅寄希望于其他被压迫人民的同情怜悯，而是要同一切被压迫人民亲如兄弟、汇合起来、混为一体，为"社会的普遍权利"来"要求普遍统治"。马克思在分析德国阶级状况时指出，德国还没有爆发革命的严峻的阶级对立，德国缺少作为"社会消极代表"的阶级，也缺少作为社会积极代表的阶级。他指出："在德国，任何一个特殊阶级所缺乏的不仅是能标明自己是社会消极代表的那种坚毅、尖锐、胆识、无情。同样，任何一个等级也还缺乏和人民魂魄相同的，哪怕是瞬间相同的那种开阔胸怀，缺乏鼓舞物质力量去实行政治暴力的天赋，缺乏革命的大无畏精神，对敌人振振有辞地宣称：我没有任何地位，但我必须成为一切。"② 德国的资产阶级缺少敢于承认自己是社会消极代表的那种"坚毅、尖锐、胆识、无情"，德国的无产阶级也缺乏"和人民魂魄相同的开阔胸怀""实行政治暴力的天赋""革命的大无畏精神"。而这些，正是感染教育所追求的目标，是感染教育要在无产阶级身上培养出来的精神品质。

其一，要培养无产阶级"和人民魂魄相同的"开阔胸怀。无产阶级"不仅仅是单个的、孤立的民族的成员"③，而且是"伟大的人类大家庭的成员"④。培养和人民魂魄相同的革命胸怀，就是要使无产阶级深切感受到自己与一切被压迫人民利益相通、情感相通、魂魄相通，想人民之所想，深刻认同无产阶级的解放同"人民革命"是完全一致的，塑造出无产阶级高度的社会责任感和深刻的历史使命感，锻造出无产阶级作

---

① 《马克思恩格斯文集》第1卷，人民出版社2009年版，第14页。
② 《马克思恩格斯文集》第1卷，人民出版社2009年版，第15页。
③ 《马克思恩格斯文集》第1卷，人民出版社2009年版，第384页。
④ 《马克思恩格斯文集》第1卷，人民出版社2009年版，第384页。

为"社会总代表"的胸襟气度与志向抱负。恩格斯指出:"没有一个共产主义者想到要向个别人复仇,或者认为某个资产者在现存的关系中能够有不同于现在的行动。"① 要把无产阶级的精神境界提升到"共产主义者"的高度上来,就是要无产阶级抛去相互猜疑、相互对立的暧昧态度,"从自己的特殊地位出发,从事社会的普遍解放"②。具体而言,就是要无产阶级不是作为单个的无产者向直接压迫自己的资产者开展复仇行动,而是作为一切被压迫人民的总代表来反对作为剥削阶级的资产阶级;不是汲汲营营于个人得失,不是为了本阶级的特殊利益,而是要实现一切被压迫人民的利益;不是要争取单个人的、单一阶级的解放,而是要实现普遍的人的解放。

其二,要唤醒无产阶级敢于"鼓舞物质力量去实行政治暴力的天赋"。唤醒无产阶级实行政治暴力的天赋,就是要激发他们敢于标明自己是社会积极代表的胆识,增强他们敢于同资产阶级对立的勇气,提升他们拿起物质武器、以政治暴力的形式来开展反抗斗争的内在驱动力。对无产阶级情感情绪的激发感染,最终要落实到鼓舞"无产阶级用暴力推翻资产阶级而建立自己的统治"③ 上来,要把无产阶级的愤怒、把一切被压迫人民对革命的同情,都转化为实实在在的暴力革命。要做到这一点,就要让无产阶级切身感受到他们已经同资产阶级处于一种不可调和的对立状态之中,感受到他们的革命情感与革命需要已经到达了顶点,感受到他们必须通过同资产阶级的暴力斗争才能争得一丝生存余地。当无产阶级不再惧怕强大的资本主义国家机器,不再害怕资产阶级的军队、警察、官僚机构,或者说当无产阶级即便是畏惧资本主义的暴力机器,也仍然有胆魄与决心向资产阶级宣战、同资产阶级进行你死我活的暴力斗争、以暴力革命去打碎旧的国家机器时,他们才真正担当得

① 《马克思恩格斯文集》第 1 卷,人民出版社 2009 年版,第 497 页。
② 《马克思恩格斯文集》第 1 卷,人民出版社 2009 年版,第 14 页。
③ 《马克思恩格斯文集》第 2 卷,人民出版社 2009 年版,第 43 页。

起"解放者"的重大历史使命。

其三，要增强无产阶级"革命的大无畏精神"。革命的大无畏精神就是要在革命运动中冲锋在前、不怕流血、敢于牺牲。马克思在《法兰西内战》初稿中高度赞扬了巴黎工人的革命精神："工人阶级的巴黎是英勇的，富有自我牺牲的精神，对自己的艰巨任务满怀热情。"①马克思、恩格斯在《共产主义者同盟中央委员会告同盟书》中强调："工人必须勇敢而坚定地以自我牺牲的精神来争取胜利。"② 恩格斯在《英国工人阶级状况》中也指出："正是在这种沉着镇静的坚忍精神中，在这种每天都要经受上百次考验的不可动摇的决心中，英国工人显示出自身品格的最值得尊敬的一面。为了制服一个资产者而忍受着这么多苦难的人们，也一定能够摧毁整个资产阶级的权势。"③ 要增强无产阶级英勇无畏的革命精神，就要让他们感知到自己的革命事业对全人类的价值，认识到只有自己才能完成解放人类的伟大事业，认识到自己正在为之奋斗的革命事业是如此崇高神圣，从而激发无产阶级追求人类解放的理想信念，提升无产阶级对于共产主义崇高事业必获胜利的信心，使他们在崇高理想信念的支撑下开展英勇无畏的革命斗争。当无产阶级越是能够以革命的高度来认识自己的阶级地位、社会价值与历史使命，他们也就越英勇顽强、舍生忘死、乐观豁达，就越显示出自己作为革命阶级的先进本质，资产阶级也就越害怕他们的革命力量。

### 三、情感感染的主要方式

情感感染法是马克思、恩格斯教育引导人民、引领革命运动的重要方法，其精髓就在于对人的感觉、知觉、情绪、情感等感性因素的有效

---

① 《马克思恩格斯文集》第 3 卷，人民出版社 2009 年版，第 215 页。
② 《马克思恩格斯文集》第 2 卷，人民出版社 2009 年版，第 194 页。
③ 《马克思恩格斯文集》第 1 卷，人民出版社 2009 年版，第 460 页。

激发与合理调动。这一方法在具体的实施运用中，又会依托于不同的形式载体，表现为多种多样的具体方式，如语言感染、群体感染、环境感染等。

### 1. 语言感染

语言是思想沟通和情感互动的桥梁，人们总是需要依托于一定的语言来表达思想、传递情感。从学科的角度来看，语言是思想政治教育的基本载体。思想政治教育的过程一般都要借助于语言来展开，语言要素存在于几乎一切思想政治教育方法之中。这里之所以将语言感染作为感染方法的具体实现方式加以阐释，是因为语言的感性本质与情感功能使得它本身就具有强大的感染力和感召力，使得它在感染教育中具有尤为重要的意义和作用。马克思、恩格斯在《德意志意识形态》中指出："语言是一种实践的、既为别人存在因而也为我自身而存在的、现实的意识。语言也和意识一样，只是由于需要，由于和他人交往的迫切需要才产生的。"[①] 语言本身是社会交往的产物，同时是增进社会交往的关键中介，是在交往互动中触动人、感化人、感召人的必要工具。马克思在《1844年经济学哲学手稿》中指出："思维本身的要素，思想的生命表现的要素，即语言，具有感性的性质。"[②] 从存在形态来看，语言或表现为"振动着的空气层、声音"[③]，是人们的思想在感性世界中的现实性存在，表征着人与人之间的感性交往。语言的恰当运用能够让思想感召和情感感化事半功倍。善于用通俗易懂、充满激情、切近人心的语言来感染人，这是马克思、恩格斯在文本论述与革命实践中的一贯作风。

其一，要用通俗易懂的语言来触动人。感染人的前提和基础是要使

---

① 《马克思恩格斯文集》第1卷，人民出版社2009年版，第533页。
② 《马克思恩格斯文集》第1卷，人民出版社2009年版，第194页。
③ 《马克思恩格斯文集》第1卷，人民出版社2009年版，第533页。

对方能够清晰明白地理解你所表达的内容。恩格斯在《关于共产主义者同盟的历史》中写道："我们决不想把新的科学成就写成厚厚的书，只向'学术界'吐露。正相反，我们两人已经深入到政治运动中……"① 我们思想引导和情感诉说的对象，不是那些书斋里的学者，或者说不止是那些书斋里的学者，而是千百万的人民群众。要感染这些数量庞大的人民群众，就必须首先使用人民群众能够听得懂的语言。马克思在《雇佣劳动与资本》这部著作中指出："我们力求说得尽量简单和通俗，我们就当读者连最起码的政治经济学概念也没有。我们希望工人能明白我们的解说。"② 广大无产阶级由于客观地受到教育条件的限制，总是容易对复杂深奥的理论语言产生距离感与隔阂感，容易对枯燥的理论训诫产生抵触心理。只有把"新的科学成就"掰开揉碎，说得尽量简单通俗、生动鲜活、浅显易懂，才能同群众进行有效的交流沟通，把理论的光辉广泛铺洒到群众的精神园地、真切地感染群众的思想灵魂，让群众清楚地知道自己需要什么、应当做什么，把群众的思想和情感真正发动起来。

其二，要用切近人心的语言来感化人。要想在情感上、在思想中感染人，使人产生相同的情感体验和思想感悟，就必须采用贴近群众、贴近人心、贴近生活的语言，做到合人意、暖人心、显真情。恩格斯在《共产主义者和卡尔·海因岑》一文中曾严厉批评了训诫式的言语态度，他指出："难道一个头脑多少还正常的人会异想天开地认为人民对这类政治说教和训诫将予以丝毫重视吗？"③ 卡尔·海因岑是一个激进的"推销人阶级"④，他根本不考虑人民群众内心真正需要什么，而只是摆出一副高高在上的训诫的姿态，一味向群众推销自己荒唐狭隘的革命说

---

① 《马克思恩格斯文集》第 4 卷，人民出版社 2009 年版，第 233 页。
② 《马克思恩格斯文集》第 1 卷，人民出版社 2009 年版，第 712 页。
③ 《马克思恩格斯文集》第 1 卷，人民出版社 2009 年版，第 660 页。
④ 《马克思恩格斯文集》第 1 卷，人民出版社 2009 年版，第 664 页。

教和道德说教。这样的语言表达和教育方式不仅无法感染群众，反而会受到群众的排斥，使"人民对他的号召表示冷淡"①。感染教育要真正深入人心，就既不能站在人民群众的对立面，也不能凌驾于人民群众之上，而是要坚定地站在人民群众的立场之上，想群众之所想、急群众之所急，运用贴近人民心理的语言，尽可能地消除同人民群众之间的心理隔阂，以真心暖真心、以真情换真情，把道理讲到人民群众心里去，赢得人民群众的认同、支持与信任。

其三，要用充满激情的语言来感召人。马克思在《〈黑格尔法哲学批判〉导言》中指出："在同这种制度进行的斗争中，批判不是头脑的激情，它是激情的头脑。"② 语言是"批判的武器"的具体显现，是打动人心、激励人心、凝聚人心的重要因素。激情澎湃的语言能够激发斗志、昂扬精神、催人奋进，萎靡颓丧的语言则容易使人意志低沉、精神怠惰、消极沮丧。在同黑格尔、青年黑格尔派、费尔巴哈、工联主义者、蒲鲁东主义者、布朗基主义者、拉萨尔主义者、巴枯宁主义者等错误思潮的论战中，马克思、恩格斯用充满热血激情的语言给了广大无产阶级源源不断的激励和鼓舞，为无产阶级革命运动注入了强大的精神力量。要"在自身和群众中激起瞬间的狂热"，就必须以热情洋溢和慷慨激昂的语言来激发人民的斗争意志，增强人民的胜利信心，锻造人民的精神品格，使他们以更加饱满的精神状态、更加积极的情感态度、更加强烈的斗争意识，投入革命运动之中。

### 2. 群体感染

群体感染就是要发挥群体对个体的引领和塑造作用，利用人口的集中与流动、交往与联合，促进人与人之间情感态度、思想品格、精神气质的相互影响、相互融合、相互改变，从而达到思想引领与行为引导的

---

① 《马克思恩格斯文集》第 1 卷，人民出版社 2009 年版，第 661 页。
② 《马克思恩格斯文集》第 1 卷，人民出版社 2009 年版，第 6 页。

良好效果。马克思在《政治经济学批判（1857—1858 年手稿）》的导言中指出："人是最名副其实的政治动物，不仅是一种合群的动物，而且是只有在社会中才能独立的动物。孤立的一个人在社会之外进行生产，……就像许多个人不在一起生活和彼此交谈而竟有语言发展一样，是不可思议的。"① 人是群体性动物，生活在群体中的人总是要"从属于一个较大的整体"②，从群体中获取自己成长发展所需的各种资源和条件。在群体中生存的个体也需要接受群体的约束，遵循群体内部的思想规约与心理认同。群体对个体具有较强的影响力、规约力和塑造力，个体与群体之间、群体内部的个体与个体之间、群体与群体之间的交流互动，都能够在潜移默化中改变人的思想与情感，规约人的价值判断与行为选择。马克思、恩格斯不仅明确指出了群体的交往融合对于人的情感与性格的塑造作用，而且特别强调了群体的集中联合对于唤醒无产阶级阶级意识的重大意义。

一方面，要在群体的交往与融合中塑造人们的情感与性格。不同的社会群体有着不同的生活经历与思想观念，也会形成不同的情感倾向与精神品格。两个不同群体之间的交流交融，使得双方开始自觉或不自觉地接受、学习和模仿对方的思想观点、情感观念和行为习惯。恩格斯在《英国工人阶级状况》中谈到爱尔兰移民对英国工人性格的重大影响时曾指出："爱尔兰移民在这方面所起的促进作用，还由于他们把爱尔兰人的热情和生气勃勃的气质带到了英格兰并灌输给英国工人阶级。"③爱尔兰人的大量涌入改变了英国的人口结构，同时重塑了英国的民族性格。"爱尔兰人的开朗乐观、容易激动、热情奔放的气质和英格兰人的沉着、坚毅、富于理智的气质相融合"④，他们之间的血统混合与日常

---

① 《马克思恩格斯文集》第 8 卷，人民出版社 2009 年版，第 6 页。
② 《马克思恩格斯文集》第 8 卷，人民出版社 2009 年版，第 6 页。
③ 《马克思恩格斯文集》第 1 卷，人民出版社 2009 年版，第 437 页。
④ 《马克思恩格斯文集》第 1 卷，人民出版社 2009 年版，第 437 页。

交往使得"英国工人阶级的血管里掺入了大量的爱尔兰人的热血"①。爱尔兰人慷慨、热情、乐观的精神特质在很大程度上清除了无产阶级身上"冷酷的利己主义","使英格兰人纯理智的冷静的性格变得柔和起来"②。这充分揭示出群体交往交融对个人情感与性格的感染力。群体感染是全面深刻、润物无声、自然而然的,它并不具备某种固定的、明显的、特殊的形式,而是渗透在人们日常生活的方方面面,贯穿于人们社会生活的时时刻刻。要想使人们的思想和心理朝什么样的方向发展,就应当将人们置于什么样的群体当中去,合理利用人们的模仿心理和从众心理、有效运用群体的整合力与凝聚力来影响个体甚至改变个体。

另一方面,要在群体的集中与联合中唤醒人们的阶级意识。马克思在《1844 年经济学哲学手稿》中谈到手工业者的群体联合时指出:"交往、联合以及仍然以交往为目的的叙谈,对他们来说是充分的;人与人之间的兄弟情谊在他们那里不是空话,而是真情,并且他们那由于劳动而变得坚实的形象向我们放射出人类崇高精神之光。"③ 从事同样职业的人们由于共同的生产关系的联结,能够开展频繁的交往、联合、叙谈,进行充分的思想交流与情感交互,进而形成广泛的群体联系与群体认同,建立起真挚的兄弟情谊。这不仅有利于个体思想情感的发展和精神境界的提高,而且有利于革命队伍的形成和革命力量的汇聚。恩格斯在谈到城市中的人口集中时指出:"人口的集中对有产阶级起了鼓舞的和促进发展的作用,同时也以更快的速度促进了工人的发展。工人们开始感到自己是一个整体,是一个阶级;他们已经意识到,虽然他们分散时是软弱的,但联合在一起就是一种力量。"④ 当处在同样阶级地位的人集中在一起,他们就能够更加迅速而真切地认识

① 《马克思恩格斯文集》第 1 卷,人民出版社 2009 年版,第 448 页。
② 《马克思恩格斯文集》第 1 卷,人民出版社 2009 年版,第 437 页。
③ 《马克思恩格斯文集》第 1 卷,人民出版社 2009 年版,第 232 页。
④ 《马克思恩格斯文集》第 1 卷,人民出版社 2009 年版,第 435 页。

到彼此之间共通的情感诉求与共同的利益诉求，他们的思想情感就会加速发酵，建构起对这个整体、对这个阶级的认同感与归属感，生发出作为一个整体、作为一个阶级的共同意识。而这种共同的阶级意识又会反过来促进无产阶级的集中与联合，推动他们从一个自发地集中起来的群体不断成长为一个高度自为自觉的革命阶级，结成更高质量、更高层次的革命联盟。

### 3. 环境感染

人们总是生活在既定的、制约着他们的环境中，受到一定时代的自然环境与社会历史环境的熏陶与感染，"在自己所处的环境中并且和这个环境一起发展起来"①。马克思在 1868 年 10 月 13 日致约翰·巴蒂斯特·施伟泽的信中指出："我们每一个人都是更多地受环境的支配，而不是受自己的意志的支配。"② 环境提供了个体成长发展的现实基础和有力支撑，同时成为人们争取自我实现的条件制约。人们总是要依托环境所提供的客观条件才能获得思想、情感和行为的空间，但也会由于环境所迫而不得不把自己的思想、情感和行为限定在一定的边界之内。马克思、恩格斯在《德意志意识形态》中更是进一步指出："人创造环境，同样，环境也创造人。"③ 马克思、恩格斯关于人与环境辩证关系的这一观点，是思想政治教育环境感染的根本遵循。环境能够创造人，这是我们用环境去感染人、教育人、塑造人的理论前提。但同时应注意，在环境感染之中人不是完全被动的，人也能够通过"革命的实践"来改造环境、创造环境。

环境感染就是要用"合乎人性的"环境来感染人。从辩证唯物主义和历史唯物主义的观点来看，有什么样的环境就会造就什么样的人。环

① 《马克思恩格斯文集》第 9 卷，人民出版社 2009 年版，第 38—39 页。
② 《马克思恩格斯文集》第 10 卷，人民出版社 2009 年版，第 295 页。
③ 《马克思恩格斯文集》第 1 卷，人民出版社 2009 年版，第 545 页。

境的好坏，在很大程度上影响甚至决定着人们思想觉悟、道德水准与情感特征。恩格斯在考察英国工人阶级生活状况后指出："工人的整个状况和周围环境都强烈地促使他们道德堕落。"① 资本主义社会糟糕的生存环境，是极其不利于无产阶级的成长与发展的。异化的现实环境必然导致现实的人的异化，无产阶级被置于"只适合于牲口的环境"，自然就无法以真正的人的方式来感觉、思想和行动。马克思、恩格斯在《神圣家族》中充分肯定了"外部环境对人的影响"②，也进一步指明了用环境去造就人的正确路径，他们强调："既然人是从感性世界和感性世界中的经验中获得一切知识、感觉等等的，那就必须这样安排经验的世界，使人在其中能体验到真正合乎人性的东西，使他常常体验到自己是人。"③ 感性世界的现实环境是人们一切经验、知识、感觉的来源和基础，人们在环境中获得什么样的切身体验，就会逐渐发展为什么样的人。要消除环境对人的异化，应当首先消除异化的环境，以合乎人性的方式来营造和安排客观的经验世界，按照人的本质的实现要求来创设教育环境。不要用异化的环境来压抑、限制和束缚人的天性，而是要以合乎人性的环境来熏陶人、感染人、解放人。具体而言，就是要为人们提供合乎人性发展的客观条件，要让人们体验到自己能够以人的方式存在于现实环境中，使人们在合乎人性的环境之中汲取"表现本身的真正个性的积极力量"④，让人们"在社会中发展自己的真正的天性"⑤。

用"合乎人性的"环境来感染人，并不是要人无限地、被动地适应环境，环境感染的目的在于推动人们以"革命的实践"变革现实的环境。恩格斯指出："工人必须宣布，他们是人，不应该让他们去顺从环

---

① 《马克思恩格斯文集》第 1 卷，人民出版社 2009 年版，第 428 页。
② 《马克思恩格斯文集》第 1 卷，人民出版社 2009 年版，第 334 页。
③ 《马克思恩格斯文集》第 1 卷，人民出版社 2009 年版，第 334—335 页。
④ 《马克思恩格斯文集》第 1 卷，人民出版社 2009 年版，第 335 页。
⑤ 《马克思恩格斯文集》第 1 卷，人民出版社 2009 年版，第 335 页。

境，而应该让环境来适应他们，适应人……"①马克思、恩格斯在《神圣家族》中也明确指出："既然是环境造就人，那就必须以合乎人性的方式去造就环境。"②以合乎人性的环境去感染人，不是要用某种环境去驯化人，不是要让人安于某种环境，而是要以外在的环境来唤醒人们对自己内在本质的觉醒与认知，帮助人们实现人的本质的复归，推动人们按照人的方式来改造环境。正如马克思所说："环境是由人来改变的，……环境的改变和人的活动或自我改变的一致，只能被看做是并合理地理解为革命的实践。"③人在环境中不是完全被动的，人是可以改变环境的。要改变环境，就要有人的自我改变，要实现人的自我改变。环境感染不仅是要以环境的力量来带动人的自我改变，而且是要以人的自我改变来反作用于环境。环境在影响和改变人们的同时，会加深和改变人们对自身所处环境的认知，改变人们对于自身现实境遇和阶级地位的认知，启发人们的阶级意识与阶级自觉，催生人们变革环境的需要和勇于变革现实的精神。在环境感染中认清现实的人，将会对自己的处境大吃一惊，产生不可抗拒的革命要求，不断走向改变自身生存环境的"革命的实践"，通过"革命的实践"按照合乎人性的方式来改造现实环境。

马克思、恩格斯关于感染教育的相关论述，强调了感觉、知觉、情绪、情感等感性因素在意识形态工作中的重要作用，为思想政治教育奠基了情理交融的方法论原则，为提升思想政治教育亲和力和感染力提供了科学的理论基础。在新的时代条件下，情感感染法仍然是思想政治工作深入人心、铸魂育人、凝心聚力的重要支撑，是思想政治教育往心里走、往深里走、往实里走的重要保障。

---

① 《马克思恩格斯文集》第 1 卷，人民出版社 2009 年版，第 453—454 页。
② 《马克思恩格斯文集》第 1 卷，人民出版社 2009 年版，第 335 页。
③ 《马克思恩格斯文集》第 1 卷，人民出版社 2009 年版，第 500 页。

首先，要构建思想政治教育情理交融作用机制，增强思想政治教育的吸引力、感召力和说服力。感性和理性都是人的精神世界的重要组成部分，是思想政治教育打开人的精神世界的钥匙。将重在观照感性因素的感染教育与重在观照理性因素的说服教育紧密结合起来，将"陈情"与"说理"融为一体，理中含情、情中寓理，以理性主导情感，以情感承载理性，既注重思想水平的提高，又关注情感情绪的发展。在情理交融之中促进教育者与受教育者思想共通、情感共鸣，有效拉近教育者与受教育者的心理距离，充实受教育者的内心世界，彰显思想政治教育以人为本的工作理念，增强思想政治教育的亲和力和感染力，提升思想政治教育的针对性和实效性。这不仅能够协调教育者与受教育者之间的关系，使整个教育过程更加亲切自然，而且能够提升受教育者对思想政治教育的接受度与认同感，使教育效果更加巩固持久。这是思想政治教育入耳、入脑、入心的必然要求，是思想政治教育春风化雨、润物无声的重要路径。

其次，要密切关注新的时代条件下人们的情感特征与心理特点。中国特色社会主义进入新时代，我国社会主要矛盾发生重大变化，人们面临的社会环境和现实条件发生深刻调整，人们的情感特征与心理特点也呈现出诸多新变化。思想政治教育要打动人心、凝聚人心，就必须坚持贴近生活、贴近实际、贴近人心，高度关注并充分尊重人们的情感需求和心理需求，准确把握人们所感所想，找准人们心结所在，把道理讲深、讲透、讲活，讲到人们心坎里去。但同时应注意，思想政治教育不同于心理咨询，我们关注人们的情感特征与心理特点，不仅是为了了解人们的情感关切、解决人们的心理问题，还是为了在此基础上进一步做好思想引领与政治引导工作，激发和培养全国各族人民的共同情感，铸牢中华民族共同体意识，构筑中华民族共有精神家园，将全国各族人民的情感关注和心理观照统一到全面建设社会主义现代化国家和实现中华民族伟大复兴上来。

　　最后，要充分利用新平台、新载体、新阵地，拓宽感染教育的实现途径。新媒体时代，互联网技术和移动社交平台的发展，既为感染教育的发展提供了新的平台和载体，但也给感染教育带来了新的风险和挑战。一方面，全体社会成员都能够更加方便快捷地分享观点、表达情感，能够更加快速、更加容易地感染他人、引发共鸣，在更加广阔的范围内形成同质化的情绪、思想和行为。另一方面，人们的情感情绪也非常容易分化积聚、容易升级发酵，甚至走向两极化，在不同群体之间造成对立冲突。因此，运用情感感染法加强思想政治教育，不仅要合理利用各种新平台、新阵地、新载体，不断拓宽感染教育的实现途径，为感染教育注入源源不断的生机与活力，而且要不断建立健全舆论风险预警和防御机制，有效应对社会不良情绪情感的传播、感染和爆发，以积极向上、健康合理的感染教育来引领和塑造全体社会成员的情感、观点与行为。

# 第八章　宣传鼓动法

恩格斯在《德国农民战争》序言中指出："必须在斗争和鼓动的各个方面都加倍努力，……必须以高度的热情把由此获得的日益明确的意识传播到工人群众中去。"[①] 宣传鼓动法是思想政治教育的一般方法，马克思、恩格斯高度重视宣传鼓动工作，将宣传鼓动工作视为无产阶级革命运动本身不可或缺的关键一环。他们在著作、文章、书信中提出了大量关于"宣传""宣传鼓动""社会主义的宣传""共产主义宣传""政治宣传""政治鼓动"的重要论述，确立了无产阶级宣传鼓动的本质规定与内在逻辑。同时，他们按照这样的理论要求，积极投身于实际的宣传鼓动工作之中，极大地促进了科学社会主义思想在人民群众中的广泛传播，对于新时代的宣传思想工作也具有重要启示意义。

以思想政治教育方法论的基本视角来探究马克思恩格斯宣传鼓动法，必须回到经典文本当中，回到社会历史环境当中，准确把握宣传鼓动法建构、变化与发展的历史脉络。《莱茵报》和《德法年鉴》时期，马克思、恩格斯关于宣传鼓动的论述尚未完全深入到学理层面，他们直观地看到了欧洲大陆上共产主义和社会主义运动的蓬勃发展，对一些"有学识的共产主义者"的宣传鼓动给予了高度肯定和热情赞扬，并指出可以通过集会、报刊、绘画、诗集等方式来宣传共产主义与社会主义。巴黎时期和布鲁塞尔时期，马克思、恩格斯在《神圣家族》《1844年经济学哲学手稿》《德意志意识形态》中回应并批判了资产阶级意识形态家对无产阶级政党宣传鼓动的无端指责，要求宣传工作以人民群众的"实际需要"与"生活条件"为现实基础，以激活人民群众的实践

---

① 《马克思恩格斯文集》第2卷，人民出版社2009年版，第219页。

力量为目标。共产主义者同盟时期和国际工人协会时期，是马克思恩格斯宣传鼓动法的成熟完善时期。他们在实际的革命运动中推动了宣传鼓动工作的政治化与组织化，并且运用有组织的政治力量对无产阶级宣传鼓动进行了全面而深入的理论探讨与实践探索，对关系宣传鼓动内容材料、方式手段、途径载体的诸多问题作出重要回答，对各国无产阶级政党的宣传鼓动工作提供了有效指导。新时代坚持和发展马克思恩格斯的宣传鼓动思想，必须在其作为思想政治教育一般方法的高度上、在其作为社会主义意识形态建设重要举措的意义上来理解和把握宣传鼓动的本质规定，将宣传鼓动的核心要义与精神实质贯穿到具体的社会主义意识形态建设的实际工作之中，切实增强社会主义意识形态工作的广泛性、引领性与凝聚性。

## 一、宣传鼓动的本质属性

马克思、恩格斯基于对当时无产阶级革命运动的现实情况的准确把握，严正批判了在无产阶级与广大人民群众中造成思想混乱与恶劣影响的小资产阶级民主主义的"卡普勤式的政治说教"、空想社会主义的"沙漠中的布道者"式宣传、巴枯宁主义的"行动的宣传"，从根本上校准了宣传鼓动的工作方向，明确了宣传鼓动的政治性、人民性、现实性与组织性，确保宣传鼓动工作能够始终成为无产阶级革命运动的领航员与风向标。

### 1. 政治性

之所以要强调政治性，是为了把宣传鼓动同一般意义上的传播区别开来。传播是一个中性概念，泛指一切信息的交互传递过程。宣传鼓动是一种特殊的传播形态，并非所有的传播活动都属于宣传鼓动的范畴。宣传鼓动是一个具有一定政治色彩的概念，有着较为鲜明的政治指向性，是指一定的政党或政治集团为了实现特定政治意图而向社会成员宣扬和传播自己的观点主张、鼓动社会成员按照这些观点主张投入革命实践的社会活动。

一方面，宣传鼓动工作是为一定的政治目的服务的。宣传鼓动既是一个政党联系群众、沟通群众、争取群众的重要方式，也是广大人民群众了解这个政党的重要渠道。政治立场决定着宣传鼓动的服务对象与工作重心，也决定着宣传鼓动的主要内容与基本方式。每个政党都会力图通过宣传鼓动工作来统一全党上下的思想和行动，不断巩固和扩大自己的群众基础。马克思、恩格斯起草并发表《共产党宣言》，就是一项典型的无产阶级政党的宣传鼓动工作，是无产阶级政党第一次向全世界公开宣传党的性质宗旨和路线方针政策。正如马克思、恩格斯所说："现在是共产党人向全世界公开说明自己的观点、自己的目的、自己的意图并且拿党自己的宣言来反驳关于共产主义幽灵的神话的时候了。"① 宣传鼓动工作的背后是意识形态的交锋，是不同阶级政党之间的政治斗争。共产党的宣传鼓动工作要服从于党的意识形态斗争，服务于无产阶级反抗资产阶级剥削统治的革命运动。它不仅要说明党的观点、目的与意图，更要用党的观点、目的与意图去回击资产阶级政党的污蔑与攻讦。宣传鼓动工作必须要旗帜鲜明讲政治，要站稳政治立场，坚定政治方向，永葆政治本色，要始终坚持党的领导，坚持为党的政治目的服务，致力于在广大人民群众中传播和普及党的立场纲领、奋斗目标、政策策略、思想理论，不断增强党在广大人民群众中的影响力、凝聚力与领导力，不断强化思想认同、争取政治共识，使广大人民群众在思想上、政治上和组织上同党保持根本一致。

另一方面，政治自由是宣传鼓动工作顺利开展的重要保证。宣传具有受众面广、传播速度快、影响范围大的优势，但这种优势的发挥必须

---

① 《马克思恩格斯文集》第2卷，人民出版社2009年版，第30页。

有一定的政治自由作为基础和依托。恩格斯在《关于工人阶级的政治行动》中指出："政治自由、集会结社的权利和新闻出版自由是我们的武器；如果有人想从我们手里夺走这些武器，难道我们能够置之不理和放弃政治吗？"① 结社、集会、出版等权利是宣传鼓动工作合法化、扩大化、日常化的基本条件保障。在资本主义社会中，这些重要权利总是掌握在资产阶级政党手中。无产阶级及其政党只有通过艰苦的政治斗争，为自己争夺到这些基本的政治权利，才能在宣传鼓动工作方面拥有更加充分的话语权和自主权。恩格斯进一步指出，无产阶级及其政党一旦获得了这些权利，"借助新闻出版自由、集会权和结社权可以为自己争得普选权，而借助直接的普选权，再加上上面所说的宣传鼓动手段，就可以争得其余的一切"②。这就是说，政治自由的扩大与宣传鼓动工作的开展是相互促进的。无产阶级及其政党需要争取一定的政治自由来开展宣传鼓动工作，他们也能够通过宣传鼓动工作的开展来争得更大的政治自由，直至争得彻底的人的解放。

### 2. 人民性

马克思、恩格斯批判了狭隘反动的"卡普勤式的政治说教"，阐明了宣传鼓动的人民性。立场问题是首要问题也是根本问题，站在哪一阶级的立场上、为哪一阶级的根本利益而进行宣传鼓动，这规定着宣传鼓动工作的根本性质，决定着宣传者对待宣传对象的态度与方式。每个阶级的宣传鼓动工作都服务于本阶级的利益，传播和实现着本阶级的意志。无产阶级政党宣传鼓动工作最根本的特征就是人民性，就是始终以实现无产阶级解放和人类解放为最高价值追求。

马克思指出，卡尔·海因岑的宣传鼓动不过是"以'人类'目的为

① 《马克思恩格斯文集》第 3 卷，人民出版社 2009 年版，第 225 页。
② 《马克思恩格斯全集》第 21 卷，人民出版社 2003 年版，第 113 页。

幌子、为'资产阶级'利益冲锋陷阵"的"卡普勤式的政治说教"①。他全然不顾无产阶级本身的利益诉求，只是"把工人当作一种易燃物看待，把他们当作鼓动和剥削的对象"②，只是像传教士那样不断向无产阶级重复虚伪的资产阶级的"道德训诫"与"政治说教"，试图以所谓的共同的人性来掩盖阶级压迫与阶级差别，使广大无产阶级成为资产阶级和小资产阶级利益的附庸、成为他们用以反对封建君主和贵族的武器。恩格斯批判道："这种毫无意义的、盲目进行的宣传难道不是极其严重地损害着德国民主派的利益吗？……难道一个头脑多少还正常的人会异想天开地认为人民对这类政治说教和训诫将予以丝毫重视吗？"③这种"败坏名声和毫无补益的鼓动方式"④只是资产阶级用来欺骗与驯服无产阶级的工具，它从来"没有向人民即无产者、小农和小资产者说明任何问题"⑤，或者说它从来也没有想要说明任何问题，那么它自然也就无法真正说服无产阶级了。

在批判卡尔·海因岑狭隘反动的宣传鼓动的基础上，马克思、恩格斯进一步强调了无产阶级政党宣传鼓动工作的人民性，要求为了人民并且依靠人民来进行宣传。一方面，宣传鼓动工作是为了人民而进行的。这就是说，宣传鼓动工作应当站在无产阶级立场之上，应当代表和维护无产阶级与一切被压迫人民的根本利益，"应当说明，无产者、小农和小资产者为什么受官吏、贵族和资产阶级的压迫；应该说明，为什么不仅产生了政治压迫，而且首先产生了社会压迫，以及采取哪些手段可以消除这些压迫"⑥。这就是说，宣传鼓动工作应当说明无产阶级所迫切关心的根本问题，深刻而彻底地揭露资本主义社会与无产阶级本身

---

① 《马克思恩格斯全集》第 4 卷，人民出版社 1958 年版，第 344—348 页。
② 《马克思恩格斯全集》第 7 卷，人民出版社 1959 年版，第 218 页。
③ 《马克思恩格斯文集》第 1 卷，人民出版社 2009 年版，第 660 页。
④ 《马克思恩格斯文集》第 1 卷，人民出版社 2009 年版，第 674 页。
⑤ 《马克思恩格斯文集》第 1 卷，人民出版社 2009 年版，第 661 页。
⑥ 《马克思恩格斯文集》第 1 卷，人民出版社 2009 年版，第 661 页。

存在的秘密，明晰无产阶级与资产阶级之间不可调和的矛盾对立，指明无产阶级推翻一切剥削和奴役制度的现实道路。另一方面，宣传鼓动工作要依靠人民来进行。人民群众是宣传鼓动工作的主体力量，是广泛开展宣传鼓动工作最可倚靠的坚强力量。马克思、恩格斯多次要求广大无产阶级积极投入宣传鼓动工作当中去，鼓舞他们"参与更高一些的享受，以及参与精神享受——为自身利益进行宣传鼓动"①。在参与宣传鼓动的过程中，无产阶级本身就能够更加彻底地掌握社会主义的思想精髓，不断提升思想觉悟、锻炼革命意志、捍卫切身利益；而社会主义的科学思想也就能够依靠无产阶级的无穷力量、伴随无产阶级的密切交往被传播到更加广泛的范围中去。总之，只有始终为了人民且始终依靠人民的宣传思想工作，才能真正代表人民的利益，才能被人民所接受与认同，才能用科学的思想引领无产阶级和一切被压迫人民，为无产阶级革命运动注入强大精神鼓舞。

### 3. 现实性

马克思、恩格斯批评了空想社会主义者脱离实际的宣传，将他们称为"沙漠中的布道者"，阐明了宣传鼓动工作的现实性。能否满足广大人民群众的现实需要，这是宣传鼓动工作应当聚焦的核心问题，也是影响宣传鼓动工作实效性的关键。

空想社会主义者想要解救无产阶级"这一受苦最深的阶级"，但他们不是从无产阶级革命运动的现实需要出发而是从纯粹的抽象理性出发来思考人类解放的问题，"企图用新社会的幻想图景和方案来弥补运动所缺乏的历史条件，并且认为宣传这些空想的图景和方案是真正的救世之道"②。马克思、恩格斯将空想社会主义宣传家比作"沙漠中的布道者"，他们看似同情无产阶级，实则脱离群众、忽略实际、远离现实，

① 《马克思恩格斯全集》第30卷，人民出版社1995年版，第247页。
② 《马克思恩格斯文集》第3卷，人民出版社2009年版，第208页。

竭力卖弄关于"社会科学"和"社会规律"的深奥学问，四处兜售自己幻想的"最美好的社会的最美好的计划"①。这些空想家致力于"发明一套新的更完善的社会制度，并且通过宣传，可能时通过典型示范，从外面强加于社会"②，就如同布道者在人迹罕至的思想荒漠中宣扬海市蜃楼般的"新的社会福音"。然而，这种空洞抽象的宣传鼓动对于破解无产阶级面对的现实难题毫无助益，"无产阶级绝大多数对它们的宣传始终是漠不关心的，甚至是敌视的"③。

恩格斯在《马克思和〈新莱茵报〉》中明确指出："我们已经不适于做沙漠中的布道者：我们对空想主义者研究得太清楚了，而我们制定自己的纲领目的也不在这里。"④ 社会主义的思想理论不是"书斋里的学问"，而是"现实运动的表现和产物"⑤，这种现实的理论"即使在宣传某些体系，也是以实际的需要为基础的，是以一定国家的一定阶级的整个生活条件为基础的"⑥。因此，宣传鼓动绝不是空想家脱离人民现实需要的空洞的高谈阔论，而是为无产阶级争取自由解放的现实运动服务的实际的革命工作。它必须要深入广大无产阶级当中去，密切关注无产阶级的思想实际与现实生活，深刻解答无产阶级的思想难题与现实关切。正是在此意义上，马克思进一步提出了对宣传鼓动工作的具体要求："少发些不着边际的空论，少唱些高调，少来些自我欣赏，多说些明确的意见，多注意一些具体的事实，多提供一些实际的知识。"⑦ 空想社会主义者关于理想社会的"空论""高调""自我欣赏"，只会让无产阶级对社会主义产生误解、失去兴趣甚至感到厌烦。只有关于无产阶

---

① 《马克思恩格斯文集》第 2 卷，人民出版社 2009 年版，第 63 页。
② 《马克思恩格斯文集》第 3 卷，人民出版社 2009 年版，第 528 页。
③ 《马克思恩格斯全集》第 18 卷，人民出版社 1964 年版，第 36 页。
④ 《马克思恩格斯文集》第 4 卷，人民出版社 2009 年版，第 6 页。
⑤ 《马克思恩格斯文集》第 1 卷，人民出版社 2009 年版，第 588 页。
⑥ 《马克思恩格斯文集》第 1 卷，人民出版社 2009 年版，第 588 页。
⑦ 《马克思恩格斯文集》第 10 卷，人民出版社 2009 年版，第 3 页。

级革命实践相关问题的"明确的意见"、关于社会主义运动发展情况的"具体的事实"、关于普遍的彻底的人类解放的"实际的知识",才能够为无产阶级勾勒出社会主义"或多或少清晰的形象和不可抗拒的必然性"①,使无产阶级树立起对社会主义"必获胜利的信心"和"无可争辩的信念",真正团结在社会主义的伟大旗帜和精神原则之下。

### 4. 组织性

马克思、恩格斯批判了盲目激进的"行动的宣传",阐明了宣传鼓动的组织性。坚强有力的组织领导是宣传鼓动工作能够广泛、协调、有序、持续开展的前提条件,是无产阶级政党有效深入群众、团结群众、引领群众的重要保障。

恩格斯在 1882 年 6 月 26 日同爱·伯恩施坦的通信中,将巴枯宁主义者盲目激进的"行动的宣传"贬斥为"幼稚的行动",他指出:"凤凰公园的'壮举'② 如果不是道地的愚蠢,就是纯粹巴枯宁主义的、广告式的、毫无目的的'以行动进行的宣传'。"③ 以巴枯宁为代表的无政府主义者反对通过国际工人协会的组织领导开展宣传鼓动,而要求一个新的"社会主义民主同盟",并由其下设的完全自治的各支部开展分散的、自发的、无序的"行动的宣传"。他们认为只要通过动员和鼓舞工人群众自生自发的实际行动,如罢工、起义、暗杀、暴动等,就足以起到良好的革命示范作用,在整个社会迅速产生轰动的广告宣传效应,唤起无产阶级进行暴力革命的激情与狂热,形成一呼百应的革命态势。马克思一针见血地指出:"他这个没有任何理论知识的人妄图以这个特殊团体来代表国际进行科学的宣传,并把这种宣传变成国际内部的这个

---

① 《马克思恩格斯文集》第 9 卷,人民出版社 2009 年版,第 165 页。
② 指暗杀事件。——编者注
③ 《马克思恩格斯全集》第 35 卷,人民出版社 1971 年版,第 335 页。

第二个国际的专职。"① 这些无政府主义者不过是"革命空谈家",他们对无产阶级的宣传"没有任何革命内容,而只有革命空谈",他们那"极端的革命词句"至多也只能暂时激起一些"零散的、没有计划的、荒唐的起义"②,却根本无法为无产阶级指明前进的道路和方向。长此以往,无组织、无纪律、无秩序的行动宣传只会给无产阶级队伍造成思想混乱,消耗革命热情,挫伤革命意志,严重阻碍社会主义革命事业的持续健康发展。

与无政府主义者不同,马克思、恩格斯要求"工人阶级队伍中必须有一个哪怕只以宣传为目的的组织"③,必须通过这一组织的科学领导为宣传鼓动工作建章立制,使宣传鼓动工作摆脱混乱无序的状态,走向集中统一、科学规范、协调联动的发展路径上来。恩格斯在起草《共产主义者同盟第一次代表大会致同盟盟员的通告信》中强调:"你们大家都将看到,通过特使来组织宣传并使宣传服从集中的领导是多么需要。"④ 马克思、恩格斯在《中央委员会告共产主义者同盟书》中进一步提出:"所有的区部和支部必须向我们报告:在他们所在的地区是否在进行共产主义宣传以及宣传的方式是怎样的。"⑤ 这就是说,宣传工作必须在统一的、严密的、科学的组织领导下进行。一方面,要有一个可以进行"集中的领导"的"共产主义宣传组织"来确立目标、分配任务、研判时机、把握节奏,要由这个强有力的核心组织统筹协调与整体推进不同时期、不同地区、不同领域的宣传工作;另一方面,要在核心组织下设立"区部""支部""协会""共产主义小组"等无产阶级团体组织,使之成为"进行公开宣传活动的极为方便的场所",逐步形成

① 《马克思恩格斯文集》第 10 卷,人民出版社 2009 年版,第 368 页。
② 《马克思恩格斯全集》第 18 卷,人民出版社 1964 年版,第 539 页。
③ 《马克思恩格斯文集》第 4 卷,人民出版社 2009 年版,第 236 页。
④ 《马克思恩格斯全集》第 42 卷,人民出版社 1979 年版,第 433 页。
⑤ 《马克思恩格斯全集》第 42 卷,人民出版社 1979 年版,第 456 页。

宣传鼓动工作的"无形的网",及时了解与反馈各地区、各行业无产阶级的理论需求与实践需要,并给予他们切实的、具体的革命指导。只有通过坚强有力的组织领导,才能实现宣传鼓动工作的系统化、常态化与规范化,才能不断提升宣传工作的科学性、针对性与实效性,才能充分发挥宣传工作高举旗帜、引领方向的重要作用,为无产阶级革命运动提供可靠的思想指导与政治保障。

## 二、宣传鼓动的内在要求

在马克思、恩格斯那里,宣传鼓动是无产阶级与广大人民群众反抗资本主义剥削制度的有力武器,他们要求通过对人民群众的宣传鼓动来完成广泛传播科学思想、充分唤醒阶级意识、争取和保存革命力量的重大历史任务与重要历史使命。宣传鼓动工作要将科学社会主义的思想火种播撒到人民的精神园地中去,不断扩大社会主义的群众基础、统一无产阶级的思想基础;要以这一科学的思想理论唤醒一切被压迫人民的阶级意识,使他们作为一个自为自觉的革命阶级觉醒起来;要将无产阶级争取到实际的革命运动当中来,为实现人类解放的伟大事业培养、输送、积蓄革命的实践力量。

### 1. 广泛传播科学思想

从表意内涵来考察,"宣"意指宣告、宣扬,"传"意指传递、传播,均有广泛传播、扩大辐射、增强影响之意;"鼓动"则有通过言语或行为鼓励、鼓舞他人有所行动之意。每一个试图占据统治地位的阶级都在极力"用一切可以接受的方式尽可能地宣传他们的思想"①,使被统治阶级按照自己的思想来行动。无产阶级政党宣传鼓动工作的首要任

---

① 《马克思恩格斯文集》第 10 卷,人民出版社 2009 年版,第 362 页。

务，就是要"致力于在一切国家的人民群众中传播对政治、社会经济和一切哲学问题的正确观点"①。具体而言，就是要传播科学的思想理论，为社会主义思想打造坚实的群众基础，为广大无产阶级建立统一的思想基础。这既是社会主义理论自我实现与自我发展的内在要求和必然选择，也是广大无产阶级觉醒觉悟的必要前提与基本条件。

一方面，要不断扩大科学社会主义的群众基础。恩格斯在《关于共产主义者同盟的历史》中指出："我们决不想把新的科学成就写成厚厚的书，只向'学术界'吐露。"② 马克思、恩格斯创立社会主义的初衷，不仅是要通过局部的学术交流"在德国西部的知识分子中间获得一些人的拥护"③，更重要的是要通过广泛的宣传鼓动"争取欧洲无产阶级，首先是争取德国无产阶级拥护我们的信念"④。科学社会主义理论是无产阶级的理论，这一理论只有扎根于无产阶级的土壤，才能获得源源不断的生机与活力；这一理论只有牢牢掌握无产阶级，才能获得趋向现实的可靠物质力量。社会主义的宣传工作就是要将这一理论传播到无产阶级当中去，不断增强社会主义思想的传播力、影响力与引领力，不断延伸、拓展和巩固社会主义的思想战线与理论阵地，使社会主义从部分率先觉醒的社会主义者的理论思考转变为广大无产阶级的思想共识，为社会主义价值追求与社会理想的实现奠定坚实的群众基础。

另一方面，要不断统一广大人民群众的思想基础。马克思、恩格斯在《社会民主主义同盟和国际工人协会》中指出："为了保证革命的成功，必须有思想和行动的统一。国际的会员们正力图通过宣传、讨论和无产阶级的公开组织来建立这种统一。"⑤ 在激烈而残酷的意识形态斗争中，无产阶级不仅遭受着资本主义意识形态的支配和奴役，也面临着

---

① 《马克思恩格斯全集》第 18 卷，人民出版社 1964 年版，第 507 页。
② 《马克思恩格斯文集》第 4 卷，人民出版社 2009 年版，第 233 页。
③ 《马克思恩格斯文集》第 4 卷，人民出版社 2009 年版，第 233 页。
④ 《马克思恩格斯全集》第 28 卷，人民出版社 2018 年版，第 662 页。
⑤ 《马克思恩格斯全集》第 18 卷，人民出版社 1964 年版，第 385 页。

无政府主义、空想社会主义、小资产阶级改良主义等错误社会思潮的干扰与侵蚀。要破除各种反动意识形态的不良影响，消除无产阶级内部的思想分歧，就必须积极作为、主动出击，利用一切手段"向成千个渴望知道这方面的一切的人宣传新的学说"①，引导广大人民群众"无比热情地讨论和传播共产主义的思想"②，使他们"越来越彻底地摆脱旧世界观的传统言辞的影响"③，越来越彻底地掌握"新的科学的世界观"，将人民群众的意识统一到同一个思想轨道上来。恩格斯曾指出，《共产党宣言》"是全部社会主义文献中传播最广和最具有国际性的著作，是从西伯利亚到加利福尼亚的所有国家的千百万工人的共同纲领"④。《共产党宣言》正是发挥了这样统一思想、凝聚共识的重要作用。只有在尽可能广阔的范围内将科学社会主义的基本原则确立为广大人民群众的共同思想基础，才能从根本上筑牢思想防线，提升人民群众的辨别力与抵御力，确保革命运动始终保持正确的前进方向和发展道路。

### 2. 充分唤醒无产阶级意识

向无产阶级和一切被压迫人民传播科学社会主义思想是宣传工作的首要任务。除此之外更重要的是，要依托于这种广泛的传播力与影响力，促使科学理论进一步抵达人民群众的思想深处，在广阔的人民园地撒下社会主义的思想火种，让科学理论在广大人民群众中生根发芽，孕育出坚强而独立的无产阶级意识，使之不断成为自为自觉的革命阶级。正如恩格斯在评价为争取十小时工作日所进行的宣传工作时所说："在这种宣传中，工人阶级得到了一个有效的办法来相互了解，认清自己的社会地位和利益，把自己组织起来，懂得自己力量之所在。工人经过了

---

① 《马克思恩格斯全集》第 2 卷，人民出版社 1957 年版，第 589 页。
② 《马克思恩格斯全集》第 2 卷，人民出版社 1957 年版，第 593 页。
③ 《马克思恩格斯文集》第 2 卷，人民出版社 2009 年版，第 219 页。
④ 《马克思恩格斯文集》第 2 卷，人民出版社 2009 年版，第 21 页。

这种宣传，就和从前不一样了；整个工人阶级经过了这种宣传，就在力量、知识和组织方面比起初强过百倍。"① 从事宣传鼓动工作是无产阶级"相互了解"的"有效的办法"，能够为他们提供了解自我、了解他人的平台与机会，使他们不仅作为个体的无产者，而且作为整体的无产阶级彻底觉醒、觉悟起来。

一方面，宣传鼓动工作要致力于唤醒无产者个体的自我意识。在资本主义社会中，缺乏精神生产资料的无产阶级，总是不可避免地在资产阶级"把自己的利益说成是社会全体成员的共同利益"② 的虚假宣传之下，丧失自我觉知的意识和能力，逐渐沦为资产阶级的附庸。社会主义的宣传工作则要引导无产阶级以历史唯物主义的眼光来重新审视自身的具体生存状态，使每一个无产者在自己正在经历的"平凡而明显的历史事实"③ 之中，真切感知到资本主义社会"昭彰的罪恶"，切实体认到自身遭受着最为沉重的剥削与奴役的现实处境，深切认识到自己的切身利益正遭到资产者的侵害与吞噬。"工人经过了这种宣传，就和从前不一样了"④，他们就能够"意识到自己的社会地位与社会利益"，就能够萌生出清晰的自我意识，产生强烈的愤怒情感与抗争意志，从屈从于资产者的蒙昧状态中觉醒，进一步探索与追寻个体的自由解放。

另一方面，宣传鼓动工作要着力唤醒无产阶级作为一个整体的阶级意识。光是唤醒单个无产者的自我意识，只能让他们成为零散的、孤立的、潜在的革命因素，却无法使他们成为能够同资产阶级对立抗衡的革命阶级。因此，宣传鼓动工作必须要引领广大无产者以整体性的视角，来理解和把握"无产阶级"这个最具革命性的阶级在世界历史意义上的阶级地位与历史使命，促使他们从"互不相识和没有任何共同联系的单

---

① 《马克思恩格斯全集》第 10 卷，人民出版社 1998 年版，第 286 页。
② 《马克思恩格斯文集》第 1 卷，人民出版社 2009 年版，第 552 页。
③ 《马克思恩格斯全集》第 9 卷，人民出版社 1961 年版，第 37 页。
④ 《马克思恩格斯全集》第 10 卷，人民出版社 1998 年版，第 286 页。

个人的聚集"成长为一个"知道自己强壮的、充满力量的机体"①。具体而言，就是要引导广大无产者关注到他们在资本主义社会中共同的现实境遇、共有的利益诉求、共通的前途命运，认识到他们必须要实现普遍的人的解放才能最终解放自己的特殊阶级地位，感知到他们作为革命阶级的必须推翻一切剥削和奴役制度的重大历史使命。"整个工人阶级经过了这种宣传，就在力量、知识和组织方面比起初强过百倍。"② 广大无产者就会在根本一致的阶级意识的驱动下不断从自发走向自觉、从孤立走向整体、从分散走向联合，就会成为一个"同一切有产阶级相对立的、有自己的利益和原则、有自己的世界观的独立的阶级"③，共同奔赴实现人类解放的伟大事业。

### 3. 争取和保存革命力量

通过宣传鼓动工作来传播科学社会主义思想，唤醒人民群众的阶级意识，归根结底是为了将具有革命潜能的被压迫人民塑造成为真正的革命力量，使他们"在同一面旗帜下团结成一支统一的大军"④，投入实际的社会主义革命运动中去，为争取无产阶级的自我解放与普遍的人的解放锻造坚强的物质基础与可靠的力量支撑。马克思、恩格斯高度重视宣传鼓动对于促进社会主义运动、争取人类解放的重要作用，他们不仅主张通过广泛而深入的宣传鼓动来影响和争取人民群众中的"新生力量"，而且要求在稳定而持续的宣传鼓动中保存和积蓄革命力量。

一方面，宣传鼓动工作要不断影响和争取群众中的"新生力量"。恩格斯在 1873 年 6 月 20 日写给奥古斯特·倍倍尔的信中指出："宣传上的正确策略并不在于经常从对手那里把个别人物和一批批的成员争取

---

① 《马克思恩格斯全集》第 10 卷，人民出版社 1998 年版，第 286 页。
② 《马克思恩格斯全集》第 10 卷，人民出版社 1998 年版，第 286 页。
③ 《马克思恩格斯文集》第 1 卷，人民出版社 2009 年版，第 475 页。
④ 《马克思恩格斯文集》第 10 卷，人民出版社 2009 年版，第 566 页。

过来，而在于影响还没有卷入运动的广大群众。我们自己从荒地上争取到的每一个新生力量，要比十个总是把自己的错误倾向的病菌带到党内来的拉萨尔派倒戈分子更为宝贵。"① 宣传鼓动工作的重点任务不是要争取那些带有"错误倾向的病菌"的"倒戈分子"，而是要以社会主义的思想来开垦人民群众的精神"荒地"，在无产阶级以及一切被压迫人民之中争取"新的支持者"与"新的拥护者"，为革命运动培养和输送最具活力、最富战斗力的"新生力量"，将他们彻底卷入现实的社会主义运动之中。这些来自人民群众的"新生力量"是资本主义社会最坚定的反对者，具有最为彻底的先进性、纯洁性与革命性，他们将会"共同构成为一个最广大的、坚不可摧的人群，构成国际无产阶级大军的决定性的'突击队'"②，为实现彻底的人类解放提供具有决定意义的物质力量保障。

另一方面，宣传鼓动工作要不断保存和积蓄革命力量。恩格斯在谈到德国社会民主党进行的"和平的宣传鼓动"时曾指出："我们的主要任务就是不停地促使这种力量增长到超出现行统治制度的控制能力，不让这支日益增强的突击队在前哨战中被消灭掉，而是要把它好好地保存到决战的那一天。"③ 实现人类解放的革命运动是一场无产阶级与资产阶级之间旷日持久的对立与斗争。在这场日益尖锐、此消彼长的阶级斗争中，宣传鼓动的主要任务就是要为无产阶级革命运动保持活力、保存实力、积蓄力量。要通过长期化、持续化、常态化的宣传鼓动工作，将广大无产阶级逐步吸引到革命队伍中来，实现革命力量的稳定增长，逐步改变社会主义与资本主义力量对比的总体态势，直至无产阶级的革命力量超出资本主义制度的控制能力。要将广大无产阶级广泛联合、紧密

---

① 《马克思恩格斯文集》第 10 卷，人民出版社 2009 年版，第 390 页。
② 《马克思恩格斯文集》第 4 卷，人民出版社 2009 年版，第 551 页。
③ 《马克思恩格斯文集》第 4 卷，人民出版社 2009 年版，第 551 页。

团结、牢牢吸附在"革命者的无形的网"① 上，确保革命队伍能够始终保持强大的凝聚力、坚韧的意志力与昂扬的战斗力，确保他们在革命时机到来之际能够被迅速而有效地发动起来，坚决投入革命运动中去。

### 三、宣传鼓动的主要方式

作为意识形态工作的常用方法，宣传鼓动在实际的运用实施中拥有多种不同的具体手段与表现方式。马克思、恩格斯基于无产阶级革命运动发展的现实境况与迫切需要，领导共产主义者同盟、国际工人协会等革命组织积极拓宽宣传渠道，延伸宣传触角，挖掘宣传因素，通过派遣宣传鼓动员、建立通讯宣传、开展报刊宣传、加强竞选宣传等多种宣传方式，构建了当时社会历史条件下较为全面的宣传工作体系，极大地巩固和发展了无产阶级意识形态阵地，为反抗资本主义剥削制度的革命实践提供了有力的舆论引领与科学的理论支撑。

#### 1. 派遣宣传鼓动员

从宣传鼓动的具体过程来考察，这本身是一个主体双方以直接的或间接的方式进行的思想交流与精神交互过程。马克思在《1844 年经济学哲学手稿》中指出："如果你想感化别人，那你就必须是一个实际上能鼓舞和推动别人前进的人。"② 无产阶级政党要感化、团结与鼓动一切革命力量，那就必须首先有一批"实际上能鼓舞和推动别人前进的人"③，即党的宣传鼓动员。培养专业的宣传鼓动员，并派遣他们去同广大无产阶级进行直接的、深入的、面对面的交流互动，传播党的思想和主张、倾听人民群众的呼声，这是无产阶级政党最基本、最原始、最

---

① 《马克思恩格斯全集》第 18 卷，人民出版社 1964 年版，第 507 页。
② 《马克思恩格斯文集》第 1 卷，人民出版社 2009 年版，第 247 页。
③ 《马克思恩格斯文集》第 1 卷，人民出版社 2009 年版，第 247 页。

常用的宣传手段。

1847 年，马克思和恩格斯在《共产主义者同盟章程》中要求，同盟的盟员必须"具有宣传的能力和热情、坚定不移的信念、革命的活力"①。每个盟员都应当是党的宣传鼓动员，他们"必须在斗争和鼓动的各个方面都加倍努力"，以革命的热情、信念与活力来影响人、感染人、鼓舞人，不断增强党的思想理论对广大无产阶级的吸引力、感召力与凝聚力。1871 年，马克思、恩格斯在《伦敦代表会议决议》中明确指出："提议联合会委员会派宣传鼓动员前往农业地区，以便组织公开集会，宣传国际的原则和建立农村支部。"② 1873 年，马克思、恩格斯在海牙代表大会上再次强调："派遣不是肩披某种绶带的正式的革命全权代表而是革命的宣传员到一切省份和公社去。"③ 宣传鼓动员是宣传思想工作中最为关键的"人的因素"，是无产阶级政党派遣到人民群众当中的先进代表。他们承担着传播党的思想理论与精神原则、鼓舞人民群众革命情感与革命意志、提升人民群众思想觉悟与理论水平、推动无产阶级革命运动的重大职责与重要使命。可以说，宣传鼓动员具备什么样的能力与素质，在很大程度上决定着宣传鼓动工作的高度与水平。

一方面，具有"一定的信念、善良的愿望和洪亮的嗓音"④，这是成为宣传鼓动员的基本条件。只有具备对社会主义必获胜利的信念信心，他们才能矢志不渝地宣扬社会主义的信条原则；只有具备对无产阶级以及一切被压迫人民的善良愿望，他们才能坚定不移捍卫无产阶级以及最广大人民群众的根本利益；只有具备高亢洪亮、铿锵有力的嗓音，他们才能振奋人心、提振精神、鼓舞斗志。

另一方面，"要具有更多的智慧、更明确的思想、更好的风格和更

---

① 《马克思恩格斯全集》第 10 卷，人民出版社 1998 年版，第 744 页。
② 《马克思恩格斯全集》第 44 卷，人民出版社 1982 年版，第 729 页。
③ 《马克思恩格斯全集》第 18 卷，人民出版社 1964 年版，第 510—511 页。
④ 《马克思恩格斯文集》第 1 卷，人民出版社 2009 年版，第 664 页。

丰富的知识"①，这是宣传鼓动员的核心素养。具体来说，宣传鼓动员应当具有"更多的智慧"，能够根据复杂的意识形态斗争形势不断调整宣传内容、手段与策略；应当具有"更明确的思想"，能够以自身思想的彻底性去影响、感染和塑造人民群众的思想；应当具有"更好的风格"，能够以人民群众易于接受的方式、态度与语言进行理论宣传与精神鼓动；应当具有"更丰富的知识"，能够准确有效地回应与解答人民群众在革命运动中的实际难题。通过宣传鼓动员的工作，革命政党就能够将科学社会主义的思想与精神传播到人民群众当中去，建立起广泛而隐蔽的组织联系，将广大人民群众紧密团结在党的旗帜之下，凝聚起开展无产阶级革命的精神力量与物质力量。

**2. 建立通讯宣传**

从宣传鼓动工作的辐射范围来看，派遣宣传鼓动员是在一定区域内开展宣传工作的最具针对性的手段，而通讯宣传则是"以文字形式表现的社会运动为了摆脱民族局限性而应当采取的一个步骤"②。在马克思、恩格斯所处的时代，依靠经常的通讯联系与稳固的通讯组织建立起来的宣传工作网络，具有无可比拟的即时性、广泛性、共享性等巨大优势，能够使宣传鼓动工作突破地域边界，扩大国际影响，形成联动效应。它不仅有助于各国社会主义者进行思想交流与理论探讨，而且有利于国际无产阶级革命运动的协调联动与整体发展。

一方面，通讯宣传是加强社会主义思想交流与理论探讨的重要渠道。1846 年 5 月 5 日，马克思在致皮埃尔·约瑟夫·蒲鲁东的信中指出："同德国的共产主义者和社会主义者建立了经常性的通讯联系，借以讨论学术问题，评论流行的著作，并进行社会主义宣传……通过这种

---

① 《马克思恩格斯文集》第 1 卷，人民出版社 2009 年版，第 664 页。
② 《马克思恩格斯文集》第 10 卷，人民出版社 2009 年版，第 31 页。

方式，可以发现意见分歧，交流思想，进行公正的批评。"① 在实际的宣传鼓动中，马克思、恩格斯积极主动地同英国、法国、德国、瑞士等国的先进工人团体、社会主义者建立密切的通讯联系，主导成立了布鲁塞尔共产主义通讯委员会，并推动在巴黎、伦敦、汉堡、莱比锡、西里西亚等地设立了通讯支部。这些通讯组织为各国的社会主义者提供了交流学术思想、进行理论批评的平台，使得他们能够及时了解最新理论主张，有效化解内部意见分歧，有力肃清形形色色的错误思潮，及时纠正不良思想倾向，不断推动社会主义理论的创新与发展。在这种频繁且高效的思想切磋中，马克思、恩格斯的思想得到了更加广泛的传播，争取到了众多忠实的拥护者与支持者；社会主义得到了更加深刻的意义澄明与价值确立，成为颇具影响力与号召力的科学理论；各国的工人团体与社会主义者拥有了更加科学的思想基础，成为在思想与行动上更具统一性与组织性的政治力量。

另一方面，通讯宣传是促进国际社会主义运动协调联动与整体发展的重要手段。马克思强调："问题只在于建立一种经常性的通讯联系，保证能够了解各国的社会运动，以便取得丰硕的、多方面的成果，而靠一个人的努力是永远也做不到这一点的。"② 依托于共产主义通讯委员会及其各个支部，形成了众多信息集散中心，各国先进工人团体与社会主义者之间接收、传递和扩散信息更加便利，各国无产阶级各自为战的涣散状态局面得到控制，国际无产阶级革命运动的统一性与协调性得到加强。不同国家、地区、民族的先进工人团体和社会主义者既能及时将本国革命运动的最新情况传播出去，又能及时了解他国革命运动的最新进展，把握国际社会主义运动的发展趋势。各国无产阶级争取自由解放的革命斗争为社会主义宣传提供了最具现实说服力的材料。通过这样的通讯交流与联系，

---

① 《马克思恩格斯文集》第 10 卷，人民出版社 2009 年版，第 31 页。
② 《马克思恩格斯文集》第 10 卷，人民出版社 2009 年版，第 32 页。

广大无产阶级就能够相互尊重、相互鼓舞，不断加强阶级内部的团结统一；就能够相互学习、相互借鉴，不断明确革命发展方向与前进道路；就能够相互支持、相互呼应，促使各国的无产阶级革命运动从孤立隔绝走向整体联动，不断开辟国际社会主义革命事业发展的新局面。

### 3. 开展报刊宣传

在 19 世纪三四十年代的欧洲，报刊因其发行数量大、传播范围广、刊载信息多、即时性强、价格低廉等独特优势，已经成为社会各阶层获取信息、了解时事、参与社会公共事务的重要渠道。鉴于报刊在宣传工作中的重要性，马克思、恩格斯将其称为"文字宣传的最有效的形式"[1]，将报刊宣传作为一种常态化的宣传手段。在马克思、恩格斯看来，报刊是党的报刊、人民的报刊，它始终服从和服务于无产阶级政党和广大人民群众争取人类解放的伟大事业。

一方面，报刊是党的报刊，是无产阶级政党开展意识形态斗争的"武器"与"阵地"。以往的报刊都是掌握在资产阶级政党手中，是资产阶级用来控制社会舆论、支配精神生产、加强阶级统治的工具。创办独立的社会主义报刊则意味着无产阶级政党拥有了"能够以同等的武器同自己的敌人作斗争的第一个阵地"[2]，能够在意识形态斗争中更好地发挥主动性、掌握主动权。正是在此意义上，恩格斯指出："党的报刊的任务是什么呢？首先是组织讨论，论证、阐发和捍卫党的要求，批驳和推翻敌对党提出的各种要求和论断。"[3] 作为宣传鼓动工作的重要前沿阵地，报刊必须旗帜鲜明地坚持党的绝对领导，不仅要坚定不移地解读、阐发和论证无产阶级政党在各个历史时期的纲领、路线、方针、政策，不断扩大党在人民群众中的影响力与感召力，使广大人民群众更加

---

① 《马克思恩格斯全集》第 18 卷，人民出版社 1964 年版，第 605 页。
② 《马克思恩格斯全集》第 22 卷，人民出版社 1965 年版，第 590 页。
③ 《马克思恩格斯文集》第 1 卷，人民出版社 2009 年版，第 660 页。

清晰透彻地理解和领会党的精神原则，而且要坚决有力地批判、驳斥和推翻资产阶级政党编织的谎言与幻想，不断回应与瓦解资产阶级报刊对无产阶级政党的诋毁与攻讦，捍卫无产阶级政党的先进性与纯洁性。

另一方面，报刊是人民的报刊，是广大无产阶级与一切被压迫人民的"耳目"与"喉舌"。马克思在《摩塞尔记者的辩护》一文中曾指出："人民的信任是报刊赖以生存的条件，没有这种条件，报刊就会完全萎靡不振。"① 无产阶级与广大人民群众的信任、支持与拥护是社会主义报刊生存发展的根基，它必须"生活在人民当中，它真诚地同情人民的一切希望与忧患、热爱与憎恨、欢乐与痛苦"②，做到与人民群众血肉相连、血脉相通。马克思在谈到《新莱茵报》时曾形象地谈道："报刊按其使命来说，是社会的捍卫者，是针对当权者的孜孜不倦的揭露者，是无处不在的耳目，是热情维护自己自由的人民精神的千呼万唤的喉舌。"③ 从作为人民的"耳目"来看，社会主义报刊必须要真实地揭露资本主义不公正不合理的社会现实、如实地洞察无产阶级革命运动的现实情况，使无产阶级能够清晰地、及时地、准确地了解和判断革命发展的基本形势与自身的具体任务。从作为人民的"喉舌"来看，社会主义报刊应当成为"人民日常思想和感情的表达者"④，力求做到为人民发声、由人民发声，最大程度地感知与体察无产阶级的现实需要与利益诉求，最大力度地反映与表达无产阶级的思想观念与价值情感，充分发挥自身的影响力与传播力，为无产阶级革命运动提供适当的舆论引导、营造良好的舆论环境。

### 4. 加强竞选宣传

"利用选举权夺取我们所能夺得的一切阵地"⑤，这是无产阶级政党

---

① 《马克思恩格斯全集》第 1 卷，人民出版社 1956 年版，第 234 页。
② 《马克思恩格斯全集》第 1 卷，人民出版社 1995 年版，第 352 页。
③ 《马克思恩格斯全集》第 6 卷，人民出版社 1961 年版，第 275 页。
④ 《马克思恩格斯全集》第 1 卷，人民出版社 1956 年版，第 187 页。
⑤ 《马克思恩格斯文集》第 4 卷，人民出版社 2009 年版，第 550 页。

开展宣传鼓动工作的有力手段与必要策略。1895年，恩格斯在《卡·马克思〈1848年至1850年的法兰西阶级斗争〉一书导言》中强调："选举权已经被他们……——由向来是欺骗的工具变为解放的工具。……既加强工人的胜利信心，同样又增加对手的恐惧，因而成为我们最好的宣传手段。"① 无产阶级政党围绕争取、扩大与运用选举权而开展的政治宣传，实质上是将过去资产阶级用来欺骗无产阶级、强化阶级统治的工具，变成了无产阶级宣传社会主义思想、反抗阶级压迫的武器。这是党的宣传鼓动工作在资本主义社会所谓的"合法逻辑"内取得的重大胜利，具有其他一般宣传手段所无法比拟的广泛影响力与重大政治意义。正如恩格斯在《致国际工人协会西班牙联合会委员会》中所说："这（竞选宣传——引者注）比起我们多年来通过报刊和集会所进行的宣传，起了有力得多的、有利于国际宣传的作用。"②

　　一方面，利用政治选举开展宣传，能够极大地"加强工人的胜利信心"③。恩格斯指出："在竞选宣传中，它给了我们独一无二的手段到人民还疏远我们的地方去接触群众。"④ 这也使得包括无产阶级在内的社会各阶层人民获得了参与政治生活、行使政治权利、表达政治意愿的条件和机会，使得政治选举由资产阶级旧政党发表"空洞的豪言壮语"的中心变为无产阶级政党宣传"无产阶级政策的原则和目的"⑤ 的"讲坛"。无产阶级与一切被压迫人民得以推举自己的代表参加选举，这些人民的代表"在这个讲坛上可以比在报刊上和集会上更有权威和更自由得多地向自己在议会中的对手和议会外的群众讲话"⑥，可以更加清晰地、全面地、彻底地阐释与宣扬社会主义的观点、意图与目的。当广大

① 《马克思恩格斯文集》第4卷，人民出版社2009年版，第544—545页。
② 《马克思恩格斯文集》第3卷，人民出版社2009年版，第92页。
③ 《马克思恩格斯文集》第4卷，人民出版社2009年版，第389页。
④ 《马克思恩格斯文集》第4卷，人民出版社2009年版，第545页。
⑤ 《马克思恩格斯文集》第3卷，人民出版社2009年版，第92页。
⑥ 《马克思恩格斯文集》第4卷，人民出版社2009年版，第545页。

人民群众能够在这样公开的政治宣传中接受社会主义的灌输与洗礼，他们就能够愈加清醒、愈加理性、愈加成熟地确立对社会主义的认同与选择，就能够自觉自发地聚集到社会主义的阵营中来，就能够不断坚定对"现代社会主义必获胜利的信心"①。

另一方面，利用政治选举开展宣传，能够有效地"增加对手的恐惧"。竞选宣传不仅为无产阶级及其政党提供了一个广阔的发声平台，而且为他们提供了同资产阶级及其政党进行平等的交流沟通的对话渠道。在竞选讲演、集会等公开场合，无产阶级的代表不仅能够"迫使人们倾听他们的意见"②，而且能够"迫使一切政党在全体人民面前回答我们的抨击，维护自己的观点和行动"③。通过这种正面的思想论战与政治交锋，无产阶级政党将彻底地揭开资产阶级的虚伪面纱，有力地表达一切被压迫人民的抗议与要求；资本主义社会将不可避免地暴露出自己的剥削本质，越来越彻底地失去人民群众的拥护与支持。与此同时，无产阶级政党"选票数目的意外迅速的增长"，无产阶级与资产阶级力量对比的直观的变化，也会给资产阶级和政府带来前所未有的危机与压力，使得他们"害怕工人政党的合法活动更甚于害怕它的不合法活动"④。

### 四、宣传鼓动的基本原则

系统梳理与回顾马克思、恩格斯的实践经验与理论阐释，从中总结凝练宣传鼓动工作的基本原则，这是坚持与发展马克思恩格斯宣传鼓动思想的必然要求，也是加强新时代意识形态工作的必然选择。具体而

---

① 《马克思恩格斯文集》第 9 卷，人民出版社 2009 年版，第 165 页。
② 《马克思恩格斯文集》第 10 卷，人民出版社 2009 年版，第 607 页。
③ 《马克思恩格斯文集》第 4 卷，人民出版社 2009 年版，第 545 页。
④ 《马克思恩格斯文集》第 4 卷，人民出版社 2009 年版，第 545 页。

言，在宣传内容方面，要坚持学理性与通俗性相统一的原则；在宣传形式方面，要坚持文字宣传与口头宣传相结合的原则；在宣传策略方面，要坚持公开宣传与秘密宣传相结合的原则。

### 1. 学理性与通俗性相统一

宣传鼓动工作应当兼顾内容的学理性与通俗性，这是由宣传工作本身的职责使命及其受众对象的基本特点决定的。宣传鼓动是向广大人民群众传播科学思想的重要渠道，是联结社会主义理论与广大人民群众的桥梁纽带。对人民群众而言，缺乏科学性的宣传是空洞无力的，忽视通俗性的宣传则是陌生疏离的。宣传工作必须做到科学严谨而又通俗易懂，才能兼具思想力与亲和力；才能既契合于社会主义的核心要义，又契合于广大无产阶级理论基础；才能始终给予无产阶级正确而有效的思想引导与精神鼓动。

一方面，要保证宣传内容的学理性。内容的科学性是宣传鼓动工作生命力、说服力与感召力的根本所在，是宣传鼓动工作能够长久地赢得人民群众信任与支持的重要保证。恩格斯在《流亡者文献》中指出："当你想从事这种宣传，想为自己招募志同道合者时，仅仅发表宣言是不够的，而必须探究根据，因而，必须从理论上来考虑问题，也就是说归根到底必须科学地对待问题。"[①] 社会主义的宣传应当是具有思想深度与理论高度的宣传，它不光是要以激情澎湃的宣言来打动人，更重要的是以科学严谨的思想理论来彻底说服人。具体而言，就是要"从理论上来考虑问题"，要将辩证唯物主义与历史唯物主义的世界观与方法论作为根本的工作指导和内容支撑，以科学的理论思维与思想视野来观照、解答与回应广大无产阶级在革命运动中的现实问题，以逻辑严密、论证严谨、理据充足的宣传内容来武装无产阶级的思想与头脑。唯有如

---

① 《马克思恩格斯文集》第 3 卷，人民出版社 2009 年版，第 383 页。

此，宣传工作才能给予无产阶级正确的思想启迪与方向指引，赋予无产阶级深刻的革命理性与革命智慧，提升无产阶级的思想觉悟与理论水平。

另一方面，要注重宣传内容的通俗性。广大无产阶级是宣传鼓动工作最主要的受众群体，他们"目前的知识水平和接受能力"是宣传鼓动应当充分观照的现实因素。正是出于此种考虑，马克思、恩格斯不仅要求"广泛发行一些宣传共产主义的便宜的通俗作品和小册子"①，而且要求对"纯学术性的著作"作出适当的修改调整，使它们"适用于直接的宣传"。恩格斯在将《社会主义从空想到科学的发展》改写为宣传读物时进一步谈道："把这个东西写得通俗而又不损害内容，也就是要使它能够成为人人易懂的宣传性的小册子，任务是艰巨的。"② 这就是说，宣传语言的通俗性绝对不能有损于宣传内容的真理性。通俗化不等于庸俗化、低俗化，不等于降低思想水准，刻意迎合落后需求。宣传工作应当兼顾科学性与通俗性，将内涵深刻、意蕴深厚、思想深邃的科学理论转化为受众群体能够听懂、易于理解、便于接受、利于传播的话语形式，做到生动形象、深入浅出、通俗易懂，从而消除无产阶级与科学理论之间的距离和隔阂，使无产阶级能够最大程度地掌握这一思想武器。

### 2. 文字宣传与口头宣传相结合

以文字形式与口头形式来表达观点、传播思想、教育群众，这是贯穿于马克思恩格斯宣传鼓动法的行动原则。恩格斯就曾在谈到"给新参加进来的群众以充分的教育这一工作"③ 时指出："集会上的口头报告

---

① 《马克思恩格斯全集》第 4 卷，人民出版社 1958 年版，第 23 页。
② 《马克思恩格斯全集》第 35 卷，人民出版社 1971 年版，第 343 页。
③ 《马克思恩格斯全集》第 22 卷，人民出版社 1965 年版，第 266 页。

和报刊上的文字说明将使所必需的一切得到弥补。"① 相较而言，文字宣传是一种广延式的宣传，能够在较大的范围内，系统全面而又完整准确地传播社会主义思想；口头宣传则是一种纵深式的宣传，能够在较小的范围内，具体直观而又生动活泼地教育引导人民。二者各有优势、互为补充、缺一不可，共同满足宣传鼓动工作"所必需的一切"。

一方面，要广泛开展文字宣传。文字宣传是以文字形式进行的社会主义运动，是马克思恩格斯指导与推动无产阶级解放事业的有力武器。"他们拿起笔杆，始终是为了维护或宣传某种崇高的事业"②。恩格斯在《共产主义在德国的迅速进展》一文中指出："在各地的共产主义者中间，除文字上的联系外，要建立任何联系都几乎不可能。"③ 在当时资产阶级政府严格的意识形态管控与社会舆论监督下，各地共产主义者只能通过建立各式各样的"文字上的联系"，如书籍、文章、通讯、小册子、论文集、日报、月刊、季刊等，来交流与传播革命的思想与解放的学说。这些文字宣传品内容丰富，便于保存，易于传播，不仅能够成为思想的载体，跨越时间、空间、地域的限制，打破种族、民族、语言的隔阂，在较为广阔的范围内流传开来，而且能够成为广大无产阶级的学习文本，供他们反复阅读、交流探讨，产生持久而深远的影响。相较于即时的口头宣传，文字宣传所承载的内容更加丰富多样，完整连贯，深刻具体。文字宣传品一般都经过了反复的思考斟酌与编辑修订，它不仅能够较为完整准确、深入细致地集中呈现与阐发编撰者的思想观点，而且能够给予广大无产阶级较为系统的理论灌输与较为深刻的思想启发，带给工人群众彻底的思想洗礼和广泛的精神引领，具有强大、持久而深远的影响力。

另一方面，要深入开展口头宣传。恩格斯在《流亡者文献》中指出："等待！搞文字宣传！而我们到底是否有权等待，是否有权把时间

---

① 《马克思恩格斯全集》第 22 卷，人民出版社 1965 年版，第 265 页。
② 《马克思恩格斯全集》第 21 卷，人民出版社 2003 年版，第 516 页。
③ 《马克思恩格斯全集》第 2 卷，人民出版社 1957 年版，第 600 页。

浪费在文字宣传上？要知道，革命拖延每一小时，每一分钟，都使人民付出成千上万的牺牲！"[1] 文字宣传虽然具有广泛性、系统性与持久性等不可替代的优势，但也需要一定的时间进行宣传品的撰写、修订与发行，需要一定的时间等待舆论发酵。这就会在一定程度上影响宣传效果的时效性，会在某种情况下延误革命时机、耽误革命进程。因此，文字宣传需要和口头宣传结合起来。恩格斯在《流亡者文献》中曾说："向人民进行口头宣传的途径是永远不可能完全被杜绝的。"[2] 口头宣传是以口头语言进行的、面对面的、直接的宣传活动，例如，对话、宣讲、演说、辩论、集会等。相较于文字宣传的延时性，这一类形式的宣传具有较强的即时性、机动性与灵活性，能够深入无产阶级革命运动的各个环节当中去，能够随时随地在对社会主义感兴趣的群众当中迅速展开，能够与群众建立生动而真实的联系，直接面对群众进行讲述与宣传。恩格斯在 1845 年 2 月 22 日至 26 日致马克思的信中进一步指出："站在真实的活生生的人面前，直接地、面对面地、坦率地进行宣讲，比起胡乱写一些令人讨厌的抽象文章、用自己'精神的眼睛'看着自己抽象的公众，是完全不同的两回事。"[3] 口头宣传是面向"真正的活生生的人"的宣传，是宣传者与人民群众之间双向的、直接的、具体的、公开的交流与对话。在这种互动式的宣传中，宣传者能够用"现实的眼睛"观察到"具体的公众"情感与思想的变化，能够以激昂的语音语调、生动的面部表情、有力的肢体语言来增强宣传鼓动的亲和力、感染力与号召力，能够带来思想震撼与精神鼓舞。

### 3. 公开宣传与秘密宣传相结合

根据革命运动发展的具体形势与阶级力量对比的实际情况，适时进

[1] 《马克思恩格斯文集》第 3 卷，人民出版社 2009 年版，第 385 页。
[2] 《马克思恩格斯文集》第 3 卷，人民出版社 2009 年版，第 386 页。
[3] 《马克思恩格斯全集》第 47 卷，人民出版社 2004 年版，第 344 页。

行公开宣传与秘密宣传，这是马克思、恩格斯领导宣传鼓动工作的一贯
策略。马克思、恩格斯在国际工人协会海牙代表大会上强调："中央局
作为同盟的既秘密又公开的执行权力机关，将使本团体的秘密宣传和公
开宣传活跃起来。"① 在当时的历史条件下，无产阶级政党将公开宣传
与秘密宣传有机结合起来，准确研判何时应当扩大公开宣传、何时应当
转入秘密宣传，做到因势而谋、应势而动、顺势而为，才能适应于意识
形态斗争的现实需要，最大程度地保存与壮大社会主义意识形态的有生
力量，切实而有效地推动无产阶级革命运动的发展。

一方面，要不断增强宣传思想工作主动性，不断加大公开宣传。
1847 年，马克思在致格奥尔格·海尔维格的信中写道："尽管公开活动
还很有限，但它对每个人都起着非常振奋的作用。"② 1850 年，马克思、
恩格斯在《共产主义者同盟中央委员会告同盟书》中指出："以前同盟
仅仅秘密宣传的关于当前社会状况的见解，现在人人都在谈论，甚至在
大庭广众之中公开宣扬。"③ 从悄无声息的秘密宣传走向轰轰烈烈的公
开宣传，这是增强社会主义意识形态工作化被动为主动的内在要求，是
无产阶级革命力量正面对抗资本主义意识形态统治的必然选择。只有不
断加大公开宣传的力度与强度，不断增强宣传思想工作的积极性、主动
性与能动性，"在大庭广众之中"更高地树立起社会主义的精神旗帜，
向广大无产阶级与一切被压迫人民公开宣扬革命的观点和意图，逐渐形
成"人人都在谈论"的舆论态势，才能牢牢掌握意识形态斗争的主动权
与主导权，才能不断巩固与扩大社会主义意识形态阵地，才能从根本上
提振人民精神、鼓舞人民斗志、增强人民信心，为社会主义革命运动注
入强大精神动力。

另一方面，要准确把握意识形态斗争态势，适时转入秘密宣传。

---

① 《马克思恩格斯全集》第 18 卷，人民出版社 1964 年版，第 505 页。
② 《马克思恩格斯全集》第 27 卷，人民出版社 1972 年版，第 495 页。
③ 《马克思恩格斯文集》第 2 卷，人民出版社 2009 年版，第 188 页。

马克思、恩格斯在充分肯定公开宣传的巨大成效时，也多次严肃批评了当时同盟内部那种"认为秘密结社的时代已经过去，现在单靠公开活动就够了"①的错误倾向。在革命运动初期以及资本主义意识形态迫害加剧的特殊时期，公开的宣传往往会招致资产阶级更为猛烈的攻击，给无产阶级革命力量带来不必要的损害，而秘密的宣传则更容易避免损失、取得突破、获得成效。1871 年，恩格斯在同威·李卜克内西讨论德国的宣传工作时指出："在目前情况下，秘密活动无非就是工作不要喧嚷，宣传不要追求人人共知。"② 宣传工作必须要善于把握斗争形势，转变工作思路，调整斗争策略，在公开宣传难以开展时，及时转向秘密宣传的隐蔽状态，避开资本主义意识形态的监督与管控，深入到他们难以触及的薄弱环节，建立宣传鼓动工作的隐蔽战线，以更具隐秘性与渗透性的方式向广大人民群众传播科学社会主义的思想，为无产阶级革命运动的深入发展埋下精神火种、积蓄有生力量，确保无产阶级的伟大革命精神赓续传承，确保人类解放的伟大革命事业薪火不灭。

在马克思恩格斯经典文本语境和中国共产党思想政治教育语境之中，宣传和思想政治教育之间有着千丝万缕、密不可分的联系。宣传鼓动是思想政治教育的一般方法，但在特定语境下，宣传也构成思想政治教育本身。只有正确把握宣传与思想政治教育之间的本质关系，正确理解宣传之于思想政治教育的重要地位与重大意义，才能真正做好宣传工作，把思想政治教育推向深入、落到实处。

应当从宣传作为思想政治教育的本意出发，理解宣传的本质与要求。在实际生活中，人们总是忽略宣传的政治性，而过分关注宣传的工具性，把宣传仅仅当作一种方法、方式、手段。因此，人们往往把宣传和思想政治教育割裂开来，误以为宣传无政治，又或者误以为思想政治

① 《马克思恩格斯文集》第 2 卷，人民出版社 2009 年版，第 188 页。
② 《马克思恩格斯全集》第 33 卷，人民出版社 1973 年版，第 363 页。

教育全都是政治。这就导致人们总是更愿意接受宣传思想工作，而不愿意接受思想政治教育。而部分思想政治教育工作者为了打破这种尴尬的局面，会主动把思想政治教育宣传化，甚至把思想政治教育去政治化。这其实是试图以阉割思想政治教育本质、泛化思想政治教育范畴的方式，来换取思想政治教育的亲和力。他们不仅没有正确地理解宣传，也没有正确地把握思想政治教育。实际上，宣传的本意不是"传声筒"，不是工具性地宣告、传达、传播，不是简单地把这个东西说出来、传开来，不是让人们知道这个事情即可。宣传的本意在于教育，在于思想政治教育，在于某种内在意志的传达，在于通过某种内在意志的传达来影响和塑造人们的精神世界。2013年，习近平总书记在全国宣传思想工作会议上指出："宣传思想工作就是要巩固马克思主义在意识形态领域的指导地位，巩固全党全国人民团结奋斗的共同思想基础。"① 宣传思想工作是社会主义意识形态工作的重要组成部分，是为家国立心、为民族铸魂的重要工作，承担着"两个巩固"的历史重任。如果离开这一点来谈宣传，宣传就会失去自己的主心骨，失去自己的立足之基与发轫之源。正是在这个意义上，我们强调宣传本身也是思想政治教育，宣传的目的就在于思想政治教育日常化、广泛化、普遍化，推动思想政治教育不断走进日常生活、深刻融入生活实际、全面覆盖现实世界。

应当从宣传作为思想政治教育的本意出发，揭示宣传的立场与初心，揭示思想政治教育的宣传规律。2018年，习近平在全国宣传思想工作会议上进一步强调："宣传思想工作是做人的工作的，要把培养担当民族复兴大任的时代新人作为重要职责。重中之重是要以坚定的理想信念筑牢精神之基，坚定对马克思主义的信仰，对社会主义和共产主义的信念，对中国特色社会主义道路、理论、制度、文化的自信。"② 宣传思想工作要完成"两个巩固"的重要任务，就必须要落实到对人的教育和

① 《习近平著作选读》第1卷，人民出版社2023年版，第147页。
② 《习近平谈治国理政》第3卷，外文出版社2020年版，第313页。

培养上来，落实到对人的理想信念的塑造上来。新时代的宣传思想工作，应当以当代中国马克思主义、二十一世纪马克思主义为核心内容，坚定不移地开展马克思主义宣传教育，坚持不懈地围绕习近平新时代中国特色社会主义思想开展宣传教育活动，推动习近平新时代中国特色社会主义思想深入人心。宣传力决定传播力，传播力决定影响力。宣传思想工作要依托于自己在话语、技术、载体、手段、环境等方面的传统优势，通过广泛化、多样化、日常化的传播途径让党的创新理论"飞入寻常百姓家"，不断提升习近平新时代中国特色社会主义思想的影响力、引领力与生命力。

# 第九章　组织教育法

马克思、恩格斯指出："在阶级对阶级的政治斗争中，组织是最重要的武器"①，"国际的任务就是为迎接即将到来的斗争，把工人阶级的力量组织并联合起来"②。思想政治教育需要组织，组织本身也是思想政治教育。从马克思恩格斯经典文本中"组织"的语义内涵来看，"组织"既是动词，是指组织工作，指马克思、恩格斯凝聚革命力量、领导工人运动、开展革命斗争的方式方法；也是名词，是指无产阶级组织的各种基本形式，是开展无产阶级组织工作所依托的形式与载体。马克思、恩格斯本身就是无产阶级革命运动的组织者与领导者，他们亲身参与了德国社会民主党、共产主义者同盟、国际工人协会等的实际组织工作，为实现全体无产者的组织联合作出了不可磨灭的重要贡献。同时，马克思、恩格斯就这一重要命题提出了大量经典论述，明确了无产阶级的组织要求、组织手段、组织原则，要求运用组织教育的方法来凝聚、团结和引领广大人民群众，为无产阶级革命运动培育坚强力量。

理解与把握马克思恩格斯组织教育法，首先要深入经典文本与历史条件当中去，将他们关于组织工作的理论阐释与具体实践结合起来，系统梳理并深入分析马克思恩格斯组织思想的形成发展的基本脉络与内在逻辑。马克思在《论犹太人问题》中已经明确提出人自身所"固有的力量"是"社会力量"，强调要将散在的无产者组织成为争取人类解放的"社会力量"。与马克思不同，恩格斯是从资本主义社会微观的经济事实出发，认识到了各行各业的工人群众在工人联合会中展现出的巨大力量，认识到了人口的集中与联合对于

---

① 《马克思恩格斯全集》第 25 卷，人民出版社 2001 年版，第 499 页。
② 《马克思恩格斯文集》第 3 卷，人民出版社 2009 年版，第 619 页。

争取物质利益、唤醒抗争意识、反抗资本家剥削统治的重要作用。马克思、恩格斯的切入视角虽略有差异，但他们殊途同归，都将"组织"理解为被压迫阶级捍卫自身利益、争取自由解放的基本路径与重要方法。巴黎时期和布鲁塞尔时期，马克思、恩格斯明确了通过"组织群众"来凝聚革命力量、汇聚阶级意识、反抗阶级压迫的革命道路。在领导共产主义者同盟、国际工人协会和德国社会民主党的实际的组织工作之中，他们对强化思想引领、制定政治纲领、构建组织体系、端正组织作风、严明组织纪律、建立组织制度等问题进行了深入探索，形成了大量理论成果、制度成果和实践成果，为统一无产阶级革命队伍的思想和行动提供了重要遵循。只有从实现人类解放的政治高度来理解和把握马克思恩格斯的组织思想，才能明确组织教育的方法论意义，才能为加强新时代的组织工作、巩固社会主义意识形态阵地提供科学的理论指导与行动指南。

## 一、无产阶级组织的本质属性

从方法论层面切入马克思恩格斯的组织思想，应当首先明确"建立什么样的无产阶级组织"，这是理解与把握马克思恩格斯组织思想的首要问题。"组织"是广大无产者的战斗堡垒，在无产阶级革命运动中发挥着重要的支撑引领作用。马克思、恩格斯基于对无产阶级革命运动现实情况的准确把握，深刻阐释了无产阶级组织的党性、人民性与革命性，明晰了无产阶级组织的内在属性与本质特征，明确了无产阶级组织同以往其他一切有产阶级组织的根本区别。

### 1. 无产阶级组织的党性

坚强的无产阶级组织是广大人民群众反抗阶级压迫、追求彻底的人类解放的重要政治保障。在马克思、恩格斯看来，"独立政党"（共产

党）是无产阶级最高级、最严密、最坚实的组织形式。无产阶级的组织
联合应以成为独立政党为最高目标，其他一般形式的组织团体也都应服
从于这个独立政党的统一领导。1872 年，马克思、恩格斯在海牙代表大
会的决议中指出："工人阶级在反对有产阶级联合权力的斗争中，只有
组织成为与有产阶级建立的一切旧政党对立的独立政党，才能作为一个
阶级来行动。"① 1887 年，恩格斯在致斐·多·纽文胡斯的信中进一步
强调："工人阶级只有从政治上组织成一个独立于一切其他政党并同一
切其他政党相对立的党，才能取得胜利。"② 将无产阶级组织成为独立
政党，就意味着无产阶级拥有了一个坚强的政治领导核心，意味着无产
阶级在政治层面成为一个统一的整体，意味着无产阶级作为一支独立的
政治力量登上了世界历史的舞台。而这正是无产阶级革命运动取得胜利
的前提条件与重要保证。

　　一方面，无产阶级只有组织成为独立政党，才能摆脱旧政党的支
配。在广大无产者尚未组织起来或只是形成简单的经济性组织的阶段，
他们很容易在"旧政党的空洞的豪言壮语"③ 的诱惑下，被"贵族的或
资产阶级的、君主派的或者甚至是共和派的政党"④ 欺骗、利用与支
配，继而沦为这些有产阶级实现自己特殊利益的工具。"要使工人摆脱
旧政党的这种支配，最好的办法就是在每一个国家里建立一个无产阶级
的政党。"⑤ 具体而言，就是要无产阶级"保持并发展自己的组织来同
资产阶级的政党组织相对抗，并将针锋相对地同资产阶级进行谈判"⑥。
建立一个独立的无产阶级政党，广大无产者就不必依附于任何有产阶级
来参与革命。他们就形成了自己的主心骨，就确立了独立的政治身份与

① 《马克思恩格斯全集》第 18 卷，人民出版社 1964 年版，第 165 页。
② 《马克思恩格斯全集》第 36 卷，人民出版社 1975 年版，第 579 页。
③ 《马克思恩格斯文集》第 3 卷，人民出版社 2009 年版，第 91 页。
④ 《马克思恩格斯文集》第 3 卷，人民出版社 2009 年版，第 92 页。
⑤ 《马克思恩格斯文集》第 3 卷，人民出版社 2009 年版，第 92 页。
⑥ 《马克思恩格斯全集》第 16 卷，人民出版社 2003 年版，第 114 页。

明确的政治归属，就获得了同资产阶级党组织相对抗的地位与资格。

另一方面，无产阶级只有组织成为独立政党，才能从事"自己的政治"。恩格斯在《关于工人阶级的政治行动》一文中指出："工人的政党不应当成为某一个资产阶级政党的尾巴，而应当成为一个独立的政党，它有自己的目的和自己的政治。"① 无产阶级政党是无产阶级和一切被压迫人民实现"自己的目的"的斗争武器，是他们从事"自己的政治"的最为重要的平台。马克思、恩格斯要求无产阶级政党应当在广大人民群众中间设立区部、支部等，不断吸收并团结无产阶级的革命力量；应当为无产阶级确立统一的纲领、科学的制度、严格的纪律，不断明确无产阶级"怎样从事政治和从事什么样的政治"②；应当"向全世界公开说明自己的观点、自己的目的、自己的意图"③，为无产阶级革命运动提供正确的思想引领与科学的行动指南。"无产阶级从组织起独立的工人政党时起，就成为一种力量，而对于力量是不能不考虑的。"④ 在这个新的政党的引领下，广大无产阶级就能够作为"正规的有组织的政治力量"⑤ 开展争取自由解放的革命事业，将无产阶级的组织化以及无产阶级革命运动不断推向更高的发展阶段。

### 2. 无产阶级组织的人民性

恩格斯在《工联》中指出："在阶级对阶级的政治斗争中，组织是最重要的武器。"⑥ 组织是阶级斗争的最重要的武器，具有鲜明的阶级性。坚持无产阶级立场，坚定不移地代表和维护无产阶级以及一切被压迫人民的根本利益，这是无产阶级组织区别于其他一切有产阶级组织特

---

① 《马克思恩格斯文集》第 3 卷，人民出版社 2009 年版，第 224—225 页。
② 《马克思恩格斯文集》第 3 卷，人民出版社 2009 年版，第 224 页。
③ 《马克思恩格斯文集》第 2 卷，人民出版社 2009 年版，第 30 页。
④ 《马克思恩格斯全集》第 21 卷，人民出版社 2003 年版，第 105 页。
⑤ 《马克思恩格斯全集》第 38 卷，人民出版社 1972 年版，第 345 页。
⑥ 《马克思恩格斯全集》第 25 卷，人民出版社 2001 年版，第 499 页。

别是资产阶级组织的本质特征，是无产阶级组织生命力的根源之所在。

恩格斯在《社会主义从空想到科学的发展》一文中指出，以往的阶级社会总是"需要一个剥削阶级的组织，以便维护这个社会的外部生产条件，特别是用暴力把被剥削阶级控制在当时的生产方式所决定的那些压迫条件下"①。在资本主义社会，由资产阶级主导建构的组织及其开展的组织工作，从根本上来说是带有强烈的剥削性质的，是同无产阶级以及其他一切被压迫人民根本对立的。在政治生活领域，"国家机器与议会制只是统治阶级进行统治的有组织的总机构，只是旧秩序在政治上的保障、形式和表现"②。这些政治组织早已"从社会的公仆变成了社会的主人"③，变成了"反对工人阶级的压迫机器"④，变成了巩固与加强资产阶级统治地位的政治工具。在经济生活领域，"劳动的组织是专制式的，生产资料不仅作为生产手段，而且作为剥削和奴役生产者的手段集中在垄断者的手中"⑤。资产阶级建构了一整套"完整的工厂制度"⑥，企图以"兵营式的纪律"来指挥无产阶级进行劳动，从而将他们训练成一支为资产阶级创造剩余价值的生产大军，使无产阶级的生产劳动完全服从并服务于资产阶级的特殊利益。可以说，资产阶级所建立的国家、议会、政党、工厂等一切组织都是剥削阶级的组织，都是"资产者为了在国内外相互保障各自的财产和利益所必然要采取的一种组织形式"⑦，都是占统治地位的资产阶级为了将无产阶级严格控制在资本主义私有制的压迫条件下而打造的统治工具。与资本主义的剥削性组织截然相反，马克思、恩格斯要求建立真正的人民性组织来引领无产阶级

---

① 《马克思恩格斯文集》第 3 卷，人民出版社 2009 年版，第 561 页。
② 《马克思恩格斯文集》第 3 卷，人民出版社 2009 年版，第 198 页。
③ 《马克思恩格斯文集》第 3 卷，人民出版社 2009 年版，第 110 页。
④ 《马克思恩格斯文集》第 3 卷，人民出版社 2009 年版，第 110 页。
⑤ 《马克思恩格斯文集》第 3 卷，人民出版社 2009 年版，第 201—202 页。
⑥ 《马克思恩格斯文集》第 5 卷，人民出版社 2009 年版，第 488 页。
⑦ 《马克思恩格斯文集》第 1 卷，人民出版社 2009 年版，第 584 页。

的革命斗争，捍卫无产阶级的利益，争取无产阶级的彻底解放。

首先，无产阶级组织是来自人民的组织。马克思强调，真正的无产阶级组织"既然把自己看做是并且以行动表明自己是整个工人阶级的斗士和代表，因而就不可不把工会以外的工人吸收到自己的队伍中来"①。这就是说，人民群众是构成无产阶级组织的主体力量，是无产阶级组织生存和发展的重要基础；无产阶级组织就是人民群众的先进代表，是来自人民群众的革命战士，是由分散的人民群众凝聚而成的战斗队伍。

其次，无产阶级组织是为了人民的组织。马克思、恩格斯在《共产党宣言》中指出："他们没有任何同整个无产阶级的利益不同的利益，……共产党人强调和坚持整个无产阶级共同的不分民族的利益。"② 他们在海牙代表大会上也曾明确指出："国际工人协会的目的是要把全世界无产阶级的分散的力量团结在一起，从而成为使工人们联合起来的共同利益的生动的体现者。"③ 真正的无产阶级组织不是把人民群众当作阶级统治的工具与手段，而是把人民群众当作革命斗争的目的与归宿；不是要维护某一特殊阶级的"狭隘的利己主义的利益"，而是要代表最广大人民群众的"共同利益"；不是要把无产阶级永久地控制在统治阶级的剥削与压迫之下，而是要"运用自己有组织的力量作为杠杆来最终解放工人阶级"④。

最后，无产阶级组织是依靠人民的组织。人民群众是无产阶级组织的力量之源与胜利之本，组织的力量有多大取决于它能够在何种程度上激发与凝聚人民群众的力量。马克思指出："国际的任务就是为迎接即将到来的斗争，把工人阶级的力量组织并联合起来。"⑤ 无产阶级组织始终坚持充分相信群众、广泛发动群众、紧密联系群众的基本原则，坚

① 《马克思恩格斯全集》第 21 卷，人民出版社 2003 年版，第 273 页。
② 《马克思恩格斯文集》第 2 卷，人民出版社 2009 年版，第 44 页。
③ 《马克思恩格斯全集》第 18 卷，人民出版社 1964 年版，第 369 页。
④ 《马克思恩格斯文集》第 3 卷，人民出版社 2009 年版，第 78 页。
⑤ 《马克思恩格斯文集》第 3 卷，人民出版社 2009 年版，第 619 页。

持通过激发人民群众的主动性、能动性与创造性，来提升组织本身的生命力、战斗力与创造力，为无产阶级革命斗争提供坚强的力量保证。只有这样来自人民、为了人民且依靠人民的组织，才能获得广泛而深厚的群众基础，才能不断巩固人民群众对组织的信任、支持与拥护，才能承担起领导无产阶级革命运动的重大历史使命。

### 3. 无产阶级组织的革命性

无产阶级组织是革命的组织，是引领革命运动的先锋部队。马克思在《1848 年至 1850 年法兰西阶级斗争》中指出："革命在这里并没有终结，而是获得有组织的开端，它不是一个短暂的革命。"[①] 无产阶级的组织化是无产阶级革命的"有组织的开端"，是革命运动深入发展的现实要求与必然趋势，是将革命进行到彻底的先决条件。无产阶级组织具有彻底的革命精神与高度的革命自觉，它无论对敌人还是对自己，都始终采取革命的态度和原则，力求在社会革命与自我革命的辩证统一中持续推进人类解放的伟大事业。

一方面，无产阶级组织要求进行彻底的社会革命。马克思、恩格斯在《国际工人协会共同章程》中指出："为保证社会革命获得胜利和实现革命的最高目标——消灭阶级，无产阶级这样组织成为政党是必要的。"[②] 可以说，无产阶级组织是为革命而生的组织，是以"消灭阶级"为最高目标的革命组织。马克思、恩格斯在《共产主义者同盟中央委员会告同盟书》中谈到无产阶级组织与资产阶级民主派组织的区别时，进一步指出："民主派小资产者只不过希望实现了上述要求便赶快结束革命，而我们的利益和我们的任务却是要不断革命，直到把一切大大小小的有产阶级的统治全都消灭。"[③] 事实上，以往的有产阶级组织在消灭

---

① 《马克思恩格斯文集》第 2 卷，人民出版社 2009 年版，第 155 页。
② 《马克思恩格斯文集》第 3 卷，人民出版社 2009 年版，第 228 页。
③ 《马克思恩格斯文集》第 2 卷，人民出版社 2009 年版，第 192 页。

了统治自己的对立阶级、实现了自己的特殊利益之后，都会立刻要求结束革命，以便将整个社会维持在自己占统治地位的现实条件下，使自己成为新的统治阶级。与之截然相反，无产阶级组织要求"不断革命"，不断变革社会现实，将革命进行到彻底，直至消灭一切阶级统治的条件、消灭一切的阶级对立、消灭阶级本身，实现一切领域内一切人的彻底解放。

另一方面，无产阶级组织勇于开展自我革命。马克思、恩格斯在《德意志意识形态》中指出："革命之所以必需，不仅是因为没有任何其他的办法能够推翻统治阶级，而且还因为推翻统治阶级的那个阶级，只有在革命中才能抛掉自己身上的一切陈旧的肮脏东西，才能胜任重建社会的工作。"① 以往的有产阶级组织总是对敌人采取革命的原则，而对自己采取非革命的态度。这使得它们总是只能具备有限的革命性，总是会在取得阶段性的革命胜利之后，被更高阶段的革命所淘汰。无产阶级组织要切实承担起"不断革命"的历史任务，就必须以严格的自我革命精神来检视自身、直面问题、清除杂质、革除弊病，"抛掉自己身上一切陈旧的肮脏东西"，在自我净化、自我完善、自我发展之中，不断保持组织肌体的健康与清洁，不断提升组织的先进性与纯洁性，不断增强组织的生命力与战斗力。恩格斯在 1891 年 2 月 23 日致卡尔·考茨基的信中指出："这种无情的自我批评引起了敌人极大的惊愕，并使他们产生这样一种感觉：一个能够这样做的党该具有多么大的内在力量啊！"② 善于自我批评、勇于自我革命，这是无产阶级组织政治勇气、政治品格、政治优势的集中体现，是无产阶级组织永续发展的内生力量，是无产阶级组织能够始终站立于革命斗争最前沿的重要法宝。无产阶级组织只有将社会革命与自我革命结合起来，以社会革命引领自我革命，以自我革命推动社会革命，才能将组织本身锻造得愈发坚强有力，才能将社

---

① 《马克思恩格斯文集》第 1 卷，人民出版社 2009 年版，第 543 页。
② 《马克思恩格斯文集》第 10 卷，人民出版社 2009 年版，第 602 页。

会革命进行得愈发彻底，才能实现彻底的人的解放。

## 二、组织教育的主要方式

从方法论的意义上理解马克思恩格斯的组织思想，加强无产阶级组织建设，做好无产阶级组织工作，必须解决好"如何将无产阶级组织起来"这一核心问题。系统梳理并深入分析马克思恩格斯关于"如何组织无产阶级"的理论阐释与实践经验可知，他们主要是以强化思想引领、制定政治纲领、构建组织体系、端正组织作风、严明组织纪律、建立组织制度为有效方法和重要抓手，从这六个方面来提升组织的先进性与纯洁性，增强组织的号召力、凝聚力与战斗力，将广大无产阶级紧密团结在组织周围，为无产阶级革命运动的深入开展提供坚强的支撑与保证。

### 1. 强化思想引领

共同的阶级意识是促使广大无产者组织联合起来的关键因素，是他们成为"一个独特的阶级"，组织成"一个特殊的政党"的必要前提。恩格斯在《美国工人运动》中指出："工人阶级经历了许多年才完全领悟到，他们已经构成现代社会的一个独特的阶级，在现存社会关系下的一个固定的阶级；又经历了好多年，这种阶级意识才引导他们把自己组织成一个特殊的政党。"[1] 在资本主义社会，占统治地位的资产阶级总是会"赋予自己的思想以普遍性的形式，把它们描绘成唯一合乎理性的、有普遍意义的思想"[2]，而无产阶级则长期处于阶级意识被遮蔽、被欺骗、被模糊的蒙昧状态，甚至会"承认和首肯自己之被支配、被统治、被占有"[3]。处在这种思想状态的无产阶级是无法自发地组织联合

---

[1] 《马克思恩格斯文集》第4卷，人民出版社2009年版，第318页。
[2] 《马克思恩格斯文集》第1卷，人民出版社2009年版，第552页。
[3] 《马克思恩格斯文集》第1卷，人民出版社2009年版，第6页。

起来的。无产阶级组织的首要任务就是要对无产阶级进行思想的启蒙与唤醒，使他们深刻意识到自身的阶级地位、历史使命、阶级力量，形成共同的阶级意识，从而在共同的阶级意识的指引下自觉自愿地组织起来。

首先，要使无产阶级意识到自身的阶级地位。所谓阶级地位，不仅是指无产者个体的现实生存状况，更是指无产阶级作为一个整体在资本主义社会结构中的共同境遇。马克思指出："应当让受现实压迫的人意识到压迫，从而使现实的压迫更加沉重；应当公开耻辱，从而使耻辱更加耻辱。"① 具体而言，就是要让无产阶级认清自身"遭受普遍苦难"的现实处境，激起他们对资本主义"昭彰的罪恶"的愤怒以及同资产阶级抗争的勇气，使他们从资本主义意识形态的统治中觉醒，不再"有一时片刻去自欺欺人和俯首听命"。恩格斯进一步强调："单靠那种认识到阶级地位的共同性为基础的团结感，就足以使一切国家和操各种语言的工人建立同样的伟大无产阶级政党并使它保持团结。"② 这就是说，要让无产阶级在体察个体生存境遇的基础上，进一步"感到他们有共同的苦难和共同的利益"③，唤起他们基于共同阶级地位的团结感，促使他们在共通的情感需求与共同的利益诉求的指引下团结组织起来。

其次，要使无产阶级意识到自身的历史使命。马克思、恩格斯在《神圣家族》中指出："无产阶级由于其身为无产阶级而不得不在历史上有什么作为。它的目标和它的历史使命已经在它自己的生活状况和现代资产阶级社会的整个组织中明显地、无可更改地预示出来了。"④ 无产阶级的阶级地位决定了他们已经无法依靠任何其他阶级来求得解放而"必须自己解放自己"，决定了他们"若不从其他一切社会领域解放出来

① 《马克思恩格斯文集》第 1 卷，人民出版社 2009 年版，第 6—7 页。
② 《马克思恩格斯文集》第 4 卷，人民出版社 2009 年版，第 246 页。
③ 《马克思恩格斯文集》第 4 卷，人民出版社 2009 年版，第 318 页。
④ 《马克思恩格斯文集》第 1 卷，人民出版社 2009 年版，第 262 页。

从而解放其他一切社会领域就不能解放自己"①，决定了他们不可避免
地要承担起人类解放的伟大事业。只有使无产阶级"意识到自己的历史
任务，并且不断地努力使这种意识完全明确起来"，才能唤起无产阶级
作为革命阶级的责任担当，促使他们在共同历史使命的引领与感召之下
愈发紧密地组织起来。

最后，要使无产阶级意识到自身的阶级力量。无产阶级是最先进、
最革命、最有前途的阶级，他们不仅必须完成而且能够完成人类解放的
伟大事业。马克思指出："工人阶级有足够的力量来胜利地完成这个事
业，但是需要把所有这些力量组织起来。"② 要将所有这些力量组织起
来，就要让广大无产阶级意识到"他们分散时是软弱的，但联合在一起
就是一种力量"③，意识到他们联合起来的力量足以同资产阶级相对抗、
相匹敌，意识到无产阶级的阶级力量是足以解放人类的伟大力量。唯有
如此，才能充分彰显无产阶级的主体地位，不断提升无产阶级的主动性
与能动性，不断强化无产阶级的革命意志与胜利信心，促使无产阶级在
革命运动中更加自觉、自愿、自为地组织联合起来。

### 2. 制定政治纲领

在唤醒人们的阶级意识之后，无产阶级组织应当进一步确立"一个
明确的积极的纲领"，指明革命运动的奋斗目标、前进方向与发展道路。
恩格斯在 1875 年 3 月 18 日至 28 日写给奥·倍倍尔的信中指出："一个
新的纲领毕竟总是一面公开树立起来的旗帜，而外界就根据它来判断这
个党。"④ 马克思在给威廉·白拉克的信中也强调："制定一个原则性纲

① 《马克思恩格斯文集》第 1 卷，人民出版社 2009 年版，第 17 页。
② 《马克思恩格斯全集》第 10 卷，人民出版社 1962 年版，第 134 页。
③ 《马克思恩格斯文集》第 1 卷，人民出版社 2009 年版，第 435 页。
④ 《马克思恩格斯文集》第 3 卷，人民出版社 2009 年版，第 415 页。

领，这就是在全世界面前树立起可供人们用来衡量党的运动水平的里程碑。"① 政治纲领是公开树立起的"旗帜"与"里程碑"，无产阶级组织正是通过这个纲领"向全世界公开说明自己的观点、自己的目的、自己的意图"②。广大无产阶级会根据这一纲领来认识与了解这个组织，决定是否认同、支持与拥护组织的领导；其他阶级也会根据这一纲领来判断与衡量这个组织，决定对这个组织采取什么样的立场态度。政治纲领影响着无产阶级组织的成熟程度，也影响着无产阶级革命运动的发展水平。马克思、恩格斯要求以一个充分广泛、科学明确、简练严整的政治纲领，来统领无产阶级的思想与行动。

首先，政治纲领应当是充分广泛的。恩格斯在《美国工人运动》中指出："这个纲领在细节上可以因环境的改变和党本身的发展而改动，但是在每一个时期都必须为全党所赞同。"③ 他在《共产党宣言》英文版序言中也强调："国际必须有一个充分广泛的纲领，……马克思起草了这个能使一切党派都满意的纲领，他对共同行动和共同讨论必然会产生的工人阶级的精神发展充满信心。"④ 充分广泛的政治纲领，就是在任何时期都集中反映无产阶级以及一切被压迫人民共同利益的纲领。只有以这样一个体现共同利益的纲领作为整个组织的共同思想基础，才能消弭组织内部的意见分歧与利益冲突，不断促进组织内部的"共同行动和共同讨论"，赢得最为广泛的认同与支持，达成组织内部的团结统一，不断增强组织的向心力、凝聚力与号召力。

其次，政治纲领应当是科学明确的。当德国社会民主党仓促起草了充斥着拉萨尔派机会主义观点的《哥达纲领》时，马克思将其痛斥为一

① 《马克思恩格斯文集》第 3 卷，人民出版社 2009 年版，第 426 页。
② 《马克思恩格斯文集》第 2 卷，人民出版社 2009 年版，第 30 页。
③ 《马克思恩格斯文集》第 4 卷，人民出版社 2009 年版，第 318 页。
④ 《马克思恩格斯文集》第 2 卷，人民出版社 2009 年版，第 12 页。

个"极其糟糕的、会使党精神堕落的纲领"①。这种违背了无产阶级原则的纲领，只会损害组织的先进性与纯洁性，在组织内部造成严重的思想混乱与路线错误，最终导致组织的腐化堕落甚至分裂瓦解。无产阶级组织应当确立一个"能满足一切科学要求并包含有明确具体要求的纲领"②，通过这个科学明确的纲领来深刻彰显无产阶级组织的性质、宗旨和根本任务，准确阐明无产阶级组织的指导思想、政治主张与奋斗目标，具体规定无产阶级革命的路线、方针、政策，为无产阶级提供科学的思想武器与正确的理论指导，使广大无产阶级深入"了解无产阶级运动的条件、进程和一般结果"③，不断提升无产阶级的思想觉悟、理论水平与政治高度，确保无产阶级革命运动始终沿着正确的方向道路不断前进。

最后，政治纲领应当是简练严整的。恩格斯在批判《哥达纲领》时说道："在这个连文字也写得干瘪无力的纲领中差不多每一个字都应当加以批判。"④ 冗繁拖沓、干瘪无力的纲领会严重损害无产阶级组织在人民群众中的形象与威信，甚至会削弱广大无产阶级对组织的信任和对社会主义的信心。恩格斯进一步强调："纲领应当尽量简练严整。……言简意赅的句子，一经理解，就能牢牢记住，变成口号。"⑤ 无产阶级的政治纲领应当是简练严整、言简意赅而又坚定有力、直抵人心的，这样的纲领能够生发出强大的感染力、号召力与凝聚力，成为革命实践的思想武器与精神旗帜，提供强有力的思想感召与精神引领。

### 3. 构建组织体系

严密的组织体系是加强群众联系、凝聚革命力量、指导革命运动的

① 《马克思恩格斯文集》第3卷，人民出版社2009年版，第426页。
② 《马克思恩格斯文集》第4卷，人民出版社2009年版，第510页。
③ 《马克思恩格斯文集》第2卷，人民出版社2009年版，第44页。
④ 《马克思恩格斯文集》第3卷，人民出版社2009年版，第415页。
⑤ 《马克思恩格斯文集》第4卷，人民出版社2009年版，第407页。

政治基础。马克思在《国际工人协会总委员会第四年度报告》中强调："工人阶级要取得任何重大的胜利，都有赖于培养和集中工人阶级力量的组织的成熟程度。"① 无产阶级组织本身越是成熟、严密、稳固，它就越是能够吸收、集中、培育、协调无产阶级的革命力量，越是能够成为无产阶级的坚强基础与可靠支撑。马克思、恩格斯在领导无产阶级革命运动的过程中，按照严格的无产阶级原则确立了一整套较为成熟的组织体系。

首先，建立工人联合会，将雇佣工人在行业范围内组织起来。工人联合会是各行各业的雇佣工人"按职业联合的路线"建立的"经常性的同盟"②，是"'没有技术的'广大工人群众的组织的发源地"。恩格斯指出："工会是无产阶级的真正的阶级组织，无产阶级靠这种组织和资本进行日常的斗争，使自己受到训练……在纲领里提到这种组织，并且尽可能在党的组织中给它一个位置，那是绝对必要的。"③ 工人联合会是"工人同企业主进行斗争的堡垒"，它能够为广大工人阶级提供"有效的抵抗手段"，引领他们通过集体请愿、和平谈判、大规模罢工等方式来维护自己的切身权益，如提高工资、缩短劳动时长、改善劳动环境等。同时，广大无产阶级"在管理他们的规模巨大的工联组织方面证明他们有从事行政和政治工作的能力"④，为他们涉足政治领域、参与政治运动、建立政治组织奠定了坚实基础。

其次，建立无产阶级政党，使广大无产者和被压迫人民在国内作为独立的政治力量组织起来。工人联合会只是将革命力量指向了无产阶级饱受剥削与压迫的经济事实，但并未能触及产生这一表象的根本原因——资本主义的剥削制度。因此，随着革命运动的深入，"在各行业

① 《马克思恩格斯全集》第21卷，人民出版社2003年版，第466页。
② 《马克思恩格斯文集》第1卷，人民出版社2009年版，第653页。
③ 《马克思恩格斯文集》第3卷，人民出版社2009年版，第413页。
④ 《马克思恩格斯全集》第25卷，人民出版社2001年版，第500页。

联合会之外或在它们之上，一定会产生一个总的联合会，一个整个工人阶级的政治组织"①。具体而言，就是要成立无产阶级的"独立政党"，以之作为无产阶级革命运动的"先锋队"，在全国各地设立共产主义的区部、支部、小组，建立起全国范围内的政治组织体系，"使他们本国的分散的工人团体联合成以全国性中央机关为代表的全国性组织"②，从而"把许多性质相同的地方性的斗争汇合成全国性的斗争"③。正如马克思在《哥达纲领批判》中所说："为了能够进行斗争，工人阶级必须在国内作为阶级组织起来，而且它的直接的斗争舞台就是本国。"④在各民族国家建立起独立的工人政党，使无产阶级作为独立的政治力量登上本国的"斗争舞台"，这不仅是促使无产阶级"在国内作为阶级组织起来"的重要保证，也是实现无产阶级在国际范围内的组织联合的必要前提。

最后，建立国际性联盟，推动实现全世界无产者的联合。马克思指出："只有工人阶级的国际联盟才能保证工人阶级获得最终胜利。正是由于这种需要，才产生了国际工人协会。"⑤马克思、恩格斯要求以此国际性组织来打破各国无产阶级政党之间的孤立分散状态，加强各国无产阶级在世界范围内的团结与联合，使各国无产阶级在"完全保存自己原有的组织"的基础之上结成"亲密合作的永久联盟"，实现"最先进的国家在实践上和理论上的合作"⑥。1872年，马克思在《国际工人协会共同章程和组织条例草案》中明确了国际工人协会的基本组织体系：全协会工人代表大会、总委员会、联合会委员会、地方性团体、支部、小组，具体规定了各级组织机构的人员构成、经费使用、工作职责与具

① 《马克思恩格斯全集》第25卷，人民出版社2001年版，第501页。
② 《马克思恩格斯文集》第3卷，人民出版社2009年版，第228页。
③ 《马克思恩格斯文集》第2卷，人民出版社2009年版，第40页。
④ 《马克思恩格斯文集》第3卷，人民出版社2009年版，第438页。
⑤ 《马克思恩格斯全集》第21卷，人民出版社2003年版，第466页。
⑥ 《马克思恩格斯文集》第3卷，人民出版社2009年版，第226页。

体任务。建立这样一个各司其职、密切配合、协同联动的国际组织网络，能够打破民族国家的隔阂，超越地域空间的限制，在各国无产阶级政党、工人联合会以及其他民间工人团体之间建立长期的、稳定的、深度的联结，从而把分散的无产阶级运动联合起来，形成各国无产阶级相互帮助、相互支援、相互带动、相互呼应的革命态势。

### 4. 端正组织作风

良好的组织作风是无产阶级组织形象的集中展现，是无产阶级组织先进性与纯洁性的重要保证。马克思、恩格斯在领导无产阶级革命运动的进程中，对共产主义者同盟、国际工人协会以及各国工人政党中出现的官僚主义、宗派主义、教条主义等不正之风，进行了及时而深刻的批评斧正。

其一，要克服官僚主义作风，"以随时可以罢免的勤务员来代替骑在人民头上作威作福的老爷们"①。所谓官僚主义，就是指那些"国家寄生虫、俸高禄厚的势利小人和领干薪的人"假借人民群众委托的政治权利，反过来支配和奴役人民群众的工作作风。马克思、恩格斯在总结巴黎公社斗争经验时，严厉批判了以往的国家权力机关"为了追求自己的特殊利益，从社会的公仆变成了社会的主人"②的官僚主义作风，要求"把集权化的、组织起来的、窃据社会主人地位而不是为社会做公仆的政府权力打碎"③，建立由"严格承担责任的勤务员"组成的为国民服务的公仆式政府。恩格斯在1891年2月11日致卡·考茨基的信中进一步指出："要使人们不要再总是过分客气地对待党内的官吏——自己的仆人，不要再总是把他们当做完美无缺的官僚，百依百顺地服从他

① 《马克思恩格斯文集》第3卷，人民出版社2009年版，第196页。
② 《马克思恩格斯文集》第3卷，人民出版社2009年版，第110页。
③ 《马克思恩格斯文集》第3卷，人民出版社2009年版，第194页。

们，而不进行批评。"① 无产阶级组织要克服官僚主义倾向，就应当不断增强公仆意识，将一切组织工作以及一切工作人员置于人民群众的监督之下，随时接受人民群众的监督和批评，不断加强和改进工作作风。

其二，要克服宗派主义作风，"用工人阶级的真正的战斗组织来代替那些社会主义的或半社会主义的宗派"②。马克思在 1871 年 11 月 23 日写给弗·波尔特的信中明确指出："纯粹的宗派组织，这种组织是和国际所追求的真正工人运动的组织相敌对的。"③ 蒲鲁东主义、巴枯宁主义、拉萨尔主义等宗派团体，尽管名称不同、观点各异，但都是与无产阶级相对立的"阴谋家的团体"。这些宗派分子不仅"利用工人阶级政党来解决跟该党要求完全相背或直接敌对的任务"④，还"利用自己的地位来出卖运动"，甚至企图将无产阶级组织变成"阴谋家手中的玩物"。这就导致无产阶级组织内部利益分化、意见分歧、力量分散，从根本上消耗与削弱了无产阶级革命运动。可以说，宗派主义是"一种瓦解组织的因素"，是"组织无产阶级的绊脚石"。只有彻底清除组织中的宗派分子，彻底肃清宗派主义"特殊的信条教义"对无产阶级的欺骗与荼毒，才能将广大无产阶级"团结在一个统一的战斗队伍中"⑤，建立起"真正的工人阶级的战斗组织"，凝聚起坚不可摧的革命力量。

其三，要克服教条主义作风，确保革命理论的运用"随时随地都要以当时的历史条件为转移"⑥。早在 1843 年，马克思就在致阿尔诺德·卢格的信中明确提出："我不主张我们树起任何教条主义的旗帜。"⑦ 所

---

① 《马克思恩格斯全集》第 38 卷，人民出版社 1972 年版，第 37 页。
② 《马克思恩格斯文集》第 10 卷，人民出版社 2009 年版，第 367 页。
③ 《马克思恩格斯文集》第 10 卷，人民出版社 2009 年版，第 368 页。
④ 《马克思恩格斯全集》第 7 卷，人民出版社 1959 年版，第 362 页。
⑤ 《马克思恩格斯文集》第 10 卷，人民出版社 2009 年版，第 566 页。
⑥ 《马克思恩格斯文集》第 2 卷，人民出版社 2009 年版，第 5 页。
⑦ 《马克思恩格斯文集》第 10 卷，人民出版社 2009 年版，第 7 页。

谓教条主义，就是将某一种思想理论当作"医治百病的万应灵丹"①，试图套用某种教条式的处方来刻板地规定无产阶级革命进程的工作作风。1886 年，恩格斯在致弗里德里希·阿道夫·左尔格的信中批判了德国人以教条主义的方式指导美国工人运动的做法，他指出："他们大部分连自己也不懂得这种理论，而用学理主义和教条主义的态度去对待它，认为只要把它背得烂熟，就足以满足一切需要。对他们来说，这是教条，而不是行动的指南。"② 这种脱离实际、机械僵化、生搬硬套的工作方式，只会使各国的无产阶级革命运动最终陷入削足适履、迷失方向、无所依托的尴尬境地。恩格斯曾多次强调，他和马克思的革命理论不是僵化的教条，而是"行动的指南"。各国无产阶级政党必须彻底打破那种"要求树立教条主义的正统思想和学理主义的领导地位的妄想"③，根据当时当地的历史条件与现实环境来具体地、实际地、灵活地运用革命理论，不断探索适合本国的革命道路。

### 5. 严明组织纪律

严明的组织纪律是无产阶级组织的光荣传统与政治优势，是无产阶级组织工作得以有力、有序、有效开展实施的必要前提。1886 年，恩格斯在致劳·拉法格的信中指出："纪律是一个有成效的和坚强的组织的首要条件，是资产阶级最害怕的。"④ 只有"铁的纪律"才能锻造出"有成效的和坚强的组织"，锻造出无产阶级组织强大的领导力与号召力，凝聚起令资产阶级害怕的革命意志与战斗力量。

以巴枯宁为代表的小资产阶级无政府主义者将纪律污蔑为权威和独裁的根源，他们认为："国际是未来人类社会的萌芽，它现在就应当正

---

① 《马克思恩格斯文集》第 10 卷，人民出版社 2009 年版，第 293 页。
② 《马克思恩格斯文集》第 10 卷，人民出版社 2009 年版，第 557 页。
③ 《马克思恩格斯全集》第 19 卷，人民出版社 1963 年版，第 143—144 页。
④ 《马克思恩格斯全集》第 36 卷，人民出版社 1975 年版，第 540 页。

确地反映我们的自由和联盟的原则。"① 他们要求以未来社会的自由原则来取代当前无产阶级组织的纪律原则，实现不受任何纪律约束的"充分的和无条件的自由"，实行各支部、各个人的绝对的"自治原则"与"自由联合"。1872 年，恩格斯在《桑维耳耶代表大会和国际》一文中严厉批判了巴枯宁主义者瓦解组织纪律、要求绝对自由的荒谬主张，他指出："没有任何服从纪律的支部！没有任何党的纪律，没有任何力量在一点的集中，没有任何斗争的武器！那末未来社会的原型会变成什么呢？简而言之，我们采用这种新的组织会得到什么呢？会得到一个早期基督教徒那样的畏缩胆怯的而又阿谀奉承的组织。"② 在无产阶级革命力量尚未发展成熟的阶段，贸然取消一切纪律，实行未来社会才可能出现的无政府状态，就是要无产阶级像基督教徒一样"放弃斗争，而从事祈祷和期待"③。照此执行，国际工人协会及其各个支部并不会如巴枯宁主义者所想象的那样走向高度自觉的自由自治，而是会陷入松散软弱、各行其是的混乱状态之中，退化为一个"畏缩胆怯的而又阿谀奉承的组织"，根本无法同强大的资本主义国家机器相抗衡。

正是基于这样的深层考量，马克思在致恩格斯的信中强调："我们现在必须绝对保持党的纪律，否则将一事无成。"④ 恩格斯更是明确指出："在无产阶级革命斗争中，胜利的首要条件是严格遵守法律。"⑤ 严明的纪律就是无产阶级组织的"斗争的武器"，是无产阶级组织统一思想认识、集中群众力量、规范革命行动的根本支撑与必要保证。马克思、恩格斯不仅要求在无产阶级组织中确立起"保证胜利所必不可少的纪律"，而且力求使这种纪律成为各个支部、各位成员都必须自觉

① 《马克思恩格斯全集》第 17 卷，人民出版社 1963 年版，第 518 页。
② 《马克思恩格斯全集》第 17 卷，人民出版社 1963 年版，第 519 页。
③ 《马克思恩格斯全集》第 17 卷，人民出版社 1963 年版，第 520 页。
④ 《马克思恩格斯全集》第 29 卷，人民出版社 1972 年版，第 413 页。
⑤ 《马克思恩格斯全集》第 22 卷，人民出版社 1965 年版，第 779 页。

服从、严格遵守、坚决执行的绝对原则，不断推动无产阶级革命运动从自发的、零散的、盲目的初级阶段向自为自觉的更高阶段发展。1850年，马克思、恩格斯就在《共产主义者同盟章程》中确立了关于接受盟员、机构设置、召开会议、选举罢免等方面的组织纪律，并且要求盟员必须坚决"服从同盟的一切决议"。1866年，马克思、恩格斯在《国际工人协会共同章程和组织条例》中更是对各级支部的组织生活确立了更为全面、细致、严格的纪律，并且要求各地方性团体、支部和小组都"不得与共同章程和条例有任何抵触"①。唯有不断强化组织工作的纪律性，为组织内部的各支部、各个人明确思想与行动的规范与遵循，为组织的运转、决策与行动提供确切的根据与原则，使整个组织成为一个"有训练的、有纪律的核心"，才能铸就无产阶级组织在人民群众中的威望与力量，才能永葆无产阶级革命队伍的先进性与革命性，才能确保整个无产阶级革命运动协调一致、井然有序、坚决有力。

**6. 建立组织制度**

组织制度是无产阶级组织通过明确的条文规章对机构设置、组织生活、组织管理、组织监督等作出的具体规定。完善的制度体系具有相当的强制力、约束力与威慑力，是无产阶级组织加强和改进自身建设的有力依托与可靠保障。马克思、恩格斯在领导共产主义者同盟与国际工人协会的革命进程中，对无产阶级组织的民主选举制度、代表大会制度、党内报告制度等进行了理论与实践的探索，为无产阶级组织确立了基本的制度体系框架。

其一，实行民主选举制度。恩格斯指出："组织本身是完全民主的，它的各委员会由选举产生并随时可以罢免，仅这一点就已堵塞了任何要求独裁的密谋狂的道路，……现在一切都按这样的民主制度进行。"②

①　《马克思恩格斯全集》第21卷，人民出版社2003年版，第538页。
②　《马克思恩格斯全集》第28卷，人民出版社2018年版，第278页。

马克思、恩格斯在领导共产主义者同盟与国际工人协会时都坚决贯彻了民主选举制度，不仅确立了组织成员平等的选举权与被选举权，强调"每一支部的每个成员均有参加选举代表大会代表的权利，每个协会会员均有被选为代表的资格"①，而且严格规定了各区部的选派比例，共产主义者同盟时期为 1∶30，国际工人协会时期为 1∶50，还要求对选举出的代表实行严格的任期制与罢免制，明确规定"委员任期为一年，连选得连任，选举者可以随时撤换之"②。这样较为完善的选举制度从根本上确立了无产阶级组织的民主性质，保证了人民群众的民主权利。

其二，实行代表大会制度。1889 年，恩格斯在致保·拉法格的信中指出："代表大会无论定在哪一天，一定要保证召开；任何危及大会召开的行动都是错误的。"③ 1892 年，恩格斯在致奥·倍倍尔的信中再次强调："应当坚持每年召开一次党代表大会。……让全党哪怕一年有一次发表自己意见的机会，一般说来也是重要的。"④马克思、恩格斯十分重视代表大会的重要作用，在《共产主义者同盟章程》与《国际工人协会共同章程》中都明确规定了代表大会的年会制，要求在代表大会上讨论与决定关系组织发展以及无产阶级革命运动发展的根本性问题，并通过"代表大会宣布工人阶级共同的愿望"。他们不仅区分了一般情况下"讨论组织问题的秘密会议"和"讨论并表决大会议程中列有的原则问题的公开会议"两种会议形式，而且提出了"遇紧急情况中央委员会得召集非常代表大会"的明确要求，力求保证一年一次的代表大会顺利召开，确保将无产阶级的集体意志落实到无产阶级革命运动当中去。

---

① 《马克思恩格斯全集》第 44 卷，人民出版社 1982 年版，第 578 页。
② 《马克思恩格斯全集》第 4 卷，人民出版社 1958 年版，第 574 页。
③ 《马克思恩格斯全集》第 37 卷，人民出版社 1971 年版，第 165 页。
④ 《马克思恩格斯全集》第 38 卷，人民出版社 1972 年版，第 474 页。

其三，实行党内报告制度。马克思、恩格斯要求在无产阶级政党的盟员、支部、区部、总区部、中央委员会中实行工作报告制度。一方面，下级组织要逐级向上定期报告工作情况。"盟员至少每三个月同所属区部委员会联系一次，支部每月联系一次。每个区部至少每两个月向总区部报告一次本地区的工作进展情况，每个总区部至少每三个月向中央委员会报告一次本地区的工作进展情况"①。另一方面，中央委员会要"向代表大会报告工作"，要"同各总区部保持联系，每三个月作一次关于全盟状况的报告"②。这种双向的工作报告制度，能够有效保证组织内部信息公开、交流沟通、意见反馈的畅通与协调，有利于增强组织活力、提升工作效率，形成上下协调、决策科学、执行有力的组织运行机制。此外，马克思、恩格斯也对党内监督制度、经费使用制度、集体领导制度等进行了积极探索，为无产阶级组织制度体系的建构与发展提供了科学的理论指导，积累了丰富的实践经验。

### 三、无产阶级组织的基本原则

系统梳理与回顾马克思恩格斯关于组织工作的实践经验与理论阐释，明确"无产阶级组织工作应当遵循什么样的基本原则"这一重要问题，这是坚持与发展马克思恩格斯组织思想的必然要求，也是巩固与加强新时代组织工作的必然选择。坚持独立性与联合性相统一的原则，既要保持无产阶级组织的独立性质又要加强同其他革命力量的团结与联合；坚持民主性与集中性相统一的原则，实现民主基础上的集中与集中领导下的民主；坚持组织形式的一致性与理论指导的统一性相结合的原则，为无产阶级革命运动奠定坚实的组

---

① 《马克思恩格斯全集》第 4 卷，人民出版社 1958 年版，第 574—575 页。
② 《马克思恩格斯全集》第 4 卷，人民出版社 1958 年版，第 574 页。

织基础与思想基础。

**1. 独立性与联合性相统一**

在反对一切剥削制度的革命进程当中，无产阶级组织必须处理好坚持自身独立性和加强与其他阶级的联合性之间的关系，要在牢牢掌握核心领导权的基础上，加强同其他革命力量的团结与联合。

一方面，要始终保持无产阶级组织的独立性。马克思、恩格斯在《共产主义者同盟中央委员会告同盟书》中指出，无产阶级"不应再度降低自己的地位，去充当资产阶级民主派的随声附和的合唱队，而应该谋求在正式的民主派旁边建立一个秘密的和公开的独立工人政党组织"[1]。在现存剥削制度的斗争中，资产阶级民主派总是会用"一些掩盖他们特殊利益的笼统的社会民主主义空话"[2]来笼络、利用与支配无产阶级，致使无产阶级"完全丧失它辛辛苦苦争得的独立地位，而重新沦为正式的资产阶级民主派的附庸"[3]。而资产阶级民主派一旦实现自己的特殊利益，就会立刻调转矛头来反对跟随他们的无产阶级。因此，无产阶级"为了要达到自己的最终胜利，他们首先必须自己努力：他们应该认清自己的阶级利益，尽快采取自己独立政党的立场，一时一刻也不能因为听信民主派小资产者的花言巧语，而动摇对无产阶级政党的独立组织的信念"[4]。无产阶级只有牢记同资产阶级的利益对立，坚持"独立组织的信念"[5]，坚定"独立政党的立场"，确保无产阶级组织根基不移、立场不变、方向不偏，保证"无产阶级的立场和利益问题应该能够进行独立讨论而不受资产阶级影

---

[1] 《马克思恩格斯文集》第2卷，人民出版社2009年版，第193页。
[2] 《马克思恩格斯文集》第2卷，人民出版社2009年版，第193页。
[3] 《马克思恩格斯文集》第2卷，人民出版社2009年版，第193页。
[4] 《马克思恩格斯文集》第2卷，人民出版社2009年版，第199页。
[5] 《马克思恩格斯文集》第2卷，人民出版社2009年版，第199页。

响"①，才能始终牢牢掌握革命斗争的主动权、主导权与领导权，直至取得人类解放的最终胜利。

另一方面，要适时加强无产阶级组织同其他阶级的联合。保持无产阶级组织的独立性，并不完全排斥在一定条件下同其他阶级革命力量的联合与合作。马克思、恩格斯在《共产主义者同盟中央委员会告同盟书》中指出："历来的情况一样，将来也自然会产生出这种只适合一时需要的联合。"② 在无产阶级整体力量尚显薄弱的革命时期，它本身具有联合其他革命力量的实际需求，而处于中间地位的阶级在某种程度上具有同无产阶级相一致的革命诉求，具有被联合起来的可能性与必然性。在反对封建专制制度的斗争中，"只要资产阶级采取革命的行动，共产党就同它一起去反对君主专制、封建土地所有制和小资产阶级"③。而在同资产阶级的斗争中，无产阶级政党总是要"把站在无产阶级与资产阶级之间的国民大众即农民和小资产者发动起来反对资产阶级制度"④。无产阶级组织只有根据当时的社会阶级状况，同一切可以参加革命的阶级、政党、团体、社会力量等结成联盟，才能最大程度地壮大革命力量，共同反对最主要的敌人，逐步实现普遍的人类解放的革命目标。同时，恩格斯在1889 年 12 月 18 日致格尔松·特里尔的信中进一步指出："所有这一切又必须以党的无产阶级性质不致因此发生问题为前提。对我来说，这是绝对的界限。"⑤ 马克思也强调："在政治上为了一定的目的，甚至可以同魔鬼结成联盟，只是必须肯定，是你领着魔鬼走而不是魔鬼领着你走。"⑥ 无产阶级组织同其他革命力量的联合，是有底线、有原

---

① 《马克思恩格斯文集》第 2 卷，人民出版社 2009 年版，第 193 页。
② 《马克思恩格斯文集》第 2 卷，人民出版社 2009 年版，第 194 页。
③ 《马克思恩格斯文集》第 2 卷，人民出版社 2009 年版，第 66 页。
④ 《马克思恩格斯文集》第 2 卷，人民出版社 2009 年版，第 89 页。
⑤ 《马克思恩格斯文集》第 10 卷，人民出版社 2009 年版，第 578 页。
⑥ 《马克思恩格斯全集》第 11 卷，人民出版社 1995 年版，第 552 页。

则、有条件的联合，是以其独立性为前提的联合。在同中间阶级的联合中，无产阶级组织必须时刻保持自身的先进性与纯洁性，必须牢牢掌握革命的核心领导权，绝对不能被自身所要联合的力量吞噬，并且要在联合斗争取得阶段性胜利时，即刻准备好与中间阶级划清界限，同中间阶级的反动性做最坚决的斗争。

### 2. 民主性与集中性相统一

马克思、恩格斯在共产主义者同盟时期，曾严厉批评了布朗基主义者要求"一个或几个优秀分子的专政"的严格集权思想；在国际工人协会时期则深刻批判了无政府主义者要求自由联合的极端民主化主张。他们并非要"把权威原则说成是绝对坏的东西，而把自治原则说成是绝对好的东西"，而是认为"它们的应用范围是随着社会发展阶段的不同而改变的"①，应当根据具体的历史条件来正确处理二者的辩证统一关系。

一方面，要坚持贯彻无产阶级组织的民主原则。马克思在 1868 年 10 月 13 日写给约翰·巴蒂斯特·施韦泽的信中指出："集中制的组织不管对秘密团体和宗派运动多么有用，但它同工会的本质是相矛盾的。"② 宗派主义推崇的阴谋独裁式的集中制，是同无产阶级组织坚决捍卫人民利益的本质相矛盾的。无产阶级组织不是由少数先进分子统治多数落后分子的集中制组织，而是充分尊重无产阶级主体地位、切实保障无产阶级民主权利、高度发扬无产阶级首创精神的民主组织。1845 年，恩格斯在伦敦举行的各族人民庆祝大会上就明确指出："民主已经成了无产阶级的原则，群众的原则。……当各民族的无产阶级政党彼此联合起来的时候，它们完全有权把'民主'一词写在自己的旗帜上。"③ 马克思、恩格斯始终将民主原则视为无产阶级组织的基础，确立了所有盟员一律

---

① 《马克思恩格斯文集》第 3 卷，人民出版社 2009 年版，第 337 页。
② 《马克思恩格斯文集》第 10 卷，人民出版社 2009 年版，第 294 页。
③ 《马克思恩格斯全集》第 2 卷，人民出版社 1957 年版，第 664 页。

平等、少数服从多数、集体讨论、民主选举等组织原则，要求整个组织"根据民主的原则进行管理"。无产阶级组织只有"力求做到以原则为准绳，而不是以这个人或那个人为准绳"①，确保组织内部的沟通、管理与决策严格遵循民主制的要求运行，才能始终保持自身的先进性与纯洁性，才能始终沿着正确的方向道路前进，避免走向专制独裁的歧途。

另一方面，要在坚持民主原则的基础上，维护必要的权威与集中。马克思、恩格斯反对个人独裁式的集中制，而是要求"把一切政治权力集中于人民代议机关之手"②。马克思在阿姆斯特丹群众代表大会上强调："加强总委员会的权力并且为了当前的斗争而把活动集中起来是适当的和必要的，因为分散会使这种活动没有成果。"③ 恩格斯在总结巴黎公社革命经验时也指出："如果巴黎公社的权威和集中稍微多一些，那末，它就会战胜资产者。"④ 过度追求形式上的民主会在一定程度上分散思想观念、弱化组织力量、贻误革命时机，只有锻造一个坚强的、权威的、集中的领导核心，并使组织上下坚决服从统一领导、坚定捍卫组织权威、严格执行组织决策，才能把分散的革命活动有效整合起来，实现革命力量的集中与爆发，为无产阶级革命运动的胜利奠定坚实基础。正如马克思、恩格斯在《共产主义者同盟中央委员会告同盟书》中所说："革命活动只有在集中的条件下才能发挥全部力量。"⑤ 强有力的集中统一领导能够迅速而有效地统一广大无产阶级的意志、思想与行动，"把我们的一切力量捏在一起，并使这些力量集中在同一个攻击点上"⑥，确保革命运动坚定有力、坚决彻底。因此，无产阶级组织应当坚持民主与集中的有机统一，力求实现民主基础上的集中和集中指导下

① 《马克思恩格斯全集》第 42 卷，人民出版社 1979 年版，第 420 页。
② 《马克思恩格斯文集》第 4 卷，人民出版社 2009 年版，第 415 页。
③ 《马克思恩格斯全集》第 18 卷，人民出版社 1964 年版，第 179 页。
④ 《马克思恩格斯全集》第 33 卷，人民出版社 1973 年版，第 376 页。
⑤ 《马克思恩格斯文集》第 2 卷，人民出版社 2009 年版，第 197 页。
⑥ 《马克思恩格斯文集》第 10 卷，人民出版社 2009 年版，第 375 页。

的民主，才能保证组织生活与革命运动的高效有序运行。

### 3. 组织形式的一致性与理论指导的统一性相统一

组织形式与理论指导是无产阶级组织的两大基本支柱，组织形式确立起坚固的骨骼架构，理论指导则为这个组织注入活的灵魂。1864 年，马克思在《国际工人协会成立宣言》中指出："工人的一个成功因素就是他们的人数；但是只有当工人通过组织而联合起来并获得知识的指导时，人数才能起举足轻重的作用。"① 马克思在这里揭示出了无产阶级革命运动成功的两个必要条件，一是"通过组织而联合起来"，二是"获得知识的指导"。如果只是简单地把大量无产者聚集串联起来而不给予统一的理论指导，那么就会不可避免地在无产阶级中造成思想的分歧与混乱。反之，如果只是一味地进行理论宣传而忽略了组织形式的根本一致，那么就会导致无产阶级内部的分裂分化，无法使革命的理论得到全面的贯彻执行。因此，无产阶级组织既要保持组织形式的一致性，又要确保理论指导的统一性，二者必须相互结合、不容偏废。

一方面，要坚持组织形式的一致性。1871 年，马克思、恩格斯在《伦敦代表会议决议》中明确要求："现有的支部和团体，今后不得再用宗派名称，如实证论派、互助主义派、集体主义派、共产主义派等等；今后任何已被接受的分部或团体，都不得继续用'宣传支部'、同盟以及诸如此类的名称成立旨在执行与参加国际的战斗无产阶级群众所遵循的共同目标不符的特殊任务的分立主义组织。"② 马克思、恩格斯之所以作出这样的明文规定，是因为在第一国际后期的组织内部斗争中，形形色色的宗派分子"以各种冠冕堂皇的借口把负有别的特殊使命的其他国际性协会引到国际工人协会里来"③，甚至在国际工人协会内部建立

---

① 《马克思恩格斯文集》第 3 卷，人民出版社 2009 年版，第 13—14 页。
② 《马克思恩格斯全集》第 17 卷，人民出版社 1963 年版，第 451—452 页。
③ 《马克思恩格斯全集》第 18 卷，人民出版社 1964 年版，第 13 页。

自己的"分立主义组织"，并冠以"宗派名称"来窃取国际的组织力量，达到与无产阶级共同目标不相符的特殊目的。出于此种考量，马克思、恩格斯进一步要求："国际现有的一切组织，今后应按共同章程的精神和文字，一律定名为国际工人协会分部、支部、联合会等等，并冠以该地地名。"① 组织形式的分化必然逐渐导致组织内部的实质性瓦解，必然将无产阶级革命运动引入歧途。只有严格遵照"共同章程的精神和文字"② 来确定无产阶级组织名称，确保无产阶级组织形式的一致性，才能最大程度地削弱宗派主义的影响、保持组织成分的纯洁、保证革命目标与方向的根本一致。

另一方面，要坚持理论指导的统一性。恩格斯在《德国农民战争》1870 年第二版序言的补充中分析欧洲各国工人运动情况时指出："一方面，英国工人运动虽然在各个行业中有很好的组织，但是发展得非常缓慢，其主要原因之一就是对于一切理论的漠视；另一方面，法国人和比利时人由于受初始形态的蒲鲁东主义的影响而产生谬误和迷惘，西班牙人和意大利人则由于受经巴枯宁进一步漫画化的蒲鲁东主义的影响而产生谬误和迷惘。"③ 这些宝贵的实际斗争经验都有力地证明，无产阶级革命运动光有"很好的组织"是不够的，还必须有科学理论的指导；光有科学理论的指导也是不够的，还必须始终坚持理论指导的统一性，绝对不能因为受到各种错误思潮的影响而产生动摇，以致陷入谬误与迷惘。恩格斯指出："我们党有个很大的优点，就是有一个新的科学的世界观作为理论的基础。"④ 无产阶级组织坚持将马克思恩格斯所创立的辩证唯物主义与历史唯物主义的"新的科学的世界观"⑤，作为整个组织共同的思想基础与行动指南，作为无产阶级革命运动的强大"精神武

① 《马克思恩格斯全集》第 17 卷，人民出版社 1963 年版，第 458 页。
② 《马克思恩格斯全集》第 17 卷，人民出版社 1963 年版，第 458 页。
③ 《马克思恩格斯文集》第 2 卷，人民出版社 2009 年版，第 217—218 页。
④ 《马克思恩格斯文集》第 2 卷，人民出版社 2009 年版，第 599 页。
⑤ 《马克思恩格斯文集》第 2 卷，人民出版社 2009 年版，第 599 页。

器"。这是无产阶级组织的基本特征与理论优势，也是无产阶级组织先进性与革命性之所在。只有坚持将科学的理论指导贯穿于组织工作的各个环节，将广大无产阶级的思想意识统一到"新的科学的世界观"上来，才能不断提升无产阶级的思想觉悟与理论水平，不断增强无产阶级对错误思想的辨别力与抵御力，确保无产阶级组织内部始终保持高度一致、同频共振、同心同德。只有将组织形式的一致性与理论指导的统一性紧密结合起来，才能将无产阶级人数方面的优势切实转化为革命斗争的胜势，将无产阶级组织锻造成为反对资产阶级统治的有力武器，为无产阶级革命运动的胜利提供坚强保证。

从组织作为名词的意义来看，一定的实体组织既是思想政治教育的平台和载体，又是思想政治教育方法的实施主体；从组织作为动词的意义来看，组织群众的过程就是思想政治教育方法的实施运用过程。无论将广大人民群众组织起来、建立无产阶级组织团体的过程，还是在无产阶级组织团体中或通过无产阶级组织团体来引导群众、教育群众、服务群众、管理群众的过程，都是思想政治教育的过程。这在马克思、恩格斯的年代是如此，在当今时代更是如此。马克思恩格斯关于如何建立和完善无产阶级组织及如何组织广大人民群众的相关论述，对于新时代完善思想政治教育组织方法、发挥思想政治教育组织功能具有重要启示。

一方面，要强化组织的思想政治教育功能，使人们在组织生活中全面深刻地经历思想政治教育。组织是开展思想政治教育的重要场所，组织本身就具有思想政治教育的重要职能，组织生活中的一切要素都可以转化为助力思想政治教育的积极因素。相较于单个的思想政治教育工作者，这些组织团体能够在更大尺度上进行资源的调度、环境的协调、情境的创设、队伍的建设、纪律的规范，不断巩固强化思想政治教育的组织保证，建立健全思想政治教育的长效机制，推动思想政治教育的系统化、规范化、全面化、常态化。人们被组织起来的过程，人们接触组织、融入组织、参与组织生活的过程，其实也就是在潜移默化地接受组织带给他们的意识形态指导，在不知不觉地习得组织教给他们的思想准则与行为规范。各级各类组织应当把思想政治教育作为贯穿全局工作的生命线工程加以深化推进，把思想政治工作融入组织工作的全过程、各方面和各环节，不断提升思想政治教育的生命力、亲和力、渗透力与塑造力。

另一方面，要加强组织教育法同其他思想政治教育方法之间的紧密联系和有效衔接，增强思想政治教育的系统性、协调性与实效性。组织教育法同其他方法不一样的地方在于，它能够通过组织力量的运用将各种方法协调串联起来，并且它也需要通过与其他方法的协调联动，使思想政治教育产生事半功倍的效果。这是因为组织方法的实施中必然会运用到政治的权威与集体的力量。政治权威与集体力量能够有效转化为对思想政治教育的推动力和对受教育者的约束力，使思想政治教育各种方法的衔接能够更加紧密、恰当、流畅，使思想政治教育过程的推进能够更加高效、协调、顺畅。

# 第十章　自我革命法

　　唯物辩证法在本质上是批判的、革命的，要求对现存的一切进行批判，并且同时将自己也置于批判的原则和革命的原则之下。如果不坚持自我革命的方法论原则，辩证法体系终将背叛自己。可以说，自我革命是唯物辩证法的内在要求，是对辩证唯物主义的彻底坚持与坚决贯彻。所谓自我革命，就是既要将自己作为革命的主体，又要将自己作为革命的对象，自己解决自己的问题，永葆自身的先进性和纯洁性。这是以马克思主义为指导的无产阶级政党的光荣传统，是无产阶级政党加强自身建设、保持自身先进性与纯洁性、提升自身战斗力与创造力的制胜法宝，是无产阶级政党思想政治教育的方法论原则。在马克思、恩格斯的思想政治教育活动中，共产党人总是作为教育者的角色出现的，"他们胜过其余无产阶级群众的地方在于他们了解无产阶级运动的条件、进程和一般结果"[①]。但马克思同时强调，"教育者本人一定是受教育的"[②]。无产阶级政党不光要对广大人民群众进行思想政治教育，也要对自己进行思想政治教育，对自己进行刀刃向内、刮骨疗毒的自我革命式的思想政治教育。

　　马克思、恩格斯在总结巴黎公社革命经验、领导共产主义者同盟和国际工人协会的实际斗争的过程中，留下了大量关于无产阶级政党自我革命的重要论述，阐明了无产阶级政党自我革命的深层原因、内在动力、逻辑内涵与重大举措，为无产阶级政党自身建设、永葆无产阶级政党自我革命精神确立了根本的理论指导与实践方略。新时代推进中国共产党的自我革命，应当在历史与现实的贯通之中、理论与实际的结合之中，深入挖掘蕴藏在马克思、恩格斯理论著述与革命实践

---

[①]　《马克思恩格斯文集》第 2 卷，人民出版社 2009 年版，第 44 页。
[②]　《马克思恩格斯文集》第 1 卷，人民出版社 2009 年版，第 500 页。

中的自我革命的火种，深刻探寻无产阶级政党自我革命的政治传统、理论原本与思想根基，从本原意义上不断明确"无产阶级政党为什么要自我革命""何为无产阶级政党的自我革命""无产阶级政党如何进行自我革命"等基本问题。这是新时代中国共产党坚持马克思主义传统，持续推进自我革命，不断提升党的先进性与战斗力的本质要求与必然选择。

自我革命是党对自己进行思想政治教育的重要一环，是一种特殊的思想政治教育方法。马克思、恩格斯关于无产阶级政党自我革命的思想，是在其理论探索与革命实践中逐步形成和发展起来的。马克思在《〈黑格尔法哲学批判〉导言》中提到了理论的自我批判问题。他批判了黑格尔以及青年黑格尔派对自身采取非批判态度的狭隘做法，强调真正的哲学应当具备自我批判的理论品质与精神高度。恩格斯在《英国工人阶级状况》中总结了英国工人联合会的斗争经验，强调伟大的阶级、伟大的民族应当从自己所犯错误的后果中学习，这也是自我批判的内在要求之一。在《德意志意识形态》中马克思、恩格斯强调，革命阶级不仅要在革命中推翻统治阶级，还要在革命中抛掉自己身上陈旧的肮脏东西，锻炼和提升自己的革命力量。共产主义者同盟时期，是马克思恩格斯自我革命思想的全面发展时期。他们在《共产党宣言》中指出，共产党"在自己的发展进程中要同传统的观念实行最彻底的决裂"①。马克思在《路易·波拿巴的雾月十八日》中指出，无产阶级革命要通过经常的自我批判，不断改正自己"初次行动的不彻底性、弱点和拙劣"②，并从这种自我批判中汲取新的力量。恩格斯也在《德国农民战争》中指出，无产阶级及其政党要"彻底抛弃自己身上还能同现存社会制度和平相处的一切"③。国际工人协会时期和德国社会民主党时期，

① 《马克思恩格斯文集》第 2 卷，人民出版社 2009 年版，第 52 页。
② 《马克思恩格斯文集》第 2 卷，人民出版社 2009 年版，第 474 页。
③ 《马克思恩格斯文集》第 2 卷，人民出版社 2009 年版，第 256 页。

马克思、恩格斯将批评与自我批评作为革命运动的生命要素，要求通过政党内部的斗争，消除党内的不良工作作风、宗派主义思潮和各种阴谋活动。这一时期，马克思、恩格斯在实际的革命斗争中，对无产阶级政党推进自我革命的基本路径和具体措施进行了积极探索，为后来无产阶级革命事业的发展提供了重要遵循。

### 一、自我革命的必然性分析

分析无产阶级政党自我革命的必然性，就是要剖析无产阶级政党必须进行自我革命且能够进行自我革命的深层原因。马克思在《"莱茵报观察家"的共产主义》中强调："所有的革命党派中间，共产主义者的党是最革命的。"[①] 无产阶级政党是最革命的政党，但它的革命性并不是生来就有的，也不会随着时间的推移而自然保持下去，而是要在"经常自我批判"[②] 的自我革命中经受打磨与淬炼，才能长期保持自身的先进性与纯洁性，始终成为无产阶级革命的先锋队。恩格斯在1891年2月3日写给卡尔·考茨基的信中指出："请看，我们是怎样自己批评自己的，我们是唯一能够这样做的政党。"[③] 这种能够"自己批评自己"的自我革命精神，是无产阶级政党区别于并超越以往其他一切有产阶级政党，尤其是资产阶级政党的独特标识。可以说，自我革命是无产阶级政党的独特政治优势。大国兴替、政党更迭的一个重要原因就在于它们无法自己解决自己的问题。为什么只有无产阶级政党能够真正做到自我革命呢？这是因为对无产阶级政党而言，进行自我革命不仅有必要性和迫切性，而且具备开展自我革命的可能性与现实性。它身上"旧社会的痕迹"的历史遗毒和"为绝大多数人谋利益"的先进本

---

① 《马克思恩格斯全集》第 4 卷，人民出版社 1958 年版，第 207 页。
② 《马克思恩格斯文集》第 2 卷，人民出版社 2009 年版，第 474 页。
③ 《马克思恩格斯全集》第 38 卷，人民出版社 1972 年版，第 21 页。

质，决定了它必须进行自我革命。同时，这个政党确立的"新的科学的世界观"的理论基础和民主集中制的组织原则，决定了它有能力开展自我革命。

### 1. "旧社会的痕迹"的历史遗毒

无产阶级政党"还带着它脱胎出来的那个旧社会的痕迹"①，这是它必须进行自我革命的历史根源。无产阶级是资本主义社会的直接产物，无产阶级政党是在跟随资产阶级政党"同专制君主制的残余、地主、非工业资产者和小资产者作斗争"②的过程中不断成长起来的革命组织。在这一过程中，"资产阶级自己就把自己的教育因素即反对自身的武器给予了无产阶级"③，同时把"传统的陈腐的原则和先入之见的束缚"④烙印在无产阶级及其政党身上。因此，在资本主义社会中成长起来的无产阶级政党，不可避免地"在经济、道德和精神方面都还带着它脱胎出来的那个旧社会的痕迹"⑤，不可避免地会拘泥于"资产者的传统"，拘泥于"工人最初尝试独立行动时所因袭下来的传统"。恩格斯进一步指出，"传统是一种巨大的阻力，是历史的惯性力，但是它是消极的，所以一定要被摧毁"⑥。无产阶级政党身上所沾染的资产阶级传统观念，总是会作为一种隐蔽而消极的"历史的惯性力"纠缠着人们的思想、支配着人们的行动，使得无产阶级政党往往只能"充当资产阶级民主派的随声附和的合唱队"⑦。

马克思进一步指出："它在破除一切对过去的迷信以前，是不能开

---

① 《马克思恩格斯文集》第3卷，人民出版社2009年版，第434页。
② 《马克思恩格斯文集》第2卷，人民出版社2009年版，第40页。
③ 《马克思恩格斯文集》第2卷，人民出版社2009年版，第41页。
④ 《马克思恩格斯文集》第1卷，人民出版社2009年版，第439页。
⑤ 《马克思恩格斯文集》第3卷，人民出版社2009年版，第434页。
⑥ 《马克思恩格斯文集》第3卷，人民出版社2009年版，第521页。
⑦ 《马克思恩格斯文集》第2卷，人民出版社2009年版，第193页。

始实现自己的任务的。"①"旧社会的痕迹"和"对过去的迷信"并不会随着历史发展自动消失，而是需要无产阶级政党自觉自为地将其从自身的观念世界中剥离出去。正如马克思、恩格斯在《共产党宣言》中所说："共产主义革命就是同传统的所有制关系实行最彻底的决裂；毫不奇怪，它在自己的发展进程中要同传统的观念实行最彻底的决裂。"②"同传统的观念实行最彻底的决裂"正是无产阶级政党自我革命的淬炼过程，是无产阶级政党要挣脱历史惯性、超越历史局限、赢得历史主动的必然选择。无产阶级及其政党"在破除一切对过去的迷信以前，是不能开始实现自己的任务的"③。正是在此意义上，恩格斯在《德国农民战争》中强调，"社会的最底层要展示自己的革命毅力，要明确自己同其他一切社会成员处于敌对的地位，要使自己集结成一个阶级，就必须一开始就彻底抛弃自己身上还能同现存社会制度和平相处的一切"④。无产阶级政党需要将革命的利刃指向"它迄今的社会地位遗留给它的一切"⑤，只有革除自己身上带有的还能同资本主义社会制度"和平相处的一切"，才能进一步明确无产阶级与资产阶级之间不可调和的绝对对立，肃清党内的资本主义遗毒，清除自己身上的不彻底性和不成熟性，锻造出积极而坚忍的革命毅力，成为真正革命的政党，以崭新的姿态投入当前的革命运动中来，完成变革现存社会的重大历史任务。

### 2. "为绝大多数人谋利益"的先进本质

无产阶级政党"为绝大多数人谋利益"的先进本质是它必须且能够

---

① 《马克思恩格斯文集》第 2 卷，人民出版社 2009 年版，第 473 页。
② 《马克思恩格斯文集》第 2 卷，人民出版社 2009 年版，第 52 页。
③ 《马克思恩格斯文集》第 2 卷，人民出版社 2009 年版，第 473 页。
④ 《马克思恩格斯文集》第 2 卷，人民出版社 2009 年版，第 256 页。
⑤ 《马克思恩格斯文集》第 1 卷，人民出版社 2009 年版，第 581 页。

进行自我革命的内在动力。政党是阶级斗争发展到一定历史阶段的必然产物，具有鲜明的阶级立场，体现阶级利益。站在哪个阶级的立场上、代表哪个阶级的利益，从根本上决定了这个政党能否拥有自我革命的勇气与底气。

马克思、恩格斯在《共产党宣言》中指出："过去的一切运动都是少数人的，或者为少数人谋利益的运动。无产阶级的运动是绝大多数人的，为绝大多数人谋利益的独立的运动。"① 在不同历史时期领导革命运动的政治组织中，资产阶级政党是"少数人的，或者为少数人谋利益的"政党，无产阶级政党则是"绝大多数人的，为绝大多数人谋利益的"政党。这正是前者惧怕自我革命，而后者敢于自我革命的根源所在。资产阶级政党是"剥削阶级的组织"，它为了实现与人民利益相对立的特殊利益，总是把自己的利益说成是社会全体成员的共同利益，把自己塑造成革命运动中的绝对领导者，把自己放置于一个不允许被革命的最高地位。"这种利己主义表现出自己的狭隘性，并用这种狭隘性来束缚自己"②，以至于"他们批评一切，唯独不批评自己"③。他们能将革命的矛头指向压迫他们的君主和封建贵族，指向反抗他们压迫的无产阶级，却唯独不敢也不能指向自己。因此，资产阶级政党一旦实现了自己的特殊利益，便会要求赶快结束革命，唯恐革命再向前一步，就会挑战自己的绝对权力，撼动自己的统治根基，损害自己的既得利益。

与之截然相反的是，无产阶级政党会为了实现最广大人民群众的根本利益而将革命的利刃指向自己。这个政党是"为绝大多数人谋利益"的党，它既要有代表广大人民群众的立场与追求，又要有能代表广大人民群众的能力和水平。它只有经历自我革命的历练与锻造，才能不断提

① 《马克思恩格斯文集》第2卷，人民出版社2009年版，第42页。
② 《马克思恩格斯文集》第1卷，人民出版社2009年版，第15页。
③ 《马克思恩格斯全集》第42卷，人民出版社1979年版，第446页。

升自己的先进性与革命性，才能始终坚定无产阶级的革命立场与实现人类解放的政治追求，才能始终具备领导无产阶级革命运动的水平和能力。马克思、恩格斯在《共产党宣言》中指出，共产党人"没有任何同整个无产阶级的利益不同的利益。他们不提出任何特殊的原则，用以塑造无产阶级的运动"①。无产阶级的利益不是束缚无产阶级政党的狭隘教条，而是激励无产阶级政党积极开展自我革命的根本动力与根本原则。

　　一方面，无产阶级的利益是无产阶级政党自我革命的根本动力。革命政党只有不存私心、不求私利，才能立足根本、把握整体、着眼长远、谋求大利。无产阶级政党没有任何同无产阶级利益相悖的私心私利，它"承认自己是并且以实际行动表现出自己是整个工人阶级的代表和为工人阶级利益而斗争的战士"②。这就决定了无产阶级政党能够立足根本，坚定地维护无产阶级以及一切被压迫人民的根本利益；能够把握整体，"强调和坚持整个无产阶级共同的不分民族的利益"③；能够着眼长远，不仅"为工人阶级的最近的目的和利益而斗争"④，而且"在当前的运动中同时代表运动的未来"⑤；能够谋求大利，坚定地要求实现普遍的、彻底的人的解放。在如此崇高的、深远的、纯粹的利益诉求的支撑与指引下，无产阶级政党不会因为任何特殊利益、暂时利益、局部利益的牵绊与束缚，而回避自身的问题，矫饰自身的缺点，放任自身的错误。它始终秉持着毫无顾忌、大公无私、无所畏惧的革命精神，敢于将革命的利刃对准自己，敢于直面自己的缺点、错误与问题，敢于反躬自省、自我批评、自我矫正。

　　另一方面，无产阶级的利益是无产阶级政党自我革命的根本原则。

① 《马克思恩格斯文集》第 2 卷，人民出版社 2009 年版，第 44 页。
② 《马克思恩格斯全集》第 16 卷，人民出版社 1964 年版，第 221 页。
③ 《马克思恩格斯文集》第 2 卷，人民出版社 2009 年版，第 44 页。
④ 《马克思恩格斯文集》第 2 卷，人民出版社 2009 年版，第 65 页。
⑤ 《马克思恩格斯文集》第 2 卷，人民出版社 2009 年版，第 65 页。

马克思、恩格斯强调，共产党人"不提出任何特殊的原则，用以塑造无产阶级的运动"①。这就是说，无产阶级政党从来不是根据任何其他阶级的"特殊的原则"来塑造无产阶级的运动，而是始终坚持把无产阶级的利益原则作为自己的思想尺度和行动准则，作为自己改造无产阶级组织、引领无产阶级运动的最高要求与根本依据。无产阶级政党的自我革命不是要清除其他什么东西，而是要革除自己身上那些不符合无产阶级利益诉求、不契合无产阶级革命需求的东西。当一个政党越是以最广大人民群众的根本利益作为剖析自身、检视自身、反思自身的准则，它就越是能够客观公正、全面深刻、精准细致地进行自我革命。无论革命形势如何变化，无产阶级政党始终坚信，只要坚定不移地根据人民是否需要、人民是否认同、人民是否满意来进行自我革命，就能为自己赢得人民群众的广泛支持与热情拥护，就能确保自己成为无产阶级的先进代表，就能在无产阶级革命中成为"最坚决的、始终起推动作用"②的领导核心。

### 3. "新的科学的世界观"的理论基础

无产阶级政党掌握着"新的科学的世界观"，这是它能够进行自我革命的理论基础。无产阶级政党的自我革命具有重大思想转向意义，它背后有着深刻的哲学根源。这是无产阶级政党对资产阶级意识形态的历史性突破，是无产阶级世界观对资产阶级世界观的批判性超越。恩格斯在给马克思的《政治经济学批判。第一分册》所写的书评中指出："我们党有个很大的优点，就是有一个新的科学的世界观作为理论的基础。"③理论指导越是科学深刻，自我革命就越是坚定有力。马克思、恩格斯在批判传统的资产阶级世界观的基础上，创立了辩证唯物主义与

---

① 《马克思恩格斯文集》第2卷，人民出版社2009年版，第44页。
② 《马克思恩格斯文集》第2卷，人民出版社2009年版，第44页。
③ 《马克思恩格斯文集》第2卷，人民出版社2009年版，第599页。

历史唯物主义的新世界观，从唯物主义、辩证法、群众史观的三重维度为无产阶级政党自我革命提供了科学的理论依据与思想指导。

其一，马克思、恩格斯以彻底的唯物主义破除了唯心主义对"绝对精神"的崇拜，使革命主体的自我革命成为可能。自我革命有一个前提性问题，即革命主体能否同时成为革命对象？从哲学上来说就是，批判本身能否同时成为被批判的对象？以黑格尔思辨唯心主义为核心的资产阶级世界观，"从'精神'的绝对合理性的信条出发"，并且"把理性当做一切现存事物的唯一的裁判者"①。如此，"绝对精神"就成了统治现实世界的"非神圣形象"，批判的主体就处于根本不可能被批判的地位，它就只会"对敌手采取批判的态度，对自己本身却采取非批判的态度"②。与唯心主义世界观相反，恩格斯强调，"在理解现实世界（自然界和历史）时，按照它本身在每一个不以先入为主的唯心主义怪想来对待它的人面前所呈现的那样来理解"③。唯物主义将"绝对理性"拉下神坛，打破了任何预设的先在完满性与绝对合理性，要求批判的主体必须从客观的物质事实出发，对包括自己在内的一切现存事物都按照它所呈现的那样来理解，这才使得批判主体对自己的审视、批判与反思成为可能，使得革命主体的自我革命成为可能。

其二，马克思、恩格斯以唯物辩证法消除了唯心辩证法的神秘化倾向，使革命主体的自我革命成为科学。在思想史上，黑格尔"第一个全面地有意识地叙述了辩证法的一般运动形式"④，但是"辩证法在黑格尔手中神秘化了"⑤。他将"绝对精神"视为辩证法的前提，将整个现实世界看作"绝对精神"通过自我否定从而实现自身的结果。这样一来，"绝对精神"的自我否定就不是它对自己的内在否定，而只是它对

---

① 《马克思恩格斯文集》第 3 卷，人民出版社 2009 年版，第 526 页。
② 《马克思恩格斯文集》第 1 卷，人民出版社 2009 年版，第 10 页。
③ 《马克思恩格斯文集》第 4 卷，人民出版社 2009 年版，第 297 页。
④ 《马克思恩格斯文集》第 5 卷，人民出版社 2009 年版，第 22 页。
⑤ 《马克思恩格斯文集》第 5 卷，人民出版社 2009 年版，第 22 页。

外在事物的否定，是它对现存事物每次在实现"绝对精神"时所表现出的具有不彻底性的否定。马克思强调："在他那里，辩证法是倒立着的。必须把它倒过来，以便发现神秘外壳中的合理内核。"① 马克思将辩证法颠倒过来，消除了辩证法对"绝对精神"的崇拜，把"绝对精神"的辩证法倒转为"现存事物"的辩证法，把唯心辩证法倒转为唯物辩证法。唯物辩证法要求从一切现存事物的内在矛盾出发理解现存事物，要求"对现存事物的肯定的理解中同时包含着对现存事物的否定的理解"②，要求"对每一种既成的形式都是从不断的运动中，因而也是从它的暂时性方面去理解"③。在此意义上，才能真正说"辩证法不崇拜任何东西，按其本质来说，它是批判的和革命的"④。唯物辩证法不崇拜外物，也不崇拜自身，它要求对包括自身在内的一切现存事物都采取批判的态度，真正着眼于自身的、现实的内在矛盾，以批判的、革命的眼光理解自己的既成形式，以内在的自我否定来推动自身的发展完善。在这个意义上，唯物辩证法就彻底克服了辩证法的唯灵论色彩，开辟了批判主体自我否定的正确道路，使革命主体的自我革命成为科学。

其三，马克思、恩格斯以群众史观打破了英雄史观的傲慢与专制，使革命主体的自我革命成为必然。进入社会历史领域，黑格尔所谓的"绝对精神"与"现存事物"的对立，直接表现为"作为积极的精神的少数杰出个人与作为精神空虚的群众、作为物质的人类其余部分相对立"⑤，这样一来，资产阶级政党将自己视为"绝对精神"的化身，视为创造历史的"杰出人物"的集合体，它们预设了自身不容撼动的绝对正确性，自然也就无须进行任何自我革命。马克思、恩格斯则将唯物主义的哲学立场贯穿到社会历史领域，他们强调："历史活动是群众的活

---

① 《马克思恩格斯文集》第5卷，人民出版社2009年版，第22页。
② 《马克思恩格斯文集》第5卷，人民出版社2009年版，第22页。
③ 《马克思恩格斯文集》第5卷，人民出版社2009年版，第22页。
④ 《马克思恩格斯文集》第5卷，人民出版社2009年版，第22页。
⑤ 《马克思恩格斯文集》第1卷，人民出版社2009年版，第291页。

动，随着历史活动的深入，必将是群众队伍的扩大。"① 只有掌握着物质力量的人民群众才是历史的主体，是历史的真正的创造者。无产阶级政党之所以能够成为革命的领导者，不是因为它体现着某种神秘的"绝对精神"，而是因为它是最广大人民群众的先进代表。这就是说，无产阶级政党从不预设任何先在的、完满的、绝对的合理性，它的全部合理性都来自它能够在多大程度上代表和体现人民群众的意志。辩证唯物主义与历史唯物主义的科学世界观要求无产阶级政党必须从客观现实出发，实事求是地审视与反思自己的客观存在，对自身当前的既成形式采取批判的、革命的态度，不断革除自己身上与人民群众的革命原则不相符合的东西，永葆革命政党的先进性与纯洁性。

### 4. 民主集中制的组织原则

无产阶级政党坚持民主集中制的根本组织原则，这是它能够进行自我革命的制度保障。自我革命的美好主观愿望与崇高理论追求，如果缺少了强有力的制度设计为其提供实现的具体路径，那么就只能沦为口号，成为空想空谈。无产阶级政党既不是布朗基主义的少数优秀分子专政的独裁组织，也不是巴枯宁主义的完全自由自治的极端民主组织，而是严格按照民主集中制的原则组织起来的革命政党。充分的民主和必要的集中，为无产阶级政党的自我革命提供了可靠有力的制度支撑。

一方面，充分的民主能够集合全党的智慧，提升自我革命的科学性。民主是自我革命的制度前提，一个缺乏民主的独裁组织是不可能有自我反省、自我革新的清醒觉悟的。无论个人独裁还是精英独裁，都会把党变成一个专制的政治机器，变成一块被少数人意志所辖制的政治领地，如巴枯宁主义者的社会主义民主同盟。如果党内成员无法就自己的思想观点与政治见解畅所欲言，无法对关于党的建设与发展的重大议题

---

① 《马克思恩格斯文集》第 1 卷，人民出版社 2009 年版，第 287 页。

发表自己的看法，那么这个政党还如何对自己进行理性客观的审视与反思呢？恩格斯在《关于共产主义者同盟的历史》中指出，"组织本身是完全民主的，它的各委员会由选举产生并随时可以罢免，仅这一点就已堵塞了任何要求独裁的密谋狂的道路"①。无产阶级政党应当是完全民主的，它赋予每个党员选举权、被选举权、罢免权等基本权利，畅通党员交换意见、讨论问题、参与决策的重要渠道，建立暴露问题、研究问题、解决问题的良好机制。充分的党内民主能够消灭个人专制独裁、营造自由平等的政治氛围，确保自我革命的各项决策能够充分集中民智、反映民意、凝聚民心，不断提升自我革命的科学性、民主性和人民性。

另一方面，必要的集中能够凝聚全党的力量，增强自我革命的执行力。马克思、恩格斯在《共产主义者同盟中央委员会告同盟书》中强调："革命活动只有在集中的条件下才能发挥全部力量。"② 自我革命是向顽瘴痼疾开刀的革命，必然会触及部分群体的既得利益，引起顽固守旧分子的抵触与阻挠，引发党内的分歧与争论。如果没有强大的党中央权威和集中统一领导，自我革命势必会举步维艰，难以落实。恩格斯在1871年12月30日写给保尔·拉法格的信中进一步强调："没有权威，就不可能有任何的一致行动……它总是一种要强迫有不同意见的人接受的意志；而没有这种统一的和指导性的意志，要进行任何合作都是不可能的。"③ 必要的党内集中能够"把一切政治权力集中于人民代议机关之手"④，以强力的权威手段确立起关于自我革命的"统一的和指导性的意志"⑤，并促使持有不同意见的人接受这种意志，从而在全党范围内统一思想、凝聚共识、集中力量，将自我革命的重要决策坚决贯彻执

① 《马克思恩格斯文集》第4卷，人民出版社2009年版，第236页。
② 《马克思恩格斯文集》第2卷，人民出版社2009年版，第197页。
③ 《马克思恩格斯文集》第10卷，人民出版社2009年版，第372页。
④ 《马克思恩格斯文集》第4卷，人民出版社2009年版，第415页。
⑤ 《马克思恩格斯文集》第10卷，人民出版社2009年版，第372页。

行下去。

## 二、自我革命的内在要求

自我革命是刀刃向内、刮骨疗毒、壮士断腕的革命，是无产阶级政党既作为革命主体又作为革命对象，不借助任何外力，而是依靠自己的勇气、觉悟与力量，自己解决自己的问题，自己锻造自己的革命性。马克思、恩格斯不曾直接使用过"自我革命"的完整概念，但是他们关于无产阶级政党建设的理论论述与实践经验，构建出自我革命的深刻理论语境与丰富现实情境，为我们提供了理解和把握自我革命的多重维度。

### 1. 在革命中"抛掉自己身上的一切陈旧的肮脏东西"

无产阶级革命包含社会革命与自我革命的双重要求。自我革命不是孤立存在、单独发生的，而是与社会革命相伴相生、相辅相成、互促共进的。准确把握社会革命和自我革命的辩证关系，在社会革命与自我革命的辩证统一中理解自我革命，这是把握自我革命本质的重要路径。马克思、恩格斯在《德意志意识形态》中指出："革命之所以必需，不仅是因为没有任何其他的办法能够推翻统治阶级，而且还因为推翻统治阶级的那个阶级，只有在革命中才能抛掉自己身上的一切陈旧的肮脏东西，才能胜任重建社会的工作。"① 社会革命的任务是"推翻统治阶级"，社会革命的对象就是那个占据统治地位的剥削阶级及其政党；自我革命的任务是"抛掉自己身上一切陈旧的肮脏东西"，自我革命的对象则是革命阶级及其政党本身。无产阶级政党要领导社会革命、推动社会进步，那么它必须首先保证自己是先进的，它必须率先在旧社会中觉

---

① 《马克思恩格斯文集》第 1 卷，人民出版社 2009 年版，第 543 页。

醒，走在社会发展的前列。从这个意义上来讲，自我革命就是要"抛掉自己身上的一切陈旧的肮脏东西"。那么，什么样的因素是无产阶级政党身上"陈旧的肮脏东西"呢？自我革命的革命对象是哪些呢？

其一，要揭穿"宗教的妖术"。马克思指出："工人党则力求把信仰从宗教的妖术中解放出来。"① 无产阶级政党要清除"教权主义""基督教禁欲主义""僧侣的社会主义"等宗教观念的毒素，消除信仰的神秘化倾向，坚定地投入争取人类解放的现实运动当中去。

其二，要割去"封建头脑"。无产阶级政党要彻底粉碎"封建制度的基础"，就应当一并割去"长在这个基础上的封建头脑"②，抛掉"对帝制的信赖""对于自己小块土地的信念""封建的社会主义"等陈旧思想。

其三，要摒弃"资产阶级偏见"。恩格斯指出，"资产阶级偏见在工人阶级中也那样根深蒂固"③。无产阶级政党要引导人们挣脱资产阶级偏见的束缚，那么它本身必须首先抛弃"利己主义""完全平等""永恒道德和永恒正义""资产阶级的社会主义"等狭隘观念。

其四，要革除"小资产阶级的观念"。马克思、恩格斯指出，"这一阶级的成员经常被竞争抛到无产阶级队伍里去"④。无产阶级政党必须坚持对他们进行影响和改造，不断祛除这些成员带来的"补补缀缀的改良"⑤"目光短浅、畏首畏尾和动摇不定"⑥"小资产阶级的社会主义"⑦等不良倾向。

如此看来，无产阶级政党同自己身上这些"陈旧的肮脏东西"作斗

① 《马克思恩格斯文集》第 3 卷，人民出版社 2009 年版，第 448 页。
② 《马克思恩格斯文集》第 2 卷，人民出版社 2009 年版，第 471 页。
③ 《马克思恩格斯文集》第 10 卷，人民出版社 2009 年版，第 640 页。
④ 《马克思恩格斯文集》第 2 卷，人民出版社 2009 年版，第 56 页。
⑤ 《马克思恩格斯文集》第 3 卷，人民出版社 2009 年版，第 482 页。
⑥ 《马克思恩格斯文集》第 2 卷，人民出版社 2009 年版，第 458 页。
⑦ 《马克思恩格斯文集》第 2 卷，人民出版社 2009 年版，第 56 页。

争，也就是在同产生"肮脏东西"的旧社会、旧阶级、旧政党作斗争；无产阶级政党开展自我革命，也就是在深化、引领和推动社会革命。在自我革命与社会革命的有机统一中，无产阶级政党才能不断超越一切有产阶级旧政党，成为足以领导人类解放伟大事业的革命政党。

**2. 在"内部斗争"中消灭"各个宗派和各种浅薄尝试"**

自我革命除了要解决历史遗留问题，还要正确处理革命进程中党内滋生的各种消极因素。在对党内"抗拒真正工人阶级运动的"因素的斗争中把握自我革命，这是剖析自我革命本质的重要维度。恩格斯在1882年10月20日写给爱德华·伯恩施坦的信中指出："一个大国的任何工人政党，只有在内部斗争中才能发展起来，这是符合一般辩证发展规律的。"① "内部斗争"是无产阶级政党开展自我革命、解决党内矛盾、实现自我发展的重要方式。

应当明确的是，无产阶级政党的内部斗争不是无原则的内耗内斗，而是要同那些违背党的先进本质、分化革命队伍、瓦解革命力量的消极因素作斗争。马克思在1871年11月23日写给弗里德里希·波尔特的信中明确指出："国际的历史就是总委员会对那些力图在国际内部巩固起来以抗拒真正工人阶级运动的各个宗派和各种浅薄尝试所进行的不断的斗争。"② 从这一层面来看，自我革命就是要通过正确开展内部斗争，对"抗拒真正工人阶级运动的各个宗派和各种浅薄尝试"加以改造或革除。

其一，要同各种不良工作作风作斗争。马克思、恩格斯要求，无产阶级政党应当力求克服"由社会公仆变为社会主人"③ 的官僚主义作

---

① 《马克思恩格斯文集》第10卷，人民出版社2009年版，第483页。
② 《马克思恩格斯文集》第10卷，人民出版社2009年版，第367页。
③ 《马克思恩格斯文集》第3卷，人民出版社2009年版，第110页。

风，以"严格承担责任的勤务员"① 代替凌驾于人民之上的官老爷；克服"追求升官发财"的享乐主义作风，对公职人员"付给跟其他工人同样的工资"②；克服"不了解也不顾及实际情况，就声嘶力竭地向全世界发出革命号召"③ 的空谈主义作风；克服"深深地陷入经验体验的习惯之中"④ 的经验主义作风，实事求是地"考虑实现自己的建议的物质可能性"⑤。

其二，要同党内各种宗派思想作斗争，如拒绝暴力革命和土地公有化的蒲鲁东主义、片面强调经济斗争的英国工联主义、主张制造革命和少数人专政的布朗基主义等宗派思想。马克思、恩格斯指出："宗派在开始出现时曾经是运动的杠杆，而当它们一旦被这个运动所超过，就会变成一种障碍；那时宗派就成为反动的了。"⑥ 它们总是"利用工人阶级政党来解决跟该党要求完全相背或直接敌对的任务"⑦，致使党内利益分化、意见分歧、力量分散。只有揭穿它们的反动本质，代之以辩证唯物主义和历史唯物主义的科学理论，才能端正党的思想路线，为无产阶级革命运动提供正确指引。

其三，要同分裂党的阴谋家团体作斗争，如假借合并之名来篡夺德国工人党领导权的拉萨尔主义者、企图以社会主义民主同盟取代国际工人协会的巴枯宁主义者等。在同这些阴谋家团体的斗争中，"争论的问题完全是原则性的，……牺牲了运动的无产阶级的阶级性，并且使分裂成为不可避免的事"⑧。对于这些违背了无产阶级革命原则的斗争对象，

---

① 《马克思恩格斯文集》第 3 卷，人民出版社 2009 年版，第 155 页。
② 《马克思恩格斯文集》第 3 卷，人民出版社 2009 年版，第 111 页。
③ 《马克思恩格斯文集》第 1 卷，人民出版社 2009 年版，第 660 页。
④ 《马克思恩格斯文集》第 9 卷，人民出版社 2009 年版，第 500 页。
⑤ 《马克思恩格斯文集》第 1 卷，人民出版社 2009 年版，第 663 页。
⑥ 《马克思恩格斯全集》第 18 卷，人民出版社 1964 年版，第 36 页。
⑦ 《马克思恩格斯全集》第 7 卷，人民出版社 1959 年版，第 362 页。
⑧ 《马克思恩格斯文集》第 10 卷，人民出版社 2009 年版，第 486 页。

必须抛弃掩饰调和的政策，"举出昭然若揭、证据确凿的卑鄙行为和叛变行为的事实"①，毫不留情地将他们清除出党。

### 3. 在历史发展中革除错误的和过时的观点

历史每前进一步，斗争条件就会发生深刻的变化调整，就会形成一股强大的外部推动力，推动无产阶级政党进行自我革命。恩格斯在《卡·马克思〈1848 年至 1850 年的法兰西阶级斗争〉一书导言》中指出，"历史表明我们也曾经错了，暴露出我们当时的看法只是一个幻想。历史走得更远：它不仅打破了我们当时的错误看法，并且还完全改变了无产阶级进行斗争的条件。1848 年的斗争方法，今天在一切方面都已经过时了"②。以发展变化的眼光来看，自我革命不仅在于纠正当时的错误，而且在于变革过时的东西，永葆党的生机与活力。

一方面，要不断纠正自己当时的错误。恩格斯在 1890 年 8 月 5 日写给康拉德·施米特的信中指出："和所有大党一样，他们在发展过程中难免会犯某些错误，甚至可能犯大错误。群众只能从自己所犯错误的后果中学习，只有通过亲身体会取得经验。"③从认识论的角度来看，人无法越过一切谬误而直接抵达绝对真理，无产阶级政党也无法避开一切错误而直接取得革命胜利。它同以往的旧政党一样，都可能会在某一问题、某一事件、某一时期采取错误的路线方针策略，甚至会在特殊情况下面临反复、停滞与倒退的危险。无产阶级政党的优越之处，并不在于它永远不会犯错，而在于它有着敏锐的纠错能力和强大的学习能力，敢于承认和批评自己的错误，善于从错误中汲取经验教训，获得成长发展。恩格斯在 1891 年 2 月 23

① 《马克思恩格斯全集》第 37 卷，人民出版社 1971 年版，第 441 页。
② 《马克思恩格斯文集》第 4 卷，人民出版社 2009 年版，第 538 页。
③ 《马克思恩格斯全集》第 37 卷，人民出版社 1971 年版，第 433 页。

日写给卡尔·考茨基的信中指出："这种无情的自我批评引起了敌人极大的惊愕，并使他们产生这样一种感觉：一个能够这样做的党该具有多大的内在力量啊！"①通过这样严格的批评与自我批评，无产阶级政党才能不断纠正错误，克服自身局限，获得自我发展的内在驱动力，保持革命先锋队的先进性与战斗力。

另一方面，要不断变革已经过时的东西。有些事情当时是没有错误的，却会因为历史发展而变得过时。马克思、恩格斯在《共产党宣言》1872年德文版序言中就指出，《共产党宣言》中的一般原理"虽然在原则上今天还是正确的，但是就其实际运用来说今天毕竟已经过时，因为政治形势已经完全改变"②。为了适应已经变化了的斗争条件与政治形势，无产阶级政党应当不断革除掉自己身上那些不合时宜的成分，"随时随地都要以当时的历史条件为转移"③，做到应时而变、适时而变、驭时而变，开展契合于时代发展需要的理论创新与实践创造。唯有如此，无产阶级政党才能化消极被动为积极主动，顺应历史发展变化的客观规律，正确把握革命事业的中心任务，适时调整革命运动的战略策略，始终保持自身的政治本色与政治优势，以崭新的革命面貌来引领和推动革命事业新发展。

### 三、自我革命的重要路径

自我革命不仅是熔铸于无产阶级政党血脉之中的精神原则，更是落实在党的具体工作之中的实践活动。从马克思、恩格斯关于无产阶级政党自我革命的理论论述与实践经验来看，他们主要是从增强政治权威、规范思想斗争、强化纪律约束、加强反腐斗争、纯洁组织队伍、细化制

---

① 《马克思恩格斯文集》第10卷，人民出版社2009年版，第602页。
② 《马克思恩格斯文集》第2卷，人民出版社2009年版，第6页。
③ 《马克思恩格斯文集》第2卷，人民出版社2009年版，第5页。

度设计六大方面着手，不断把自我革命向纵深推进。

### 1. 以政治权威保障自我革命

树立政治权威，这是进行自我革命的政治保证。恩格斯在《论权威》一文中强调："革命无疑是天下最权威的东西。"① 树立党的政治权威，是保持无产阶级政党革命性的根本要求，是无产阶级政党推进自我革命、引领社会革命的必然选择。恩格斯进一步指出："这里所说的权威，是指把别人的意志强加于我们；另一方面，权威又是以服从为前提的。"② 革命政党的权威是强制性与服从性相统一的权威，这不仅意味着要"用非常权威的手段强迫另一部分人接受自己的意志"③，而且意味着全党上下要建立对这个权威意志的自觉自愿的服从。

一方面，无产阶级政党要不断加强党中央权威和集中统一领导，"用非常权威的手段"谋划部署、统筹协调，深入推进自我革命。自我革命是向党内的顽瘴痼疾开刀的革命，势必会触及党的内在矛盾，伤及部分群体的既得利益，引起顽固守旧分子的抵触与阻挠。如果没有一个强有力的政治核心，自我革命势必会举步维艰，难以贯彻落实。恩格斯在总结巴黎公社革命经验时指出："巴黎公社遭到灭亡，就是由于缺乏集中和权威。"④ 布朗基派和蒲鲁东派之间的分歧争论，使得公社陷入内部斗争之中而无暇进行自我建设与自我改造，分散了革命精力，削弱了革命力量，贻误了革命时机，最终导致革命运动分崩离析。无产阶级政党必须以强力的权威手段确立起关于自我革命的"统一的和指导性的意志"，并促使持有不同意见的人接受这种意志，才能迅速而有力地在全党范围内统一思想、凝聚共识、集中力量，才能坚决而彻底地解决党

---

① 《马克思恩格斯文集》第 3 卷，人民出版社 2009 年版，第 338 页。
② 《马克思恩格斯文集》第 3 卷，人民出版社 2009 年版，第 335 页。
③ 《马克思恩格斯文集》第 3 卷，人民出版社 2009 年版，第 338 页。
④ 《马克思恩格斯文集》第 10 卷，人民出版社 2009 年版，第 375 页。

内存在的一切有悖于无产阶级原则的问题。

另一方面，全党上下要自愿承认党的权威，真正自觉服从、坚决贯彻、有力执行党关于自我革命的各项决策。无产阶级政党的权威不是依靠专横的压服手段的权威主义，而是以全体党员自觉自愿地信服为前提的合理权威。马克思、恩格斯在《共产主义者同盟章程》中明确要求："被接受入盟的人必须严肃地保证无条件地服从同盟的决议。"① 他们在《所谓国际内部的分裂》一文中也强调："在没有其他的'被自愿承认的权威'的情况下，如果没有道义上的'权威'，要执行决议是很困难的。"② 无产阶级政党只有深刻观照无产阶级的主体意愿，将党的政治权威进一步深化为广大无产阶级"自愿承认的权威"，将党关于自我革命的各项决议进一步转化为每一个共产党人的自觉意志，才能把全党上下牢固凝聚起来，把整个无产阶级革命队伍紧密团结起来，把党的自我革命真正贯彻落实、切实外化为坚定有力的无产阶级革命行动。

### 2. 在团结和批评中统一党内思想

开展思想方面的自我革命，这是无产阶级政党革除党内错误观念、维护党的思想纯洁的必要手段。思想先行，开展自我革命首先要肃清党内错误思想，统一党内认识，既要始终坚持真理，又要及时修正错误，将全党上下的思想认识归宗到马克思主义上来。恩格斯在 1890 年 8 月 9日写给弗里德里希·阿道夫·左尔格的信中指出："党已经很大，在党内绝对自由地交换意见是必要的。否则，简直不能同化和教育最近三年来入党的数目很大的新成分；部分地说，这完全是不成熟的粗糙的材料。"③ 随着党的发展壮大，党员构成愈加丰富，各种非无产阶级思想大量涌入党内。这就要求无产阶级政党必须及时开展思想上的自我革

---

① 《马克思恩格斯全集》第 7 卷，人民出版社 1959 年版，第 627 页。
② 《马克思恩格斯全集》第 18 卷，人民出版社 1964 年版，第 40 页。
③ 《马克思恩格斯全集》第 37 卷，人民出版社 1971 年版，第 435 页。

命，既要在自由的批评和争论中解决思想分歧，又要在必要的团结与统一中达成思想共识与政治认同。开展思想上的自我革命，就是要通过党内的批评和争论来解决分歧、凝聚共识、统一思想。批评和争论是手段，团结和统一则是目的。

一方面，要通过批评和争论来解决思想分歧。恩格斯在 1859 年 1 月 3 日写给保尔·施土姆普弗的信中指出："党内的分歧并不怎么使我不安；偶尔发生这类事情而且人们都公开发表意见，比暮气沉沉要好得多。"① 思想的分歧不仅不会瓦解党，反而会促使人们"在党内绝对自由地交换意见"②，营造出积极健康、生动活泼的思想氛围。恩格斯强调："批评是工人运动的生命要素，工人运动本身怎么能逃避批评，禁止争论呢？"③ 无产阶级政党应当引导广大党员积极开展批评与自我批评，"只要有必要，即使发生争论和吵闹也不怕。"④ 在必要的批评和争论中，让党内各种思想成分交流、交融、交锋，才能充分暴露思想分歧、清除思想毒素、纠正思想偏差、解决思想矛盾，不断增强党的生机与活力。

另一方面，要通过加强团结和教育来统一全党认识。恩格斯指出："团结并不排斥相互间的批评，没有这种批评就不可能达到团结。没有批评就不能互相了解，因而也就谈不到团结。"⑤ 批评和争论的目的不在于强化分歧，而在于统一认识，马克思、恩格斯指出："如果其他阶级出身的这种人参加无产阶级运动，那么首先就要求他们不要把资产阶级、小资产阶级等等的偏见的任何残余带进来，而要无条件地掌握无产阶级世界观。"⑥ 思想斗争最终要落实到对党内的"新成分"和"不成

---

① 《马克思恩格斯文集》第 10 卷，人民出版社 2009 年版，第 683 页。
② 《马克思恩格斯全集》第 37 卷，人民出版社 1971 年版，第 435 页。
③ 《马克思恩格斯文集》第 10 卷，人民出版社 2009 年版，第 580 页。
④ 《马克思恩格斯全集》第 34 卷，人民出版社 1972 年版，第 90 页。
⑤ 《马克思恩格斯全集》第 4 卷，人民出版社 1958 年版，第 423 页。
⑥ 《马克思恩格斯文集》第 3 卷，人民出版社 2009 年版，第 484 页。

熟的粗糙的材料"进行思想改造和理论武装上来，要在批评和争论中用真正的无产阶级世界观来同化和教育各种非无产阶级思想，从而消除各种"资产阶级、小资产阶级等等的偏见"，将全党的思想认识统一到"无产阶级世界观"上来，为全体党员奠定共同的思想基础。

### 3. 以铁的纪律约束党内成员

纪律是自我革命的直接产物，也是自我革命的重要方法与必要手段。恩格斯曾严厉斥责巴枯宁主义者要求取消一切纪律的荒谬主张，他指出："没有任何服从纪律的支部！没有任何党的纪律，没有任何力量在一点的集中，没有任何斗争的武器！……这种革命方法无产阶级是无论如何不会仿效的！"① 纪律是无产阶级政党"斗争的武器"，这把武器不是指向敌人的，而是指向自己的。巴枯宁主义者要求取消纪律，实行完全的自由自治，这实际上是要求党主动丢弃自我革命的有力武器，将个体的主观意志作为党的治理原则，把党变成一个"实行不折不扣的独裁制度的秘密团体"②。恩格斯进一步强调："纪律是一个有成效的和坚强的组织的首要条件，是资产阶级最害怕的。"③ 只有坚定不移地把纪律作为自我革命的利器重器，才能锻造出"有成效的和坚强的组织"，磨砺出令资产阶级惧怕的革命力量。

一方面，要将"铁的纪律"作为无产阶级政党自我革命的刚性约束。马克思强调："我们现在必须绝对保持党的纪律，否则将一事无成。"④ 党的纪律是全党共同意志的集中体现，是各级党组织和广大党员自我规定、自我约束、自我监督、自我管理的重要抓手。没有党规党纪的刚性支撑，自我革命也就无从谈起、无处着手。无产阶级政党必须

---

① 《马克思恩格斯全集》第 17 卷，人民出版社 1963 年版，第 519 页。
② 《马克思恩格斯全集》第 18 卷，人民出版社 1964 年版，第 129 页。
③ 《马克思恩格斯全集》第 36 卷，人民出版社 1975 年版，第 540 页。
④ 《马克思恩格斯全集》第 29 卷，人民出版社 1972 年版，第 413 页。

要构建系统严密的纪律体系，不断确立和维护党的纪律的权威性，把纪律立起来、抓起来、严起来，为自我革命的贯彻落实提供坚强保证。具体而言，就是要以客观的、统一的、明确的"铁的纪律"作为自我革命的对照标准与衡量尺度，以此来规范党内政治生活的方方面面，约束广大党员的思想和行动，同各种违反纪律的行为作坚决的斗争，将自我革命真正落实、落细、落小。

另一方面，要将"铁的纪律"内化为无产阶级政党自我革命的主体自觉。自我革命重在自觉，重在将纪律的外在约束力转化为党员的内在自制力。恩格斯曾引用麦克默多上校的话来表达自己关于纪律的观点："我说的纪律，是指成了习惯的团结一致，即旨在实现一定目的的那种精神和肉体的结合——这种精神和肉体的结合使一切作为一个整体来行动。"① 纪律建设的最高境界，就是要将"铁的纪律"熔铸在全体党员的精神与血肉之中，使全体党员塑造出"成了习惯的团结一致"，促使他们自觉、自愿、自为地共同遵守纪律，执行纪律，维护纪律。要达到这一点，就必须不断加强纪律的宣传、教育与执行，不断增强广大党员的纪律观念与纪律修养，将外在的纪律规定转化为内在的思想共识和行为习惯，筑牢思想防线和行为底线，将党的纪律真正内化于心、外化于行，时刻以党的纪律作为自律、自省、自警的根本准则。

### 4. 以反腐斗争锤炼党内作风

推进自我革命，必须深入推进反腐斗争，加强党的作风建设。这是自我革命的重要内容，是无产阶级政党历史主动精神的集中体现。具体而言，就是要在全党范围内正风肃纪，筑牢预防腐败、惩治腐败、根除腐败的有效机制，清除一切侵蚀党的肌体健康的腐败分子。马克思、恩格斯在全面总结巴黎公社、共产主义者同盟和国际工人协会革命经验

---

① 《马克思恩格斯全集》第 15 卷，人民出版社 1963 年版，第 286 页。

的基础上，深刻阐释了无产阶级政党预防腐败、惩治腐败、根除腐败等重要问题。

其一，要大力预防腐败。恩格斯指出，无产阶级政党"应当保证本身能够防范自己的代表和官吏"①，能够"可靠地防止人们去追求升官发财"②，能够防止国家和国家机关由社会公仆变为社会主人。在这方面，巴黎公社采取了有效的预防措施，不仅提出"以随时可以罢免的勤务员来代替骑在人民头上作威作福的老爷们"③，而且要求"对所有公职人员，不论职位高低，都只付给跟其他工人同样的工资"④。通过加强防腐体系的建设，增强公职人员的公仆意识，规定公职人员的薪酬待遇，为打好反腐败斗争的前哨战提供有力支撑，在很大程度上可以防止党内公职人员的腐化变质。

其二，要坚决惩治腐败。恩格斯指出："当各种腐朽分子和好虚荣的分子可以毫无阻碍地大出风头的时候，就该抛弃掩饰和调和的政策。……一个政党宁愿容忍任何一个蠢货在党内肆意地作威作福，而不敢公开拒绝承认他，这样的党是没有前途的。"⑤ 无产阶级政党必须对腐败现象采取零容忍的态度，要公开拒绝承认"各种腐朽分子和好虚荣分子"。马克思、恩格斯在《共产主义者同盟章程》中更是明确规定："任何贪污同盟经费的行为都要受到最严厉的惩罚。"⑥ 只有以猛药去疴、重典治乱、刮骨疗毒的决心和勇气来严厉惩治腐败分子，才能形成强有力的震慑效应，营造风清气正的党内政治生态，保持无产阶级政党清正廉洁的政治本色。

其三，要彻底铲除腐败。马克思在《法兰西内战》中指出："表面

---

① 《马克思恩格斯文集》第 3 卷，人民出版社 2009 年版，第 110 页。
② 《马克思恩格斯文集》第 3 卷，人民出版社 2009 年版，第 111 页。
③ 《马克思恩格斯文集》第 3 卷，人民出版社 2009 年版，第 196 页。
④ 《马克思恩格斯文集》第 3 卷，人民出版社 2009 年版，第 111 页。
⑤ 《马克思恩格斯全集》第 34 卷，人民出版社 1972 年版，第 90 页。
⑥ 《马克思恩格斯全集》第 4 卷，人民出版社 1958 年版，第 577 页。

上高高凌驾于社会之上的国家政权，实际上正是这个社会最丑恶的东西，正是这个社会一切腐败事物的温床。"① 这里所说的"国家政权"就是以资本主义私有制为核心的资本主义国家政权。马克思以历史唯物主义的视角揭示出，私有制尤其是资本主义私有制是滋生一切腐败事物的温床。资本主义私有制的确立与巩固，加剧了人们对物质利益的渴望与占有，使人们受到物质利益的支配与奴役，催生了大量为扩大自身利益而攫取公共利益、损害人民利益的腐败分子，把国家政权异化成一个腐朽的寄生集团。只有通过无产阶级革命运动彻底消灭私有制，从根本上铲除滋生腐败的现实土壤，打碎"寄生的、靡费的国家机器"②，建成真正的无产阶级专政的"廉价政府"，才能彻底消灭腐败分子，根除腐败现象。

### 5. 以组织建设纯洁革命队伍

自我革命的核心在党，基础在人。党的自我革命必须要落实到组织队伍的建设上来，必须要细化到对每一个党员的组织管理上来。这就要求无产阶级政党严把入党关口，严肃党内生活，严格清退机制，在吐故纳新、新陈代谢的过程中不断提升革命队伍的先进性与纯洁性。

其一，要严把入党关口，保证党员队伍质量。马克思、恩格斯在《共产主义者同盟章程》中强调了接收盟员的要求，即"具有宣传的能力和热情、坚定不移的信念、革命的活力"③ 等。同时，他们明确要求"每一支部应对接受的会员的品行负责"④，"接收盟员的决定必须支部一致通过"⑤。无产阶级政党的各个支部必须严格遵循入党的基本标准与基本程序，对入选的党员进行细致的甄别与筛查，确保能够不断向党

---

① 《马克思恩格斯文集》第 3 卷，人民出版社 2009 年版，第 154 页。
② 《马克思恩格斯文集》第 3 卷，人民出版社 2009 年版，第 200 页。
③ 《马克思恩格斯全集》第 10 卷，人民出版社 1998 年版，第 744 页。
④ 《马克思恩格斯文集》第 3 卷，人民出版社 2009 年版，第 229 页。
⑤ 《马克思恩格斯全集》第 10 卷，人民出版社 1959 年版，第 744 页。

组织输送高素质的新生革命力量，不断提升党组织的生命力与活力。马克思、恩格斯在致奥·倍倍尔等人的通告信中进一步指出："如果其他阶级出身的这种人参加无产阶级运动，那么首先就要求他们不要把资产阶级、小资产阶级等等的偏见的任何残余带进来，而要无条件地掌握无产阶级世界观。"① 无产阶级政党在吸纳革命力量时，必须坚持严格谨慎的态度，要求他们"无条件地掌握无产阶级世界观"，最大程度地防止资产阶级和小资产阶级偏见渗入党组织，防止资产阶级和小资产阶级分子混入党组织。

其二，要严肃党内生活，及时消化各种非无产阶级分子。恩格斯在给威廉·李卜克内西的信中指出："在一个日益壮大的工人政党内，小资产阶级分子的增多是不可避免的，并没有什么了不起，……现在我们能够消化他们。但是消化总得有个过程。为此就需要盐酸……"② 在无产阶级革命运动中，为了最大程度地凝聚革命力量，不可避免地需要团结和吸收一些具有一定革命性的非无产阶级分子。对于这部分人，必须通过加"盐酸"来消化他们，也就是通过充分的党内讨论、教育与批评来帮助他们改造精神世界，祛除思想杂质，真正融入无产阶级革命队伍。

其三，要严格清退机制，坚决清除不合格党员。恩格斯指出："无产阶级的运动必然要经过各种发展阶段；在每一个阶段上都有一部分人停留下来，不再前进。"③ 革命运动每前进一步，就会对革命者提出更高的要求，也就会有一部分落后分子无法再继续跟进革命。对于这部分人，马克思、恩格斯强调："凡行为不正当或违反同盟原则者，视情节轻重或令其离盟或开除出盟。"④ 自我革命就是要对这些不符合革命需

---

① 《马克思恩格斯文集》第 3 卷，人民出版社 2009 年版，第 484 页。
② 《马克思恩格斯文集》第 10 卷，人民出版社 2009 年版，第 679 页。
③ 《马克思恩格斯文集》第 10 卷，人民出版社 2009 年版，第 393 页。
④ 《马克思恩格斯全集》第 42 卷，人民出版社 1979 年版，第 421 页。

要且又难以消化改造的顽固分子，采取坚决而彻底的清退措施，及时把他们清除出党，避免他们阻碍革命运动的前进发展，保证革命队伍的干净与纯洁。

### 6. 以制度规范落实自我革命

无产阶级政党只有把坚定的自我革命精神具化为扎实的制度规范体系，建立自我革命的长效机制，才能实现自我革命的制度化、常态化与全面化，让自我革命在党内落地生根。马克思、恩格斯在领导共产主义者同盟和国际工人协会的革命历程中，提出了大量支撑无产阶级政党自我革命的切实可行的制度设计。

其一，实行党内选举制度，健全党内民主。马克思在《国际工人协会组织条例》中强调："每一支部的每个成员均有参加选举代表大会代表的权利，每个协会会员均有被选为代表的资格。"[1] 恩格斯在《关于共产主义者同盟的历史》一文中进一步指出，"组织本身是完全民主的，它的各委员会由选举产生并随时可以罢免，仅这一点就已堵塞了任何要求独裁的密谋狂的道路"[2]。无产阶级政党应当切实保障每个党员享有平等的选举权和被选举权，根据全体党员的共同意志来选举、罢免和撤换党内公职人员。这不仅能够强化党员的民主意识与政治担当，为无产阶级政党自我革命营造民主氛围，而且能够畅通党员的晋升与下降通道，为无产阶级政党净化自身肌体提供有力保障。

其二，实行党内工作报告制度，完善党内监督。无产阶级政党可以通过实行双向负责的工作报告制度，建立上下联动的党内监督体系。一方面，要开展自上而下的监督，"每个区部至少每两个月向总区部报告一次本地区的工作进展情况，每个总区部至少每三个月向中央委员会报

---

[1] 《马克思恩格斯全集》第 44 卷，人民出版社 1982 年版，第 578 页。
[2] 《马克思恩格斯文集》第 4 卷，人民出版社 2009 年版，第 236 页。

告一次本地区的工作进展情况"①。另一方面，要做好自下而上的监督，中央委员会"有责任向代表大会报告工作"②，同时它需要"同各总区部保持联系，每三个月作一次关于全盟状况的报告"③。通过这样主体明确、权责清晰、执行有力的党内监督，无产阶级政党就能够及时且精准地发现问题、聚焦问题、解决问题，不断提升自我革命的针对性与实效性。

其三，完善党内表决制度，规范党内决策。马克思在《国际工人协会组织条例》中明确提出："每一个代表在代表大会上只有一票表决权。"④"对有关原则的问题，均实行唱名表决。"⑤ 一人一票、少数服从多数的表决制度，是广大党员表达自己真实意志、参与党内重大事务的重要途径，也是无产阶级政党根据最广大党员的共同意志来进行自我约束、自我管理、自我决策的重要手段。通过党内表决，能够充分发挥党员的主体性与能动性，不断提升党员自我革命的自觉与自信，不断增强党员自我革命的意识与能力，不断开辟无产阶级政党自我革命的新境界。

自我革命是无产阶级思想政治教育的重要方法，它既体现了无产阶级世界观的原则高度与方法论要求，也符合人的思想成长的基本规律与无产阶级政党发展的客观规律。新时代开展思想政治教育活动，必须坚持用好自我革命这一重要法宝，不仅要引导人们牢固树立自我革命意识，也要引领广大人民群众以广泛的民主监督促进党的自我革命，更要勇于进行思想政治教育的自我革命。

---

① 《马克思恩格斯全集》第 4 卷，人民出版社 1958 年版，第 575 页。
② 《马克思恩格斯全集》第 4 卷，人民出版社 1958 年版，第 574 页。
③ 《马克思恩格斯全集》第 4 卷，人民出版社 1958 年版，第 574 页。
④ 《马克思恩格斯全集》第 44 卷，人民出版社 1982 年版，第 578 页。
⑤ 《马克思恩格斯全集》第 44 卷，人民出版社 1982 年版，第 579 页。

其一，思想政治教育要引导人们牢固树立自我革命意识。自我革命既是对无产阶级政党的迫切要求，也是对一切追求进步的个体的必然要求；既是各级党组织保持自身生命力与先进性的重要手段，也是个体提升自身思想水平、政治能力、道德素质的必经之路。金无足赤，人无完人。思想政治教育要引导人们正确认识并深刻领悟自我革命的本质内涵与现实意义，牢固树立高度自觉的自我革命意识，把自我革命当作净化自我、完善自我、发展自我、提高自我的重要途径，把自我革命的核心要求细化落实到自己身上、落实到具体工作之中，自觉查找自己身上的缺点、错误和不足，"照镜子、正衣冠、洗洗脸、治治病"，在自我革命中不断实现个人的成长与进步。

其二，思想政治教育要引领广大人民群众以广泛的民主监督促进党的自我革命。"让人民来监督政府"和"自我革命"，这是中国共产党跳出治乱兴衰历史周期率的两个答案。民主监督与自我革命是相互联系、相互补充、相互促进的，只有把二者有机结合起来，从自律和他律两方面形成一个完整闭环，我们党才能始终不忘初心、牢记使命，始终保持自身的先进性与革命性。其中，思想政治教育发挥着重要的思想引领与政治引导作用，承担着发动群众、引领群众参与民主监督的重要作用。思想政治教育要不断提升群众进行政治参与的意识与能力，激发群众参与民主监督的热情与觉悟，鼓励并引导广大人民群众通过直接监督、社会舆论监督、政协民主监督和国家机关监督等方式手段推动党的自我革命，不断提升我们党自我革命的针对性与实效性。

其三，思想政治教育自身也需要进行自我革命。思想政治教育是历史的产物，在社会历史的发展中形成，也需要随着社会历史的推进而不断向前发展。坚持自我革命精神，这是思想政治教育紧跟时代步伐，顺应时代发展潮流，适应党和国家事业发展需要，适应社会主义意识形态建设要求，适应人们精神生产生活需要的必然选择。思想政治教育只有坚持紧跟时代、把握时代、与时俱进，坚持革故鼎新、推陈出新、开拓创新，深入剖析新的时代条件下人们思想观念发展的现实状况与基本特征，积极改进思想政治教育的内容、载体、环境、方法，及时回应并正确解决人们的思想困惑与现实难题，才能更好地发挥思想塑造、政治引领与铸魂育人的功能与作用，更好地服务时代、发展时代、引领时代。

# 后　记

马克思在《〈黑格尔法哲学批判〉导言》中写道:"光是思想力求成为现实是不够的,现实本身应当力求趋向思想。"① 他的革命理想正是既改变思想,也改变现实,通过"确立此岸世界的真理"② 追求和实现"普遍的人的解放"③。

在当代中国,坚持把马克思主义基本原理同中国具体实际相结合、同中华优秀传统文化相结合,构建中华民族现代文明,推进中国式现代化和中华民族伟大复兴,同样需要推进现实的思想化和思想的现实化,用马克思主义基本原理及其中国化时代化的最新理论成果来武装全党、教育人民、凝心聚力。

在思想政治教育学科创立 40 周年之际,出版《马克思恩格斯思想政治教育思想研究》(全四卷),正是要梳理和总结马克思恩格斯经典著作中蕴涵的丰富而深刻的思想政治教育理论,揭示马克思主义思想政治教育的基本立场、观点和方法,为新时代思想政治教育原理发展和学科知识体系建构奠定理论前提与观念基础。

本书以四卷本的方式呈现,意在进行整体性研究,把握马克思主义思想政治教育思想四个方面的内在逻辑,分别从概念、范畴、内容、方法入手考察和表述马克思主义思想政治教育原理。概念是马克思主义思想政治教育原理的理论基石,范畴是马克思主义思想政治教育原理的观念中介,内容是马克思主义思想政治教育原理的主要内涵,方法则是马克思主义思想政治教育原理的认识和实践原则。从概念到范畴,是对马克思主义思想政治教育原理由抽象到具体的文本深化;从内容到方

---

① 《马克思恩格斯文集》第 1 卷,人民出版社 2009 年版,第 13 页。
② 《马克思恩格斯文集》第 1 卷,人民出版社 2009 年版,第 4 页。
③ 《马克思恩格斯文集》第 1 卷,人民出版社 2009 年版,第 14 页。

法，是对马克思主义思想政治教育原理由构成到功能的运行转化。这四个方面共同建构了马克思主义思想政治教育原理的哲学基础和观念体系，是马克思恩格斯思想政治教育思想研究的核心要义。

本书是李忠军带领其学生团队，聚焦马克思恩格斯经典著作，历时6年集体攻关的学习成果，也是导师指导学生发表资格论文、完成博士论文、开展独立探索的连贯研究过程，成书时对这些相关成果进行了加工运用。卷一由李忠军、刘怡彤著，卷二由李忠军、钟启东等著（胡乔莹、刘怡彤、张宝元、杨科结合前期成果，各有侧重地撰写修改了本卷的相关章节），卷三由李忠军、张宝元著，卷四由李忠军、杨科著。申雪寒、任志锋、王维国、吴雪对全书进行了审读修改，申雪寒对引文注释做了比对核改。全书由李忠军总体统筹并最终定稿。

初稿完成后，作者团队分期召开了两次意见征求会，共有30多名专家学者为本书的修改完善提出诸多意见建议、贡献了宝贵智慧；高等教育出版社对本书出版热情鼓励、大力支持，推荐参评并获得国家出版基金；迟宝东编审、王溪桥副编审参与了本书策划撰写和完善出版的全过程，鞭策推动、悉心编校、专业高效；编辑孙天旭、王钦、杜一雪、吴佳宁、蒋旭东、杨亚鸿、徐丽萍、李鸣在本书出版的最后阶段倾注心血、贡献力量，做了大量工作；在此一并表示感谢。

本书是马克思主义经典著作思想政治教育系列研究的第一部，期望通过文本解读和思想阐释，能为新时代思想政治教育学科建设和实践发展提供理论支持。限于水平，且以这种方式阐释马克思恩格斯经典文本的学术研究还处于探索尝试阶段，书中肯定还存在诸多不完善之处，敬请各位读者和专家批评指正。

作　者
2024 年 3 月